Gerald Echterhoff
Martin Saar (Hg.)

Kontexte und Kulturen des Erinnerns

Maurice Halbwachs und
das Paradigma des
kollektiven Gedächtnisses.
Mit einem Geleitwort von
Jan Assmann

UVK Verlagsgesellschaft mbH

Die Deutsche Bibliothek – CIP-Einheitsaufnahme

Kontexte und Kulturen des Erinnerns : Maurice Halbwachs und das
Paradigma des kollektiven Gedächtnisses / hrsg. von
Gerald Echterhoff und Martin Saar. Mit einem Geleitwort von
Jan Assmann. – Konstanz : UVK-Verl.-Ges. 2002
ISBN 3-89669-814-1

ISBN 3-89669-814-1

© UVK Verlagsgesellschaft mbH, Konstanz 2002
Einbandentwurf: Riester & Sieber, Konstanz
Druck: DIP-Digital-Print, Witten

UVK Verlagsgesellschaft mbH
Schützenstr. 24 • D-78462 Konstanz
Tel. 07531-9053-0 • Fax 07531-9053-98
www.uvk.de

Inhalt

Zum Geleit

JAN ASSMANN

Die enorme Hochkonjunktur des Gedächtnisthemas hat seit etwa 15 Jahren auch zu einer Halbwachs-Renaissance geführt. Kaum eine der unzähligen Veröffentlichungen zum sozialen, kollektiven oder kulturellen Gedächtnis unterlässt einen ehrfürchtigen Hinweis auf diesen Gründungsvater der Disziplin. Demgegenüber steckt aber die Beschäftigung mit Halbwachs selbst noch in den Anfängen. Seit Gérard Namers Halbwachs-Buch[1], das noch vor dem aktuellen Gedächtnisdiskurs erschien und die inzwischen entfaltete Brisanz der Thematik noch nicht absieht, ist kaum eine Studie erschienen, die sich mit Halbwachs auseinandersetzt, anstatt lediglich auf ihn als eine wichtige forschungsgeschichtliche Position zu verweisen. Bei diesem inzwischen üblich gewordenen Verweis lässt es der vorliegende Band nicht bewenden. Die Einführung von Gerald Echterhoff und Martin Saar gibt eine sorgfältige und aktualisierende Darstellung von Halbwachs' Konzeption des kollektiven Gedächtnisses.

Halbwachs' Arbeiten zum kollektiven Gedächtnis stehen selbst im Kontext einer vergleichbaren Konjunktur des Gedächtnisthemas. Zwar setzt er sich selbst vor allem von seinem Lehrer Henri Bergson und dessen individualistischer Gedächtnistheorie ab, die gerade im Gedächtnis, den persönlichen Erinnerungen und den authentischen Bildern der eigenen Vergangenheit ein Fundament der Subjektivität erblickte. Gleichzeitig aber mit Halbwachs entfaltete Marcel Proust in den Bänden seiner *Recherche* das Konzept einer *mémoire involontaire*, und Sigmund Freud und Carl Gustav Jung entwickelten ihre voneinander divergierenden Konzepte eines kollektiven Unbewussten und einer biologischen Vererbung von Gedächtnisgehalten, die nach Freud als „Alte Erbschaft", nach Jung als „Archetypen" jedem individuellen Unbewussten als gemeinsamer Besitz eingeprägt waren. Gegen Proust, aber ohne seinen Namen zu nennen, behauptete Halbwachs, dass die Vergangenheit im Gedächtnis niemals „retrouvé", sondern immer nur „reconstruit" wird. Gegen Freud und Jung, die ihm vermutlich unbekannt waren, postulierte Halbwachs, dass der Mensch gerade in seinem Unbewussten, wie es sich in Träumen artikuliert, am wenigsten kollektiv bedingt und

---

[1] Namer (1987).

am meisten individuell sei, während sein Bewusstsein und insbesondere sein Gedächtnis von „représentations collectives" erfüllt seien, die von außen, im Zuge der zwischenmenschlichen Kommunikation, in uns hineinwachsen. Theorien einer biologischen Vererbbarkeit von Gedächtnisinhalten waren seit dem 19. Jahrhundert und noch zu Halbwachs' Zeit hoch im Kurs. Der Arzt, Maler, Psychologe und Freund Goethes, Carl Gustav Carus, hatte den Begriff „Artgedächtnis" geprägt und in mehreren Büchern entfaltet.[2] Jean Baptiste de Monet de Lamarck hatte die Vererbbarkeit erworbener Eigenschaften behauptet, Ewald Hering[3], Richard Semon[4] und andere[5] hatten in viel gelesenen Büchern die biologische Erblichkeit selbst als „Gedächtnis" dargestellt, und die Psychoanalyse entwickelte einen Neo- oder Psycho-Lamarckismus, der ein erbliches Urgedächtnis der Menschheit postulierte. Das Thema Gedächtnis lag damals seit Jahrzehnten in der Luft und wurde von Halbwachs in einer Weise aufgegriffen, die völlig neue Horizonte eröffnete. Es ist wichtig, sich klar zu machen, wie quer zum allgemeinen Trend der Gedächtnisdebatten Halbwachs mit seiner Theorie des kollektiven Gedächtnisses stand. Er stellte mit aller Entschiedenheit die Soziogenese des individuellen Gedächtnisses heraus und zeigte, dass das, was wir an Kollektivem in uns tragen, uns nicht durch biologische Vererbung, sondern durch Kommunikation, durch soziale und kulturelle Teilhabe zugekommen ist. Halbwachs hat das Thema des Gedächtnisses um die soziale Dimension erweitert und es damit zu einem interdisziplinären Thema ersten Ranges gemacht. Der vorliegende Band, an dem Historiker, Psychologen, Literaturwissenschaftler, Philosophen und Politikwissenschaftler mitwirken, trägt dieser Interdisziplinarität Rechnung.

Ungefähr gleichzeitig mit Halbwachs arbeitete auch der Kunsthistoriker Aby Warburg an einer Emanzipierung des Begriffs eines kollektiven Gedächtnisses von den Vorgaben der Biologie und prägte den Begriff des „sozialen Gedächtnisses" in Bezug auf sein Projekt der Erforschung des „europäischen Bildgedächtnisses".[6] Um die beiden Ansätze auf eine bündige Formel zu bringen, könnte man sagen, dass Warburg die Kultur als Gedächtnisphänomen und Halbwachs das Gedächtnis als Kulturphänomen untersuchte. Warburg interessierte sich für die Gedächtnisförmigkeit der Kultur, Halbwachs für die Kulturgeprägtheit des Gedächtnisses. Warburg sprach (in der Terminologie Richard Semons) von „mnemischen Wellen", die von der Vergangenheit ausgehen und jede Gegenwart prägen, auch von „Engrammen" und prägenden Impul-

---

2   Vgl. Carus (1846, 1866).
3   Hering (1870).
4   Semon (1904).
5   Vgl. Butler (1878, 1880).
6   Zur Gedächtnistheorie Aby Warburgs vgl. Kany (1987), Ginzburg (1983).

sen, Halbwachs umgekehrt von Rekonstruktionen, die von der Gegenwart ausgehend in die Vergangenheit zurückgreifen. Für Halbwachs gab es keine Objektivationen von Vergangenheit. Wenn Vergangenheit nicht länger im Gedächtnis lebender Individuen gegenwärtig, sondern in Texten und anderen symbolischen Formen objektiviert war, nannte Halbwachs das „Tradition", worin er nicht eine Form, sondern das Gegenteil des Gedächtnisses sah. In seinem letzten von ihm selbst veröffentlichen Buch *Topographie légendaire* (1941) hat Halbwachs jedoch selbst die Grenze zwischen *mémoire vécue* und *tradition* überschritten und den Gedächtnisbegriff auf Denkmäler und Symboliken aller Art angewandt. Darin beschreibt er anhand von Pilgeritinerarien die christlichen Erinnerungsorte im Heiligen Land und zeigt, in welchem Umfang die byzantinische und westliche Erinnerungspolitik von theologischen Voraussetzungen bestimmt war. Von diesem Ansatz aus führt eine direkte Linie sowohl zu Pierre Nora und der von ihm koordinierten Erforschung der *lieux de mémoire*[7] als auch zu den verschiedenen Forschungen zum „kulturellen Gedächtnis", an denen Aleida Assmann und ich uns seit Jahren engagieren.

Der Durchbruch in der Gedächtnistheorie, den Halbwachs mit seinen Büchern vorbereitet hatte, hat erst 40 Jahre nach seinem Tod eingesetzt. Diese Umstände, Halbwachs' Tod am 15.3.1945 im KZ Buchenwald, die vierzigjährige Verzögerung seiner Rezeption und die überwältigende Resonanz, die seine Thesen in der gegenwärtigen Gedächtnis-Debatte finden, hängen aufs Eigentümlichste zusammen. Das Beispiel des Holocaust hat uns vor Augen geführt, dass die Vergangenheit eine Sache weniger der Geschichtsschreibung als vielmehr einer intensiv diskutierten, aber noch weitgehend unerforschten Dynamik von Erinnern, Vergessen und Verdrängung ist.[8] Erst nach zwanzigjähriger Latenz begannen diese Ereignisse, nicht in der Geschichtsschreibung, sondern in der Erinnerung, die Konturen einer ungeheuren, alle Maßstäbe sprengenden Erfahrung anzunehmen, und es brauchte weitere zwanzig Jahre, bis diese Erinnerung als das maßgebliche Ereignis des 20. Jahrhunderts auch in den symbolischen Formen des kulturellen Gedächtnisses und der offiziellen Gedenkkultur Ausdruck zu finden begann. Im Rahmen der Versuche einer theoretischen Verarbeitung dieser Dynamik kam es seit Ende der 80er Jahre zu jener Hochkonjunktur des Gedächtnisthemas, das sich als ein viele Disziplinen integrierendes kulturwissenschaftliches Paradigma durchgesetzt hat. Ist es nicht symbolisch, dass Halbwachs, den dieses Paradigma als einen Gründungsvater reklamiert,

---

7   Die drei Bände der von Etienne François und Hagen Schulze herausgegebenen deutschen
    „Parallelaktion", Deutsche Erinnerungsorte, erschienen im Frühjahr und Herbst 2001.
8   Als eine der neuesten Veröffentlichungen zu diesem Thema nenne ich nur Welzer (Hg.,
    2001).

ein Opfer des Holocaust wurde, dessen unabschließbare Erinnerungsarbeit die gegenwärtige Gedächtnisforschung entscheidend motiviert? Zum Gedächtnis an Maurice Halbwachs gehört eben nicht nur die immer neue Aktualität seiner Gedächtnistheorie, sondern auch die Umstände seines Todes in Buchenwald, die der Schriftsteller Jorge Semprun und der Maler und Zeichner Boris Taslitzky uns in unvergesslicher Eindrücklichkeit vor Augen gestellt haben. Axel Doßmann geht im Schlussabschnitt seines Beitrags auf diese Szene ein.

Maurice Halbwachs war, anders als oft zu lesen, kein Jude. Er stammte aus einer elsässischen christlichen Familie; sein Vater wirkte als Gymnasialdirektor und Lehrer für alte Sprachen in Reims. Das Judentum spielt in seinen Schriften keine Rolle, so glänzende Beispiele er auch der alttestamentlichen und jüdischen Tradition hätte entnehmen können.[9] Seine Verschleppung und Ermordung durch die Nazis hatten politische Gründe und hingen mit der Tätigkeit seiner Söhne in der Résistance zusammen. In Buchenwald gehörte er zu den „Politischen". Trotzdem hängt sein Tod auch mit dem Judentum zusammen. Die Nazis verhafteten ihn in Lyon, als er sich dort nach dem Verbleib seiner jüdischen Schwiegereltern erkundigte.

„Ein Mann lebt, wenn sein Name genannt wird", lautet ein altägyptisches Sprichwort. Dieses Leben wenigstens wurde Maurice Halbwachs zuteil. Wo immer von den sozialen, kollektiven, kommunikativen und kulturellen Aspekten des Gedächtnisses die Rede ist, wird sein Name genannt. Der vorliegende Band beweist aufs Neue, dass dieser Verweis auf Halbwachs keineswegs zum Ritual erstarrt ist, sondern immer neue Aspekte der Produktivität und Aktualität seines Werkes für unsere eigene Zeit ins Licht hebt.

Literatur

Butler, S. (1878/1910): Life and Habit. London: A.C. Fifield.

Butler, S. (1880/1910): Unconscious Memory. London: A.C. Fifield.

Carus, C.G. (1846): Psyche. Zur Entwicklungsgeschichte der Seele. Pforzheim: Flammer und Hoffmann.

Carus, C.G. (1866/1986): Psychologie zur Geschichte der Seele in der Reihenfolge der Tierwelt. Hildesheim: Olms.

François, E./H. Schulze (Hg., 2001): Deutsche Erinnerungsorte, 3 Bde. München: Beck.

Ginzburg, C. (1983): Kunst und soziales Gedächtnis. Die Warburg-Tradition. In: C. Ginzburg: Spurensicherungen. Über verborgene

---

[9] Vgl. Yerushalmi (1988), der dort dieselbe Unterscheidung von Geschichte und Gedächtnis zugrundelegt, die auch Halbwachs und Nora vertreten.

Geschichte, Kunst und soziales Gedächtnis. Berlin: Wagenbach, S. 115–172.

Halbwachs, M. (1941): La topographie légendaire des Évangiles en Terre Sainte. Étude de mémoire collective. Paris: Presses universitaires de France.

Hering, E. (1870): Über das Gedächtnis als eine allgemeine Funktion der organischen Materie. Wien: Akademie der Wissenschaften.

Kany, R. (1987): Mnemosyne als Programm. Geschichte, Erinnerung und die Andacht zum Unbedeutenden im Werk von Usener, Warburg und Benjamin. Tübingen: Niemeyer.

Namer, G. (1987): Mémoire et société. Paris: Méridiens Klinsieck.

Semon, R. (1904): Die Mneme als erhaltendes Prinzip im Wechsel des organischen Geschehens. Leipzig: W. Engelmann.

Welzer, H. (Hg., 2001): Das soziale Gedächtnis. Geschichte, Erinnerung, Tradierung. Hamburg: Hamburger Edition.

Yerushalmi, Y. H. (1988): Zakhor. Jüdische Geschichte und jüdisches Gedächtnis. Berlin: Wagenbach.

Einleitung: Das Paradigma des kollektiven Gedächtnisses

Maurice Halbwachs und die Folgen[1]

GERALD ECHTERHOFF/MARTIN SAAR

Gedächtnis und Erinnerung scheinen als Themen theoretischer Reflexion in dem Maße an Faszination zu gewinnen, in dem Fragen der Aufbewahrung, Selektion und Dokumentation von Vergangenem schwieriger und umstrittener werden. Erinnern ist – nicht nur im Vollzug, sondern auch als Problem – offenbar *präsent*. Diese Präsenz hat mehrere Ursachen. Erstens spielt es eine Rolle, dass ein ganzer kollektiver Gedächtniszusammenhang in den letzten Jahren des ausgehenden Jahrhunderts einem durchgreifenden Wandel unterliegt: Es wird in naher Zukunft keine Angehörigen der Generation der Augenzeugen und Opfer des Holocaust und des Zweiten Weltkriegs mehr geben, auf die sich Erinnerung oder Geschichtsschreibung stützen können. Orientiert man sich an der von Jan Assmann entwickelten Terminologie, so befindet sich die Erinnerung an die Katastrophen und Verbrechen der Mitte des Jahrhunderts in einem Übergangsstadium von einem kommunikativen, gelebten zu einem kulturellen, medial fixierten Gedächtnis; dieser Übergang ist Anlass, von einer Krise des Gedächtnisses auszugehen.[2]

Zweitens ist die Entwicklung und Durchsetzung neuer Speicher- und Kommunikationsmedien ein zentraler Grund für die aktuelle Bedeutung des Themas. Es stehen mittlerweile prinzipiell fast unbegrenzte Speichermöglichkeiten zur Verfügung. Auch wenn deren Nutzung an einige ökonomische, bildungs- und sozialisationsbedingte Privilegien gebunden ist, spielt die technologische Revolution des Computerzeital-

---

[1] Am Anfang des vorliegenden Bandes stand eine zweitägige Tagung in Berlin im Januar 2000. Wir bedanken uns herzlich für die großzügige finanzielle Unterstützung der Studienstiftung des deutschen Volkes, bei Prof. Catherine Colliot-Thélène und Barbara Auer für die wunderbare Gastfreundschaft am *Centre Marc Bloch*, bei Prof. Etienne François für sein enormes Vertrauen und sein großes Engagement. Dem Universitätsverlag Konstanz danken wir für das freundliche Interesse und die Geduld, die dieses Buch möglich gemacht haben, und Jan Assmann für sein Geleitwort. Für ihre Unterstützung, für Diskussionen, Anregungen und Kritik in verschiedenen Phasen danken wir allen Teilnehmerinnen und Teilnehmern der Tagung und besonders Michael Eggers, Stefanie Flamm, Ina Kerner, Aram Lintzel und Birgit Neumann.
[2] J. Assmann (1997: 51); vgl. A. Assmann (1999).

ters für die öffentliche Meinung seit einiger Zeit eine fast phantasmatische Rolle. Unausweichlich stellen sich Fragen von Auswahl und Schwerpunktsetzung.

Neben diesen beiden Gründen, die auf eine Beobachtung des breiteren aktuellen Zeitgeschehens zurückgehen, sind spezifisch akademische oder theoriebezogene Faktoren entscheidend. Theoretische Strömungen wie Poststrukturalismus, Dekonstruktion, sozialer Konstruktivismus, Mentalitätsgeschichte und *Nouvelle Histoire* ebenso wie multikulturalistische und minoritätsbezogene Ansätze innerhalb der *cultural studies* haben die Einschätzung von Gedächtnis und Erinnerung nicht unberührt gelassen. Verbürgte Geschichte als „große Erzählung" hat ihre identitätsstiftende, bindende und legitimierendende Kraft zweifellos eingebüßt.

Die Beschreibung und Analyse eines „kollektiven Gedächtnisses" ist seit einigen Jahren eine der prominentesten Strategien, mit diesen Umbrüchen umzugehen. Aber es liegen immer noch unausgeschöpfte Potenziale vor, sowohl was die empirische Reichweite (d.h. die interdisziplinäre soziale Gedächtnis*forschung*) angeht, als auch im Hinblick auf den methodologischen oder begrifflichen Rahmen (d.h. die *Theorie* des kollektiven Gedächtnisses).

Der vorliegende Band wendet sich einem der Ursprünge der Debatte zu: dem Werk von Maurice Halbwachs und daraus in erster Linie der ersten Gedächtnisschrift *Les cadres sociaux de la mémoire* von 1925 (auf Deutsch übersetzt unter dem sachlich korrekten, aber die operative Metapher auslassenden Titel *Das Gedächtnis und seine sozialen Bedingungen*), sowie dem unvollendeten, 1950 aus dem Nachlass erstmals herausgegebenen *La mémoire collective* (dt. *Das kollektive Gedächtnis*). Die zentralen Begriffe dieser Arbeiten klingen im Titel dieses Bandes an: „Kontexte" steht für das, was Halbwachs mit der Metapher „Rahmen" bezeichnet, „Kulturen" haben wir das genannt, worauf sich Halbwachs mit dem Prädikat „kollektiv" bezieht.

Wenn wir im Titel dieser Einleitung vom „Paradigma" des kollektiven Gedächtnisses sprechen, so ist das nicht in dem starken Sinn zu verstehen, den ihm Thomas Kuhn in seiner historischen Wissenschaftssoziologie ursprünglich gegeben hat. Die Einführung des kollektiven Gedächtnisses ist sicher keine theoretische Revolution in dem Sinn, dass alte Probleme durch eine neue Theorie lösbar oder sogar obsolet würden – es ist im Übrigen zu bezweifeln, dass es so etwas in den Humanwissenschaften überhaupt gibt. Paradigmatisch in einem schwächeren Sinn ist die Einführung dieses Begriffs oder dieser Konzeption vielmehr deshalb, weil sie einen gesamten Phänomenbereich neu erschließt und bisher anders begriffene Phänomene in ein neues Licht rückt. Im Fall von Halbwachs sind diese Phänome: das Soziale am (individuellen)

Erinnern und das soziale Erinnern im Unterschied zu individuellen Gedächtnisleistungen. Natürlich hat auch diese Konzeption Vorläufer, und in einem anderen Kontext könnte man vor allem Halbwachs' Abhängigkeit von der Begrifflichkeit Emile Durkheims oder seiner Kritik und Weiterführung der Gedächtnistheorie Henri Bergsons mehr Aufmerksamkeit schenken. Aber im Rahmen dieser Einleitung soll nur der paradigmatische Ansatzpunkt selber im Mittelpunkt stehen. Erstens geht Halbwachs von der These aus, dass das invidivuelle Erinnern von sozialen Einflüssen „gerahmt" ist – dabei ist zu fragen: von welchen, wie und wie stark? Zweitens legen seine Arbieten die begrifflich-metaphorische Hypothese nahe, dass auch Kollektive, Gruppen und Gesellschaften erinnern – auch hier ist zu fragen: wie und wodurch? In dieser Sammlung von Texten sollen einerseits Fälle, empirische Felder und Phänomene aus verschiedenen und nur selten miteinander konfrontierten akademischen Disziplinen vorgestellt werden, die sich als Umsetzungen dieser Konzeptualisierung verstehen lassen. Andererseits soll angeregt werden, die methodologischen und begrifflichen Implikationen der Rede vom kollektiven Erinnern zu explizieren und zu präzisieren.

In den folgenden Abschnitten dieser Einleitung wird zunächst ein kurzer Überblick über Halbwachs' frühe Theorie des Gedächtnisses (Abschnitt 1) und ihrer zentralen Thesen (Abschnitt 2) gegeben. Dann wird anhand einer Passage aus *Das kollektive Gedächtnis* Halbwachs' spätere Theorie skizziert (Abschnitt 3) und an den Themen Geschichte (Abschnitt 4) und Sozialität (Abschnitt 5) näher erläutert. Danach soll die Relevanz und Produktivität dieses Ansatzes besonders für Forschungsfragen der Psychologie (Abschnitt 6) sowie der Geistes- und Sozialwissenschaften (Abschnitt 7) gezeigt werden. Dabei wird auch auf die Texte dieses Bandes verwiesen, die alle auf ihre Weise die Tragweite der Halbwachs'schen Konzepte erproben.

1. Das erste Gedächtnisbuch

In *Das Gedächtnis und seine sozialen Bedingungen*, Halbwachs' erstem Buch zum Thema, liegt die Betonung auf dem notwendigen kollektiven Grund auch des individuellen Erinnerns, d.h. es geht in einem orthodox durkheimianischen Sinn um die Vorstellung, dass das individuelle im kollektiven Bewusstsein „aufgeht".[3] Erinnerungsakte sind dafür beson-

---

[3] In der umstrittenen Interpretationsfrage, wie sich Halbwachs' erstes und zweites Gedächtnisbuch zueinander verhalten, folgen wir im Wesentlichen den Ausführungen von

ders prägnante Beispiele. In *Das kollektive Gedächtnis* steht dieser Identität oder diesem „Aufgehen" ein komplexerer Prozess der Interaktion zwischen Individuellem und Kollektivem gegenüber. Die ersten Manuskriptteile dieser zweiten Gedächtnisschrift wurden, wie man inzwischen weiß, schon in den Jahren unmittelbar nach Erscheinen des ersten Buchs geschrieben. Diese spätere Fassung akzentuiert – der Tendenz nach gegen Durkheim – die relative Autonomie zweier strukturell aufeinander bezogener Pole.

Das Gedächtnis und seine sozialen Bedingungen zerfällt in zwei große Teile. Die Unterscheidung ist sowohl eine methodische als auch auch eine im Gegenstandsbereich. Die ersten vier Kapitel behandeln die Einwirkung und Prägung des individuellen Erinnerns durch „soziale Rahmen"; sie widerlegen ein atomistisches oder individualistisches Bild vom erinnernden Subjekt als einer Monade oder einem innerlichen Bewusstsein im Selbstgespräch mit sich (wie es etwa eine bestimmte Lektüre Bergsons nahe legen könnte). Die Phänomene, an denen die Abhängigkeit des individuellen Erinnerns von den Stützen des sozialen Rahmens deutlich wird, sind: der Traum, die Kindheitserinnerung, die Sprachlichkeit von Gedächtnisinhalten und der Fall der Aphasie, d.h. des Verlusts des Sprechvermögens durch eine Schädigung des Gehirns. Vor allem die relative Stabilität und Konstanz der sozialen Umgebungen – eben nicht innerlich gespeicherte Gedächtnisbestände des Individuums – lassen identifizierbare Erinnerungen entstehen.[4] Die sozialen Rahmen sorgen demnach sozusagen für mnemonische Ordnung, eine Ordnung, die im Traum aus Mangel an sozialer Verankerung zerfällt. Das Individuum steht nach Halbwachs ohne diese Orientierung einer innerlich angespülten Fülle aus ununterscheidbaren vergangenen und aktuellen Zuständen gegenüber, die gleichermaßen das Gegenwartsbewusstsein überfluten.

Der zweite Teil (Kapitel 5 bis 7) widmet sich spezifischen Gruppengedächtnissen, nämlich dem Gedächtnis von Familien, religiösen Gemeinschaften und sozialen Schichten, Berufsgruppen oder Klassen.[5] Die Gesellschaft als ganze teilt sich laut Halbwachs in verschiedene Gruppierungen und Gemeinschaften, die eine Art flexibler, aber zugleich stabiler Identität ausbilden. Diese konkretisiert sich in den gemeinsamen Erinnerungen der Gruppe selbst, denn die Gruppenmitglieder besitzen sie nur als Gruppenmitglieder. Als Beleg mag ein logisch nicht unprob-

---

Gérard Namer in seinem Nachwort zur kritischen Neuausgabe von *La mémoire collective* (Halbwachs 1950/1997); vgl. auch Namer (1987).

4   In einer der ersten Reaktionen auf Halbwachs' Arbeit im deutschsprachigen Raum hat Heinz (1969) dessen sozialen Gedächtnisbegriff im Detail analysiert.

5   In der deutschen Rezeption wird selten beachtet, dass Halbwachs zwei bedeutende Werke zur Soziologie der Arbeiterklasse geschrieben hat (1913, 1933; vgl. 1938/2001).

lematisches Zitat aus der Einleitung dienen, in der Halbwachs den Schritt vom ersten zum zweiten Teil des Buchs erläutert:

> Es genügt in der Tat nicht zu zeigen, daß die Individuen immer gesellschaftliche Bezugsrahmen verwenden, wenn sie sich erinnern. Man müßte [bzw. muss] sich auf den Standpunkt der Gruppe oder der Gruppen stellen. Die beiden Probleme hängen übrigens nicht nur voneinander ab, sondern sind identisch. Man kann ebensogut sagen, daß das Individuum sich erinnert, indem es sich auf den Standpunkt der Gruppe stellt, und daß das Gedächtnis der Gruppe sich verwirklicht und offenbart in den individuellen Gedächtnissen. (Halbwachs 1925/1985: 23)

Diese These hat dann auch Halbwachs' berühmter Straßburger Kollege, der Historiker Marc Bloch (1925/2000), in einer der ersten, von Halbwachs aufmerksam zur Kenntnis genommenen Rezensionen problematisiert. Bloch lobt zwar das Projekt im Ganzen, kritisiert aber unter anderem die begriffliche Unschärfe und die in seinen Augen unzulässige durkheimianische Strategie, Beschreibungsbegriffe des individuellen Gedächtnisses aufs Soziale zu übertragen.

2. Frühe Thesen zur Sozialität des Erinnerns

Fünf wesentliche Aspekte des Erinnerns lassen sich thetisch zusammenfassen, die schon mit dem Buch von 1925 vorgeschlagen, wenn auch vielleicht nicht immer schlüssig etabliert sind, an die aber *Das kollektive Gedächtnis* anknüpfen wird. Sie werfen Fragen und Probleme auf, die ein gewichtiges „Vermächtnis" dieses Buchs ausmachen.

(a) Die Kontextualität des Erinnerns. Der Vorgang des Erinnerns selbst ist durch soziale, öffentliche bzw. intersubjektive Bezugsrahmen geprägt; er orientiert sich an diesen Rahmen. Folgende Fragen stellen sich: Um welche Rahmen handelt es sich? Sind sie in einer Hierarchie geordnet? Ist die Sprache ein Metarahmen? Ist die Zeitordnung grundsätzlich vorrangig? Sind die Rahmen explizit oder explizierbar? Inwiefern sind sie veränderbar?

(b) Die Kommunalität des Erinnerns bzw. die soziale Situiertheit des Erinnerns in Gruppen. Man gehört immer mehreren Gruppen an – man denke an die für Halbwachs verbindlichen klassischen soziologischen Stratifikationen: Familie, Berufsgruppen, Konfessionen. Gedächtnis als solches hat seinen Sitz in „Erinnerungsgemeinschaften". Aber welche gibt es und ab wann ist eine Verbindung zwischen Menschen eine solche Erinnerungsgemeinschaft? Wie bilden sie sich, wie lösen sie sich auf? Wie einheitlich ist ein Gruppengedächtnis, und erträgt es widerstreitende Inhalte?

(c) Die Kreativität bzw. Rekonstruktivität des Erinnerns. In einer Kapitelüberschrift formuliert es Halbwachs prägnant: „Das Gedächtnis läßt die Vergangenheit nicht wiederaufleben, sondern es rekonstruiert sie." (1925/1985: 8) Erinnerungen sind Vergangenheitsversionen, keine Abbilder. Verschränkt mit den Rahmen, innerhalb derer sie ins Gedächtnis gerufen werden, tragen sie die Spuren der Zwecke und Kontexte ihrer Rekonstruktion. Damit sind aber die Gedächtnisinhalte nicht „gegeben" und als solche abrufbar, sondern unterliegen den Erfordernissen, die sich aus einer „Passung" in die gegenwärtigen Rahmen ergeben. Daraus folgt die Möglichkeit der Täuschung und Verfälschbarkeit, des *false memory*[6] bzw. der *fausse mémoire* – das wird v.a. im Fall der Kindheitserinnerungen deutlich, die wohl den Paradefall schöner, aber nie ganz wahrer Erinnerungen darstellen; schließlich ist Proust einer der meistzitierten Autoren in Halbwachs' Buch. Auch hier stellen sich Fragen, denn natürlich ist nicht alles Konstruktion an der Rekonstruktion: Was sind die Bedingungen einer gelingenden Einfügung von Erinnerungsgehalten? Welche Maßstäbe – wie etwa Kohärenz, Widerspruchsfreiheit oder eventuell auch Unlustvermeidung – gelten für die Angleichung an Rahmen, Zwecke und Ziele? Wie setzen sich Vergangenheitsversionen durch?

(d) Die Kommunikativität des Erinnerns. Das Erinnern im Einzelfall steht für Halbwachs immer auch im Kontext der Tradierung von Erinnerungen, es ist eingebettet in kommunikative Kontexte der Weitergabe (von Lebensgeschichten, Erfahrungen, Bräuchen, Fertigkeiten, Normen und Legitimationen). Sie stehen also auch in einem Raum virtueller Adressaten. Wie beeinflusst die Situation und das kommunikative Gegenüber das Erinnern? Ist der Einfluss steuerbar oder bewusst manipulierbar?

(e) Der Prozess der Identitätsbildung durch Erinnern. Dies ist eine Art Metathese, die sich in der philosophischen oder protopsychologischen Tradition von Platon bis Hume ihre Glaubwürdigkeit verdient hat. Aber wie an alle Theorien, die Identitätskonstitution (individuell oder kollektiv) über Erfahrungsverarbeitung und Gedächtnisbildung erläutern, stellen sich auch an die Theorie von Halbwachs die folgenden Fragen: Wie wird ausgewählt und verarbeitet? Wie werden kollektive Erinnerungen gespeichert, verfügbar gehalten, nach welchen Mechanismen oder Kriterien werden sie abgestoßen oder umgeformt? Welche Erinnerungen werden „angeeignet", d.h. als Teil der Identität angenommen oder als wesentlich ausgezeichnet? Welche Erinnerungen sind

---

[6] Vgl. dazu Echterhoff (2001a).

unter Umständen identitätszersetzend oder destabilisierend? Welche Gedächtnisoperationen gewährleisten oder erzeugen Kontinuität?

3. Das kollektive Gedächtnis *in actu*: Der Spaziergang durch London

Das Paradigma des kollektiven Gedächtnisses, wie es durch die genannten Dimensionen umschrieben wurde, entfaltet sich deutlicher und entschiedener in Halbwachs' zweitem Buch zum Gedächtnis aus dem Nachlass. Nachdem die erste Gedächtnisschrift Halbwachs' mit der Feststellung schloss, dass nur solche Erinnerungen möglich sind, für die die Gesellschaft entsprechende soziale Bezugsrahmen (qua Familie, religiöse Gruppe oder soziale Klasse) zur Verfügung stellt, geht er am Anfang von *Das kollektive Gedächtnis* konkreter auf die Bedeutung des Sozialen für das individuelle Gedächtnis ein. Er äußert die These, dass alle individuellen Erinnerungen auch kollektiv sind, denn „wir tragen stets eine Anzahl unverwechselbarer Personen mit und in uns" (1950/1991: 2). Einige Kernthesen dieses Ansatzes lassen sich exemplarisch am „Spaziergang durch London" herleiten, den Halbwachs am Anfang von *Das kollektive Gedächtnis* als einführendes Beispiel schildert:

> Ich bin zum ersten Mal in London und gehe dort wiederholt bald mit diesem, bald mit jenem Begleiter spazieren. Einmal ist es ein Architekt, der mich auf die Bauten, ihre Proportionen, auf ihre Lage aufmerksam macht; dann ist es ein Historiker: ich erfahre, zu welcher Zeit eine bestimmte Straße angelegt worden ist, daß in jenem Haus ein berühmter Mann geboren wurde, daß hier oder dort bemerkenswerte Ereignisse stattgefunden haben. Gemeinsam mit einem Maler bin ich für die Farbtönung der Parkanlage empfänglich, für die Linienführung der Paläste, der Kirchen, für das Spiel von Licht und Schatten auf den Mauern und Fassaden von Westminster, der Kathedrale, auf der Themse. Ein Kaufmann, ein Geschäftsmann führt mich durch die bevölkerten Straßen der Innenstadt, läßt mich vor den Läden, den Buchhandlungen, den Kaufhäusern innehalten. Aber selbst wenn ich nicht geführt worden bin, genügt es, wenn ich aus all diesen verschiedenen Betrachtungsweisen heraus verfaßte Stadtbeschreibungen gelesen habe, wenn man mir geraten hat, diese oder jene Stadtansicht zu betrachten – einfacher noch, wenn ich den Stadtplan studiert habe. Nehmen wir an, ich gehe allein spazieren. Kann man sagen, daß ich an diesen Spaziergang nur individuelle Erinnerungen, die allein mir gehören, zurückbehalte? Ich bin in-

dessen nur scheinbar allein spazieren gegangen. Vor Westminster habe ich daran gedacht, was mir mein Freund, der Historiker, darüber gesagt hatte (oder – was auf dasselbe hinausläuft – daran, was ich darüber in einen Geschichtsbuch gelesen hatte). Auf einer Brücke habe ich die Wirkung der Perspektiven betrachtet, auf die mein Freund, der Maler, hingewiesen hatte (oder die mir auf einem Gemälde, auf einem Stich aufgefallen war). Ich habe mich bei meinem Gang in Gedanken von meinem Stadtplan leiten lassen. Als ich zum ersten Mal in London war – vor Saint Paul oder Mansion House, auf dem ‚Strand' oder in der Umgebung von Court's Law – brachten mir viele Eindrücke die Romane von Dickens in Erinnerung, die ich in meiner Kindheit gelesen hatte: so ging ich also dort mit Dickens spazieren. Von keinem dieser Augenblicke, von keiner dieser Situationen kann ich sagen, daß ich allein war, daß ich allein nachdachte; denn in Gedanken versetzte ich mich in diese oder jene Gruppe – in die, die ich mit dem Architekten und darüber hinaus mit jenen Menschen, deren Interpret er nur für mich war, oder in die, die ich mit dem Maler (und seiner Gruppe) bildete, mit dem Geometer, der den Stadtplan gezeichnet hatte, oder mit einem Romancier. Andere Menschen habe diese Erinnerungen mit mir gemeinsam gehabt. Mehr noch, sie helfen, mir diese ins Gedächtnis zurückzurufen: um mich besser zu erinnern, wende ich mich ihnen zu, mache mir zeitweilig ihre Denkungsart zu eigen; ich füge mich von neuem in ihre Gruppe ein, der ich auch weiterhin angehöre, da ich immer noch ihre Einwirkungen erfahre und in mir manche Vorstellungen und Denkweisen wiederfinde, die ich allein nicht hätte entwickeln können und durch die ich mit diesen Menschen in Verbindung bleibe. (Halbwachs 1950/1991: 2f.)

Wie aus dieser Textpassage deutlich wird, entstehen Erinnerungen im Kontakt bzw. durch eine Vergegenwärtigung anderer bzw. einer Gruppe und ihrer Mitglieder. Das individuelle Bewusstsein enthält in sich eine *Pluralität* von kollektiven Erinnerungsbezügen. Diese Bezugnahme kann auch stattfinden, ohne dass die Bezugspersonen anwesend sind. Halbwachs geht also von einer *Virtualität* der Gruppe aus.

Der Kollektivbezug kommt zum einen bei der ursprünglichen Wahrnehmung von Ereignissen, also beim der späteren Erinnerung zugrunde liegenden Erleben ins Spiel, wie am Anfang der zitierten Textstelle deutlich wird. Zum anderen unterliegt auch der Abruf von Erinnerungen einem kollektiven Einfluss: „Andere Menschen haben diese Erinnerung gemeinsam mit mir gehabt. Mehr noch, sie helfen, mir diese ins Gedächtnis zurückzurufen." (Ebd.) Von größeren sozialen Einheiten wie etwa der Gesellschaft oder der Nation ist dabei nicht die Rede; diese Gruppen höherer Ordnung stellen keine primär geeignete Bezugsgruppe dar.

Die starke Orientierung an architektonischen und geographischen Orten verweist auf einen weiteren Grundzug in Halbwachs' Gedächtnistheorie: die Anlehnung des kollektiven Gedächtnisses an *topographische Bezugspunkte*; er entwirft eine topologische Auffassung vom Gedächtnis, die in einer interessanten Weise die antike mnemotechnische Überzeugung auf den Kopf stellt, dass sich das Memorieren eines Sachverhalts am besten mithilfe einer imaginären Verräumlichung, eines Raumbilds befördern lässt: Für Halbwachs sind es die realen Orte selbst, an denen sich Erinnerung konkretisiert und materialisiert.[7] Da Orte und räumlich Verankertes verhältnismäßig überdauernd und stabil sind, ist eine Orientierung daran geeignet, zur Kontinuität des kollektiven Gedächtnisses beizutragen.

Halbwachs konzipiert das kollektive Gedächtnis offenbar nicht primär im Sinne einer *group mind*, nicht als Gedächtnis einer überindividuellen Instanz. Es ist auf das individuelle Gedächtnis angewiesen, in dem sich das Erleben der Erinnerungen vollzieht. Individuen sind stets die Träger kollektiver Erinnerungen (vgl. Halbwachs 1950/1991: 31). Das individuelle Gedächtnis liegt dabei im Schnittpunkt verschiedener sozialer Einflüsse; es ist ein „Treffpunkt mehrerer sich in uns kreuzender Strömungen kollektiven Denkens" (ebd.: 27). Dass diese Einflüsse dabei sprachlich vermittelt sein können, deutet Halbwachs im „Spaziergang durch London" an, wenn er die Lektüre des Romans von Dickens als erinnerungsleitend darstellt.

4. Geschichte als Erinnerung und die Verborgenheit der Erinnerungsquellen

Der „Spaziergang durch London" bietet zwar einen guten Ausgangspunkt, aber an ihm lassen sich nicht alle Thesen und Themen, die für Halbwachs' Ansatz charakteristisch sind, einführen. So deutet sich beispielsweise die jüngere Diskussion zur (Un-)Trennbarkeit von Geschichte und Gedächtnis bei Halbwachs schon in der Unterscheidung

---

[7] Vgl. Yates (1966/1990) und dazu Saar (2001). Halbwachs' Buch über das Heilige Land (1941) ist in einem gewissen Sinn eine empirische Studie zu dieser These und kann seine historische Ahnherrschaft für die diversen „Gedächtnisort"-Projekte auf eine erstaunliche Weise belegen.

von sozialem/kollektivem Gedächtnis und historischer Erinnerung an.[8] Während das soziale Gedächtnis in Gruppen und im Bewusstsein ihrer Mitglieder verankert und immer auf die Erfahrungen dieser Gruppe beschränkt ist, markiert die historische Erinnerung einen distanzierten, kühleren Bezug zur Vergangenheit. Dieser setzt nach dem Erlöschen des gelebten Gedächtnisses ein, indem die Vergangenheit durch historiographische Methoden schriftlich fixiert wird. Was bleibt, ist *eine* Geschichte, die sich im Gegensatz zum sozialen Gedächtnis nicht an Kontinuität, Konstanz und Identität orientiert, sondern Wendepunkte und Entwicklungen an Differenzen festmacht. Für das persönliche Gedächtnis ist die gelebte Vergangenheit, mit der die/der Einzelne durch soziale Milieus in Berührung kommt, eine eindrücklichere und deshalb bessere Stütze.

Halbwachs unterstellt eine soziale bzw. kollektive Durchdringung individueller Erinnerungen. Auf welche Weise nimmt ein Individuum davon Kenntnis? Wie äußert sich dieser Einfluss auf der individuellen Ebene? Halbwachs weist in diesem Zusammenhang auf die unbewusste bzw. unbemerkte Wirkung des Sozialen („unsichtbar wie Luft") hin. Erinnerungen sind oft agglomerativ durch mehrere soziale Einflüsse determiniert; für Halbwachs gibt es keine beliebigen oder grundlosen Erinnerungen, also keine Erinnerungen ohne entsprechende Anlässe. Diese multiple Determiniertheit liegt jedoch meist jenseits der menschlichen Unterscheidungs- bzw. Erkenntnisfähigkeit. Zu weiten Teilen ist also die Herkunft von Erinnerungen nicht erkennbar, sie stellen sich sozusagen als erratisch dar. Das Individuum ist insofern häufig verborgenen, in Kollektivstrukturen angelegten Erinnerungsmustern ausgeliefert. Der Anteil des Sozialen an unserer Erinnerung ist dabei in der Regel größer und die Abhängigkeit von externen Quellen und Kommunikationen (Berichte, Zeugenaussagen etc.) stärker als wir annehmen (vgl. Halbwachs 1950/1991: 56).[9] Das Individuum hat somit oft wenig Kontrolle über das Auftreten und die Qualität von Erinnerungen, denn „man muß darauf warten, daß sich innerhalb der sozialen Milieus (...) mehrere Wellensysteme überschneiden" (ebd.: 32). Halbwachs betont dabei die Rolle des Zufalls, „der uns mit verschiedenartigen oder selbst gegensätzlichen Gruppen in Berührung gebracht hat" (ebd.: 27).

---

8   Vgl. Le Goff/Chartier/Revel (Hg., 1978), Le Goff (1992), und als Kommentare Hutton (1993), Burke (1991) und zur Wiederaufnahme der Debatte im Hinblick auf die Erinnerung an den Holocaust exemplarisch Friedländer (Hg., 1992) und LaCapra (1999).

9   Die Bedingungen, unter denen Erinnerungen auf ihre Quellen bzw. auslösende Erfahrungen zurückgeführt werden können, stehen heutzutage im Zentrum einiger kognitionspsychologischer Forschungsansätze. An erster Stelle ist hier das sog. *Source Monitoring-Framework* zu nennen, das Marcia Johnson und verschiedene Kolleginnen und Kollegen seit den 80er Jahren entwickelt und populär gemacht haben (zum Überblick siehe Mitchell/Johnson 2000).

5. Gruppe, Gesellschaft, Sprache und das Individuum

Soziales Gedächtnis kann im Hinblick auf die drei Dimensionen Gruppe, Gesellschaft und Sprache bestimmt werden. Diese sind zwar bei Halbwachs grundsätzlich angesprochen, aber keinesfalls gleichermaßen elaboriert. Dass Halbwachs das kollektive Gedächtnis primär in seinem Bezug zu Gruppen und ihren Mitgliedern darstellt, wurde bereits mehrfach erwähnt. Gedächtnis ist dabei nicht nur abhängig von, sondern auch beteiligt an der Identität einer Gruppe. Diesen letzteren Aspekt hebt er in *Das Gedächtnis und seine sozialen Bedingungen* noch hervor, indem er gemeinsame Erinnerung detailliert als Mittel der Gruppenkohäsion darstellt: Identität und soziales Gedächtnis einer Gruppe fundieren einander wechselseitig.

Halbwachs behandelt die Makroebene nur indirekt und nur über die Beziehung zum sozialen Gedächtnis der einzelnen. Zwar ist das individuelle Erinnern von der Gesellschaft oder der Nation abhängig, doch nur vermittelt durch die (gegebenenfalls virtuelle) Partizipation des Einzelnen an verschiedenen gesellschaftlichen Gruppen und durch den direkten Kontakt mit den entsprechenden sozialen Agenten. Veränderungen auf der Ebene von Nation und Gesellschaft können nur dann einen Niederschlag finden, wenn sie z. B. über Eltern, Geschwister oder Freunde dem Einzelnen vermittelt werden.[10]

Den Status der Sprache für das soziale Gedächtnis behandelt Halbwachs in *Das kollektive Gedächtnis* kaum. In der ersten Gedächtnisschrift hatte er ein Kapitel der Rolle der Sprache gewidmet, diese jedoch dort weniger zum sozialen Gedächtnis als vielmehr zu den psychischen Vorgängen beim Traum in Beziehung gesetzt. Dass das Gedächtnis sich stets auch sprachlich organisiert, wird in *Das kollektive Gedächtnis* lediglich *en passant* angesprochen: „Das Tätigsein des individuellen Gedächtnisses ist nicht möglich ohne jene Instrumente, die durch die Worte und Vorstellungen gebildet werden, die das Individuum nicht erfunden und die es seinem Milieu entliehen hat." (1950/1991: 35) In Worten und Begriffen sind offenbar Sedimente vergangener Benutzungsweisen und kollektiver Repräsentationen abgelagert. Halbwachs vertritt somit eine schwache Version der Sprachdeterminismus-These, die in Psycholinguistik und Kognitionspsychologie viel diskutiert wurde und darauf

---

[10] Um aktuellen, oft mit dem Schlagwort ‚Globalisierung' bezeichneten Entwicklungen Rechnung zu tragen, haben Levy/Sznaider (2001) unlängst eine extensionale Erweiterung des Begriffs der kollektiven Erinnerung vorgeschlagen. Jenseits national geprägter Erinnerungskultur habe sich mittlerweile im Gedenken an den Holocaust ein globales Gedächtnis gebildet. Im vorliegenden Zusammenhang sei darauf hingewiesen, dass Levy/Sznaider dabei von einer verzerrten Lesart von Halbwachs' Gedächtnisbegriff ausgehen: Wie gezeigt ist dieser eben nicht primär auf die Entität Nation bezogen.

hinausläuft, dass Denken und Wissen, also auch Gedächtnisprozesse, von sprachlichen Repräsentationen abhängig sind.[11]

Für das Konzept eines kollektiven Gedächtnisses ist für den Soziologen Maurice Halbwachs eine Unterscheidung zentral, die ihm als Schüler Durkheims nahe liegen musste: die Differenz von Individuum und Kollektivem. Durkheim ging in Analogie zu individuellen mentalen Repräsentationen davon aus, dass kollektive Repräsentationen das Resultat eines Kollektivbewusstseins sind. Er hatte Kollektivbewusstsein definiert als eine „Anzahl von Überzeugungen und Empfindungen, die den meisten Mitgliedern einer Gesellschaft gemeinsam sind und ein spezifisches System bilden, das (...) unabhängig von den besonderen Lebensumständen der Einzelnen ein Eigenleben führt; während das Leben der Einzelnen voranschreitet, bleibt das Kollektivbewusstsein (relativ) konstant." (1893/1982: 94) Das Bewusstsein des Einzelnen setzt sich aus einem persönlichen, vollständig individuierten sowie einem sozial-kollektiven Anteil zusammen. Sowohl Halbwachs als auch Durkheim ging es aus Gründen der Orientierung an dem Auftrag ihrer noch jungen Disziplin dabei vor allem um die differenzierte Betrachtung der überindividuellen Ebene des Sozialen. Was die Träger oder Stützen eines sozialen Gedächtnisses betrifft, geht Halbwachs ausschließlich auf Individuen ein; andere, nichtpersonale Entitäten kommen nicht zur Sprache. Somit stellt sich Halbwachs für manchen Soziologen (etwa Gérard Namer) durchaus als jemand dar, der das Soziale am Gedächtnis letztlich psychologisiert und verinnerlicht hat.[12]

6. Kollektive und soziale Aspekte des Gedächtnisses in der Psychologie

Die Frage nach den sozialen Rahmen des Gedächtnisses sprengt den Rahmen von rein soziologischen Fragen. Da es nach Halbwachs interessant und erläuterungsbedürftig ist, wie sich individuelles und soziales Erinnern durchdringen und wechselseitig bedingen, ist auch eine genauere Analyse individueller mentaler Prozesse notwendig. Gerade die Psychologie des Gedächtnisses, die seit ihren Anfängen Ende des 19. Jahrhunderts das Gedächtnis als eines der grundlegenden geistigen Vermögen des (einzelnen) Menschen untersucht, bietet Anknüpfungspunkte,

---

11 Zur Sprachdeterminismus-Diskussion siehe beispielsweise den neueren Überblick bei Hardin/Banaji (1993).
12 Es sei an dieser Stelle erwähnt, dass das deutsche Wort „erinnern" in der Tat auf ein Innen verweist, insofern es sich vom althochdeutschen Raumadjektiv *innaro*, „der Innere, innerer" herleitet und so viel bedeutet wie „machen, dass jemand etwas inne wird".

die sowohl zu einer Konkretisierung als auch Problematisierung der Thesen Halbwachs' führen können.[13] In der stark kulturwissenschaftlich orientierten Debatte um das kollektive Gedächtnis werden diese konzeptuellen und empirischen Ressourcen allerdings relativ wenig genutzt. Dabei können sich, wie der folgende Abschnitt andeuten soll, aus der Konfrontation psychologischer und kultur- bzw. geisteswissenschaftlicher Ansätze sicherlich für beide Seiten interessante Impulse ergeben.

Von einem psychologischen Zugang aus stellen sich die Rahmen des Gedächtnisses vor allem als die perzeptuellen und situativen Kontexte dar, die das individuelle Erinnern ermöglichen und prägen. Eine typische Leitfrage der empirischen Psychologie lautet in diesem Zusammenhang: Wodurch werden Informationen überhaupt oder besser erinnerbar? Die bisherige Forschung hat zu dieser Frage eine Vielzahl von Beiträgen geliefert. Diese zeigen, dass die Erinnerbarkeit unter anderem dann zunimmt, wenn zum Zeitpunkt des Erinnerns mit den Informationen verbundene Erinnerungs- bzw. Abrufhinweise vorliegen, wenn die zu behaltenden Informationen für die erinnernde Person Bedeutung, Kohärenz und Plausibilität aufweisen, wenn sie gut in bestehende kognitive Schemata passen, wenn sie häufig reaktiviert werden oder wenn sie einen Bezug zum Selbstkonzept bzw. zur Identität des Erinnernden haben. Diese lose Aufzählung macht deutlich, dass aus psychologischer Sicht der entscheidende Faktor für Erinnerbarkeit nie ausschließlich innerhalb oder ausschließlich außerhalb der Person lokalisiert werden kann, sondern dass es sich stets um ein Zusammenspiel innerer und äußerer Bedingungen handelt: Ein Abrufhinweis wirkt etwa nur dann, wenn er mit den individuell noch verfügbaren Informationen zur Vergangenheit verbunden ist. Insofern erscheint es vom psychologischen Standpunkt aus schwierig, „Rahmen" im Sinne rein äußerer, situativer Bedingungen zu verstehen.

Der britische Psychologe Frederick Bartlett (1932) unterzog in einem kurzen Kapitel seiner klassischen Arbeit *Remembering* Halbwachs' *Das Gedächtnis und seine sozialen Bedingungen* einer kritischen Analyse und kam zu dem Schluss, die Bedeutung der sozialen Rahmenbedingungen für die individuelle Erinnerung sei zwar unbestreitbar; Halbwachs habe jedoch keineswegs die Frage beantwortet, ob es jenseits der Erinnerungen *in* einer Gruppe auch Erinnerungen gibt, deren Träger die Gruppe

---

13 Vgl. die faszinierende Wissenschaftsgeschichte der Psychologie, die seit ihren Anfängen in der zweiten Hälfte des 19. Jahrhunderts die Erforschung des Gedächtnisses als einen ihrer zentralen Gegenstandsbereiche versteht. Wie Ian Hacking am Beispiel der Entwicklung in Frankreich gezeigt hat, wurde zu jener Zeit ein Begriff von Gedächtnis gebildet, um die – oft religiös ausgelegte – Substanz „Seele" der wissenschaftlichen Erforschung zugänglich zu machen (Hacking 1995); zur psychologischen Erforschung der „Gedächtniskrankheiten" vgl. auch Roth (1991).

selbst ist. Abgesehen von dieser Kritik an der begrenzten Reichweite des Halbwachs'schen Ansatzes ging Bartlett davon aus, dass soziale Rahmen diejenigen Schemata bereitstellen, die Erinnerungen – wie in seinen verschiedenen Studien zum Erinnern von Geschichten gezeigt – durchgreifend prägen. Soziale Rahmen scheinen somit zugrunde liegende Muster und Strukturen zu liefern, die Vorannahmen über bestimmte Situationen, Ereignisse oder Gegenstände enthalten, damit Komplexität reduzieren und so nur bestimmte Informationen (und auch Erinnerungen) zulassen. Wenn Informationen auf diese Weise verarbeitet werden, handelt es sich in kognitionspsychologischer Terminologie um einen Top-down-Prozess (im Gegensatz zu einem „datengesteuerten" Bottom-up-Prozess). Die Spuren oder Fragmente vergangener Erlebnisse werden dabei durch höhere kognitive Prozesse der Sinngebung und Organisation erst in eine erinnerbare Form gebracht, die Vergangenheit wird *rekonstruiert*, ein Aspekt, den auch Halbwachs in seinen frühen Schriften zum Ausdruck gebracht hatte (vgl. den dritten Abschnitt dieser Einleitung). Von Ulric Neisser (1967), einem Begründer der kognitiven Psychologie, stammt eine Analogie, die die Rekonstruktivität des Gedächtnisses veranschaulicht: Die erinnernde Person gleicht einem Paläontologen, der auf der Grundlage seines Wissens versucht, die Gestalt eines Dinosauriers aus den verfügbaren fossilen Resten wiederherzustellen. Gerade dieses rekonstruktive Moment macht Gedächtnisprozesse anfällig für Beeinflussung, Manipulation oder Verzerrungen verschiedenster Art (z.B. Nivellierung, Assimilation, Verdichtung, Sinnanreicherung, Konventionalisierung, Auslassung, Umdeutung etc.); Erinnerungen ergeben sich eben nie vollständig aus einer vergangenen Erfahrung. Zudem stammt das zur Rekonstruktion herangezogene Wissen immer auch aus zweiter Hand, ist durch andere Personen bzw. durch Spuren, Monumente oder Dokumente einer Kultur vermittelt. Die Rekonstruktivität des Gedächtnisses eröffnet mithin die Möglichkeit, dass überindividuelle Rahmen und Kontexte auf individuelle Erinnerungen Einfluss ausüben.

Psychologische Mechanismen sind insofern von Bedeutung, als die überindividuell organisierten Erinnerungskulturen und -instanzen auf ihre Wirksamkeit angewiesen sind. Die Interdependenz und Verzahnung von übergeordneten, kulturellen Prozessen der Erinnerungsbildung einerseits und deren persongebundenen, psychologisch fassbaren Voraussetzungen andererseits haben bislang kaum Beachtung gefunden.[14] Ein mögliches Feld solcher Analysen wären beispielsweise ideologisch

---

14 Ausnahmen bilden jedoch das Kapitel von Hirst/Manier im vorliegenden Band und Hirst/Manier (im Druck), die versuchen, in der kognitiven Psychologie entwickelte Aufgabenanalyse (*task analysis*) auf die gemeinsame Bewältigung von Erinnerungsaufgaben in sozialen Zusammenhängen anzuwenden.

motivierte Versuche, eine bestimmte offizielle Lesart der Vergangenheit durchzusetzen und so kollektive Erinnerungen zu verändern. Wann haben solche Versuche Erfolg, wann scheitern sie am Widerstand einer Zielgruppe? Warum behaupten bestimmte Minderheiten bisweilen ihre eigene, lokale Geschichte gegenüber einer hegemonial etablierten Version der Vergangenheit (vgl. Joutard 1977), während das Gedächtnis anderer Minderheiten eine solche Widerstandskraft nicht aufweist? Gerade Befunde der psychologischen Gedächtnisforschung können die Beantwortung dieser Fragen erleichtern: Je stärker etwa der Selbstbezug, die Kohärenz und die wechselseitige kommunikative Aktivierung von gruppenspezifischen Erinnerungen einer Minderheit sind, desto geschlossener und resistenter müssten diese gegenüber Indoktrinationsversuchen sein. Auch ließe sich aus der Forschung zur Bedeutung von Quellenmerkmalen in Kommunikation und Attribution die These herleiten, dass vergangenheitsbezogene Mitteilungen dann als neutrale und glaubwürdige Informationen erinnert werden, wenn die Quelle (m.a.W. der Sender) undeutlich oder leicht vom Inhalt der Mitteilung dissoziierbar ist.[15]

Der Verweis auf Konstrukte und Begriffe vor allem der kognitiven Psychologie für ein prinzipiell sozialpsychologisches Feld ist insofern angebracht, als es Anfang bis Mitte der 80er Jahre auch eine so genannte „kognitive Wende" in der Sozialpsychologie gab. Mit dieser Wende verlagerte sich das Hauptaugenmerk von der behavioristisch geleiteten Erforschung beobachtbaren Verhaltens auf die Untersuchung kognitiver Prozesse, also auf die Analyse von Prozessen der Informationsverarbeitung.[16] Manche Autoren wie beispielsweise Uwe Flick in seiner Einleitung zur „Psychologie des Sozialen" (1995) sprechen von einer linguistischen Wende Ende der achtziger bzw. Anfang der neunziger Jahre, die mit der Entwicklung der britischen Diskurs- und Konversationspsychologie durch David Middleton und Derek Edwards (1990) einsetzte. Mittlerweile hat sich jedoch gezeigt, dass der Einfluss der sozialen Kognitionsforschung fast ungebrochen ist und eine derartige Wende nicht wirklich stattgefunden hat. Das Interesse an den sozialen Bedingungen von Gedächtnisprozessen hat dabei in jüngerer Zeit auch innerhalb der Kognitionspsychologie merklich zugenommen, wobei gerade die Kom-

---

[15] Solche Analysen der Attribution von kommunizierten Erinnerungen verdanken sich dem bereits erwähnten *Source Monitoring*-Ansatz (Mitchell/Johnson 2000) oder sozialpsychologischen Glaubwürdigkeitsmodellen wie von Fiedler/Schmidt (1998).

[16] Kritik an einem einseitigen Kognitivismus, der die zentrale Kategorie der *Bedeutung* von Stimuli und entsprechender Kognitionen vernachlässigt, hat an prominenter Stelle im Übrigen auch Carl Graumann geübt; vgl. auch seinen Beitrag im vorliegenden Band.

munikativität des Erinnerns Beachtung gefunden hat (vgl. den dritten Abschnitt dieser Einleitung).[17]

Als Gegengewicht zu einem individuumszentrierten Ansatz, der vor allem die inneren Verarbeitungsprozesse zu formalisieren versucht, wurden in jüngerer Zeit Zugänge entwickelt, die sich explizit den situativen und kulturellen Bedingungen zuwenden, unter denen individuelle Gedächtnisprozesse ablaufen – womit der im dritten Punkt erwähnte Aspekt der Kontextualität in einem zunächst breiten Sinn angesprochen ist. Die entsprechenden theoretischen Rahmenvorstellungen sind unter Stichworten wie ökologischer Ansatz[18] oder *Distributed Cognition*[19] formuliert worden. Im Hinblick auf die sozialen Kontexte des Erinnerns haben sich einige Forscherinnen und Forscher der Frage gewidmet, inwiefern gemeinsame Erinnerungen in einer Gruppe das Gedächtnis der einzelnen Gruppenmitglieder beeinflussen.[20] Die Wirkung gemeinsamer Rekonstruktionen vergangener Geschehnisse in Gruppengesprächen auf die späteren individuellen Erinnerungen der Gruppenmitglieder haben – vor allem für Familien – William Hirst, David Manier und ihre Mitarbeiterinnen und Mitarbeiter an der New School for Social Research in New York untersucht.[21] So hat auch der anfangs genannte Aspekt der Kommunalität des Erinnerns in begrenztem Ausmaß Eingang in die psychologische Forschung gefunden. Von einem empirischmethodischen Standpunkt aus ist eine Ausweitung dieses Untersuchungsansatzes über begrenzte Gruppensituationen hinaus problematisch. Geht man von einem weiteren Begriff der sozialen Rahmen bzw. des sozialen Gedächtnisses aus, wäre jedoch gerade eine solche Erweiterung wünschenswert.

7. Die Zukunft des Vergangenen: Heuristische Konsequenzen des Paradigmas des kollektiven Gedächtnisses

Insgesamt ergeben sich aus den Arbeiten Halbwachs' eine Reihe von offenen Fragen, die das „Paradigma" des kollektiven Gedächtnisses eher aufwirft als beantwortet. Es ist etwa zu fragen, in welchen Instanzen

---

17 Vgl. hierzu exemplarisch Bless/Strack (1998), Higgins (1999), Hoffman/ Granhag/Kwong/ See/Loftus (2001) und Tversky/Marsh (2000) sowie den kurzen Überblick bei Echterhoff (2001b).

18 Den ökogischen Ansatz hat zuletzt Graumann (1997) dargelegt.

19 Siehe beispielsweise Salomon (Hg., 1993) oder Hutchins (1995).

20 Vgl. etwa die empirischen Arbeiten von Bruner/Feldman (1996), Clark/Stephenson/Kniveton (1990), Cranach/Bangerter/Arn (1997), Weldon/Bellinger (1997) bzw. die in in Middleton/Edwards (Hg., 1990) versammelten Ansätze.

21 Exemplarisch ist dieser Ansatz bei Hirst/Manier/Apetroaia (1997) dargestellt.

und Trägern eine kollektive Erinnerung zu lokalisieren ist. Möchte man ein Gedächtnis nichtpersonaler Entitäten oder Systeme beschreiben, so muss eine Grundlage gefunden werden, die auch vom Individuum losgelöst sein kann, vielleicht sogar sein muss. Was aber wäre ein autonomes Gedächtnis des Sozialen, das nicht in der Erinnerungstätigkeit von Personen verortbar ist? Ist es durch Begriffe wie Schemata oder Skripts fassbar? Findet es sich – wie bei Jan Assmann – in Medien und materiellen Speichern, also in Schrift, Dokumenten und Archiven? Oder wird es hauptsächlich so genannten Erinnerungsorten zugewiesen?[22] Wie lassen sich dabei metaphorische Redeweisen bzw. zweifelhafte Unterstellungen einer gleichsam metaphysischen Substanz vermeiden? Durch einen begrifflichen Handstreich sind entsprechende Versuche jedenfalls ebenso wenig zu plausibilisieren wie sie durch den bloßen Verweis auf unzulässige Analogien abgetan werden können. Schon Bartlett (1932) hatte ja die Frage gestellt, wie soziales Gedächtnis auf einer nichtpersonalen Ebene beobachtet werden kann bzw. wie sich die Träger des sozialen Gedächtnisses befragen lassen.

Außerdem wäre zu thematisieren, ob und wie die sozialen Einflüsse unbemerkt bzw. unbewusst bleiben. Können Einzelne deren Einfluss kontrollieren oder abwehren? Sind wir verborgenen, strukturell angelegten Erinnerungsmustern ausgeliefert oder können wir sie reflexiv fassen und damit ihre Wirkung einschätzen? Wann sind sich Angehörige einer Erinnerungsgemeinschaft oder Erinnerungskultur des Vollzuges von Erinnerungsarbeit bewusst, wann sind sie eher verborgenen, strukturell angelegten oder eingeschriebenen Erinnerungsmustern ausgeliefert, die unter Umständen Gegenstand von Kritik werden sollten? Man denke in diesem Zusammenhang an das bekannte Diktum Lacans, das Unbewusste sei der Diskurs des Anderen – eines Anderen, das in Diskursroutinen, Sprachregelungen und kommunikativen Strukturen den Anspruch des Individuums auf Selbstverfügbarkeit und Autonomie unterwandert. Ob die sozialen Bedingungen einsehbar und dem Bewusstsein Einzelner zugänglich sind, wird mithin zu einer wesentlichen Frage, der sich jeder Versuch einer „Rahmen-Analyse" stellen muss.

Schließlich wäre auch zu überlegen, ob sich aus Halbwachs' eher deskriptivem Ansatz normative oder politische Konsequenzen ableiten lassen. Richard Sennett (1998) hat beispielsweise auf der Grundlage seiner Lesart von Halbwachs und Durkheim, die er als Vertreter einer liberal-pluralistischen Gedächtnistheorie ansieht, die Forderung nach Destabilisierung und Dezentrierung von Erinnerungen und nach kom-

---

[22] Zur Verortung des Sozialen am sozialen Gedächtnis vgl. Luhmann (1990: 154–159), J. Assmann (1997, 2001), A. Assmann (1999), Assmann/Weinberg (Hg., 1998), François/Schulze (Hg., 2001), Nora (Hg., 1984–93).

munikativer Aushandlung verschiedener Sichtweisen der Vergangenheit gewonnen. Halbwachs hat die Pluralität des kollektiven Gedächtnisses *en détail* dargelegt, und daraus ergäbe sich vielleicht die Möglichkeit oder gar Notwendigkeit einer Kritik an den „Monokulturen" des Erinnerns, die Versionen der Vergangenheit festschreiben und sie bisweilen zum Mythos verdichten.

8. Anschlussstellen und Verbindungslinien

Sowohl die grundsätzliche Anschlussfähigkeit als auch die faktische Wirksamkeit der Thesen von Halbwachs sind nicht an die Grenzen akademischer Disziplinen gebunden. Aus einer Vielzahl von Perspektiven und konkreten Forschungsinteressen heraus können sich zufällige Überschneidungen und produktive Anleihen ergeben; einige dieser Aktualisierungen finden sich in diesem Band, der auch das potentielle thematische Spektrum deutlich machen soll. Die Sozialpsychologie ist, wie bereits dargestellt, aus ganz anderen Traditionen heraus auf ähnliche Probleme wie Halbwachs und die damals noch junge Soziologie gestoßen. So unternimmt der Beitrag von William Hirst und David Manier den Versuch, ausgehend von Kategorien der psychologischen Grundlagenforschung (episodisches, semantisches und prozedurales Gedächtnis) verschiedene Arten kollektiver Erinnerungen zu unterscheiden. Carl Graumann legt im folgenden Kapitel von einem phänomenologischen Standpunkt aus dar, inwiefern die experimentalpsychologische Linie der Gedächtnisforschung gerade die Kontexte des Erinnerns, darunter auch die sozialen Rahmen im Sinne Halbwachs', seit ihren Anfängen Ende des 19. Jahrhunderts in mehrfacher Hinsicht vernachlässigt hat. Der anschließende Beitrag von Gerald Echterhoff und William Hirst konzentriert sich auf einen besonderen Aspekt des sozialen Kontextes von Erinnerungsprozessen: die Einflüsse pragmatischer Gesprächsroutinen und Konversationsregeln bei der Kommunikation über vergangene Erfahrungen. Um diese Einflüsse im Detail zu illustrieren, reinterpretieren die Autoren Befunde aus drei Feldern der kognitiven Gedächtnispsychologie. Auch Gesine Grossmann thematisiert in ihrem Kapitel die psychologische und dialogische Dimension von Erinnerungen, indem sie Halbwachs' Überlegungen zum inneren Gesprächspartner mit psychoanalytischen Gedächtniskonzepten konfrontiert – ein Ansatz, dessen Implikationen sich v.a. im individuell und gesellschaftlich gleichermaßen prekären Bereich der traumatischen Erinnerungen abzeichnen.

Von philosophischer Seite stellt sich die Frage nach einer grundlegenden Methodologie der historischen Wissenschaften und nach einer

Hermeneutik der Erinnerung.[23] Es stellt sich aber auch die ganz grundsätzliche Frage nach dem begrifflichen Ort von Erinnerung. Thomas Khurana stellt in seinem Beitrag Überlegungen zum Verhältnis von Sinn und Gedächtnis an, die eine Rückkehr zu allzu einfachen Modellen ausschließt.

Die Bedeutung der Kategorie Gedächtnis für die Geschichtsschreibung im Allgemeinen und die Kulturgeschichte im Speziellen ist offensichtlich. Theoriehistorisch und thematisch ergeben sich Bezüge zu der in Deutschland noch relativ jungen Rezeption und Aufarbeitung der Vorschläge der *École des Annales* (Marc Bloch, Lucien Febvre, Ferdinand Braudel u.a.) in ihren verschiedenen Generationen. Bezüglich der kulturgeschichtlichen Forschung in Deutschland ist der Einfluss von Jan Assmanns Aktualisierung von Halbwachs kaum zu überschätzen. Aber das wohl einflussreichste historische und historiographische Projekt einer „Anwendung" der Konzeption des kollektiven Gedächtnisses auf die Geschichtsschreibung bleibt das monumentale, von Pierre Nora geleitete Projekt *Les lieux de mémoire*. Der Beitrag von Peter Carrier behandelt dessen methodologische und geschichtspolitische Implikationen und vertritt eine eher skeptische Lesart, was die Bedeutung von Halbwachs für Noras Projekt angeht. Der Beitrag von Sabine Schindler über amerikanische *history sites* wirft einen kritischen Blick auf die aktive Reinszenierung von Vergangenheit auf dem schmalen Grat zwischen Pädagogik und Spektakel.

Im Kontext der Frage nach räumlichen Verkörperungen von Gedächtnis und nach Identitätskonstruktionen durch Vergangenheitsentwürfe steht auch der Beitrag von Axel Doßmann über das Konzentrationslager Buchenwald. Denn schließlich ist die Bedeutung derjenigen wissenschaftlichen Projekte nicht zu leugnen, die noch enger als die Geschichtsschreibung des 19. Jahrhunderts oder die Nationalismusforschung[24] *gegenwärtige* politische – und das heißt ja auch immer kollektive oder öffentliche – Versionen oder Konstruktionen von Vergangenheit zum Gegenstand haben, sei es in der Zeitgeschichte, politischen Soziologie oder Politikwissenschaft. Und dass die „Politik der Erinnerung" ein Thema ist, das für ein Begreifen deutscher Geschichte und Gegenwart so dringlich ist wie wenige andere sonst, braucht wohl kaum hervorgehoben werden; es ist nur auf die beiden ganz unterschiedlichen Zugangsweisen von Nina Leonhard und Nicolas Berg zum Thema „Vergangenheitsbewältigung" hinzuweisen, einem Begriff, der so deutsch ist, dass er kaum in andere Sprachen übersetzbar ist.

---

[23] Vgl. einen großen Teil des Werks von Paul Ricœur und vor allem sein letztes Buch mit einem kleinen Kapitel zu Halbwachs (Ricœur 2000: 146–151).

[24] Vgl. die klassischen Studien von Anderson (1983) oder Hobsbawm/Ranger (Hg., 1983); vgl. auch Bhabha (Hg., 1990) und François/Siegrist/Vogel (Hg., 1995).

Aus literaturwissenschaftlicher Sicht weist Astrid Erll dann in ihrer kritischen Rekonstruktion von Halbwachs' Lektüre literarischer Texte in *Das kollektive Gedächtnis* auf deren besondere Funktion für die Tradierung von Erinnerungen hin. Am Ende dieser vielfältigen Arbeiten, die alle auf ihre spezifische Weise der Idee eines kollektiven Gedächtnisses verpflichtet sind, gibt Martin Saar in seinem Beitrag einen Ausblick auf die sozialphilosophische Problematik des kollektiven Gedächtnisses unter Berücksichtigung des faktischen Multikulturalismus unserer Gesellschaften.

Es ist zu hoffen, dass die Gesamtheit der vorliegenden Beiträge einen Eindruck davon vermittelt, dass sich aus verschiedenen Perspektiven Anknüpfungspunkte an das zu erprobende, zentrale Begriffsgerüst Halbwachs' entwickeln lassen. Für uns als Herausgeber ist damit auch die Erwartung verbunden, dass sich die vage Idee von einer solchen konvergierenden Vielfalt, die die Geburtsstunde auch dieses Projekts begleitet hatte, durch das hier versammelte Material konkretisiert und konturiert – dazu mag beitragen, dass nun ein Kontext für eine Erinnerung an die hier vorgestellten Kontexte des Erinnerns geschaffen ist.

Literatur

Anderson, B. (1983). Imagined Communities: Reflections on the Origin and Spread of Nationalism. London: Verso.

Assmann, A. (1999): Erinnerungsräume. Formen und Wandlungen des kulturellen Gedächtnisses. München: Beck.

Assmann, J. (1997): Das kulturelle Gedächtnis. Schrift, Erinnerung und politische Identität in frühen Hochkulturen. München: Beck.

Assmann, J. (2001): Maurice Halbwachs. In: J. Ruchatz/N. Pethes (Hg.): Gedächtnis und Erinnerung. Ein interdisziplinäres Lexikon. Reinbek: Rowohlt, S. 247–249.

Assmann, A./M. Weinberg (Hg., 1998): Medien des Gedächtnisses. Stuttgart: Metzler (Sonderheft *Deutsche Vierteljahrsschrift für Literatur und Geistesgeschichte*, 72).

Bartlett, F. C. (1932): Remembering: A Study in Experimental and Social Psychology. Cambridge: Cambridge University Press.

Bhabha, H. K. (Hg., 1990): Nation and Narration. London: Routledge 1990.

Bless, H./F. Strack (1998): Social Influence on Memory. In: V. Y. Yzerbyt/G. Lorie/B. Dardenne (Hg.): Metacognition: Cognitive and Social dimensions. London: Sage, S. 90–106.

Bloch, M. (1925/2000): Mémoire collective, tradition et coutume. *Revue de Synthèse Historique*, 40, S. 78–83 (dt. Kollektives Gedächtnis, Tradition und Brauchtum. In: M. Bloch: Aus der Werkstatt des Historikers. Zur Theorie und Praxis der Geschichtswissenschaft. Frankfurt/M./New York: Campus, S. 241–251).

Bruner, J. S./C. Feldman (1996): Group Narrative as a Cultural Context of Autobiography. In: D. C. Rubin (Hg.): Remembering Our Past: Studies in Autobiographical Memory. Cambridge: Cambridge University Press, S. 291–317.

Clark, N. K./G. M. Stephenson/B. H. Kniveton (1990): Social Remembering: Quantitative Aspects of Individual and Collaborative Remembering by Police Officers and Students. *British Journal of Psychology*, 81, S. 73–94.

Cranach, M. von/A. Bangerter/C. Arn (1997): Gedächtnisprozesse handelnder Gruppen. In: G. Lüer/U. Lass (Hg.): Erinnern und Behalten. Wege zur Erforschung des menschlichen Gedächtnisses. Göttingen: Vandenhoeck & Ruprecht, S. 302–320.

Durkheim, E. (1893/1982): Über die Teilung der sozialen Arbeit. Frankfurt/M.: Suhrkamp.

Echterhoff, G. (2001a): False Memory. In: J. Ruchatz/N. Pethes (Hg.): Gedächtnis und Erinnerung. Ein interdisziplinäres Lexikon. Reinbek: Rowohlt, S. 165–166.

Echterhoff, G. (2001b): Kommunikation. In: J. Ruchatz/N. Pethes (Hg.): Gedächtnis und Erinnerung. Ein interdisziplinäres Lexikon. Reinbek: Rowohlt, S. 310–311.

Fiedler, K./J. Schmidt (1998). Wahrheitsattribution: Ein neuer theoretischer und methodischer Ansatz zur Lügenforschung. In: A. Spitznagel (Hg.): Geheimnis und Geheimhaltung. Erscheinungsformen, Funktionen, Konsequenzen. Göttingen: Hogrefe, S. 167–180.

Flick, U. (1995): Psychologie des Sozialen. Reinbek: Rowohlt.

François, E./H. Schulze (Hg., 2001): Deutsche Erinnerungsorte. Bd. I. München: Beck.

François, E./H. Siegrist/J. Vogel (Hg., 1995): Nation und Emotion. Deutschland und Frankreich im Vergleich – 19. und 20. Jahrhundert. Göttingen: Vandenhoeck & Ruprecht 1995.

Friedländer, S. (Hg., 1992): Probing the Limits of Representation. Nazism and the „Final Solution". Cambridge: Harvard University Press.

Graumann, C. F. (1997): Zur Ökologie des Gedächtnisses. In: G. Lüer/U. Lass (Hg.): Erinnern und Behalten. Wege zur Erforschung des menschlichen Gedächtnisses. Göttingen: Vandenhoeck & Ruprecht, S. 269–286.

Hacking, I. (1995): Rewriting the Soul: Multiple Personality and the Sciences of Memory. Princeton: Princeton University Press.

Halbwachs, M. (1913): La classe ouvrière et les niveaux de vie. Recherches sur la hiérarchie des besoins dans les sociétés industrielles contemporaines. Paris: Alcan.

Halbwachs, M. (1925/1985): Das Gedächtnis und seine sozialen Bedingungen. Frankfurt/M.: Suhrkamp.

Halbwachs, M. (1933): L'Évolution des besoins de la classe ouvrière. Paris: Alcan.

Halbwachs, M. (1938/2001): Entwurf einer Psychologie sozialer Klassen. Über die gesellschaftlichen Antriebe des Menschen. Konstanz: UVK.

Halbwachs, M. (1941): La topographie légendaire des Évangiles en Terre Sainte. Étude de mémoire collective. Paris: Presses universitaires de France.

Halbwachs, M. (1950/1991): Das kollektive Gedächtnis. Frankfurt/M.: Fischer.

Halbwachs, M. (1950/1997): La mémoire collective. Hg. v. G. Namer. Paris: Albin Michel.

Hardin, S. C./M. R. Banaji (1993): The Influence of Language on Thought. Social Cognition, 11, S. 277–308.

Heinz, R. (1969): Maurice Halbwachs' Gedächtnisbegriff. Zeitschrift für philosophische Forschung, 23, S. 73–85.

Higgins, E. T. (1999): „Saying is Believing" Effects: When Sharing Reality About Something Biases Knowledge and Evaluations. In: L. L. Thompson/J. M. Levine/D. M. Messick (Hg.): Shared Cognition in Organizations: The Management of Knowledge. Mahwah: Lawrence Erlbaum, S. 33–49.

Hirst, W./D. Manier (im Druck): Finding the Individual in Social Remembering: A Psychological Introduction. In: W. Hirst/D. Manier/J. Miller (Hg.): Remembering in a Sociocultural Context. New York: Russell Sage Publications.

Hirst, W./D. Manier/I. Apetroaia (1997): The Social Construction of the Remembered Self. In: J. G. Snodgrass/R. L. Thompson (Hg.): The Self Across Psychology: Self Recognition, Self-Awareness, and the Self Concept. New York: Academy of Sciences, S. 163–188.

Hobsbawm, E./T. Ranger (Hg., 1983): The Invention of Tradition. New York: Cambridge University Press.

Hoffman, H. G./P. A. Granhag/S. T. Kwong See/E. F. Loftus (2001): Social Influences on Reality-Monitoring Decisions. Memory & Cognition, 29, S. 394–404.

Hutchins, E. (1995): Cognition in the Wild. Cambridge: MIT Press.

Hutton, P. (1993): History as an Art of Memory. Hanover & London: Vermont University Press.

Joutard, P. (1977): La légende des Camisards. Une sensibilité au passé. Paris: Gallimard.

LaCapra, D. (1999): History and Memory after Auschwitz. Ithaca: Cornell University Press.

Le Goff, J./R. Chartier/J. Revel (Hg., 1978): La nouvelle histoire. Paris: Bibliothèque du C.E.P.L.

Le Goff, J. (1992): Geschichte und Gedächtnis. Frankfurt/M./New York: Campus.

Levy, D./N. Sznaider (2001): Erinnerung im globalen Zeitalter. Der Holocaust. Frankfurt/M.: Suhrkamp.

Middleton, D./D. Edwards (Hg., 1990): Collective Remembering. London: Sage.

Mitchell, K. J./M. K. Johnson (2000): Source Monitoring: Attributing Mental Experiences. In: E. Tulving/F. I. M. Craik (Hg.): The Oxford Handbook of Memory. Oxford: Oxford University Press, S. 179–195.

Namer, G. (1987): Mémoire et société. Paris: Méridiens Klinsieck.

Neisser, U. (1967): Cognitive Psychology. New York: Appleton-Century-Crofts.

Nora, P. (Hg., 1984–93): Les Lieux de mémoire. 7 Bände. Paris: Gallimard.

Ricœur, P. (2000): La mémoire, l'histoire, l'oubli. Paris: Seuil.

Roth, M. S. (1991): Remembering Forgetting: Maladies de la mémoire in Nineteenth Century France. *Representations*, 26, S. 49–68.

Saar, M. (2001): Frances Yates. In: J. Ruchatz/N. Pethes (Hg.): Gedächtnis und Erinnerung. Ein interdisziplinäres Lexikon. Reinbek 2001, S. 652–654.

Salomon, G. (Hg., 1993): Distributed Cognitions: Psychological and Educational Considerations. Cambridge: Cambridge University Press.

Sennett, R. (1998): Disturbing Memories. In: P. Fara/K. Patterson (Hg.): Memory. Cambridge, UK: Cambridge University Press, S. 10–26.

Tversky, B./E. J. Marsh (2000): Biased Retellings of Events Yield Biased Memories. *Cognitive Psychology*, 40, S. 1–38.

Weldon, M. S./K. D. Bellinger (1997): Collective Memory: Collaborative and Individual Processes in Remembering. *Journal of Experimental Psychology: Learning, Memory, and Cognition*, 23, S. 1160–1175.

The Diverse Forms of Collective Memory

WILLIAM HIRST/DAVID MANIER

The field of collective memory can appear to the outsider as hopelessly confusing, a thousand voices talking about what seems initially to be quite different things. While most scholars take as their starting point Maurice Halbwachs's (1950/1980) groundbreaking work, their paths quickly diverge. Grouped under the rubric of collective memory are such apparently diverse topics as family memories, historical memories, national identity, the shared memories of friends and colleagues, traditions and rituals, and the memories mediated through museums, memorials, and monuments, to list just a few examples. On the surface, the only things these diverse instances of memory seem to have in common is that in each case the memory is shared by more than one person. It can be among citizens of a nation or between just two people, but the memory is always shared. Yet it may be possible to classify the diversity of exemplars into a small, manageable set of distinct forms of collective memory. This paper attempts to do just that. The approach adopted here considers the *representation* of a memory and the *processes* by which it is formed, transformed, and remembered. Such a "process and representation" approach will allow us to build on a taxonomy developed by cognitive psychologists for individual memory and explore the extent to which it can be extended to collective memory.

1. Ideology and Process

One reason why it might seem strange to develop a taxonomy of collective memory from a "process and representation" perspective is that much of the literature on collective memory is concerned with what we will call the "ideology" or "politics" of memory (Gillis 1994; Hobsbawm/Ranger 1983; Said 1981; see also Hirst/Manier/Miller 2002). Scholars with this interest focus on the influence institutions, states, and other political and social structures have on collective memory (see Olick/Robbins 1998). They examine civil authorities employing commemorative ceremonies, memorials, patriotic holidays, and the education system to shape memories, concentrating not on how these devices consolidate memories or facilitate remembering, but what the civil authorities are trying to elicit and the means they use to accomplish their task. They are particularly interested in the "memory wars" that arise as different organizations, institutions, or people fight about the memory a memorial, museum exhibit, or commemorative ceremony should "create" (Karp/Lavine 1991). Similarly, they examine the struggles of new democracies to come to terms with their dictatorial past, revealing the wide range of mnemonic possibilities available for carrying out what might seem on the surface to be common projects (Rosenberg 1995). East Germany, for instance, opened up its Stasi files (Kritz 1995), the Czechs initiated a series of "lustrace" laws (ibid.), and South Africa established a Committee on Truth and Reconciliation (Boraine/ Levy/Scheffer 1994). In each case, the ideology of remembering determined an occasion for remembering, be it a Committee on Truth and Reconciliation or a bureaucracy for distributing secret police files. Occasionally, civil authorities may encourage forgetting or simply neglect and indifference to the past, as Kammen (1991) abundantly demonstrated in his magnificent book *The Mystic Chords of Memory*. But no matter if the attempt is at the construction or erasure of a memory, the scholarly interest is the same: an emphasis on ideology.

Discussion of the "ideology of memory" is often couched in terms of the hegemony of the state and its power to shape the way its citizens remember the past. Hobsbawm and Ranger (1983), for instance, focused on the invention of social rituals and spectacles as modes of social control, whereas Gillis (1994) saw monuments and memorials as architectural means of reinforcing state authority. Zerubavel (1995) thoroughly analyzed self-serving devices used by the state of Israel to underscore an attitude toward the state and its enemies. Bodnar (1992) chronicles how "official history" serves state authority and suppresses a "vernacular" history that may conflict with state aims.

Yet this reading of the dynamics of collective memory may be too narrow. As Schwartz (2000) emphasized, this description makes the process of forming collective memories overly determined. Whereas there are indeed times when authorities intentionally set about reshaping collective memories, often as not, an event will coalesce competing memories into a unified and transformed collective memory without any particular planning or expectation. Schwartz describes the funeral of Lincoln. Although its planners clearly wanted the nation to express its grief through a public funeral, they did not expect a huge outpouring. The funeral involved a train trip from Washington to Springfield, Illinois, with stops along the way. Even though Lincoln was not extremely popular at the time of his assassination, the reception to Lincoln's cortège was tremendous. By the time the train reached Chicago, the public was so engaged that fully 80% of Chicago's population viewed the funeral procession, if only from a distance, an overwhelming expression of grief from a city in which Lincoln barely achieved a majority in the previous election. No one had planned for such an outpouring. But it was this unintended result that began the slow transformation of Lincoln from unpopular President to national martyr and majestic hero. Of course, once this sentiment took shape, various authorities took advantage of it and built on it in a way that enlarged Lincoln to the mythic figure he is today. Yet the initial foray into the creation of this collective memory was not undertaken with the intention of creating a myth.

This example suggests that we must see the field of collective memory in broader terms than simply power or state hegemony: it seems to be saying that there is more to the study of collective memory than the study of ideology and politics. Sometimes the formation or recollection of a collective memory is serendipitous. In such instances, power, politics, or ideology has nothing to do with their formation, retention, or recollection. Clearly, these unintended collective memories are as worthy of study as those intentionally created by a powerful authority.

The study of psychological and social processes underlying the formation, transformation, and retention of collective memory could serve as a means of stepping beyond ideology. In discussing collective memory,[1] Sperber (1996) drew an analogy to epidemiology. Just as scholars interested in epidemics study the conditions under which some viruses survive while others die, scholars interested in collective memory study the conditions under which some beliefs and shared memories survive while others die. For the scholars interested in epidemics, this means studying ideologies and processes, in particular, biological and social processes. Consider research around the AIDS epidemic in the gay population. There is clearly an ideological story to tell here – for instance, about the politics surrounding the closing of gay bathhouses or the failure to acknowledge publicly the heterosexual dimension of AIDS. But the study of epidemics does not end there. Epidemiologists study contagion by looking at both the physiology of the virus and the social practice through which the virus is spread. They consider both the long-term dormancy of the HIV virus, a physiological feature, as well as the sexual habits of male homosexuals, a social feature.

The same tripartite approach holds for the study of collective memory: In a complete exploration of collective memory, one must discuss the biology and psychology of memory and the way social resources structure memory, as well as the ideology underlying the use of these social resources. Such a multidimensional approach to the study of col-

---

[1] Sperber (1996) uses the term *social representation*.

lective memory offers several tools for making sense of the diverse exemplars of collective memory that surface in the literature. In particular, it suggests that we may be able to approach the matter of taxonomy through an examination of process and representation. A process and representation approach is attractive in part because it accommodates Schwartz's concern that not all collective memories are intentionally formed or reflect ideological considerations. The emphasis in the sociological literature on power and state hegemony seems to ignore in its discussion more intimate collective memories such as those between friends or among family members. For us, any exploration of collective memory – and certainly any attempt to build a taxonomy – must be catholic, embracing all varieties of collective memory. A process and representation approach has a better chance of successfully considering all kinds of collective memory than does an ideological approach.

We also opt for an emphasis on process and representation because it supplies a means of connecting the work on individual memory with the work on collective memory. We hope to make clear as the paper proceeds that whatever governs the construction of a collective memory, it is not the same as the processes governing the formation of individual memories. Nevertheless, as almost all scholars of collective memory have acknowledged at least to some extent, collective memories rest in part on individual memories. Sperber is making this point when he draws the analogy to epidemiology. The sexual behavior of homosexuals was no doubt responsible in part for the rapid spread of AIDS in the gay community, but one need also consider biological factors, such as the long-dormancy of HIV. We want here to go one step further and assert not only that one must consider the psychology of the individuals who share a collective memory, but that this psychology will help us in building a taxonomy of collective memory.

2. Building a Taxonomy of Collective Memories

In the psychological study of individual memory perhaps the most widely accepted taxonomy is found in Tulving (1983). Tulving divided memory into two large categories – declarative and procedural. Declarative memories are those remembered in propositional form or as images. Procedural memories involve actions, not propositions or images. One typically associates "knowing how" with procedural memory and "knowing that" with declarative memory. Thus, I know *how* to ski, but I know (or remember) *that* I went to the store yesterday or know *that* Napoleon lost the battle at Waterloo. The distinction between procedural and declarative memory did not originate with Tulving. Researchers in Artificial Intelligence have long used the distinction (Winograd 1975), and Cohen and Squire (1980) employed it to account for the finding that amnesics can learn to mirror read, for instance, even though they cannot remember the words themselves. In his great philosophical work *The concept of mind* Ryle (1949) argued persuasively for the distinction between *knowing how* and *knowing that*.

Declarative memory is usually further divided into episodic and semantic memory. Episodic memories come clothed in temporal and spatial specificity and always refer to "personally experienced" events, places, or things. An example of an episodic memory would be the authors' memory of eating swordfish chowder together around noon today on the deck. As with declarative and procedural memory, the notion of episodic memory is not new. William James (1890) called them "memories proper," noting that they are accompanied by a "belief" that the event occurred in the *personal* past.

Semantic memories refer to those memories that have lost or never had any temporal or spatial specificity. The authors may know that Napoleon lost the battle of Waterloo, but they no longer remember where they learned this fact. Many semantic memories begin as episodic memories. At one time, the authors probably possessed a memory of learning about Napoleon's adventure at Waterloo. But that memory has faded and all that is left is a semantic memory of what was learned, devoid of any spatio-temporal information about the event of learning.

This is not the place to undertake a thorough review of these distinctions and explore their theoretical strengths and weaknesses (see Schacter 1996). We want to underscore, however, that the taxonomy is based in large part on the way in which memories are represented rather than the functional contribution they may make to an individual, group or institution. In this regard, the taxonomy is frankly cognitive rather than sociological or anthropological. The question for us here is whether this cognitive approach can be applied to something as obviously sociological as collective memory.

Collective Declarative Memory

Collective episodic memory. There is really no problem dividing examples of collective memory according to their representational form. One can easily identify collective episodic memories, for instance. When a group of friends go to a soccer match and see a string of exciting goals, they have formed a collective memory of the game that they no doubt will share with each other for many years to come. Each individual memory is encrusted with spatial and temporal details shared across the group. Each member of the group can remember sitting in the stadium and watching the game. They remember the strong breeze and the misty rain. They remember the noonday sun peaking through the clouds. And they remember the roar of the crowd. They may even remember that they were with each other. What makes these memories collective and episodic is that not only do all members of the group remember the game, but they also jointly remember these spatial and temporal details.

We will say that an episodic memory is held collectively by a group if both the spatial and temporal details *and* the content of the memory are shared. Consider the study of Hastorf and Cantrill (1954) of a famous, rough, and dirty football game between Dartmouth and Princeton. Hastorf and Cantrill collected the recollections of both Dartmouth and Princeton observers of the game. In this game, the Dartmouth players seemed in particular to try to attack Dick Kazmaier, an All-American playing for Princeton. Indeed, Kazmaier was injured early in the game. The Dartmouth and Princeton students remembered the game and the fight quite differently. For instance, the student newspapers published contrasting stories. The *Princetonian* (November 27, 1951) wrote that "the blame must be laid primarily on Dartmouth's doorstep. The Dartmouth psychology is not rational," whereas the *Dartmouth* (November, 27, 1951) reported that Princeton had a "see-what-they-did-go-get-them attitude." According to our scheme, the memories of the Dartmouth and Princeton students would be a collective episodic memory, in that all students remember similar spatial-temporal details. But there are really two different collective memories here because the content of the memories differ for the Dartmouth and Princeton students: there is the Dartmouth collective episodic memory and the Princeton collective episodic memory.

While the classification of a collective memory as episodic depends solely on its representational form (that is, it contains spatial-temporal information), many, if not all, episodic memories have a functional significance, in that they become *autobiographical memories* when the rememberer weaves them into a coherent narrative (Rubin 1988, 1996). When a group takes their collective episodic memory and similarly weaves the memories into a coherent narrative, we can speak somewhat oxymoronically of *collective autobiographical memories*. The one proviso is that the members of the group must create similar narratives. Thus, the authors' collective episodic memory of eating swordfish chowder together becomes a collective autobiographical memory when viewed as part of our daily habits (both of us mainly eat fish) and as part of a weekly ritual we share. The memory becomes part of what constitutes our sense of self – both individually and collectively. If one of us viewed the lunch as a painful necessity, whereas the other viewed it as a looked-for pleasure, the memory probably would not be properly called a collective episodic memory, because the content would differ. It would certainly not be called a collective autobiographical memory, because the narrative differs.

Collective semantic memory. All those historical facts people recite without necessarily remembering where they learned them are semantic memories, and in that so many of them are shared across individuals, they are prototypical of collective semantic memories. To a large extent, scholars of collective memory have focused on collective semantic memories to the exclusion of other forms of collective memory, in particular, collective episodic memory. Even in their discussion of collective semantic memories, they are often unclear about what we believe is a useful distinction between "lived" and "distant semantic memories."

An example of the former would be the authors' memories of the Viet Nam War. Although they were never in Viet Nam during the war, they did read about it in newspapers, heard about it on the radio and from friends, relatives, and colleagues, and saw it on television. What they learned through these media may not properly be called episodic, but there is a "lived" quality to them, and hence we will refer to them as "lived" semantic memories.

Such a description seems warranted when one contrasts the authors' memories for the Viet Nam War with, for instance, their memories for the Hundred Years War. As with the Viet Nam War, the authors have learned about the Hundred Years War through newspapers, books, friends, colleagues, movies, and television. They have even visited the *chateaux* of many of the kings who figured in the war. As with the Viet Nam War, their memories of the Hundred Years War are not episodic – their knowledge is indirect. However, unlike their memories of the Viet Nam War, their memories of the Hundred Years War lack the immediacy, the lived character of our memories of the Viet Nam War. We will refer to such memories as "distant semantic memories."

A person's relationship to "lived" and "distant" semantic memories differs in at least two ways. First, in most cases, "lived semantic memories" are more personally relevant to an individual than are "distant semantic memories." One might even think of them as "autobiographical." This description may seem peculiar in that episodic memories are usually considered the building blocks of an autobiography (Brewer 1986). However, one's autobiography can be influenced by the interpretation and rendering of events one has only "lived through" (rather than directly experienced). The authors may not have participated directly in the Viet Nam War, but the way they interpret the war and the way they render it to others is to a large extent definitional of themselves: They were and are the kind of person who believes the Viet Nam War was a mistake. One, of course, can have interpretations of the events from a more distant past. The authors can tell you about the Hundred Years War and may insert into their telling their own particular twist on it. But it is less certain that this interpretative rendering would be viewed as personally relevant in the same way as their interpretation of the Viet Nam War is. If we were scholars of the Hundred Years War and had had intense academic battles around our claims about the war, then the memory of the war might be considered of autobiographical relevance. Most "distant semantic memories," however, are just as the term suggests: quite distant from our sense of who we are.

Second, in addition to being personally relevant, "lived semantic memories" involve events evoking a "sense of personal responsibility." One had the possibility of altering or taking part in the course of the event captured by a "lived semantic memory." This "taking part" may simply be celebratory, as was the case for the end of World War II, or it may involve a high-level of personal responsibility. Whether one actually was in a concentration camp or merely read or heard about them, one inevitably had to formulate how one was going to act and react. The event evoked moral and ethical concerns and in some cases pressure for political and personal action.

One rarely feels the same level of personal responsibility towards the distant past. There is not and never was anything the present generation could do about the Hundred Years War. Occasionally, one generation may offer compensation for what a previous generation has done, or celebrate or commemorate some distant event. In such instances, the memory held by the younger generation is often still vivid. Nevertheless, even in these cases, the past events have less personal meaning than directly experienced events, and consequently, one feels less of a sense of responsibility toward them. That is why, in initially describing our lived memories of the Viet Nam War, we stressed our political and moral objections to the Viet Nam War, but said little about our reactions to the Hundred Years War. The generation that followed us may know a lot about the Viet Nam War, may even morally judge it, but it cannot share our sense of personal responsibility for it or feel its personal relevance. Within a few generations, the Viet Nam War will feel as "distant" as the Hundred Years War does to us. This change may not be sudden. The difference between "lived" and "distant" semantic memories may in the end be a matter of degree. But semantic memories seem to fade from "lived" to "distant" just as day fades into night. The difference may not be sharp, but at the extremes the two seem qualitatively distinct.

The distinction between "lived" and "distant" semantic memories is particularly useful in discussing a topic central to most discussions of collective memory – the "generational issue." How are memories passed on from one generation to another? In many cases, generational tutorship involves a process by which episodic memories are translated into semantic memories. Survivors of a Nazi concentration camp may strive to ensure that the next generation remembers the Holocaust, creating semantic memories for the next generation out of their episodic memories.

But one generation does not simply pass on episodic memories to another generation. They also pass on semantic memories. Here the distinction between "lived" and "distant" semantic memories is useful, inasmuch as it appears that people are more likely to pass on "lived semantic memories" than "distant semantic memories." In many cases, people feel pressure to ensure that "lived semantic memories" are passed on to the next generation. After all, they still feel that the remembered events are personally relevant and that they have a personal responsibility toward them. Extreme efforts are usually necessary to prevent such generational exchange, as occurred, for instance, with the Egyptian Pharaoh Ikhnaton (Assmann 1997). His successors sought to erase all memory of his reign, destroying the capital Ikhnaton had built, effacing his image from all sculptures and buildings, eliminating him from official histories, dismantling forcefully the religion he had founded, and presumably forbidding even informal conversation about him. Even with such monstrous efforts, a memory of sorts did survive, though it was fragmentary and distorted.

The same "pressure" to ensure mnemonic continuity does not exist for most "distant semantic memories." People do not feel the same personal relevance and responsibility towards them, and consequently, they alone cannot be trusted to pass on the memory. Social apparatus must be built to accomplish the task. If the generation for which the Holocaust was still a "live memory" did not build museums and memorials and incorporate lessons about the Holocaust into religious training, one could easily image not only that the memory would die, but that subsequent generations would not feel the need to revive it.

The "generational problem," then, rests with the transmission of "distant semantic memories." One must look for a social apparatus designed to promote the survival of a memory even when it is quite distant. The memory of Ikhnaton faded because the authorities eradicated such social apparatus or prevented their construction. When appropriate social apparatus are built and kept in place, even the memory of figures who may have no historical basis, such as Moses, can last for thousands of years. What matters is not whether we are dealing with a "figure of memory" or a "figure of history," to use Assmann's (1997) terminology, but the social apparatus constructed to preserve the memory. In the case of Moses, several major world religions have elaborate structures to ensure that the story of Moses is passed down from generation to generation. A similar structure did not exist for Ikhnaton from the start. Only through historical artifacts were we able to ascertain not only details about his life, but that he existed in the first place.

Collective Procedural Memory

Both "lived" and "distant" semantic memories need to be contrasted with traditions and rituals, which can be defined as conceptions or practices unwittingly transmitted across generations. We want here to treat traditions and rituals solely in terms of practice and assign them to procedural memory. We classify such things as traditional beliefs, which can be expressed propositionally, as semantic memories. Thus, although some scholars might treat both the traditional belief of the Zambians that semen contains the "essences" of masculinity and the traditional practice of ritualized homosexuality as instances of "traditions" (Herdt 1981), we categorize the former as a semantic memory and the latter as a procedural memory.

From this perspective, a historical fact such as "Napoleon lost the Battle of Waterloo" and the traditional belief that semen contains the essences of masculinity involve a similar form of memory – semantic memory – because they are both represented propositionally. On the other hand, the ritualistic practice surrounding the exchange of semen between younger and older Zambian boys and the celebration of Mass are both represented procedurally, and hence involve another form of memory, procedural memory. Such a treatment passes over what some might feel is a critical distinction – that the belief about semen is central to the Zambian's understanding of the world, whereas Napoleon's loss is less critical to a Frenchman's understanding. A change in the belief about semen would have major implications for a large number of institutions and practices for the Zambians, whereas a revision of Napoleon's military campaigns need not be critical to French institutions and beliefs. Whereas such a distinction is no doubt important to make, it also obscures the representational difference between these two forms of memory. And it is that which we want to emphasize.

One can reframe much of the discussion about memory and history in terms of the distinction between declarative and procedural memory. Since Halbwachs (1950/1980), many scholars concerned with collective memory have pitted history against memory. Halbwachs treated collective memory as the "repository of tradition," stating further that history begins "when tradition ends and social memory is fading or breaking up." Nora (1989) has compellingly taken up the distinction between memory and history. For him, history consists of the "scientific" collections of documents and other data and the professional crafting of a narrative about the past. In what might be viewed as a nostalgic, almost sentimental turn, Nora writes of the living, breathing memories of peasant communities. Their daily life and habits embody their past, preserved through sites of memory (*lieux de mémoire*). Sites include not only geographical places symbolizing the past, but also flags and anthems, memorials and shrines, historical paintings, coins, and other artifacts, as well as literature, films, postcards, and cartoons, to cite just a few. Modern society, however, is fleeting in ways peasant society is not, and so must intentionally create sites of memories – nostalgically clinging to the past with various forms of commemoration. Such "created" sites profoundly reduce "remembering," resulting in what for Nora is a distorted form of history.

We see the move from memory to history as a transfer of memories from collective procedural memory to collective declarative memory. Such a transformation is much like going from the ability to tie one's shoelace to the ability to articulate how to tie a shoelace. To the extent that our life is ritualized and guided by tradition, we may merely undertake the various actions without knowing why, as when a peasant takes Holy Communion without knowing its full meaning. What historians do is translate the practice into words. They reflect on the past rather than live it. The specific practice of the Holy Communion is analyzed, its origins discussed, and its meaning placed in a "historical context." Such discourse is inevitably propositional. It exists outside of practice and is in a positive sense academic. The distinction between collective declarative and procedural memories underscores this process of "verbalization" that transforms memories into history.

3. Properties

We have argued that like individual memory, collective memory can be divided into several distinct forms: into collective procedural memory and collective declarative memory, which further divides into collective episodic and collective semantic memory. However, it is one thing to classify memories according to their representational form. It is another to demonstrate that the classification is worthwhile. We have already applied the "lived" and "distant" distinction to the "generational issue" and illuminated the distinction between history and memory with the distinction between declarative and procedural memory. We can go further than this. If one is claiming that collective declarative memory differs from collective procedural memory, not only should one be able to identify examples of each form of memory, one should also be able to demonstrate that they have different properties. Psychologists adopted this criterion when they argued for these distinctions for individual memory. Can similar assertions be made for their collective memory counterparts?

Many of the properties of individual episodic, semantic, declarative, and procedural memory should apply to their collective counterparts. As we have noted, the formation, retention, and recollection of collective memories depends on both psychological and social mechanisms, governed by ideological concerns. We want here to specify this interaction further. Consider the Lincoln Memorial. When the Memorial was built there was substantial discussion about the form it should take and the purpose it should serve, stressing, for instance, Lincoln's heroism and gravitas, not his role as chief military officer (Gillis 1994; Schwartz 2000). These discussions were ideologically driven and dealt at least initially with what is to be conveyed, not so much how it is to be conveyed.

Of course, the issue of "how" did eventually arise, with discussion often focused on the actual design of the Memorial. The Memorial can be viewed as a "social device" that accomplishes at least two things. First, it ensures that more than one person will be influenced, thereby creating a setting for the construction of a collective rather than an individual memory. By placing the Memorial on the axis articulated by Congress and the Washington Monument, its designers optimized the number of visitors and by extension the effect on collective memory (Gillis 1994).

Second, in addition to ensuring that many people's memories are affected, a social device like the Lincoln Memorial tries to govern the stimulus material the people will receive and the impact it will have. The Lincoln Memorial is clearly successful in this regard as well, in that it engenders a series of actions or events that make it memorable. It forces its visitor to walk up a long steep stairway and through a portico before they encounter a gigantic, looming Lincoln. Thus, it governs not just how one visitor, but how most visitors will be influenced.

But one can know what one wants to convey and how one wants to convey it, yet still be ineffective in forming a collective memory. One can easily think of memorials that have little impact and change no one's memory. The Lincoln Memorial's success arises in part because it takes advantage of the psychological principles governing memory. Imagery is an important mnemonic variable, with imageable material better remembered than non-imageable material (Paivio 1971). The effectiveness of the Lincoln Memorial depends on its dramatic use of this principle, for the sculpture of Lincoln creates a strong image and is consequently quite memorable. If visitors climbed the steps and encountered not a statue of Lincoln, but a huge bronze plaque describing Lincoln's triumphs, the Memorial would not be as central an icon in American mythology as it clearly is today (Schwartz 2000). The Memorial is a strong image-maker. It works as a social device that manipulates what material people will receive and how they will receive it, but it also works as a psychologically savvy device, in that it employs strong imagery.

It is not surprising, then, that many of the properties of individual memory should find their way into collective memory, in that the effectiveness of any device used to form a collective memory depends in part on its judicious use of psychological principles. Tulving (1983) listed 28 differences between individual episodic and semantic memories. Other psychologists have expanded on the list and extended it to include the declarative/procedural memory distinction (see Schacter 1996). We want here to focus on two areas in which these four forms of memory differ: (1) interference and (2) retention. We no doubt could expand this effort, but that would take us beyond the modest size of this chapter.

Interference

Tulving (1983) noted that episodic memory is more susceptible to interference than is semantic memory. People, for instance, are more likely to confuse two similar episodic memories than they are to confuse two semantic memories (Tulving 1983). For example, they are more likely to confuse a memory of a trip to the one art gallery with a memory of a trip to another gallery than the memory of what they know about Napoleon with the memory of what they know about Julius Caesar. As Tulving argued, the rich multidimensional structure of concepts and their relations protects semantic memories from interference. The same claim could be made about declarative and procedural memories. Because procedural memories tend to form a tight unit of action, habits and routine practices are less likely to interfere with each other than are declarative memories (Tulving 1983). We are, of course, only speaking in relative terms here: interference can be found among both semantic and procedural memories. It is simply that there is less of a likelihood of interference between semantic or procedural memories than between episodic or declarative memories.

The same relative degree of interference also seems to apply for the collective counterpart. Let's first consider collective episodic memory. What does it mean when we say, for instance, that two collective episodic memories interfere with each other? If a collective memory is held between five people, does that mean that we must see interference in all five individuals? If five people visited two art galleries on different days, would we say that the collective memory of the first visit interfered with the collective memory of the second visit if two of the five confused the two memories, four of the five, or must it be five of the five?

As we will treat the matter, if three of the five are confused, then we end up with two collective episodic memories – the original memory and the memory arising out of the inference. The first collective memory is now held by two people, the second collective memory by three. This analysis may seem unnecessarily arithmetic and precise, but we develop it to make a point: When collective memories interfere with each other, they are transformed into several new collective memories, some of which may be held by a smaller group. If only one person in the group experiences interference, then we cannot speak of interference between collective memories. Just as a collective memory must be shared among individuals, so also must interference among collective memories be shared among individuals.

With this in mind, consider the contrast between collective episodic and semantic memories. One can imagine the two authors confusing their collective episodic memory of eating swordfish chowder on the deck today with their previous meal on the deck, this time involving clam chowder. The same goes for our visitors to the art galleries. Not every visitor may experience the interference, but the interference is likely enough on an individual level and hence could also occur collectively.

Interference among collective semantic memories seems much less likely. They have the same rich multidimensional structure as individual semantic memories – that is, they are more likely to be connected to each other and form complex relations with each other than are collective episodic memories. Even when the collective semantic memories seem rather meaningless, they often are organized in a tight and consequently memorable manner. Rubin (1995) has studied the preservation of counting-out rhymes such as the English:

Eenie, meenie, miney, moe
Catch a tiger by the toe
If he hollers, let him go
Eenie, meenie, miney, moe.

After analyzing 48 counting-out rhymes that have survived for generations, he concluded that they follow a genre-specific poetic form, with repeated sound patterns and neither meaning nor imagery figuring centrally. Most importantly for the present discussion, the poetics are sophisticated and pervasive enough to constrain word choice. That is, the rhymes are so well structured that it is unlikely that one rhyme could be confused with another. To be sure, changes do occur across generations. Earlier this century, the second line of the preferred version of "Eenie, meenie" was "Catch a nigger by the toe." As the political sensitivities of the United States changed, "nigger" was replaced by a rhythmically similar word, tiger. This change was not a matter of interference, but of politics. Of course, collective semantic memories can interfere with each other, even when well-organized – one need only think of so-called revisionist history and the confusion that arises over competing histories. But such interference is rare and much harder to bring about than the interference we observe with collective episodic memories.

As to the contrast between collective procedural and declarative memory, again, we see that, in general, collective procedural memories are more resistant to interference than collective declarative memories. As we illustrated for collective episodic memories, collective declarative memories can rapidly become confused. Procedural memories are less likely to do so. Many rituals involve genuflecting or kneeling and the manner in which this is done will vary from ritual to ritual, whether it be on both knees or one, fully prostrate, or only a slight curtsey. Yet people rarely get the exact form confused when performing a ritual, especially if it is embedded in a larger action (Kelso 1995). The same cannot be said for collective declarative memories.

Retention

Psychologists often posit that forgetting is a matter of interference (Baddeley 1976), but whether it is or is not, the retention of episodic, semantic, declarative, and procedural memories tends to follow the same pattern as we found for interference, that is, individual semantic memories are retained longer than individual episodic memories, individual procedural memories longer than individual declarative memories. There is a large literature to support this claim (Tulving 1983), but a moment's introspection makes this clear. Most of our episodic memories are lost rather quickly. The first author can no longer remember what he had for lunch last Wednesday, what he said to the student who visited him last week about changing his grade, or what theatre he saw *Major Barbara* in. Yet he can recite flawlessly the Concord Hymn, which he learned some unspecifiable time ago in Junior High School, can tell you the square root of 2, which he learned he knows not where, and can tell you a great deal about the Hundred Years War, which he learned over a long period of time, mainly by traveling, but again the specifics are vague. The same pattern exists for individual procedural and declarative memory. Many individual declarative memories can easily slip away, although we need to caution that this is a rule about averages and does not apply to every case. On the other hand, procedural memories are usually long-lasting. One never forgets how to ride a bicycle or ski, even if one is dreadfully out of practice (Kelso 1995). Once a skill has been thoroughly learned, it is rarely forgotten. As any student can tell you, this is usually not the case for declarative memories.

What about collective episodic, semantic, declarative, and procedural memories? Just as individuals forget most of what happens to them rather quickly, so also do groups forget most of what happens to them rapidly. The first author may forget what he ate last Wednesday, but the same is probably true for the people he had dinner with. His companion also cannot remember what theatre they saw *Major Barbara* in. The student may remember what was said about the grade change – but the memory is no longer collective and it will quite possibly be contested.

Collective semantic memories are much more persistent. The history we learned in secondary schools lasts through a lifetime. In fact, if something we learned in school lasts for six or seven years, it is likely to last for a lifetime (Bahrick 1984). Most educated Americans can tell you who the first three Presidents were, who won War World I and II, who fought in the War of 1812, and who is the present President of the United States. They may not be able to tell you where they learned these facts, but they will clearly have them through a lifetime. Rubin (1985) is making the same point about counting-rhymes, which seem to last for generations even though they are fairly meaningless. This does not mean that all collective semantic memories last a lifetime or for generations, just as our previous discussion about collective episodic memories does not mean that they are all rapidly forgotten. We are simply claiming that on the average collective semantic memories are retained longer than collective episodic memories.

As to procedural memories, one aspect of traditions and rituals that fascinates so many scholars is that they can last for generations without even the smallest change (Connerton 1991). Often the meaning of the ritual is lost, as we noted when discussing the ritual of Mass: although some aspects of it may be well-understood by the congregation, others are clouded in mystery. Yet meaningful or not, they persist unchanged for generations. Again, as with individual procedural memory, we must emphasize that we are speaking in general terms: Some semantic memories, for instance, are much more persistent than procedural memories. Our collective memory of Moses would be an example. But in general terms, rituals seem to be less forgettable than even collective semantic memories.

We need to underscore here an important difference between individual memory and collective memory. The persistence of individual procedural memories reflects in large part the way in which the memory is represented (in the brain, if you like) as well as perhaps the biological characteristics of procedural memory. But when one considers collective memory, one must consider more than biology and issues of representation.[2] The rituals of Mass persist not only because once they are learned by an individual they are never forgotten, but also because there is institutional support to ensure that the rituals are learned and repeatedly rehearsed. Such institutional support ensures not only that the memory lasts a lifetime, but that it lasts for generations.

The same observation about institutional support may also explain why collective episodic memories quickly fade. Individuals have a hard time remembering episodic memories because of the particular biological nature of their memory *and* because of the failure of institutions, social groups, or the environment to support them in many cases. People usually cannot anticipate what they will experience, and hence in most instances cannot build external support for the episodic memories they form in response to an experience. In rare cases, support can be supplied after the fact. Thus, an experience may be often talked about by a family, thereby preserving it through the social medium of conversation (Manier/Cuc/Hirst 2001). And the Viet Nam Veterans Memorial seems to serve as a means of preserving not only lived semantic memories, but also episodic memories. When the first author visited the memorial, someone had left a Coke bottle by a man's name, along with a brief note. Written by his mother, the note explained that the last letter her son had written from Viet Nam asked her to buy a bottle of Coke for each of his friends in the neighborhood, as a gift from him. Before visiting the memorial, his mother had made the effort to find an old-fashioned bottle of Coke, consistent with the time period. The elaborate plan she concocted, the effort she underwent to find the appropriate Coke bottle, and the emotion she obviously felt as she placed the Coke bottle in front of her son's name clearly made the event of receiving the letter more memorable than ever before. Whereas the event probably became more memorable because of these actions, the mother under-

---

[2] The same caveat may also apply to individual memory, but it unquestionably applies to collective memory.

took these actions because she was going to visit the Viet Nam Veterans Memorial. For this reason, one could say that the memorial engendered the actions. Such social support for episodic memories is rare, however. They are much more common for semantic and procedural memories.

4. Concluding Remarks

We have suggested in this chapter that some order can be put into the diverse and amorphous field of collective memory by differentiating between collective episodic, semantic, declarative, and procedural memory. We have argued that not only can we identify specific instances of these different forms of memory, but also that the different memories appear to have different properties. On the average, collective episodic memories are more likely to interfere with each other and are retained for a shorter amount of time than are collective semantic memories. Similarly, on the average, collective declarative memories are retained for a shorter amount of time and are more susceptible to inference than are collective procedural memories.

These property differences mean that there are functional consequences to the kind of collective memory a group forms. For instance, transforming a memory from collective episodic to collective semantic or from collective declarative to collective procedural is not merely a terminological move. As the representational form of a memory changes, so does its susceptibility to interference and the length of time for which it might be expected to be retained. The difference between collective episodic and semantic memory is implicitly recognized by many exhibition designers. In designing the exhibit they could focus on the character of the visit itself, making it a fun place to be and making the environment distinctive. Such an effort would no doubt lead to the formation of a collective episodic memory – one that might even be somewhat memorable. But it would not address the issue of the formation of a semantic memory, which is after all what the exhibit is about. Not only does the distinction between collective episodic and semantic memory highlight these two distinct chores, it suggests that how these memories will behave differs. If the designer is successful in forming a collective semantic memory, then the memory should under normal circumstances be less open to interference and be retained longer than any memory for the visit itself. Unfortunately, for many exhibitions, it is our impression that semantic memories are rarely formed and visitors are often left with only a fading collective episodic memory.

One advantage of making the distinctions we did here is that it provides a means of discussing coherently how collective memories might differ. In the field of individual memory, researchers intensely debate whether individual episodic, semantic, declarative, and procedural memory engage different memory systems or merely reflect process and representational differences. One can understand what is meant by *system* by considering the memory architecture of computers. They have several different memory "systems": RAM, ROM, floppy disk drives, hard drives, and so on. Each of these memories is encapsulated, in that an individual can destroy or remove one without affecting the others. Such encapsulation is a tell-tale sign of a "system" (Fodor 1983). When it comes to individual memory, there are some reasons to believe that declarative, procedural, episodic, and semantic memory are indeed distinct memory systems. Damage to the hippocampus, for instance, impairs episodic and declarative memory while leaving semantic and procedural memory relatively intact (Schacter 1987).

However, many researchers argue that a more perspicacious way of understanding the difference between these diverse forms of individual memories is to concentrate on how the processes of encoding and retrieval differ. From this perspective, the difficulty amnesics have with episodic memories may not be a breakdown in a general memory system, but for instance, a specific problem with the encoding of spatial-temporal information (Hirst 1994). The content of an event may be encoded, but not its spatial-temporal context. Although such a possibility still involves some modularity of processing, the structure is more fine grained than a "systems" approach would suggest.

This debate seems rather strained when applied to collective episodic, semantic, procedural, and declarative memory. Indeed, it is unclear to us what a "system" would refer to when it comes to collective memory inasmuch as social devices as well as individual mnemonic functioning are involved in the formation of a collective memory. Social devices, almost by definition, cannot be encapsulated. A change in one will no doubt have repercussions for others.

Consequently, when it comes to collective memory, a focus on process seems more reasonable. This perspective invites one to examine the kinds of processing that underlie collective declarative and procedural memory, for instance. Such an approach allows one to look at both social and psychological factors. Thus, in addition to looking at cognitive processes individuals might undertake – such as the encoding of spatial-temporal context – we would also look at social processes. We have already done this when we discussed the Lincoln Memorial, as well as when we noted that collective procedural memories usually have institutional, social, or environmental support to facilitate their retention, whereas collective declarative memories in many cases do not. Clearly, such analyses could be pursued in more depth and extended to other domains. The point we wish to emphasize is that such an approach directs researchers to look for different processes and representations underlying and distinguishing collective semantic from collective episodic memory, and collective declarative from collective procedural memory.

This last point is key. We have argued that the four different forms of collective memory we have articulated represent not simply terminological differences, but psychologically and sociologically real distinctions. As such, they can provide a means of exploring the processes underlying the formation, transformation, and retention of collective memories. An investigation along these lines should nicely supplement the already growing literature on the ideology of collective memory.

References

Assmann, J. (1997): Moses the Egyptian: The memory of Egypt in Western monotheism. Cambridge, MA: Harvard University Press.

Baddeley, A. (1976): The psychology of memory. New York: Basic Books.

Bahrick, H. P (1984): Semantic memory content in permastore: Fifty years of memory for Spanish learned in school. *Journal of Experimental Psychology: General*, 113, 1–27.

Bodnar, J. (1992): Remaking America: Public memory, commemoration, and patriotism in the Twentieth century. Princeton: Princeton University Press.

Boranine, A./J. Levy/R. Scheffer (Eds., 1994): Dealing with the past: Truth and reconciliation in South Africa. Capetown: Institute for Democracy in South Africa.

Brewer, W. F. (1986): What is autobiographical memory? In: D. C. Rubin (Ed.): Autobiographical memory. New York: Cambridge University Press, pp. 25–49.

Cohen, N. J./L. R. Squire (1980): Preserved learning and retention of pattern-analyzing skill in amnesia: Dissociation of "knowing how" and "knowing that." *Science*, 210, 207–209.

Connerton, P. (1991): How societies remember. New York: Cambridge University Press.

Fodor, J. (1983): The modularity of the mind: An essay on faculty psychology. Cambridge, MA: MIT Press.

Gillis, J. R. (Ed., 1994): Commemorations: The politics of national identity. Princeton: Princeton University Press.

Halbwachs, M. (1950/1980): Collective memory, trans. by F. J. Ditter/V. Y. Ditter. New York: Harper & Row.

Hastorf, A. H./H. Cantrill (1954): They saw a game: A case study. *Journal of Abnormal Psychology and Social Psychology*, 97, 399–401.

Herdt, G. (1981): Guardians of the flutes: Idioms of masculinity. New York: McGraw-Hill.

Hirst, W. (1994): Uncovering the structure of memory. In: G. Harmon (Ed.): Conceptions of human mind. Hillsdale, NJ: Erlbaum.

Hirst, W./D. Manier/J. Miller (2002). Social remembering. New York: Russell Sage.

Hobsbawm, E./T. Ranger (Eds., 1983): The invention of tradition. New York: Cambridge University Press.

James, W. (1890): The principles of psychology. New York: Holt.

Kammen, M. (1991): Mystic chords of memory. New York: Knopf.

Karp, I./S. D. Lavine (Eds., 1991): Exhibiting cultures: The poetics and politics of museum display. Washington, D.C.: Smithsonian Institution Press.

Kelso, J. A. S. (1995): Dynamic patterns: The self-organization of brain and behavior. Cambridge, MA: MIT Press.

Kritz, N. J. (Ed., 1995): Transitional justice: How emerging democracies reckon with former regimes, Vols. I & II. Washington: US Institute of Peace Press.

Manier, D./A. Cuc/W. Hirst (2001): Family remembering: A case study of collective memory. Manuscript submitted for publication.

Nora, P. (1989): Between memory and history: *Les Lieux de Mémoire*. *Representations*, 26, 7.

Olick, J. K./J. Robbins (1998): Social memory studies: From 'collective memory' to the historical sociology of mnemonic practices. *Annual Review of Sociology*, 24, 105–140.

Paivio, A. (1971): Imagery and verbal processes. New York: Holt, Rinehart, and Winston.

Rosenberg, T. (1995): The haunted land: Facing Europe's ghosts after communism. New York: Vintage Books.

Rubin, D. C. (Ed., 1988): Autobiographical memory. New York: Cambridge University Press.

Rubin, D. C. (1995): Memory in oral traditions: The cognitive psychology of epics, ballads, and counting-out rhymes. New York: Oxford University Press.

Rubin, D. C. (Ed., 1996): Remembering our past: Studies in autobiographical memory. New York: Cambridge University Press.

Ryle, G. (1949): The concept of mind. New York: Harper & Row.

Said, E. W. (1981): Covering Islam: How the media and the experts determine how we see the world. New York: Pantheon.

Schacter, D. L. (1987): Implicit expressions of memory in organic amnesia: Learning of new facts and associations. *Human Neurobiology*, 6, 107–118.

Schacter, D. L. (1996): Searching for memory: The brain, mind, and the past. New York: Basic Books.

Schwartz, B. (2000): Abraham Lincoln and the forge of national memory. Chicago: University of Chicago Press.

Shilts, R. (1987): And the band played on: Politics, people, and the AIDS epidemic. New York: St. Martin's Press.

Sperber, D. (1996): Explaining culture: A naturalistic approach. Cambridge, MA: Blackwell.

Tulving, E. (1983): Elements of episodic memory. New York: Oxford University Press.

Winograd, T. (1975): Frame representations and the procedural – declarative controversy. In: D. G. Bobrow/A. Collins (Eds.): Representation and understanding: Studies in Cognitive Science. New York: Academic Press, pp. 185–210.

Zerubavel, Y. (1995): Recovered roots: Collective memory and the marking of Israeli national tradition. Chicago: University of Chicago Press.

Phänomenologische Gedanken zur psychologischen Gedächtnisforschung

CARL F. GRAUMANN

1. Phänomenologie und Psychologie des Gedächtnisses im Kontrast

Wer sich als Psychologe einer phänomenologischen Orientierung verschrieben hat (vgl. Graumann 2001, Herzog 1992), sieht sich, was Gedächtnisforschung betrifft, zwei sehr verschiedenen Traditionen konfrontiert. Zwar sind beide, die psychologische wie die phänomenologische, nicht einheitlich konzipiert und waren, vor allem im Verlauf ihrer jeweiligen Geschichte, Wandlungen unterworfen. Doch lassen sich für beide Entwicklungen Annahmekerne herausschälen, die im Folgenden kontrastierend und damit vereinfacht dargestellt werden. Thesenförmig pointierend wird für die experimentalpsychologische Gedächtnisforschung die für sie methodologisch unumgängliche Dekontextualisierung von Gedächtnisprozessen und -„inhalten" herausgearbeitet. Kontrastierend wird dann für die Phänomenologie des Gedächtnisses deren Bemühen um die Explikation des Kontextes dargestellt, innerhalb dessen wir uns erinnern bzw. etwas uns wieder einfällt.

Da beide Traditionen mittlerweile auf eine über einhundertjährige Geschichte zurückblicken – die Phänomenologie des inneren Zeitbewusstseins datiert seit 1893 (Husserl 1966), die experimentelle Gedächtnisforschung seit Ebbinghaus (1885/1971) – kann die Gegenüberstellung der beiden Ansätze nur selektiv akzentuierend erfolgen. Weil für die Rekonstruktion der beiden Traditionen umfangreiche Literaturen zur Verfügung stehen, kann sich dieser Beitrag auf einige phänomenologische Gedanken zur psychologischen Gedächtnisforschung beschränken, genauer auf der Phänomenologie entlehnte Gedanken eines Psychologen zur experimentalpsychologischen Gedächtnisforschung.

2. Die mehrfache Dekontextualisierung des Gedächtnisses in der experimentellen Psychologie

Als die Psychologie in der zweiten Hälfte des 19. Jahrhunderts sich aus der Philosophie löste und zur Wissenschaft wandelte, geschah dies – vor ihrer Institutionalisierung – wesentlich durch die Übernahme der in den Naturwissenschaften, speziell in Physik, Chemie und Physiologie entwickelten experimentellen Methodik. Da es zum Prototyp des Experiments gehört, ein Phänomen als unabhängige Variable zu verändern und den durch diese Veränderung bewirkten Effekt auf ein als abhängige Variable konzipiertes anderes Phänomen zu beobachten und zu messen, müssen die übrigen an diesem Vorgang beteiligten Variablen unter Kontrolle, beispielsweise konstant, gehalten werden. Für die experimentelle Gedächtnisforschung gehörte es zur Kontrolle des für das Lernen und Behalten des jeweiligen Lernmaterials wesentlichen Bedeutungsgehalts und Schwierigkeitsgrads, dass das Material oft auf so genannte „sinnlose Silben" reduziert wurde, letztlich auf nach der Sequenz Konsonant-Vokal-Konsonant konstruierte Trigramme (z. B. vob, jüz). Streng genommen sind diese CVC-Trigramme keine Silben im Sinne einer kleinsten natürlichen Sprecheinheit.

Das, was dem Mitbegründer der experimentellen Gedächtnisforschung und Erfinder der „sinnlosen Silben" Hermann Ebbinghaus vorschwebte, war eine zweifache Dekontextualisierung:

Als reines Gedächtnis-, d. h. zu memorierendes Material waren die „sinnlosen Silben" durch ihre Konstruktion von anderen mentalen Funktionen, wie Wahrnehmen, Denken, Fühlen, Sprechen, getrennt. Sie waren vor dem Experiment weder Gegenstände der Wahrnehmung gewesen, noch waren sie durch Denken zu lösende Probleme; es gab keine auf sie bezogene Emotionen, und zum Sprachgebrauch gehörten sie ohnehin nicht. Ja, sie waren letztlich als pures Lernmaterial, wie es dann die Funktion der „nonsense syllables" in der behavioristischen Lernforschung ganz besonders deutlich macht, auch aus dem Kontext des „Gedächtnisses" entlassen; „memory" kam, da keine „Observable", im Glossar der „objektiven Verhaltenswissenschaft" ohnehin nicht mehr vor (vgl. etwa Verplanck 1957).

Der entscheidende Zweck, der durch die Konstruktion künstlicher CVC-Trigramme erreicht werden sollte, war, dass man mit ihnen nichts mehr assoziieren, also auf keinerlei Erfahrung zurückgreifen konnte. Auch wenn dies nie hundertprozentig gelang und der einen oder anderen „Versuchsperson" auch zu „jüz" noch etwas einfiel, für die Mehrheit der experimentellen Versuchspersonen gelang die Herauslösung aus den Sinn- und Erfahrungskontexten, auf die echte CVC-Silben (wie „vor", „mit" und „los", aber auch noch „bal") unweigerlich verwiesen.

Als historisch-semantische Anmerkung sei hier eingefügt, dass seit der Einführung der „sinnlosen Silben" vor über einhundert Jahren viele der damals „sinnlosen" Silben durch die Einführung von trigrammatischen Abkürzungen (wie „TÜV", „bit", „DIN", „mac" oder „Pop") sinnvoll und üblich geworden sind.

Aus der methodisch begründeten Trennung des experimentellen Gedächtnismaterials und der damit evozierten Prozesse von den anderen kognitiven Funktionen, ergeben sich weitere Dekontextualisierungen, als deren folgenreichste die Abtrennung vom Handeln anzusehen ist. So wenig man sich Handlungen ohne Erfahrung – und das heißt ohne Gedächtnis – vorstellen kann, so fragwürdig erscheint uns heute die experimentelle Praxis, „reine" Gedächtnisleistungen in einem Kontext zu untersuchen, dessen Handlung auf das Auswendiglernen und Reproduzieren von Listen sinnloser Silben begrenzt ist. Über die fragwürdige Validität dieser hochgradig dekontextualisierten Lern- und Gedächtnisleistungen, speziell über ihre mangelhafte Anwendbarkeit auf das schulische und allgemein das alltägliche Lernen, existiert eine eigene umfängliche Literatur. Aus ihr wird deutlich, dass der Geltungsbereich des „rote learning" sehr eng begrenzt ist und in der modernen Gedächtnisforschung einen sehr viel geringeren Raum einnimmt, als es zu deren Anfängen und vor allem unter dem Einfluss des Behaviorismus der Fall war, für den „Sinn" keine psychologisch relevante Kategorie darstellte.

Blickt man zurück, lässt sich zusammenfassen, dass es wohl gelungen ist, im Bemühen um die „reine" Gedächtnisleistung den Sinn des zu Lernenden weitgehend, wenn auch nie völlig, zum Verschwinden zu bringen. Doch damit ist auch der Sinn dieser Bemühungen fragwürdig geworden. Der „effort after meaning" (Bartlett) lässt sich auch durch noch so trickreiche experimentelle Manipulationen nicht unterdrücken, und selbst wenn diese Unterdrückung temporär gelingt, lässt sich deren Resultat schwerlich als „reines Gedächtnis" ausgeben, eher als experimentelles Artefakt.

Auf zwei Sachverhalte sei, die Kontextproblematik abschließend, noch hingewiesen. Der erste betrifft den auch für Psychologen offenkundigen und gut recherchierten Zusammenhang von Sinn und Kontext. Nicht nur in Bezug auf (sprachliche) Texte, sondern für alle Kontexte des Erlebens und Verhaltens gilt die Gleichung von Zusammenhang und Sinnzusammenhang: Der Sinn einer Sache oder eines Sachverhalts ändert sich mit dem Kontext, und nur aus dem Kontext erfahren wir, was etwas bedeutet (Graumann 2000). Ein (sprachliches oder nichtsprachliches) Element aus seinem Kontext herauszulösen, beraubt es zumindest der Eindeutigkeit seiner Bedeutung.

Die mit Dekontextualisierung einhergehende Sinnverarmung, die bis an die Grenzen der Sinnentleerung führen kann, wurde und wird für bestimmte Zwecke wissenschaftlicher (Elementar-)Analytik durchaus angestrebt. So formuliert etwa Hellpach (1924: 109): „Die erste Stufe jeder wissenschaftlichen Untersuchung der Wirklichkeit ist erfüllt von der *gewaltsamen Individuation* der betrachteten Objekte. Sie werden aus ihrem wirklichen Vorkommen und Zusammenhang herausgenommen und der Forscher verfährt mit ihnen so, als ob sie jedes *ein gänzlich isoliertes Dasein* führten" [Hervorhebungen von C.F.G.].

Diese deutliche Charakterisierung der dekontextualisierenden Arbeitsweise gilt, wohlgemerkt, nur für die erste Stufe wissenschaftlicher Untersuchungen. In späteren Phasen bettet, so Hellpach (1924: 110), der Wissenschaftler seinen Forschungsgegenstand wieder in die Wirklichkeit ein. Offen bleibt allerdings, wie dies angesichts der Veränderungen geschehen soll, die eine „gewaltsame Individuation" am Gegenstand hervorruft, wie es die „sinnlosen Silben" dokumentieren.

Abschließend sei auf einen (nicht nur sekundären) Effekt der Dekontextualisierung des Gedächtnisses hingewiesen, ohne dass er hier ausgeführt werden kann. Wenn man mit Hellpach unterstellen darf, dass zumindest empirische Wissenschaften ihre Objekte „aus ihrem wirklichen Vorkommen und Zusammenhang" herausnehmen, dann wird jede Wissenschaft ihre eigenen Methoden des „Herausnehmens" haben; die gewaltsam individuierten Objekte werden dann modifiziert in spezifische Wissenschaftskontexte integriert und damit nicht mehr ohne weiteres vergleichbar sein. Was lebensweltlich und umgangssprachlich – undefiniert, aber kommunizierbar – „das Gedächtnis" war (und es auch bleibt), wird ein unvergleichlich anderes für die experimentelle Psychologie, die Psychoanalyse, die Soziologie, die Anthropologie, die Religions- und Literaturwissenschaft, die Neurowissenschaften sein. Entsprechend wird die „interdisziplinäre" Kommunikation erschwert sein, weil die fachspezifischen Kontexte, zwischen denen der Versuch der Verständigung gemacht wird, in der Regel durch spezifische Fachsprachen voneinander abgeschottet sind. Es liegt dann nahe, die hierdurch bedingten Übersetzungsprobleme dadurch zu überwinden, dass man auf die aller wissenschaftlichen Vereinzelung voraus- und zugrundeliegende Lebenswelt und den ihr eigentümlichen Alltagsdiskurs zurückgreift.

3. Ausgang vom lebensweltlichen Kontext: der phänomenologische Ansatz zu einer Psychologie des Gedächtnisses

Schon der Titel legt zwei Vorbehalte nahe. „Lebenswelt" wird im Folgenden – unter Absehung von seiner historisch sich wandelnden Semantik als phänomenologischer Terminus (vgl. hierzu Welter 1986; Welton 1997) – verwendet als Begriff für die alltägliche Erfahrung von Menschen und Dingen, d. h. für die Welt, so wie wir sie erfahren, aber auch rein in den Grenzen, in denen wir sie erfahren. Wenn gelegentlich diese Erfahrung auch als „vorwissenschaftlich" bezeichnet wird, sollte dies nicht darüber hinwegtäuschen, dass heutzutage unsere alltägliche Erfahrung durchzogen ist von ursprünglich wissenschaftlichen, aber – nicht zuletzt durch die Medien – popularisierten Erkenntnissen und Konzepten. Es bedarf keiner „höheren Bildung" oder gar eines Fachstudiums, um beispielsweise mit Vokabeln wie „Frust" oder „Verdrängung" einigermaßen sinnvoll umzugehen. Dies nur als Hinweis darauf, dass sich Konzepte der „vorwissenschaftlichen" Erfahrung oder auch der „natürlichen Einstellung" (Husserl) nicht dichotom von solchen der „Wissenschaft" trennen lassen, also „alltäglich" und „wissenschaftlich" sich nicht vorbehaltlos als disjunkte Kategorien behandeln lassen.

Der zweite Vorbehalt betrifft das Substantiv „Gedächtnis". In der Psychologie bezieht es sich auf etwas „Psychisches", entweder auf Bewusstseinsvorgänge, die als Nachwirkungen früher verlaufener Prozesse verstanden werden, oder auf die (hypostasierte) Fähigkeit, sich frühere Erfahrungen wieder ins Bewusstsein rufen zu können. Während im deutschen wissenschaftlichen Sprachgebrauch Gedächtnis (als die allgemeine Vergangenheitsbedingtheit des Erlebens und Verhaltens) unterschieden wird von der Aktivität des Erinnerns, fallen Gedächtnis und Erinnerung im englischen „memory" zusammen. In jedem Fall bedeutet Gedächtnis (oder *memory*) innerhalb der Psychologie entweder Prozesse und Zustände oder Dispositionen eines Lebewesens, in dem die Prozesse ablaufen.

Außerhalb der Psychologie sind demgegenüber Gedächtnis und Erinnerung nicht auf intrapsychische Dispositionen und Prozesse beschränkt. Das, was zum Gedächtnis, zum Gedenken, zur Erinnerung an Personen, Werke oder Ereignisse veranstaltet und hergestellt wird, wendet sich, da an viele, zwar immer auch an einzelne Menschen, doch nicht als Individuen, sondern als Mitglieder einer Gemeinschaft, der man das bestimmte Gedenken zumuten kann – keine psychologische, sondern eine soziale, letztlich kulturelle Zumutung. Unter Umständen ist es nur das Gedenken, das individuell sehr unterschiedliche Menschen vereint.

Es ist dieses alltäglich angetroffene und von uns immer wieder mitvollzogene Erinnern bzw. Gedenken, das uns davon abhält, das experimentalpsychologisch dekontextualisierte Gedächtnis zugrunde zu legen. Stattdessen wählen wir den Ausgang von der Lebenswelt, also vom Gedächtnis im alltäglichen Kontext. Die phänomenologische Orientierung erscheint insofern als optimaler Zugang, als uns die *Kernannahme der unauflöslichen intentionalen Person-Umwelt-Beziehung* davor bewahrt, deren Relate isoliert zu betrachten. Um es von Anfang an zu verdeutlichen: In phänomenologischer Orientierung ist das personale Relat dieser Beziehung, ob Individuum, Gruppe oder soziokulturelle Einheit, immer nur in Relation zu seiner oder ihrer intentionalen Welt der Dinge und Personen zu verstehen, so wie umgekehrt jede Fokussierung auf Umwelt prinzipiell relational bleibt, nämlich als Umwelt des jeweiligen personalen (individuellen oder kollektiven) Relats. Die Relation selbst ist dabei sowohl dynamisch wie auf Reziprozität angelegt zu verstehen. Die in Wahrnehmung, Denken, Erinnerung, Gefühl, Sprechen und Handeln sich manifestierende Person-Umwelt-Intentionalität ist ein aktiver Vorgang, in dem sich mit der intendierten Umwelt immer auch das intendierende Subjekt verändert.

Es ist wichtig, die *Wechselwirkung* von Person und Umwelt ernst zu nehmen. Beide, Person und Umwelt, haben ihr Wirkpotential. Dies festzuhalten, ist angesichts eines verbreiteten aktivistischen Missverständnisses der Intentionalität wichtig, das vor allem durch den englischen Sprachgebrauch von „intentionality" nahe gelegt wird. Aber Intentionalität ist nicht auf Absichtlichkeit zu beschränken. Die primäre sinnkonstitutive (eben nicht nur sinn*gebende*) Funktion der Intentionalität schließt auch das ein, was einem Subjekt widerfährt; das *affici* ist ebenso intentional wie das *facere* (vgl. hierzu wie zur Relation von Intentionalität und Kausalität vor allem Waldenfels 1975, Herzog 1992).

Wenn Intentionalität prinzipiell für alle Person-Umwelt-Relationen gilt, also Personen immer (deren) Umwelten, Umwelten immer (deren) Subjekte implizieren, dann wird jede Intentionalanalyse zu einer *Strukturanalyse von Situationen*. Phänomenologisch ist die Person (ob Individuum oder Kollektiv) immer situierte Person, ist jede Manifestation von Intentionalität, was in psychologischer Terminologie Wahrnehmung, Denken, Fühlen, Wollen oder Erinnern heißt, situierte Intentionalität.

Um es in der Sprache Husserls (1972) zu formulieren, setzt jede Erfahrung Weltbewusstsein im Modus der Glaubensgewissheit voraus, ohne deren passive Vorgegebenheit keine kognitive, keine praktische Tätigkeit denkbar ist. Insofern reichen „retentional" in jede aktuelle Erfahrung frühere hinein. Was immer jemand erfährt, steht zudem in einem *Erfahrungshorizont*, nämlich als etwas, das in *typischer* Bekanntheit so oder so ähnlich schon erfahren worden ist und damit auf andere seiner Aspekte, auf andere Erfahrungsmöglichkeiten verweist. Das ist unmittelbar einsichtig bei der Wahrnehmung von Personen und Dingen, gilt aber für jede kognitive Leistung: für präreflexive Aktivitäten, für zielgerichtetes Handeln, für postreflexives, z. B. habitualisiertes Verhalten. An allen intentionalen Beziehungen, die Personen zu ihrer Umwelt unterhalten, ist *retentional* die frühere wie *protentional* die (künftig) mögliche Erfahrung beteiligt. Deshalb ist der jeweilige Erfahrungshorizont immer auch *Erwartungshorizont* und somit *Spielraum* von Möglichkeiten (zur Ausschöpfung der Konzeption des „Spielraums" vgl. Waldenfels 1980).

Wie Gedächtnis, Aktualität und Antizipation ineinander greifen, wird auch an Husserls Differenzierung des Horizontbegriffes deutlich. Das, was von einer bestimmten Position (Blickpunkt) aus von einem Gegenstand unmittelbar wahrgenommen werden kann, verweist als *Aspekt* dieses Gegenstands auf weitere Aspekte, die schon durch die geringste (Blick-)Bewegung in den Blick kommen. Das Insgesamt der möglichen Aspekte eines Objekts oder, anders formuliert, der möglichen *Perspektiven* auf ein und dasselbe Objekt, bezeichnet Husserl (1972) als dessen *„inneren Horizont"*. Da ein Ding (Person oder Objekt) nie allein für sich, nie isoliert existiert, sondern immer in einem Kontext von anderen Dingen, auf die es perspektivisch verweist und die zur Eindeutigkeit seines Sinnes beitragen, bezeichnet Husserl dieses jeweilige Verweisungsganze als den *„äußeren Horizont"* jedes Erfahrungsgegenstandes (Husserl 1972; vgl. hierzu Graumann 1960).

In jede Erfahrung geht durch den Verweisungszusammenhang, in dem alles unmittelbar Gegebene steht, das Wechselspiel von Aktualität und Potenzialität, von Wirklichkeit und Möglichkeit ein und damit das Wechselspiel von gegenwärtiger, früherer und möglicher Erfahrung.

Durch die retentional-protentional bestimmte Horizonthaftigkeit unserer Erfahrung ergibt sich auch für die weitere Phänomenologie des Gedächtnisses, dass wir dessen *Situiertheit* bestimmen müssen. Als phänomenologisches Grundelement einer Situation setzen wir voraus: ein in seiner Leiblichkeit verstandenes und damit immer an einem raumzeitlich bestimmbaren Ort befindliches, intentional auf andere (Mitmenschen) und anderes (Dinge) bezogenes Subjekt.

Selbst wenn im Folgenden nur die (phänomenologisch verstandene) Situiertheit des Gedächtnisses Thema sein soll, gilt auch dafür, dass wir der Leiblichkeit, Räumlichkeit bzw. Dinglichkeit, Temporalität bzw. Historizität und der Sozialität besonderes Augenmerk schenken. Zwar kann das nicht alles aufgeführt, wohl aber exemplarisch verdeutlicht werden.

Die Leiblichkeit des Subjekts, die wie Merleau-Ponty (1966) gezeigt hat, zentrales Thema einer Phänomenologie der Wahrnehmung ist, da sie die Ortsbezogenheit bzw. Perspektivität menschlichen Wahrnehmens und Erinnerns fundiert, ist kein Thema der bisherigen Psychologie. Immerhin hat Hans Thomae schon seit 1943 mit dem Begriff „Lageschema" das „in Fleisch und Blut übergegangene Wissen" bezeichnet, das aus der habituell gewordenen Koordination von „Lage und Verhalten" hervorgegangen ist. Lageschema ist der „Inbegriff aller jener existentiell bedeutsamen früheren Erfahrungen des Individuums, die das Verhalten beeinflussen, auch ohne im einzelnen wieder bewusst zu werden" (Thomae 1985: 28). Auch die Sprache, die uns zu sagen gestattet, wir hätten uns bestimmte Kenntnisse „einverleibt", ordnet dieses „implizite Gedächtnis" dem Leib, nicht dem Bewusstsein zu (zur Phänomenologie des Leibgedächtnisses vgl. Fuchs 2000).

Doch dieses i.e.S. inkorporierte Wissen ist kein Konstrukt der Allgemeinen Psychologie geworden. Wohl aber hat die Sozialpsychologie interessiert, dass unsere Physis, vor allem unsere Physiognomie, Mittel und Medium interpersonalen Erkennens und Erinnerns ist. Als wichtiges und oft entscheidendes Element unserer *Identität* dient unsere leibliche Erscheinung im Ganzen, dienen einzelne physische Charakteristika der *Identifikation* durch andere. Aber auch uns selbst (wie andere) erinnern wir durch *Markierungen* unserer Physis, etwa durch Haartracht, Parfüm, Tattoo, durch kosmetische Akzentuierungen, und sei es nur unserer Geschlechtlichkeit, als wer oder was wir verstanden und erinnert werden wollen. Mit dem, was wir Make-up nennen, vor allem aber durch unsere „zweite Haut", die *Kleidung*, akzentuieren wir nicht nur unsere Kenntlichkeit (Identität); wir manipulieren sie auch, gelegentlich bis zur Unkenntlichkeit, die wir spielerisch im *Maskieren* erreichen, um uns als andere geben zu können.

Nicht nur durch Maskierung, ganz allgemein durch *Markierung*, werden Zugehörigkeiten angezeigt, einem selbst wie anderen zur Erinnerung. Die Spanne der Markierungen reicht vom Trauring über das Piercing bis zur Beschneidung.

Nietzsche hat in seiner „Genealogie der Moral" unter der Frage „Wie macht man dem Menschen-Thiere ein Gedächtnis?" auf die schmerzhaften und verstümmelnden Riten hingewiesen, die dem „Hauptsatz aus der allerältesten (leider auch allerlängsten) Psychologie auf Erden" zu gehorchen scheinen: „nur was nicht aufhört, weh zu thun, bleibt im Gedächtniss" (Nietzsche 1980: 295).

Wenn Nietzsche in diesem Zusammenhang den „Schmerz das mächtigste Hülfsmittel der Mnemonik" nennt, hat er wohl nicht nur Rituale vor Augen, in denen Menschen dauerhaft auf etwas verpflichtet werden (wie auf die Zugehörigkeit zu einer sozialen Kategorie). Auch Strafen gehören hierzu, durch die ein Rechtsbrecher spürbar und dauerhaft sichtbar für ihn wie für andere an ein Vergehen oder Verbrechen erinnert wird. In beiden Fällen, also beim *Initiationsritus* wie bei der *peinlichen Strafe*, dienen und dienten das Zufügen von Pein, Schmerzen und was sie an Verstümmelungen, Narben und Tätowierungen hinterlassen auch dem dauerhaften Gedächtnis. Im Falle der Tätowierung oder Beschneidung erinnern diese an eine auf Dauer gelobte oder auch erzwungene Zugehörigkeit. Im Falle der Zufügung eines Brand- oder sonstigen

Schandmals und der als Strafe zugefügten Verstümmelung erinnern die Male an den sträflichen Bruch eines Gelöbnisses bzw. an den Ausstieg aus einer Gemeinschaft. An beides, den Ausschluss aus einer Gemeinschaft und an die erzwungene Zugehörigkeit zu einer anderen, erinnern bis in unsere Tage die eintätowierten KZ-Nummern (Graumann 1997: 274f.).

Auch Narben und Verstümmelungen, die nicht auf Rituale und Strafen zurückgehen, wie unfall- und kriegsbedingte Verwundungen und Beeinträchtigungen, dienen Opfern wie Zeugen als Erinnerungen. Selbst die im Laufe eines Lebens erworbenen Schwielen, Falten und Runzeln sind Zeichen für das, was man, die Leiblichkeitsthematik abschließend, die *Inkarnation des Gedächtnisses* nennen kann.

Der Leiblichkeit des Subjekts entspricht die Räumlichkeit und Materialität der *Dingwelt*. Aus den Dingen, auf die wir intentional bezogen sind, seien hier nur zwei Arten herausgehoben, denen wir eine besondere Gedächtnisfunktion zugewiesen haben: diejenigen, die eigens der Unterstützung und Absicherung des Gedächtnisses dienen, und die, mit deren Bedeutung wir besondere Erinnerungen verbinden.

Die erste Kategorie bedarf keiner eingehenden Diskussion, obwohl sie die vielleicht wichtigste und umfassendste Klasse bildet: die *Mnemotechnika* im weitesten Sinne des Wortes. Sie reichen von alltäglichen Gebrauchsdingen, an denen wir Marken anbringen, damit sie uns an etwas erinnern, wie das Eselsohr im Buch oder der Knoten im Taschentuch, das unvollendet liegen gelassene Stück Arbeit, Eintragungen im Terminkalender oder im PC bis zu ausführlichen Memoranden. Im Grunde lässt sich die ganze Verwendung von Bild und Schrift auch als Entlastung des Gedächtnisses interpretieren, die Schrift im Ganzen als ein „vom Individuum unabhängiger Gedächtnisraum" (Assmann/Assmann 1992: 1423). Man kann aber auch mit Kant (1912: 34) die Auffassung vertreten, dass die Kunst zu schreiben das Gedächtnis zugrunde gerichtet hat (so wie die Taschenrechner die Gedächtnisleistung des großen Einmaleins).

Schon beim Thema der Markierung des eigenen Leibes sind wir auf den engen Zusammenhang gestoßen, der zwischen Gedächtnis und Identität besteht. Auch in der Dingwelt ist die Identität stiftende und bewahrende, aber auch manipulierende Funktion offenkundig. Dadurch dass Menschen sich mit ersichtlich wertvollen Dingen umgeben, wie Häuser, Gärten, Autos oder Reitpferde, und durch den mit Prestigeobjekten einhergehenden ostentativen Gebrauch erinnern manche sich und nicht zuletzt die anderen an den Status, der gemeinhin als die Voraussetzung dafür gilt, sich Kostbares leisten zu können. Wenn wir über diesen weit verbreiteten Einsatz von mehr oder minder personalisierten Dingen sagen, dass er dazu dient, uns und vor allem andere an die soziale Identität ihres offenkundigen Eigners zu erinnern, wird auch dadurch die identitätsstiftende und -sichernde Funktion des Gedächtnisses und des Erinnerns unterstrichen. Für die soziale Identität mag die – vor allem von Goffman (1969, 1974, 1975) modellhaft untersuchte – Präsentation nach außen unumgänglich sein, weil sich selbst darzustellen immer auch heißt, das mitzupräsentieren, was man sich zurechnet. Doch auch für die ganz persönliche, primär auf sich selbst bezogene Identität spielen Dinge eine wesentliche Rolle, wie es vor allem Untersuchungen über die Bedeutung und die verschiedenen Funktionen so genannter *persönlicher Objekte* im Lebenslauf überzeugend dokumentieren (Csikszentmihalyi/Rochberg-Halton 1981; Habermas 1996). Angefangen von den so genannten Übergangsobjekten des Kleinkindes über die Lieblingsobjekte von Erwachsenen bis hin zu den Dingen, die unbedingt mit ins Altenheim müssen, und den Erbstücken haben persönliche Objekte eine wichtige autobiographische Funktion. Denn dadurch, dass sie in der Regel an eine wichtige Bezugsperson, an eine Beziehung, an bestimmte Episoden oder Lebensphasen erinnern, mit denen man sich identifiziert, tragen sie dauerhaft und nachhaltig zur Kontinuität der eigenen personalen wie sozialen Identität bei.

Unter den persönlichen Objekten haben für das autobiographische Gedächtnis immer schon *Bilder* eine besondere Stellung gehabt, deren Bedeutung in der Moderne durch die Fotografie, deren Weiterentwicklung (bis zum Video und damit bis zur audiovisuellen Reproduktion einmal dokumentierter Erlebnisse) und die leichte technische Handhabung beachtlich gewachsen ist, wiederum bis hin zur Manipulation mit Hilfe solcher Techniken.

Geht man davon aus, dass es sich bei dem, was wir in alltäglicher Sprache „Erlebnisse" nennen, um *markiertes Leben* handelt (Graumann 1984: 558), dann wird verständlich, dass solchen Erlebnissen eine besondere Gedächtnissalienz zukommt, die durch ihre Objektivation in Fotos, Dias, Erzählungen, Tagebuchnotizen und auf Ton- und Videobändern und Disketten konserviert wird. Wie wir es in einem anderen Zusammenhang expliziert haben, werden Erlebnisse nicht selten eigens zum Zweck der biographischen Erinnerung aufgesucht und gestaltet. „Die so in die eigene Hand genommene und selbstgestaltete Biographie wird zur *Inszenierung*, deren ‚Szenen' dann beliebig oft reproduzierbar, das heißt aber immer auch vor anderen darstellbar sind" (ebd.: 559). Und sie sind – die Technik macht's möglich – fast beliebig fingierbar.

Zwei der mit der objektivierten Erinnerung verbundenen Nebeneffekte auf die eigene Identität seien nur kurz am Beispiel der immer mal wieder betrachteten Fotos, die einen selbst abbilden, angedeutet: (1) Die Bilder zeigen uns unverändert, wie wir einmal aussahen, also jünger und

– beispielsweise auf den so häufigen Urlaubsfotos – besser aussehend. (2) Nimmt man hinzu, dass die Bilder bestimmter Erlebnisse häufiger betrachtet werden, dann verschmelzen nach einer gewissen Zeit die Erinnerungen an die ursprünglichen Erlebnisse mit denen an die Bilder, die sie letztlich überdecken können. In dem Maße, wie wir uns immer mehr mit (vor allem bildlichen) Reproduktionen früherer Erlebnisse umgeben und darin „spiegeln", nimmt auch das i.e.S. konstruktive (und das idealisierende) Element autobiographischer Erinnerung zu.

Intentional und damit auch mnemisch-mnestisch sind Menschen nicht nur auf die Gegenstände und auf (die im nächsten Abschnitt zu behandelnden) Personen bezogen. Bedeutsam für beide, Dinge wie Personen, sind die *Orte*, an denen wir jemanden oder etwas erwarten, wobei oft die Dinge dadurch bedeutsam und entsprechend in Erinnerung sind, dass sie Orte geworden sind, an denen man sich trifft, wie am Brunnen vor dem Tore, unter der Laterne, am Tresen oder am Stammtisch. Orte wie die Stammkneipe oder auch nur die Straßenecke haben die doppelte mnestische Dienlichkeit, dass ihre Wahrnehmung uns daran erinnert, wen oder was wir an dieser Stelle erwarten können. Aber wie die Dinge haben sie auch mit und neben dieser prospektiven Funktion die retrospektive der – oft nostalgischen – Erinnerung.

Zur mnestischen Bedeutsamkeit der Orte gehört, zumal wenn es um ihre soziale Relevanz geht, die *Zeit*. Die Chance, die Kumpel an der Theke, die Gang an der Straßenecke, Lili Marleen unter der Laterne zu treffen, ist an bestimmte Zeiten gebunden, und an die selbst unanschauliche Zeit erinnert uns die Uhr, optisch und sicherheitshalber akustisch. Uhren sind in ihrer lebensweltlichen Bedeutung weniger „Zeitmesser" als Anzeiger und Signalgeber dafür, wann es Zeit ist, bestimmte Vornahmen und Vorhaben zu erledigen; sie erinnern uns an noch zu Tuendes.

Zur Zeitlichkeit der in konkreten Situationen erfahrenen Personen, Dingen und Ereignissen gehört ganz wesentlich das zum Bewusstsein kommende *Alter*. In unserem gegenwärtigen Kontext geht es nicht um die Polyvalenz des Altwirkens oder -aussehens, die von „altehrwürdig" bis „out" reicht und entsprechende Stereotype auslöst. Vielmehr rückt der Eindruck des Alten den oder das Betreffende in einen Zeithorizont (biographisch oder historisch), in dem das Vergangene dominiert, an das wir, wenn es unser Gedächtnis gestattet, erinnert werden. Viele dieser Erinnerungen sind Reproduktionen von Geschichten und Geschichte, Gehörtem, Gelesenem, Erschlossenem; der Übergang zum Imaginären kann fließend sein. Denkmäler, Gedenkstätten und Gedenktage helfen zwar, die Vergangenheit, an die wir erinnert werden sollen, zu markieren und zu differenzieren. Doch sie dienen oft der Idealisierung und Mystifizierung des Gewesenen, wenn dies, was die Regel ist, präsentischen

Interessen und Bedürfnissen dient. Dinge und Orte unserer Kindheit haben sich selbst alternd geändert; aber es hat sich, unabhängig davon, auch mit unserem Älterwerden ihre Bedeutung verändert (Kruse/Graumann 1998).

Schon die letzten gegenstands-, orts- und zeitbezogenen Beispiele für das „Gedächtnis außer uns" (Proust) gehören zur *Sozialität* des phänomenologisch verstandenen Situiertseins. Andere Menschen werden aber auch direkt in unsere Gedächtnisleistungen und Erinnerungsarbeit einbezogen. Dieses Einbeziehen reicht von der trivialen Bitte an einen, so hoffen wir, zuverlässigen Menschen („Bitte erinnere mich doch an...") über den Verlass auf andere, die wir als Zeugen dafür anrufen, dass wir uns richtig erinnern, bis zum Gesprächspartner, bei dem wir rückfragen, ob er oder sie tatsächlich diese Äußerung getan hat. Theoretisch und faktisch bedeutsamer ist jedoch die Tatsache, dass wir uns fast alles, was an Wissen, an Vorurteilen, ja selbst an Ignoranz unser Gedächtnis ausmacht, in der Interaktion mit anderen angeeignet haben und viele unserer so genannten Gedächtnisinhalte noch die Spuren ihrer Herkunft erkennen lassen. Insofern ist die (vor allem) von Maurice Halbwachs (1925/1985; 1950/1991) vertretene Theorie der Fundierung des individuellen Gedächtnisses im kollektiven legitim.

Nicht nur Gedächtnis als aus der sozialen Interaktion resultierend, sondern aktuelles Erinnern als soziale bzw. interpersonale Aktivität hat, etwa unter dem Namen *joint remembering*, in den letzten Dekaden auch die Aufmerksamkeit von Sozialpsychologen gefunden (Middleton/Edwards 1990; Clark/Stephenson 1995). Wenn Menschen etwa beim gemeinsamen Betrachten von Fotografien sich im Diskurs erinnern, wird das auch für die Einzelerinnerung anzusetzende, aber oft schwer nachweisbare Wechselspiel von Reproduktion und Produktion besonders deutlich. Dass unser Sprechen immer auch hörerorientiert ist (Graumann/Herrmann 1989), wirkt sich zumindest auf das „laute Erinnern" und auf autobiographische Erinnerungen aus, die je nach Zuhörer bzw. nach dem imaginierten (fiktiven) Leser anders ausfallen. Das haben nicht zuletzt die Bemühungen gezeigt, prekäre Vergangenheit wie die Nazizeit intergenerationell rekonstruieren zu lassen (Keller 1996), was sich als individuelles wie als kollektives Problem erwiesen hat. Das, worüber immer wieder geredet wird, ist psychologisch oft weniger aufschlussreich als das, worüber „hartnäckig" geschwiegen wird. Die dem Schweigen und dem Nichtantworten oft bereitwillig beigefügte „Erklärung", sich nicht erinnern zu können oder das kritische Ereignis „vergessen" zu haben, verweist weniger auf ein „schlechtes Gedächtnis" als auf Motive und Gründe, bestimmte Themen zu vermeiden. Dadurch, dass Sprache das benennt, was gewesen ist, ist sie ein unentbehrliches Mittel unserer Erinnerung; doch dadurch, dass sie auch das benennt, was nicht gewesen ist oder nicht so war, wie es benannt ist, ist Sprache auch das unersetzliche Mittel, Vergangenheit zu fingieren bzw. die Erinnerung daran zu manipulieren. In ihrem Charakter als eine Art zweiter Realität macht sie möglich, was Husserl die „*Verführung der Sprache*" genannt hat. Gerade weil vieles von dem, was unser Gedächtnis ausmacht, der Sprache unserer Kultur entstammt, ohne dass wir uns eines fundamentum in re versichern können, müssen wir uns unserer – auch mnemischen – Verführbarkeit durch Sprache bewusst bleiben.

Auf eine für die Konstitution und Wahrung unserer Identität besonders wichtige „Verführung" sei abschließend hingewiesen. Was wir über uns, sei es als Individuen, sei es als Gruppenmitglieder, sei es als Kollektiv, wissen, haben wir aus *Geschichten*, die uns erzählt worden sind und an deren Erzählung wir selbst auch produktiv beteiligt waren. Wir sind alle, wie es Wilhelm Schapp (1975) prägnant formuliert hat, unausweichlich „in Geschichten verstrickt". Durch jede Begegnung werden wir (werde ich) Teil der Geschichte des oder der uns (mir) Begegnenden und der oder die Andere wird Teil unserer (meiner) Geschichte. Seine bzw. ihre Geschichte unserer Begegnung wird dabei eine andere sein als unsere (meine). Aber das phänomenologisch Bedeutsame ist, dass das umgangssprachlich wie fachspezifisch so genannte „Bild" des anderen weniger ein „Bild" als Teil einer Geschichte ist. Geschichten aber – und hier kommt eine besondere Verführung der Sprache ins Spiel – haben ihre eigene *narrative Struktur*, die ihre eigene Gesetzlichkeit hat und das Gewesene als erzählte Erinnerung überformt.

Fasst man an dieser willkürlich erscheinenden Stelle, da im vorgegebenen Rahmen eine systematische Phänomenologie des Gedächtnisses (vgl. Casey 1987) nicht zu leisten war, die von ihr inspirierten Gedanken zu einer Psychologie des Gedächtnisses zusammen, so ist vielleicht deutlich geworden, dass allein die Berücksichtigung der Leiblichkeit des sich erinnernden Subjekts, seiner intentionalen Umwelt von Dingen und Räumen, der Zeitlichkeit bzw. Historizität dieser Dingwelt, wie vor allem auch der Mitwelt und der sprachlichen Kommunikation mit ihr wesentliche Themen der Erforschung eines nicht auf Innerpsychisches und Neurales begrenzten Gedächtnisses anschlägt, die für ebenso viele noch weithin unbearbeitete Forschungsfelder stehen.

Literatur

Assmann, A./J. Assmann (1992): Schrift. In: J. Ritter/K. Gründer (Hg.) Historisches Wörterbuch der Philosophie. Bd. 8. Basel: Schwabe, S. 1417–1429.

Casey, E. S. (1987): Remembering: A Phenomenological Study. Bloomington: Indiana University Press.

Clark, N. K./G. M. Stephenson (1995): Social Remembering: Individual and Collaborative Memory for Social Information. *European Review of Social Psychology*, 6, S. 127–160.

Csikszentmihalyi, M./E. Rochberg-Halton (1981): Der Sinn der Dinge. Das Selbst und die Symbole des Wohnbereichs. Stuttgart: Klett-Cotta.

Ebbinghaus, H. (1885): Über das Gedächtnis. Leipzig: Duncker & Humblot.

Fuchs, T. (2000): Das Gedächtnis des Leibes. Phänomenologische Forschungen (Neue Folge), 5 (1), S. 71–89.

Goffman, E (1969): Wir alle spielen Theater – Die Selbstdarstellung im Alltag. München: Piper.

Goffman, E. (1974): Das Individuum im öffentlichen Austausch. Frankfurt/M.: Suhrkamp.

Goffman, E. (1975): Interaktionsrituale – über Verhalten in direkter Kommunikation. Frankfurt/M.: Suhrkamp.

Graumann, C. F. (1960): Grundlagen einer Phänomenologie und Psychologie der Perspektivität. Berlin: de Gruyter.

Graumann, C. F. (1984): Bewußtsein und Verhalten. Gedanken zu Sprachspielen der Psychologie. In: H. Lenk (Hg.): Handlungstheorie interdisziplinär III, 2. Halbband. München: Wilhelm Fink, S. 547–573.

Graumann, C. F. (1997): Zur Ökologie des Gedächtnisses. In: G. Lüer/U. Lass (Hg.): Erinnern und Behalten. Wege zur Erforschung der menschlichen Gedächtnisses. Göttingen: Vandenhoeck & Ruprecht, S. 269–286.

Graumann, C. F. (2000): Kontext als Problem der Psychologie. *Zeitschrift für Psychologie*, 208, 55–71.

Graumann, C. F. (2001): Phenomenology in Human Science. In: N. J. Smelser/P. B. Baltes (Hg.): International Encyclopedia of the Social and Behavioral Sciences. Section 8: Logic of Inquiry and Research Design. Amsterdam: Pergamon.

Graumann, C. F./T. Herrmann (Hg., 1989): Speakers: The Role of the Listener. Clevedon: Multilingual Matters.

Habermas, T. (1996): Geliebte Objekte. Symbole und Instrumente der Identitätsbildung. Berlin: de Gruyter.

Halbwachs, M. (1925/1985): Das Gedächtnis und seine sozialen Bedingungen. Frankfurt/M.: Suhrkamp.

Halbwachs, M. (1950/1991): Das kollektive Gedächtnis. Frankfurt/M.: Fischer.

Hellpach, W. (1924): Psychologie der Umwelt. In: E. Abderhalden (Hg.): Handbuch der biologischen Arbeitsmethoden, Abt. VI: Methoden der experimentellen Psychologie. Berlin: Urban/Schwarzenberg.

Herzog, M. (1992): Phänomenologische Psychologie – Grundlagen und Entwicklungen. Heidelberg: Asanger.

Husserl, E. (1966): Zur Phänomenologie des inneren Zeitbewußtseins (1893–1917), hg. von R. Boehm, Husserliana 10. Den Haag: Nijhoff.

Husserl, E. (1972): Erfahrung und Urteil. Untersuchungen zur Genealogie der Logik, hg. von L. Landgrebe. Hamburg: Felix Meiner.

Keller, B. (1996): Rekonstruktion von Vergangenheit. Vom Umgang der ‚Kriegsgeneration‘ mit Lebenserinnerungen. Opladen: Westdeutscher Verlag.

Kruse, L./C. F. Graumann (1998): Metamorphosen der Umwelt im Lebenslauf. In: A. Kruse (Hg.): Psychosoziale Gerontologie. Bd. 1: Grundlagen. Göttingen: Hogrefe, S. 51–64.

Merleau-Ponty, M. (1966): Phänomenologie der Wahrnehmung. Berlin: de Gruyter.

Middleton D./D. Edwards (1990): Collective Remembering. London: Sage.

Nietzsche, F. (1980): Zur Genealogie der Moral. Sämtliche Werke, Bd. 5. Berlin/München: de Gruyter/dtv.

Schapp, W. (1975): In Geschichten verstrickt. Zum Sein von Mensch und Ding, 2. Aufl. Wiesbaden: Heymann.

Thomae, H. (1985): Lage und Lageschema. In: Dynamik des menschlichen Handelns. Ausgewählte Schriften zur Psychologie 1944–1984, hg. von V. U. M. Lehr/F. E. Weinert. Bonn: Bouvier, S.125–136.

Verplanck, W. S. (1957): A Glossary of Some Terms Used in the Objective Science of Behavior. Supplement to the *Psychological Review*, 64 (6:2). Washington, D. C.: American Psychological Association.

Waldenfels, B. (1975): Intentionalität und Kausalität. In: A. Metraux/C. F. Graumann (Hg.): Versuche über Erfahrung. Bern: Huber, S. 113–135.

Waldenfels, B. (1980): Der Spielraum des Verhaltens. Frankfurt/Main: Suhrkamp.

Welter, R. (1986): Der Begriff der Lebenswelt – Theorien vortheoretischer Erfahrungswelt. München: Fink.

Welton, D. (1997): World. In: L. Embree et al. (Hg.): Encyclopedia of Phenomenology. Dordrecht: Kluwer, S. 736–743.

Remembering in a Social Context

A Conversational View of the Study of Memory

GERALD ECHTERHOFF/WILLIAM HIRST

Remembering often occurs within a communicative setting such as a conversation. People reminisce about past Christmases as they sit down for a holiday repast. They recall good times with an old roommate when they attend a college reunion. They recount their first date as they celebrate their wedding anniversary. In order to account for observations of this kind, some scholars have drawn attention to the social and communicative aspects of remembering (e.g., Cranach 1992, 1995; Graumann 1997; Hirst/Manier 1995, 1996). They have argued that the socio-communicative context also shapes what is memorized and remembered. From this point of view, acts of remembering cannot be captured fully by existing cognitive approaches to the study of memory. Cognitive psychologists have typically focused on information processing occurring in the individual mind in order to explain how and what we remember. In this paper, we explore to what extent a communicative view of remembering might provide explanations and analyses that have a bearing on research conducted from the perspective of cognitive psychology. The central premise is that acts of remembering, apart from being grounded in cognitive mechanisms, are also affected by social and communicative factors.

This view can be traced back to the foundational work on collective memory by the French sociologist Maurice Halbwachs (1925, 1950/1980). While he claimed that acts of remembering are inherently collective, he still differentiated between personal memories and their social roots. Although memory processes depend on their individual carriers, on the presence of individual minds, their content can only be explained in terms of collective and social phenomena. Halbwachs's major point was to demonstrate that individual memories are essentially framed and shaped by the individual's relation to social groups. We believe that this interdependence of individual and social conditions has ever since not been given due attention by scientific psychology and that it has not been studied with the same specificity and rigor as the cognitive mechanisms alone.

In this sense, we claim that the dynamics of communication can influence remembering in ways not fully predictable by existing cognitive approaches. More specifically, we argue that participants take the principles of conversation (e.g., Grice 1975; Sperber/Wilson 1986, 1987) into account when providing responses in memory experiments. From such a conversational perspective we will explore whether experimental results in selected domains of memory research may not solely reflect underlying cognitive processes but also the socio-communicative dynamics of the experiment.

Throughout this paper, we will try to demonstrate that conversational influences cannot simply be reformulated as the effects of editing, selecting, or formatting accessible information about the past. Thus, we will point out that the effects of conversational factors in memory studies can be regarded as more substantial than the influence typically attributed to response tendencies or biases. In order to do so, we will draw on a stage model of response processes suggested by Strack and Martin (1987) and show that in empirical studies one of the earliest stages, i.e., the stage of interpreting the memory probe, is affected.

Of late the scholarly interest in the social and communicative conditions of memory processes has surged notably, thus drawing attention to factors not exclusively grounded in individual information processing (e.g., Betz/Skowronski/Ostrom 1996; Hoffman/Granhag/Kwong See/Loftus 2001; Trabasso 1997). In this vein, some studies have investigated the effect of joint remembering in groups (e.g., Bangerter/Cranach/Arn 1997; Weldon/Bellinger 1997), more specifically in groups such as families (Hirst/Manier 1996; Hirst/Manier/Apetroaia 1997; Manier/Pinner/Hirst 1996) or theater companies (Bruner/Feldman 1996). Whereas the principles of conversation as outlined by Grice (1975) have not been taken into account in these studies, researchers in other areas have repeatedly adopted a conversational perspective à la Grice. For instance, investigators have demonstrated that conversational assumptions guide participants' performance in social perception (Blank 1997; Wright/Wells 1988), judgment (e.g., Dulany/Hilton 1991; Krosnick/Li/Lehman 1990; Schwarz/Strack/Hilton/Naderer 1991; for a discussion see Todorov 1997), and Piagetian developmental tasks (Donaldson 1982; McGarrigle/Donaldson 1975). Strack/Schwarz/Wänke (1991: 122) have summarized a central tenet of these studies: "Neither respondents in sociological surveys nor participants in psychological experiments read off their opinions and attitudes as if from an internal meter. Rather, they have to engage in more or less complex psychological processes to collaborate successfully with the questioner." We will try to show that this principle also applies to memory studies in experimental psychology.

The paper has four major sections. In the first section, we recapitulate theories that have been developed to capture the general principles and assumptions underlying communication, i.e., the logic of conversation (Grice 1975) and relevance theory (Sperber/Wilson 1986, 1987). In the second section, we outline a conversational view of remembering by applying the rules and principles of communication to acts of remembering. The third section contains considerations more specific to research procedures commonly used in the psychological study of memory. Here, we argue that participants take the principles of conversation into account when providing responses in memory experiments.

In the fourth section, we reinterpret experiments on memory conducted and discussed within the framework of cognitive psychology. We demonstrate how the interpretation of these experiments can benefit from adopting a conversational view of remembering. It should be noted that rather than providing a complete review we focus on a selective corpus of studies. This section of the paper will be divided according to three different domains of memory research. For the realm of autobiographical memories, we present a conversational interpretation that provides an alternative to the original explanation offered by Reiser and colleagues (e.g., Reiser/Black/Abelson 1985). Second, we show that a conversational view can resolve conflicts between existing empirical findings on encoding specificity in verbal learning (Santa/Lamwers 1974; Thomson/Tulving 1970). Finally, we present evidence that different degrees of memory distortion in children (e.g., Ceci/Ross/Toglia 1987) and adults (e.g., Loftus 1975; Loftus/Miller/Burns 1978) can also be due to conversational influences.

1. Theories of Conversation

From a conversational viewpoint, remembering is guided and constrained by underlying principles and assumptions concerning the communicative situation. In order to elaborate this view, however, an understanding of these principles is required. In his seminal work on the logic of conversation, Paul Grice (1957, 1975) argued that people engaged in conversation will always try to determine what a speaker means, to get at the purpose of an utterance. In *Logic and Conversation*, Grice (1975) proposed a general principle and a set of related maxims which interlocutors use as guidelines when trying to determine the meaning, intention, or purpose behind an utterance. The general principle of cooperativeness requires a speaker to collaborate with a hearer, i.e., to make contributions that are related to the topic at hand and the common goal of the conversation. More specifically, Grice identified four types of conversational maxims underlying cooperative communication.

The maxim of quantity requires the communicator neither to confront the recipient with information he[1] is likely to know already nor to leave out new information that he is likely to need for understanding. In other words, this maxim enjoins a communicator to be informative and to avoid redundancy. The maxim of quality requires the communicator to be truthful, which enjoins her not to utter something she knows to be false or for which she does not have sufficient evidence. According to the maxim of relation the communicator must be relevant in what she communicates, i.e., she must ensure that her contribution in a conversation is related to the topic at hand. Finally, in order to comply with the maxim of manner, the communicator should avoid being obscure or ambiguous.

Although Grice (1975) phrased the maxims as imperatives to the speaker ("Be brief," "Avoid ambiguity"), they can be taken as general conversational expectations held by the recipient as well (Hilton 1995). If at first glance one or more of these standards is not fulfilled (i.e., *flouted* in Gricean terms), then the recipient will, by (conversational) inference, try to find new interpretations of the utterance in order to understand what the speaker meant to convey. Thus, the maxims, so to speak, drive acts of interpretation to the point at which an adequate understanding is reached.

Dan Sperber and Deirdre Wilson (1986, 1987) have developed an approach to communication that builds on the maxim of relevance. They argue that comprehension is driven by the search for an interpretation that is *relevant* enough to be worth the recipient's effort to find it. "By the very act of requesting the hearer's attention, the speaker communicates (...) that the utterance is relevant enough to be worth the hearer's attention." (Sperber/Wilson 1987: 745) Every communicated stimulus thus implies the presumption of its relevance, it comes, so to speak, with a guarantee of relevance.

When a recipient tries to determine the relevance of an utterance, he tries to fit it into a reference frame, i.e., a context in which he can make sense of it. Sperber and Wilson (1986: 142) argue that the context is not given, but chosen: "People hope that the assumption being processed is relevant (or else they would not bother to process it at all), and they try to select a context which will justify that hope: a context which will maximize relevance." In order to succeed in this search for a relevant context, the recipient can refer to "common ground," i.e., knowledge

---

[1] For the sake of convenience, we will adopt a common helpful substitution for the rest of this paper: We will regard the communicator as female and the recipient as male.

that is presumably shared by both communicator and addressee (cf. Clark/Marshall 1981; Clark/Schober 1991). Relevance theory may be regarded as an attempt to allow a more parsimonious view than the Gricean logic of conversation: after all, it is based on one central conversational maxim instead of four. More specifically, Sperber and Wilson (1986) have argued that the Gricean account presumes a higher degree of cooperativeness than their own approach. In fact, it is easy to see that people may communicate things clearly relevant to their audience without sharing a common purpose or goal with them. Thus, relevance theory may require fewer presumptions about the communicators' underlying intentions.

The question in this paper is whether an analysis of the conversational factors can contribute to our understanding of what and how people remember. In order to pursue this goal we need to reformulate these approaches in a manner that will make them applicable to the particularities of remembering.

2. A Conversational View of Remembering

When one person tells another person what has happened in the past, their communication should be guided by common conversational rules. The recipient can expect the rememberer to follow the maxims of conversation when retelling the past, and the rememberer is aware of this expectation. In keeping with the conversational maxims as outlined by Grice (1975), people retelling a past event are not supposed to leave out critical, new information that the addressee needs to know, or impart information that the addressee is already aware of. The rememberer is also expected to be familiar with the past event and truthful about it. Furthermore, she should say things relevant to the topic to be recalled, and she should clearly indicate whether she has confidence in the accuracy of her memories or whether she is guessing. If there is evidence that any of these assumptions does not hold for an ongoing communication about the past, then the recipient is likely to adjust his view of the communicated past accordingly.

The central principle of relevance theory (Sperber/Wilson 1986, 1987) can also be particularized to the conversational act of remembering: people should recall only those things that are relevant enough to be worth the addressee's attention. The recipient's effort to infer information about the past should correspond to the extent to which this information is useful or interesting to the recipient. She may say things that on the surface do not seem relevant, but must assume that the listener, by choosing an appropriate context, can determine the relevance of an utterance about the past.

In many instances, speakers try to convey new information about the past to a listener unfamiliar with the recalled event. Conversational principles are important in this case since what a speaker recollects cannot be a complete rendering of 'data of the past.' People may have the potential to remember a wide range of details related to a particular past episode, but they will not recall all these details. They do not simply dump potential memories helter-skelter into the conversation. Nor do they usually recollect to themselves the entire array of details and then select the ones that they want to talk about. According to the present approach, the speaker is guided by principles of communication to recollect only items relevant to the listener.

For the purpose of this paper, it is crucial to show that a conversational account does not merely provide a reformulation of the effect of response biases or selective reporting. Thus, we will make sure to evince that conversational factors play a role on the *earlier* stages of the response process and that the corresponding effects can be regarded as more substantial than the influences commonly attributed to response editing. In particular, we will illustrate that in empirical studies one of the earliest stages, i.e., the stage of interpreting the memory probe, is affected.

3. Conversational Factors in Memory Research

Empirical studies in psychology involve communication between participant and experimenter. Whenever participants report their memories of some target material, they address a certain audience, i.e., the researcher (or his intermediary, the experimenter). Without claiming that they have a generic researcher in mind, it seems reasonable to assume that they tailor the memories they report to suit the presumed knowledge, interests, and expectations of this addressee. Also, the experimenter's instructions provide the participants with clues about what kind of responses are relevant for the purposes of the experiment. In many instances, participants may leave things unsaid simply because they believe these things lack relevance and not because they do not have the potential to recall them.

To be sure, conversation in a research setting might appear rather meager and intractable. In the laboratory there is a more confined set of expected actions and fewer possible ways of communicating compared to many everyday situations (cf. Schwarz 1994). Findings reported by

Hyman (1994) illustrate the influence that the conversational character-istics of an experiment can have on remembering. Hyman compared recalling a story for a peer versus for an experimenter and found that experimenter-tested participants followed a rather narrow narrative schema and felt more obliged to give a complete, detailed, and accurate account compared to participants recounting the story in peer dyads.

Obviously, the study situation is not a "social vacuum." This means that the participants in memory experiments should tacitly accept that the principles underlying everyday conversations carry over into re-search settings. They should regard information they obtain in the study setting as meaningful, truthful, relevant, and comprehensible. This might not be true for all participants in such a study but for the major-ity. In other words, it is not claimed that this characterization of the experimental setting applies to each individual participant. In experi-ments announced to be "a psychological study," some participants might indeed be constantly suspicious and "on the guard" with refer-ence to the maxim of quality. Suspicious participants may thus have doubts that the experimenter or researcher actually provides true or valid information. Of course, for a concrete empirical study one does not know in advance the ratio of participants who assume that the maxim of quality is respected and participants who do not. Therefore, researchers should establish evidence that these hypotheses do hold, e.g., by means of a manipulation check asking participants to indicate their conversational assumptions.

On the surface, it might be expected that the issues of cooperative-ness and relevance would rarely be problematic for the participant. In a recognition test, for example, participants know exactly what they are to say, i.e., "yes" or "no." If they said anything else, they would not follow the common purpose or goal of communication and thus violate the cooperativeness principle. But even in this seemingly simple example the situation is much more complicated. Participants undertake a com-plex decision making process in order to decide when to say "yes." According to signal detection theory (Green & Swets 1966; Parks 1966), the participants' responses will depend on the strength of the signal and their criterion for giving a positive response. Relevance theory provides a means of capturing the processes underlying the establishment of a response criterion. In many recognition experiments, the experimenters establish the criterion for the participant with explicit instructions. The participants are told, for instance, to say "yes" only if they are absolutely certain. Alternatively, they may be told that they will receive a nickel for every correct response and lose a quarter with every error. In other words, the experimenter explicitly tells the participant which criterion they are to apply. Thus, even in simple experimental settings, the participants must take into account the relevance of their responses to the experimenter. They must respond in a way that conforms to what they have inferred about the purpose of the experiment.

As these considerations have indicated, conversational processes may influence the process of remembering at different stages. In the domain of survey research Strack and Martin (1987) have proposed a model that divides the response process into different stages (see also Schwarz/Strack 1991). First, respondents interpret the question, then generate an opinion, either by recalling a prior judgment or by computing a new judgment, and finally format and edit their response. This model can be helpful to specify more precisely the level at which the conversational context may affect participants' responses in memory experiments. First, the participants may *interpret* memory probes in different ways depending on the conversational context. Taking into account the perceived purpose or goal of the study they may arrive at different views of what could be a relevant response. Influences occurring at this stage are substantial as they impose constraints on all subsequent processes.

The second stage in Strack and Martin's model involves the *retrieval* or *construction* of pertinent information. As some researchers have demonstrated (e.g., Bartlett 1932; Bransford/Johnson 1973), the retrieval and construction of memories can be guided by schemata which, in turn, are often grounded in people's communicative and social experiences. Also, the final stages in which the participants *format* and *edit* their responses are obviously susceptible to the influence of socio-communicative factors. The participants may use the linguistic means suggested by the experimenter to format their responses (e.g., by using the "yes" or "no" categories provided in the test stage) and they may omit certain aspects of the potential memories in order to comply with the Gricean maxims or other social norms (like, for example, social desirability, politeness, or positive self-presentation; cf. Brown/Levinson 1987; Goffman 1959). Conversational influences at this final stage of the response process cannot affect processes that have already occurred earlier on, such as information retrieval or construction. To be sure, research on the effects of language use has shown that a person's cognitive representation of previously presented information can be affected by the specific design of utterances (e.g., Higgins/Rholes 1978; Higgins 1992; Sedikides 1990). However, in the present context we are not concerned with the effects of communication on subsequent cognition. Rather than extending the scope of our investigation to the delayed effects of the social setting we want to restrict our analysis to the elementary stages of the initial response process.

In sum, conversational factors as outlined by applicable theories of communication (Grice 1975; Sperber/Wilson 1986, 1987) should have a bearing on the results of memory experiments. It is surprising that these factors are rarely mentioned in most discussions of experimental results, and if they are mentioned, it is usually indirectly. We suspect that this lacuna arises in part because researchers rarely consider a conversational account. We propose to do just that in the next section.

4. Conversational Accounts of Experimental Findings

In this section, we will reconsider a group of experiments done within the information processing paradigm and argue that their results also reflect the conversational dynamics present in the study situation. First, we will show that a conversational approach may afford an alternative to the context-plus-index explanation of autobiographical memories (e.g., Reiser et al. 1985). Second, for research that has investigated encoding specificity in verbal learning, we try to demonstrate that a conversational view allows us to resolve conflicts between existing empirical findings. Third, we will examine the role of communicative factors in studies of memory distortion. In this field, Siegal and colleagues (Newcombe/Siegal 1996, 1997; Siegal/Peterson 1995) have proposed an explanation based on a conversational framework to account for children's susceptibility to misleading postevent suggestions. For memory distortion in adults, a conversational approach can accommodate different and partly inconsistent empirical results. We present recent empirical findings (Echterhoff 2000) indicating that the degree of memory distortion may depend on the participants' conversational assumptions in the test situation.

Activities and Actions in Autobiographical Memories

Reiser and collaborators (Reiser 1988; Reiser et al. 1985; Reiser/Black/Kalamarides 1986) proposed that it is easier to access context-specific activities than general actions in autobiographical memory. Activities are sequences of situation-specific actions performed to attain a goal. General actions are singular, situation-free actions and can figure in more than one activity. They represent the common features across activities. They do not contain information specific or characteristic of a particular situation. Examples of general actions are "make a reservation," "enter," "be seated," "order," "eat," "pay the check," and "exit," and these make up the activity of "eating in restaurants."[2]

According to context-plus-index model (Reiser et al. 1985), the context of an experience or event indexes a specific autobiographical memory.[3] According to their model, a general action such as "paid for something," "got lost," or "found a seat" does not specify a context that could index a memory, whereas a context-specific activity such as "went to the post office and queued at the counter," "went for a drive," or "went to the cinema" does provide the needed index. Thus, it should be more difficult to respond to the probe "Recall a memory of a time you paid for something" than to the probe "Recall a memory of a time you went to a post office and queued at the counter." Similarly, responding to the question "Can you recall a time you found a seat?" should require more effort and/or time than responding to the question "Can you recall a time you went to the cinema?"

Reiser and his colleagues reasoned that presenting cues in the order "general action before context-specific activity" should lead to slower response times than "context-specific activity before general action." That is, people should find it more difficult to respond to the cue pair "paid at a ticket booth – took a ride on a train" than to the cue pair "went to the cinema – found a seat." In several response-time studies, Reiser and his colleagues found clear evidence along the predicted lines: the participants could recall a personal experience faster when they were given an activity cue before a general action cue than when presented with these cues in the reverse sequence.

However, the pattern of data reported by Reiser et al. (1985) may not only reflect the structure of memory or the mnemonic representation of events, but also the conversational dynamics of the experiment. Would general actions and activities be treated differently from a conversational perspective? We would like to draw on two conversational maxims in order to offer a communicative alternative to the explanation originally proposed by Reiser at al. First, we argue that recounting the past in terms of general actions may often violate the maxim of quantity. Second, we show that general action probes may make it more difficult to respond in accordance with the maxim of relevance.

From a conversational point of view, one could start with the observation that in conversations, people usually discuss activities, not general actions. There is something distinctly odd about announcing to some-

---

2   The reader may note that the concept of activities is similar to that of scripts as developed by Schank and Abelson (1977).

3   Considering the huge variety of different uses of the term context in the literature (cf. Clark 1992), it should be noted that Reiser and colleagues conceive of context as knowledge structures that are activated and applicable at the time an experience is encoded.

one in a conversation "I paid for something last night." The statement seems to be either incomplete or deceptive, presumably because it violates the Gricean maxim of quantity. The same discomfort would not be experienced if an activity were specified, as when announcing "I ate at a restaurant last night." One would not feel that such a statement was "hiding something" or deceptive.

Of course, even the statement "I ate at a restaurant last night" could under the right circumstances violate the maxim of quantity. If the speaker knew that the listener knew that the speaker ate out every night, then the statement "I ate at a restaurant last night" could be viewed as "hiding something" or deceptive. On the other hand, a statement of a general action need not always violate this maxim. If the speaker was a member of the royal family, who hardly ever carry cash, the statement "I paid for something last night" would not violate the maxim of quantity. In other words, the division between "acceptable" and "unacceptable" statements may in most circumstances follow the dichotomy between activities and general actions. But exceptions may occur if (1) statements containing general actions are specific or uncommon enough for a person to communicate them to an addressee, or (2) statements containing specific activities are too unspecific or common for a person to communicate them to an addressee. In the first case, the maxim of quantity would not be violated although a person recounts a general action. In the second case, the maxim of quantity would be violated although a person recounts a specific activity. The differences in reaction times in the experiments conducted by Reiser et al. (1985) could have arisen because probes were used unlikely to represent one or both of these two cases. This, in turn, may simply have been due to the researchers' lack of knowledge about the participants' specific, personal characteristics and habits. It is important to point out that an explanation purely based on the mental structure of autobiographical memories would not allow to capture this conversational aspect of remembering.

Second, the participants may find it difficult to determine what constitutes responses that could be relevant to the purpose of the interaction with the researcher or experimenter. If, for example, they are presented with the probe "Recall a time you found a seat," they may have certain assumptions about what would constitute a relevant response to this question. There are many sorts of events that potentially qualify as reasonable answers. Participants could talk about a time when they found a seat at a theater, on a train, or in a classroom. How are they to determine which of these events are relevant? Participants might reason, or perhaps intuit, that telling the experimenter "When I walked into the lab five minutes ago" would not meet the communicative demands of the situation because, after all, the experimenter saw the event himself.

In the terminology of relevance theory (Sperber/Wilson 1986, 1987), finding a seat in the lab room would hardly be worthy of the experimenter's or researcher's attention. The problem for participants, then, lies not in bringing to mind a memory *at all* but responding with a memory that meets the requirements of the conversational maxim of relevance.

Intuitively, it seems that the difficulty in determining relevance is not as crippling when activity cues such as "going to the cinema" are offered as when general actions such as "finding a seat" serve as cues. That is, the more specificity provided in the cue, the easier it will be to find a relevant event. Our idea is that one does not have to assume that this specificity allows a more efficient search of memory, rather it is sufficient to assume that it makes the job of judging relevance easier.

The relevance explanation may be more convincing than the mnemonic search explanation since the ease with which a probe can elicit a memory may also depend on the audience and its presumed knowledge, interests, and expectations. For the maxim of quantity, the restaurant and royalty examples given above already indicated the importance of the audience's characteristics. Consider the action cue "Recall a time when you went rollerblading." If the person making the query is known to be a novice at the sport, then any rollerblading event touting the rememberer's virtues would be relevant. Under such circumstances, the response should be fast. On the other hand, if the person making the query is an avid rollerblader, as is the person being queried, a relevant response to this query may be difficult to arrive at. The respondent would clearly wonder how to supply something that would be relevant to a person who apparently has a great deal of expertise or experience in the respective field. Consequently, responses should be slow. Apparently, response times in the experiments conducted by Reiser et al. (1985) may depend on the relation between speaker and listener. Responses obtained in the study situation thus should reflect participants' assumptions about the addressee's characteristics and their corresponding interpretation of the memory probes.

It should be noted that the influence of the conversational setting cannot simply be regarded as the equivalent of selective reporting or response biases. Applying the model proposed by Strack and Martin (1987) to our reinterpretation, it is apparently the first stage of the response process (interpreting the question, i.e., the memory probe) that is affected by conversational factors (cf. the third chapter of this paper, Conversational Factors in Memory Research). Thus, the effect of the conversational setting could be regarded as more substantial than the influence commonly attributed to response biases.

The factors that Reiser et al. (1985) proposed in their context-plus-index model may, to some extent, determine the participants' potential to remember past events. But the construction of the memory is a combination of this potential and the dynamics of the conversation between the participant and the experimenter. As we have tried to show, the conversational demands evoked by the experimental setting should be a crucial factor when people are asked to recall autobiographical memories.

Verbal Learning

In the previous section we have discussed a domain of memory that could be regarded as rather complex inasmuch as autobiographical remembering may operate on many elementary cognitive mechanisms. Now we turn to the domain of verbal learning to determine to what extent conversational demands may influence more basic memory processes. The principle of encoding specificity figures in almost every textbook discussion of memory. Basically, it states that retrieval is facilitated in the presence of contextual information or cues that were also present at the time of encoding. In classic studies, Tulving and colleagues (Thomson/Tulving 1970; Tulving/Osler 1968; Tulving/Thomson 1973) found that after learning a list with pairs of target words and weak associates, recall was poorer when the participants who were presented with new, strong associates to the target than when they either received no cue at all or the formerly studied weak associates. For example, the participants who studied a target word like "chair" in the presence of the weak associate "glue" did not profit from the strong retrieval cue "table" in the final recall test. Tulving and colleagues interpreted their findings in terms of the hypothesis of encoding specificity: A strong associate is useless as a retrieval cue unless it was encoded with the target word at the time of study. According to this interpretation, participants cannot draw on their semantic knowledge when working on the recall task, but must instead rely on episodically encoded retrieval cues.

However, these findings did not remain unchallenged. In a study reported by Santa and Lamwers (1974), the participants studied lists of word pairs consisting of a target and a weak associate. Later on, they were asked to recall the target words in three different conditions. Some participants had to accomplish the recall task in the absence of cues; others were presented with strongly associated cues and given no instruction about the relation between strong cues and target words; the third group of participants also received strong associate cues and the following instruction: "The cue words here were not presented on the study list, but some of them are high associates of the capitalized [target] words. Use them to help you remember the capitalized [target] words." (Ibid.: 415) The experimenter thus directed the participants to respond with words related to the strong associates.

The participants in the last condition recalled almost twice as many words as the participants in the other two conditions. The additional instruction led to a dramatic increase in the use of the strong associate cues. Thus, the results obtained by Santa and Lamwers (1974) were apparently at odds with the findings presented by Tulving and Thomson (Thomson/Tulving 1970; Tulving/Thomson 1973). Since Santa and Lamwers did not elaborate an alternative explanation, the conflicting results have remained difficult to reconcile.

We suggest that the instructions affected participants' interpretation of the memory probes to the extent that they changed their assumptions of the meaning of the experiment and, as a result, of how they could observe the conversational maxim of relevance. The communicative context then would have guided the perception of the experiment's purpose which would, in turn, affect how participants infer the intended meaning of the memory probes and questions.

Why did the participants fail to use the highly associated cue to guide their remembering, but did so once instructed? Clearly, there was something about the original set-up that led the participants to expect that the high associates would not serve as effective cues. In confronting the rather complex procedure in the experiment by Thomson and Tulving (1970), the participants may have embraced the "presumption of interpretability" (Clark/Schober 1991). Clark and Schober argued that participants often try to arrive at more or less elaborate guesses about the purpose of the experiment and the researcher's reasoning. As the experimental situation is characterized by scarce opportunities for clarification or grounding, participants believe more strongly than in real life that utterances have been designed with a certain purpose and in a way that allows adequate understanding: as the researcher must know that the ordinary means of clarification are not available, she or he must have tackled this problem by taking pains to ensure that the stimuli in the experiment can be interpreted correctly by any attentive, 'good' participant.

We suspect that the participants might have engaged in such conversational processes when the experimenter supplied the paired associates in the original study condition. This logic would have dictated that the experimenter was supplying weak associates because it was the weak associates that would figure in the later testing session. Thus, when later the experimenter presented the strong associates, the participant figured that they had little to do with the memory task. It should be pointed out that according to the model of response processes proposed by Strack and Martin (1987), the conversational situation then would affect participants' reactions at the first stage, i.e., when interpreting the question or probe (cf. the third chapter of this paper, Conversational Factors in Memory Research).

Quite often, the strong associates were the exact opposites of the target words such as "hot" as a cue for the target "cold." Almost half of the strong cues in the stimulus list used by Tulving and Thomson (1973) were such opposites (e.g., "night-day," "dry-wet," "soft-hard," "white-black" etc.). When the participants encountered these cues in the memory test, they may easily discern their particular relation to the target words and may have found it inappropriate to generate responses based on this highly salient relation. They may have reasoned along the following lines: "Earlier on the relation between the targets and the related words was much looser and not of any specific kind. This type of relation must be relevant to the memory task, otherwise the experimenter would not have supplied me with these stimuli. Consequently, there is no reason to assume that I should rely on the specific relation of opposition when giving responses." They may have thought that the study could be about memory only if it was not simply about generating the opposites.

When the participants were explicitly told that a strongly related word (such as an opposite) was an appropriate response, what is relevant shifted. With the additional instruction given by Santa and Lamwers (1974), the participants might have thought: "These cues are very helpful to remember possible targets. Although the relation between the targets and the related words in the earlier phase was much looser, now the experimenter apparently wants me to use these new cues." Being confronted with the explicit requirement to use the high associates to remember the target words, participants may not have perceived the study as a memory experiment anymore: If the task was merely to generate opposites (or high associates), the study could hardly tell the researcher something about what people can remember.

To summarize, the two different kinds of instructions should have established different conversational situations and thus should have led the participants to interpret the character of the experiment quite differently. The results reported by Santa and Lamwers (1974) clearly indicate that participants have the potential to remember the desired item. The poor memory performance observed by Thomson and Tulving may not only have been a result of how memories are mentally represented. Rather, the logic of the conversation between experimenter and participant may have defined what could figure as a relevant response in the testing phase.

Memory Distortion

In this section we will reexamine studies that have investigated distortions of human memory, particularly in the effects of misleading postevent information. In their studies, Elizabeth Loftus and her colleagues have presented seminal evidence that a person's memory of an event can be influenced by misleading postevent information to include information inconsistent with the actual event (Loftus 1975; Loftus/Miller/Burns 1978; Loftus/Palmer 1974; for a review see Loftus 1979). Loftus and colleagues demonstrated, for example, that people can come to accept inaccurate presuppositions in misleading questions about events they have seen (Loftus 1975; Loftus et al. 1978). In a prototypical experiment, the participants were shown a film depicting a car ride. Then, the participants were asked to answer a series of specific questions about the film. The critical questions were designed to suggest the existence of an object that had not been part of the original scene. For example, the participants in the misled condition were asked "How fast was the white sports car going when it passed the barn while traveling across the country road?" when in fact no barn had been presented in the film. Other participants received a control question not presupposing the non-existing object. The misleading question affected participants' later reports about what they had seen. The percentage of participants who reported having seen a barn was significantly higher in the misled condition than in the control condition.

Cognitive psychologists have suggested different explanations for the susceptibility to misleading postevent information. For instance, Loftus and her colleagues originally argued that the information in the leading questions impaired or 'overwrote' the previously acquired information. Suffice it to say, that this account has been challenged multiple times and in many ways. To date, the issue of whether misled responses reflect genuine memory impairment, guessing artifacts, or participants' response tendencies still remains controversial. We want to argue that, from a conversational perspective, the extent to which participants report misinformation depends, at least in part, on social and communicative factors in the study situation.

We would like to present two areas of experimental research that can be taken as evidence for a conversational explanation. First, Siegal and colleagues (Newcombe/Siegal 1996, 1997; Siegal/Peterson 1995) have shown that children's susceptibility to misleading suggestions may be due to their conversational awareness rather than to genuine cognitive shortcomings. Second, studies conducted by Echterhoff (2000) have yielded evidence that participants who adjust their conversational assumptions may exhibit a substantially lower degree of memory distortion compared to participants who remain within the standard conversational mind-set.

The influence of postevent suggestions on young children's memory has received much attention by researchers in the past two decades (for a review see Ceci/Bruck 1993). This surge was partly motivated by the rise of public interest in the reliability of child witnesses or, more specifically, in the possibility of recovering childhood sexual abuse. Psychologists probing children's memories clearly should be aware of possible conversational influences in order to avoid drawing questionable conclusions about what children have actually witnessed or experienced.

Michael Siegal and coworkers have investigated the effect of misleading postevent information on preschoolers' memory for stories in terms of conversational processes (e.g., Newcombe/Siegal 1996, 1997; Siegal/Peterson 1995; for reviews see Siegal 1996, 1997). In a typical study of children's suggestibility, children's memory is tested after the experimenter has provided them with inconsistent information about an original picture story presented earlier. With such a design, Ceci, Ross, and Toglia (1987) found that preschoolers' memory was more vulnerable than that of older children. Siegal and colleagues argued that this effect may simply be due to preschoolers' conversational inexperience as a result of which they may not understand the purpose of the memory probes in the same way as adults or older children.

In other words, preschoolers may not share the experimenter's or interviewer's purpose that the test is all about the accuracy of memory for the original story details. First, the misunderstanding may be grounded in different interpretations of how to observe the maxim of relevance. Preschoolers may regard the original story details as irrelevant, perhaps because the experimenter did not bother to report them accurately when providing the postevent information. Rather, they may see the merely suggested details as relevant to the conversational exchange in the final memory test. Second, young children may (implicitly) assume that the experimenter would respect the maxim of quality and not say anything which she believes to be false. In their experiments, Siegal and colleagues modified the test questions to counteract such conversational misinterpretations.

In the final phase of their studies, Newcombe and Siegal (1996, 1997) used a question format designed to be more specific about the source of the requested information and the time it had been introduced. For one of their stories, a story about the little girl Karen's first day at school, a question in the explicit format read, for example: "Do you remember how Karen was sick when you heard her story for the first time?" This question format was designed to compensate for preschooler's inexperience in how to interpret and understand other people's utterance. In a control condition, the typical experimental design used in previous studies was replicated by asking non-explicit questions ("Do you remember how Karen was sick when you heard her story?"). When memory was probed for in the non-explicit format, many preschoolers gave misled responses, thus exhibiting suggestibility. However, when the explicit question format was used, only few children responded with inaccurate details. These children attained approximately the same level of accuracy as children not presented with misleading postevent information. This finding testifies to the importance of conversational processes in young children's mnemonic suggestibility.

For a conversational analysis of remembering, it is important to assess the extent to which the communicative setting has an influence on the response process. Applying the model proposed by Strack and Martin (1987) to the studies conducted by Siegal and colleagues, one can see that the first stage of the response process (i.e., interpreting the question) was affected. Since all subsequent processes (of retrieval, formatting, and editing the response) depend on this initial stage, any conversational influence in the studies of preschoolers' suggestibility would clearly have a bearing on how children arrive at their responses (cf. the third chapter of this paper, Conversational Factors in Memory Research).

After having discussed memory distortion in children we will now examine whether a similar case can be made for adult participants. Although memory distortion in adults has been the subject of extensive research in recent decades, no complete picture of the central factors and processes has emerged to date. Since the groundbreaking studies by Loftus and colleagues, many studies have replicated the effect of misleading postevent information on human memory. However, a number of studies have failed to produce the same result (e.g., McCloskey/Zaragoza 1985; for a meta-analysis see Payne/Toglia/Anastasi 1994). Here, we will argue that the degree of memory distortion may depend on participants' conversational assumptions in the test situation and describe recent empirical findings presented by Echterhoff (2000) in support of this claim.

In two recent studies, Echterhoff (2000) investigated the conversational conditions under which memory is more or less susceptible to the influence of misleading postevent information. It was assumed that the participants in the original studies by Loftus and colleagues would typically adhere to the assumption that the Gricean maxim of quality is respected by the communicator, i.e., the experimenter or researcher. Echterhoff hypothesized that people who are provided with information invalidating the source of postevent information would discard this conversational assumption and recall fewer misleading postevent items in a final memory test than people not given such invalidating information. In other words, it was predicted that the degree of memory distortion would depend on the kind of conversational assumptions participants have in the communicative settings of the experiment.

In order to reduce the impact of misleading postevent information, Echterhoff (2000) presented his participants with specific information about the source of postevent information. This information about the source was designed to make the source appear less reliable or truthful. In two previous studies, a similar manipulation had already been used successfully to reduce the effect of misinformation. Dodd and Bradshaw (1980) and Smith and Ellsworth (1987) compared the standard research setting of misinformation studies with a situation in which the source of misinformation was invalidated. The results of these studies indicated that a violation of the Gricean maxim of quality can prevent people from incorporating misleading postevent information into their memory reports. However, only limited conclusions could be drawn from these findings since the participants were induced to question the validity of the source *before* they received the misleading postevent information. Thus, they might have encoded the misleading material differently (e.g., by attaching a warning tag) which could suffice to explain the differences in memory performance.

To rule out such alternative explanations, Echterhoff (2000) provided information invalidating the source *after* the participants had read a misleading postevent description of a target event. Thus, encoding and retention conditions were equal for the participants in the two main conditions, one condition replicating the original misinformation design and another condition in which the participants were presented with a source invalidation.

The results of a first experiment showed that the effect of misleading postevent information was significantly lower when the source was retrospectively invalidated: In the final recall test, the participants presented with the source invalidation mentioned above reported only 22% of misleading postevent information compared to 42% in the control condition. Apparently, the participants who abandoned the assumption that the source of postevent information would observe the maxim of quality exhibited a substantially lower susceptibility to the influence of misleading postevent information. As additional analyses revealed, the lower proportion of misled responses in these participants could not be explained by an overall response tendency. The participants presented with a source invalidation did, for example, not exhibit a general reluctance to provide positive answers on event items (i.e., items that had actually been presented in the video), compared to participants' responses in the control condition. The results of a second experiment corroborated the previous findings. The proportion of misled responses was significantly reduced by the source invalidation. In order to assess the participants' conversational assumptions a manipulation check was administered after the recall test. The participants' ratings of the source's competence, the source's credibility, and the validity of the postevent description showed that the source invalidation had been successful.

Overall, the studies reported by Echterhoff (2000) and Siegal and colleagues (Newcombe/Siegal 1996, 1997; Siegal/Peterson 1995) indicate that the degree of memory distortion may depend on the kind of conversational assumptions participants have in the test situation. A Gricean approach to conversational processes apparently can be helpful to account for the different findings obtained in existing studies.

5. Conclusion

In this paper, the goal was to demonstrate that the results of some memory studies may, at least in part, be due to the socio-communicative dynamics that unfolds between the participant on the one side and the researcher or experimenter on the other side. The researcher and his or her intermediary conducting the study may be silent, either physically not present or merely quiet, but conversational rules still apply. Participants are certainly not unaware that there is a person for whom and to whom they are recalling the material.

The dynamics of conversation was captured by drawing on existing theories of conversation (Grice 1957, 1975; Sperber/Wilson 1986, 1987). Conversational principles suggested by these theories were applied in order to reinterpret the results of experiments from different areas. We offered a communicative interpretation of the accessibility of autobiographical memories, thereby providing an alternative to the explanation given by Reiser and colleagues (e.g., Reiser et al. 1985). The conversational perspective also allowed us to explain seemingly contradictory findings in the area of verbal learning and to account for different degrees of memory distortion in children and adults.

Adopting a conversational view has clear implications for memory research. One such implication is, for instance, that experimental studies may yield estimates of memory performance that can hardly be considered universal 'benchmark' values of cognitive functioning but should rather be regarded as resultants of the combined working of conversational and cognitive processes. We recognize that one could reduce the discussion of conversational factors in remembering to an exposition of task demands. Experimenters often strive to design their experiments to eliminate or at least minimize the effect of these demands on perform-ance. However, the desire to control for 'communicative artifacts' is not theoretically neutral. It is not merely a methodological nicety or an ef-fort at good experimental design. In choosing what to control and what to explore, researchers implicitly state what is theoretically important and what is not. Rather than treating conversational factors as mere annoyances blocking the path toward valid experimentation, we have tried to demonstrate that these factors could be treated as pivotal as-pects of remembering.

A critic may insist that at least in theory there is a clear distinction between remembering and conversing: a person remembers a past event, and then, depending on the conversational demands, either intro-duces the remembered event into the conversation or keeps the remem-bered event to her- or himself. From such a perspective, remembering is not conversing about the past, but a precursor to a conversation about the past. Then, any communicative constraints that may exist in the conversation would not affect what is remembered, but what is talked about. We argued against this position by pointing out that the influence of the conversational setting is not restricted to mere response biases or selective reporting. We drew on the stage model proposed by Strack and Martin (1987) to show that in the studies we reexamined conversational factors played a role on the earlier stages of the response process. Cer-tainly, the conversational context may often have an influence on the late stages of editing and formatting the response. Yet, in all the three domains of memory research covered here, the earliest stage, i.e., the stage of interpreting the question, seemed to be affected. Since any influence occurring at this stage may impose constraints on the subse-quent stages, conversational effects were apparently more fundamental than the effects usually filed under response tendencies or reporting biases.

Clearly, remembering is by no means exclusively a function of con-versational constraints. As people experience an event, they build up the potential to remember it in the future (e.g., Craik/Lockhart 1972). However, the potential to remember, created as one experiences new material, is not the memory. Rather this potential must be realized in an act of remembering. As this act of remembering occurs in a social set-ting, the corresponding conversational and communicative factors are integral to the construction of a memory.

These claims are not new. Bartlett (1932) made a point similar to the one being made here when he likened an act of remembering to the act of hitting a ball during a tennis game. The particular tennis stroke the player executes reflects all the past experience he or she may have had with tennis. It reflects the player's potential, built up through years of practice. But this potential, or to use Bartlett's term *schema*, does not alone determine the exact form of the stroke. As Bartlett pointed out, it would be wrong to say that the stroke is stored away in the individual mind and then retrieved under the right conditions. The unique qualities of each stroke are not only determined by the player's potential but also by many other factors--the physical condition of the player, attitudes about the opponent, the current posture of the player, the speed and trajectory of the ball, the position of the sun, the time of day, and so on. For Bartlett, the tennis stroke emerges out the interaction between this complex of situational factors and the schema or potential built up over time.

The discussion in this paper suggests that psychologists may have paid too little attention to the social and communicative factors that allow a person to realize her or his mnemonic potential. In every case we examined, memory seemed to be structured as much by the conditions imposed by the conversational format of remembering as by the potential created during the study phase. Situational and conversational factors apparently interact with a person's potential to remember, the memory literally being created on the run. From this viewpoint, memories emerge from a conversation just as the tennis stroke arises out of the dynamics of a tennis match.

Instead of examining the conversational dynamics taking place in an experiment, researchers traditionally have been preoccupied with explanations exclusively based on internal cognitive processing and internal representation. The experimental manipulation of the conversational dynamics of the experimental setting seemed of only passing interest. But if, as we have argued, a consideration of conversational dynamics can reveal important additional factors in remembering, then this emphasis on individual cognitive mechanisms may have been too narrow. The conversational context of remembering deserves closer consideration in the future.

References

Bangerter, A./M. v. Cranach/C. Arn (1997): Collective remembering in the communicative regulation of group action: A functional approach. *Journal of Language and Social Psychology*, 16, 365–388.

Bartlett, F. C. (1932): Remembering: A study in experimental and social psychology. New York: Macmillan.

Betz, A. L./J. J. Skowronski/T. M. Ostrom (1996): Shared realities: Social influence and stimulus memory. *Social Cognition*, 14, 113–140.

Blank, H. (1997): Cooperative participants discriminate (not always): A logic of conversation approach to the minimal group paradigm. *Current Research in Social Psychology*, 2, 38–49.

Bransford, J. D./M. K. Johnson (1973): Consideration of some problems of comprehension. In: W. G. Chase (Ed.): Visual information processing. New York: Academic Press, pp. 383–438.

Brown, P. M./S. C. Levinson (1987): Politeness: Some universals in language usage. Cambridge: Cambridge University Press.

Bruner, J. S./C. F. Feldman (1996): Group narrative as a cultural context of autobiography. In: D. C. Rubin (Ed.): Remembering our past: Studies in autobiographical memory. Cambridge: Cambridge University Press, pp. 291–317.

Ceci, S. J./M. Bruck (1993): Suggestibility of the child witness: A historical review and synthesis. *Psychological Bulletin*, 113, 403–439.

Ceci, S. J./D. F. Ross/M. P. Toglia (1987): Suggestibility of children's memory: Psycholegal implications. *Journal of Experimental Psychology: General*, 116, 38–49.

Clark, H. H. (1992): Arenas of language use. Chicago: University of Chicago Press.

Clark, H. H./C. R. Marshall (1981): Definite reference and mutual knowledge. In: A. K. Joshi/B. L. Webber/I. A. Sag (Eds.): Elements of discourse and understanding. Cambridge: Cambridge University Press, pp. 10–63.

Clark, H. H./M. Schober (1991): Asking questions and influencing answers. In: J. M. Tanur (Ed.): Questions about questions: Inquiries into the cognitive bases of surveys. New York: Russell Sage Foundation, pp. 15–48.

Craik, F. I. M./R. S. Lockhart (1972): Levels of processing: A framework for memory research. *Journal of Verbal Learning and Verbal Behavior*, 11, 671–684.

Cranach, M. v. (1992): The multi-level organization of knowledge and action: An integration of complexity. In: M. v. Cranach/W. Doise/G. Mugny (Eds.): Swiss Monographs in Psychology, Vol. 1. Lewiston, NY: Hogrefe & Huber Publishers, pp. 10–22.

Cranach, M. v. (1995): Über das Wissen sozialer Systeme. In: U. Flick (Ed.): Psychologie des Sozialen: Repräsentationen in Wissen und Sprache. Reinbek: Rowohlt, pp. 22–53.

Dodd, D. H./J. T. Bradshaw (1980): Leading questions and memory: pragmatic constraints. *Journal of Verbal Learning and Verbal Behavior*, 19, 695–704.

Donaldson, M. (1982): Conservation: What is the question? *British Journal of Psychology*, 73, 199–207.

Dulany, D. L./D. J. Hilton (1991): Conversational implicature, conscious representation, and the conjunction fallacy. *Social Cognition*, 9, 85–100.

Echterhoff, G. (2000): Communicative aspects of remembering: Conversational assumptions and the malleability of memory. Doctoral dissertation, New York: New School for Social Research (UMI Dissertation Abstracts AAT 9980005).

Fentress, J./C. Wickham (1992): Social Memory. Oxford: Blackwell.

Goffman, E. (1959): The presentation of self in everyday life. New York: Doubleday.

Graumann, C. F. (1997): Zur Ökologie des Gedächtnisses. In: G. Lüer/U. Lass (Eds.): Erinnern und Behalten: Wege zur Erforschung des menschlichen Gedächtnisses. Göttingen: Vandenhoeck & Ruprecht, pp. 269–286.

Green, D. M./J. Swets (1966): Signal detection theory and psychophysics. New York: John Wiley and Sons.

Grice, H. P. (1957): Meaning. *Philosophical Review*, 66, 377–388.

Grice, H. P. (1975): Logic and conversation. In: P. Cole/J. L. Morgan (Eds.): Syntax and semantics 3: Speech acts. San Diego: Academic Press, pp. 41–58.

Halbwachs, M. (1925): Les cadres sociaux de la mémoire. Paris: Presses universitaires de France.

Halbwachs, M. (1950/1980): Collective memory, trans. by F. J. Ditter/V. Y. Ditter. New York: Harper & Row.

Higgins, E. T. (1992): Achieving "shared reality" in the communication game: A social action that creates meaning. *Journal of Language and Social Psychology*, 11, 107–131.

Higgins, E. T./W. S. Rholes (1978): "Saying is believing": Effects of message modification on memory and liking for the person described. *Journal of Experimental Social Psychology*, 14, 363–378.

Hilton, D. J. (1995): The social context of reasoning: Conversational inference and rational judgment. *Psychological Bulletin*, 118, 248–271.

Hirst, W./D. Manier (1995): Opening vistas for cognitive psychology. In: L. Martin/K. Nelson/E. Tobach (Eds.): Sociocultural psychology. New York: Cambridge University Press, pp. 89–125.

Hirst, W./D. Manier (1996): Remembering as communication: A family recounts its past. In: D. C. Rubin (Ed.): Remembering our past: Studies in autobiographical memory. Cambridge: Cambridge University Press, pp. 271–290.

Hirst, W./D. Manier/I. Apetroaia (1997): The social construction of the remembered self: Family recounting. In: J. G. Snodgrass/R. L. Thompson (Eds.): The self across psychology: Self-recognition, self-awareness, and the self concept. New York: New York Academy of Sciences, pp. 163–188.

Hoffman, H. G./P. A. Granhag/S. T. Kwong See/E. F. Loftus (2001): Social influences on reality-monitoring decisions. *Memory & Cognition*, 29, 394–404.

Hyman, I. E. (1994): Conversational remembering: Story recall with a peer versus for an experimenter. *Applied Cognitive Psychology*, 8, 49–66.

Krosnick, J. A./F. Li/D. R. Lehman (1990): Conversational conventions, order of information acquisition, and the effect of base rates and individuating information on social judgments. *Journal of Personality and Social Psychology*, 59, 1140–1152.

Loftus, E. F. (1975): Leading questions and the eyewitness report. *Cognitive Psychology*, 7, 560–572.

Loftus, E. F. (1979): The malleability of human memory. *American Scientist*, 67, 312–320.

Loftus, E. F./D. G. Miller/H. J. Burns (1978): Semantic integration of verbal information into a visual memory. *Journal of Experimental Psychology: Human Learning and Memory*, 4, 19–31.

Loftus, E. F./J. C. Palmer (1974): Reconstruction of automobile destruction: An example of the interaction between language and memory. *Journal of Verbal Learning and Verbal behavior*, 13, 585–589.

Manier, D./E. Pinner/W. Hirst (1996): Conversational remembering. In: D. Hermann/C. McEvoy/C. Hertzog/P. Hertel/M. K. Johnson (Eds.): Basic and applied memory research, Vol. 2. Mahwah: Lawrence Erlbaum, pp. 269–286.

McCloskey, M./M. Zaragoza (1985): Misleading postevent information and memory for events: Arguments and evidence against the memory impairment hypothesis. *Journal of Experimental Psychology: General*, 114, 1–16.

McGarrigle, J./M. Donaldson (1975): Conservation accidents. *Cognition*, 3, 341–350.

Newcombe, P. A./M. Siegal (1996): Where to look for suggestibility in young children. *Cognition*, 59, 337–356.

Newcombe, P. A./M. Siegal (1997): Explicitly questioning the nature of suggestibility in preschoolers' memory and retention. *Journal of Experimental Child Psychology*, 67, 185–203.

Parks, T. E. (1966): Signal detectability theory of recognition memory performance. *Psychological Review*, 73, 44–58.

Payne, D. G./M. P. Toglia/J. S. Anastasi (1994): Recognition performance level and the magnitude of the misinformation effect in eyewitness memory. *Psychonomic Bulletin & Review*, 1, 376–382.

Reiser, B. J. (1988): Predictive inferencing in autobiographical memory retrieval. In: M. M. Gruneberg/P. E. Morris/R. N. Sykes (Eds.): Practical aspects of memory: Current research and issues, Vol. 1. New York: John Wiley and Sons, pp. 269–276.

Reiser, B. J./J. B. Black/R. P. Abelson (1985): Knowledge structures in the organization and retrieval of autobiographical memories. *Cognitive Psychology*, 17, 89–137.

Reiser, B. J./J. B. Black/P. Kalamarides (1986): Strategic memory search processes. In: D. C. Rubin (Ed.): Autobiographical memory. New York: Cambridge University Press, pp. 100–121.

Santa, J. L./L. L. Lamwers (1974): Encoding specificity: Fact or artifact. *Journal of Verbal Learning and Verbal Behavior*, 13, 412–423.

Schank, R. C./R. P. Abelson (1977): Scripts, plans, goals, and understanding. Hillsdale: Lawrence Erlbaum.

Schwarz, N. (1994): Judgment in a social context: biases, shortcomings, and the logic of conversation. *Advances In Experimental Social Psychology*, 26, 123–162.

Schwarz, N./F. Strack (1991): Context effects in attitude surveys: Applying cognitive theory to social research. *European Review of Social Psychology*, 2, 31–50.

Schwarz, N./F. Strack/D. Hilton/G. Naderer (1991): Base rates, representativeness, and the logic of conversation: The contextual relevance of "irrelevant" information. *Social Cognition*, 9, 67–84.

Sedikides, C. (1990): Efforts of fortuitously activated constructs versus activated communication goals on person impressions. *Journal of Personality and Social Psychology*, 58, 397–408.

Siegal, M. (1996): Conversation and cognition. In: R. Gelman/T. K. F. Au (Eds.): Perceptual and cognitive development. San Diego: Academic Press, pp. 243–282.

Siegal, M. (1997): Knowing children: Experiments in conversation and cognition, 2nd ed. Hove, UK: Psychology Press/Lawrence Erlbaum Associates.

Siegal, M./C. C. Peterson (1994): Children's theory of mind and the conversational territory of cognitive development. In: C. Lewis/P. Mitchell (Eds.): Children's early understanding of mind: Origins and development. Hove, UK: Lawrence Erlbaum Associates, pp. 427–455.

Smith, V./P. C. Ellsworth (1987): The social psychology of eyewitness accuracy: Leading questions and communicator expertise. *Journal of Applied Psychology*, 72, 292–300.

Sperber, D./D. Wilson (1986): Relevance: Communication and Cognition. Cambridge: Harvard University Press.

Sperber, D./D. Wilson (1987): Précis of Relevance: Communication and Cognition. *Behavioral and Brain Sciences*, 10, 697–754.

Strack, F./L. L. Martin (1987): Thinking, judging, and communicating: A process account of context effects in attitude surveys. In: H. J. Hippler/N. Schwarz/S. Sudman (Eds.): Social information processing and survey methodology. New York: Springer, pp. 123–148.

Strack, F./N. Schwarz/M. Wänke (1991): Semantic and pragmatic aspects of context effects in social and psychological research. *Social Cognition*, 9, 111–125.

Thomson, D. M./E. Tulving (1970): Associative encoding and retrieval: Weak and strong cues. *Journal of Experimental Psychology*, 86, 255–262.

Todorov, A. (1997): Another look at reasoning experiments: Rationality, normative models and conversational factors. *Journal for the Theory of Social Behavior*, 27, 387–417.

Trabasso, T. (1997): Whose memory is it? The social context of remembering. In: N. L. Stein/P. A. Ornstein/B. Tversky/C. Brainerd (Eds.): Memory for everyday and emotional events. Mahwah: Lawrence Erlbaum, pp. 429–443.

Tulving, E./S. Osler (1968): Effectiveness of retrieval cues in memory for words. *Journal of Experimental Psychology*, 77, 593–601.

Tulving, E./D. M. Thomson (1973): Encoding specificity and retrieval processes in episodic memory. *Psychological Review*, 80, 352–373.

Weldon, M. S./K. D. Bellinger (1997): Collective memory: Collaborative and individual processes in remembering. *Journal of Experimental Psychology: Learning, Memory, and Cognition*, 23, 1160–1175.

Wright, E. F./G. L. Wells (1988): Is the attitude-attribution paradigm suitable for investigating the dispositional bias? *Personality and Social Psychology Bulletin*, 14, 183–190.

„Das bedeutet, daß wir in Wirklichkeit niemals allein sind."

Anmerkungen zur Bedeutung des inneren Gesprächspartners in den gedächtnistheoretischen Überlegungen von Maurice Halbwachs

GESINE GROSSMANN

> Es handelt sich [bei Erinnerungen, G.G.] nicht um die intakten Wirbel fossiler Tiere, die es als solche gestatteten, das Lebewesen zu rekonstruieren, dessen Teile sie vordem waren; man würde sie eher mit den Steinen vergleichen, die man in bestimmten romanischen Gebäuden verbaut findet, und die als Baumaterial in sehr alte Bauwerke eingegangen sind, die ihr Alter nur durch die vagen Spuren alter Schriftzeichen verraten, was weder ihre Form noch ihr Aussehen erraten lassen würde.
> (Maurice Halbwachs 1925/1985: 132)

> Aber wie der Archäologe aus stehengebliebenen Mauerresten die Wandungen des Gebäudes aufbaut, aus Vertiefungen im Boden die Anzahl und Stellung von Säulen bestimmt, aus den im Schutt gefundenen Resten die einstigen Wandverzierungen und Wandgemälde wiederherstellt, genauso geht der Analytiker vor, wenn er seine Schlüsse aus Erinnerungsbrocken, Assoziationen und aktiven Äußerungen des Analysierten zieht.
> (Sigmund Freud 1937/1996: 117)

1. Metaphern im Gespräch

Maurice Halbwachs und Sigmund Freud sind einander wohl nie begegnet. Die Vergleichbarkeit ihrer Metaphern ist ein Zufall, und die wissenschaftlichen Wege dorthin waren sehr verschieden. Beide wählten in der Beschreibung von Erinnerungsvorgängen Bilder, die auf Räumlichkeit

103

verweisen. Solche Metaphern des Ortes sind in der Geschichte vom Gedächtnis häufig anzutreffen. Das menschliche Gedächtnis wird verglichen mit einem Palast, einem Labyrinth, einem Theater, Vogelkäfig oder auch einem Schatzkästlein, und immer knüpfen sich an diese Metaphern Assoziationen des Wertes und der Zugänglichkeit.[1] Auffällig an den hier von Freud und Halbwachs gewählten Versinnbildlichungen erscheint die Bedrohung der Erinnerungen durch Verfall und Verlust. Die alten Bausteine bei Halbwachs sind nur schwer als solche zu rekonstruieren. Es braucht Fachleute, die es verstehen, die Schriftzeichen auf den Steinen richtig zu entziffern und so ihre Herkunft und ihr Alter bestimmen zu können. Genauso ist in Freuds Sichtweise die Hilfe eines Archäologen nötig, wenn es darum geht, Steine und Säulen zu ordnen und so Stück für Stück das verfallene Gebäude der Erinnerung wiederherzustellen.

Für Freud sind Erinnerungen etwas Kostbares, von der Vergänglichkeit Bedrohtes. Ihrer Bewahrung wird ein hoher, unter Umständen lebensrettender Wert beigemessen. Die richtige Methode versetzt den darin Geschulten in die Lage, den Verfall rückgängig zu machen, einem Verlust entgegenzuwirken. Ein endgültiges Vergessen oder, um im Bild zu bleiben, eine völlige Zerstörung des Gebäudes ist nicht zu befürchten.[2] Lediglich die Mühen der Rekonstruktion werden größer, die Arbeit von Analytiker und Analysand wird schwieriger und umfangreicher, je weniger die Erinnerungen zugänglich sind.

Der Gebrauch der Metaphern bei Halbwachs weist in eine andere Richtung. Hier werden Erinnerungen, Bausteine, wieder verwendet, sie gehen in neue Gebäude ein und verlieren so beinahe ihre Originalität. Die neuen Gebäude erscheinen unberührt vom Vergangenen – nur ein außergewöhnlich sachkundiger Blick kann mit Glück die Herkunft einzelner Steine aus früheren Zeiten datieren. Was bei Freud sorgsam wieder zusammengesetzt werden muss, um ein möglichst exaktes und wahrheitsgetreues Modell des Verfallenen zu erstellen, verstreut sich bei Halbwachs, geht wie selbstverständlich neue Verbindungen ein und erhält andere Funktionen. Erinnerungen werden, so Halbwachs, buchstäblich neu eingepasst, angepasst, und dabei kann die Kenntlichkeit

---

1   Eine jahrhunderteübergreifende Sammlung unterschiedlicher Gedächtnismetaphern hat Douwe Draaisma (1997) zusammengestellt und in Bezug auf intendierte Bedeutungen hin interpretiert.

2   Diese Lesart Freudscher Gedächtnispsychologie erhält weitere Unterstützung durch seine *Notiz über den Wunderblock*. Hier vergleicht er das Gedächtnis mit dem auch heute noch beliebten Kinderspielzeug, welches aus einer dünnen Zelluloidschicht und einer tiefer gelegenen Wachstafel besteht. Durch Ablösen des Zelluloids kann Geschriebenes auf zauberhafte Weise zum Verschwinden gebracht werden. Es findet sich jedoch immer als Gravur auf der darunter befindlichen Wachstafel wieder, wenn auch zunehmend von nachfolgenden Beschriftungen überdeckt.

ihrer Herkunft verloren gehen. Einen eigenen Wert besitzen die Bausteine hier noch nicht – allein ihr Platz und ihre Funktion innerhalb des Gebäudes verleihen ihnen einen solchen.

2. Gedächtnis und Gefühl

Die Möglichkeit einer unveränderten Konservierung von Erinnerungen sowie deren gedankliche Assoziation mit Kostbarkeit und mühevoller Zuwendung beim Versuch ihrer Wiederherstellung sind Themen einer Gedächtnispsychologie, die sich vor allem dem Zusammenhang von Erinnerung und Gefühl verschrieben hat. Es ist kein Zufall, wenn Freud in seiner Analogie auf Verzierungen und reiches Dekor der Innenräume zu rekonstruierender Gebäude eingeht. Das Persönliche, Intime und vielleicht Verschlossene, wodurch Gedächtnis fragil und teuer erscheint, hat er in den Mittelpunkt seiner Psychoanalyse gestellt. Dabei ist die Wiederherstellung verschütteter – in seiner Terminologie verdrängter – Erinnerungen notwendig und wertvoll, da sie dem Erinnernden die Befreiung von peinigenden Symptomen bringen kann. Die Beschwörung von Vergangenem findet an einem Ort statt, der Besinnung und Innerlichkeit ermöglicht. Im psychoanalytischen Behandlungszimmer wird ein Raum für verdrängte Wahrnehmungen und die mit ihnen verbundenen uneingestandenen Gefühle eröffnet, und der Weg dorthin führt in die Vergangenheit zurück. Mittels gesammelter „Erinnerungsbrocken" wird die Rekonstruktion eines Lebensweges gewagt. Im Falle des Gelingens vermag sie Arzt und Patient den verstehenden Zugang zu Bildung und Sinn der Symptome zu eröffnen.

In psychoanalytischer Anschauung stellen Erinnerungen grundsätzlich eine Konstruktion dar. Genau wie das Traumdenken oder die Fehlleistungen sind Erinnerungen verbalisierbare Produkte unbewusster Vorgänge. Gegenwärtige innerseelische Konflikte wirken durch die Erinnerungen hindurch, nutzen diese quasi als Medium, um sich kundzutun. Was auf diese Weise entsteht, sind so genannte Deckerinnerungen: Kompromissbildungen, welche die seelischen Instanzen Es, Ich und Über-Ich miteinander ausgehandelt haben.[3] Ein Teil der Vergangenheit kann bewusst werden, während ein anderer Teil aufgrund seiner angsteinflößenden Wirkung weiterhin unbewusst bleibt und die konflikthafte Dynamik, die sich in Form von Symptomen äußern kann,

---

[3] Eine erste differenzierte Auseinandersetzung mit dem Phänomen verzerrter Erinnerungen veröffentlichte Freud bereits 1899 unter dem Titel *Über Deckerinnerungen* (Freud 1994), ohne hier allerdings auf die erst später modellhaft formulierten seelischen Instanzen Es, Ich und Über-Ich einzugehen.

aufrechterhält. Die Anfälligkeit des Gedächtnisses für unbewusste Wünsche und Motive ist, ebenso wie seine Abhängigkeit von der momentanen Stimmung, ein vertrautes Phänomen im Rahmen von Psychotherapie, mit dem gerechnet und gearbeitet wird. Auch auf dem Wege experimenteller Untersuchungen in der Psychologie konnte dieser Eindruck bestätigt werden.[4]

Der gedächtnispsychologische Ansatz von Maurice Halbwachs – ein ganzes Bündel von Ansätzen, wie weiter unten gezeigt werden soll – radikalisiert die These von der Konstruktivität des Erinnerns weit über das Verständnis Freuds hinaus. Dies wird möglich, so scheint es, weil Halbwachs in seinen Spekulationen nicht vom individuellen Gefühl als wichtigstem Einfluss auf die Entstehung von Erinnerungen ausgeht, sondern die sozialen Bezüge des Menschen als hauptsächliche Wirkkräfte beschreibt. Als Produkte und zugleich Bedingungen sozialer Interaktion verlassen Erinnerungen hier den intimen Raum. Sie werden Teil des Austauschs, der zwischen Menschen und Menschengruppen stattfindet, und unterliegen so notwendigerweise vielfältigen Formen der Modifikation, die bis zu ihrem völligen Verschwinden führen kann. Dennoch – und dies nachzuweisen wird im Folgenden Ziel der Erörterungen sein – spielt, allerdings nicht immer auf den ersten Blick ersichtlich, das im Innern verortete Gefühl auch in der Theorie vom kollektiven Gedächtnis eine tragende Rolle. Die charakteristische Paradoxie von Erinnerungen, die grundsätzliche Unkontrollierbarkeit ihres Erscheinens nämlich, legt einen Zusammenhang mit der Funktion des Gefühls nahe, welches sich ebenso durch ein nicht letztgültig bestimmbares Oszillieren zwischen Kontrolle und Unverfügbarkeit auszeichnet. Dieser Paradoxie in ihren Überlegungen zum Gedächtnis Rechnung zu tragen, haben sowohl Freud als auch Halbwachs versucht.

3. Lesarten der Kollektivität von Gedächtnis

In der gegenwärtigen Rezeption von Halbwachs legen die kulturwissenschaftlichen Disziplinen den Schwerpunkt in der Regel auf das Gedächtnis von Gruppen. Bei der Identifikation sozialer Zusammenschlüsse als Erinnerungsgemeinschaften steht die gemeinschaftsstiftende Funktion von Gedächtnis, häufig in Verbindung mit Traditionen und Ritualen, im Mittelpunkt der Betrachtung. Die Blickrichtung verläuft hier vom Kollektiven ausgehend hin zum Individuum, welches als han-

---

4   Einen fundierten Überblick über den aktuellen Stand der Gedächtnispsychologie, insbesondere die empirische Untersuchung von Verzerrungen und Fehlern beim Erinnern gibt Schacter (1999).

delnde Einheit im Sinne der Gruppeninteressen gesehen wird. Ergie-
biger für die psychologische Gedächtnisforschung erscheinen die Analysen von Erinnerungsvorgängen als aus der Gegenwart heraus konstruierte, innerhalb sozialer Rahmen ablaufende und durch diese bestimmte Vorstellungstätigkeiten. Sicherlich bedeutet es den radikalsten
Schritt innerhalb der Spekulationen von Halbwachs, wenn er hier unserer gewohnten Vorstellung vom Gedächtnis eine völlig andere Sichtweise entgegenstellt.

Seit den paradigmatischen Experimenten von Hermann Ebbinghaus
hat die akademische Psychologie mittels unterschiedlicher Methoden
Erfahrenes und Gelerntes reproduzieren lassen und so Gedächtnis zu
einem messbaren Gegenstand gemacht. In der Gedächtnispsychologie
genauso wie im nichtwissenschaftlichen Sprachgebrauch findet sich ein
mehr oder minder verfeinertes Prozessmodell des Erinnerns: Ein wahr-
genommener Inhalt wird, in die Sprache des Bewusstseins übersetzt,
gespeichert und bei Bedarf wieder abgerufen.[5] Phänomene wie Vergessen oder Irrtümer werden im Sinne der Analogie zur mechanischen
Informationsverarbeitung auf einen fehlerhaften Ablauf dieses Vorgan-
ges zurückgeführt. Aus kognitionspsychologischer Perspektive gibt es
Ansätze, charakteristische Verfremdungen und Auslassungen beim
Wahrnehmen und Erinnern mit dem Vorhandensein kognitiver Schemata zu erklären, in welche die Inhalte der Wahrnehmung eingefügt
werden.[6] Solche Schemata sind kulturell geformt und haben grundsätzlich zum Ziel, in jeder neuen Information das bereits Vertraute wieder-
zuerkennen und so die Situation dem vorhandenen und gesicherten
Erfahrungsschatz angleichen zu können. Auf diese Art und Weise wirkt
die kognitive Organisation der Gefahr entgegen, dass man sich in neuen
Erlebnissen hoffnungslos verirrt. Schemata stiften Ordnung und Kontinuität in der Erfahrung, doch sie tun dies nur im Verzicht auf einen
objektiven Zugang zur Welt, der frei von Erwartungen und Vorurteilen
ist.

Trotz ihrer konstruktivistischen Erweiterungen bleibt diese Gedächtnispsychologie hinter dem Ansatz von Halbwachs zurück. Die
grundlegende Differenz besteht hier in der Trennung von Innen und
Außen, welche im Speichermodell genauso wie im Schema-Ansatz vor-
herrscht. Dabei stellt der individuelle Körper die imaginierte Grenzlinie
dar. Erinnerungen gelangen, so das gewohnte Denkmodell, grundsätz-

---

5   Dieser Ansatz vom Gedächtnis als einem informationsverarbeitenden System bestimmt
    die kognitivistische Gedächtnispsychologie und findet sich, häufig verknüpft mit den
    Themen „Lernen" und „Wissen", in allen gängigen psychologischen Lehrbüchern wieder.
6   Bereits in den 30er Jahren argumentierte Bartlett (1932) unter Berufung auf empirische
    Studien, Erinnern sei kultur- und kontextabhängig, und prägte in diesem Zusammenhang
    den Begriff des Schemas.

lich von außen ins Innere. Mögen sie auch verändert, angepasst und motiviert verfälscht werden, sie bleiben doch grundsätzlich eine abgegrenzte und zum Individuum gehörige Einheit. Das Spektrum ihrer möglichen Modifizierungen ist begrenzt und kann nur um den Preis der als pathologisch bestimmten Verkennung überschritten werden. Erinnerungen können grundsätzlich wahr, falsch, verloren oder eben verzerrt sein, sie stellen in jedem Fall verifizierbare Entitäten dar.

Halbwachs kontrastiert diese Vorstellung mit einer verflüssigten Beschreibung der Vorgänge des Erinnerns. Demnach kommt dem Gedächtnis weniger eine konservierende Funktion zu, als vielmehr eine produktive. Erinnerungen werden nicht aus einem wie immer gearteten Speicher hervorgeholt, sondern je neu aus der Situation heraus hergestellt. Die allgemein geforderte Deckungsgleichheit mit den vergangenen Geschehnissen, auf die sie sich beziehen, tritt in den Hintergrund. Der normative Anspruch auf Gültigkeit des Erinnerns wird aufgegeben, da seine Unmöglichkeit erkannt worden ist. Ein Erlebnis aus der Vergangenheit kann nicht auf die gleiche Weise erinnert werden, wie es zum damaligen Zeitpunkt erlebt worden ist, da die gegenwärtigen sozialen Rahmen, innerhalb derer Erinnern stattfindet, notwendig andere sind als diejenigen, welche zum Zeitpunkt des Erlebens bestimmend waren.

Halbwachs verdeutlicht dies an der alltäglichen Erfahrung, die wir machen, wenn wir als Erwachsene durch Zufall auf eines unserer alten Kinderbücher stoßen und darin lesen (Halbwachs 1925/1985). So sehr wir uns auch bemühen, unser Leseerlebnis wird nie dem gleichen, welches wir als Kind hatten. Die vorgefundenen Geschichten und Bilder haben weitere neue Bedeutungen, Konnotationen erhalten, welche uns als Kind noch unbekannt waren. Gleichzeitig ist uns vieles von dem, was in der Kindheit unsere gedankliche Tätigkeit beschäftigt hat, unwiederbringlich verloren gegangen, kann uns also beim Lesen nicht mehr assoziativ begleiten. Das, was mittlerweile an Leben hinzugekommen ist, aber ebenso das, was wir dafür auf dem Weg verloren haben, hindert uns, die entsprechende Kindheitserinnerung wiederherzustellen. Dieses Beispiel macht auf eindrucksvolle Weise deutlich, wie grundlegend unmöglich die Vorstellung eines Erinnerns als reines Reproduzieren von aufbewahrter Information in Halbwachs' Sichtweise war. Findet sich bei seinem Kollegen und Zeitgenossen Charles Blondel noch eine Zweiteilung in das „vergesellschaftete Gedächtnis der Rekonstruktion" und das „spontane [Gedächtnis, G. G.] der Reproduktion" (Blondel 1948: 162), letzteres als Beschreibung der emotionalen und subjektiven Seite von Erinnerungen, welche sich unter Umständen den gesellschaftlichen Rahmen und logischen Vorausbedingungen widersetzen, so spricht Halbwachs nur noch von einem allumfassenden Modus des Erinnerns.

In anderen Begriffen hat Freud eine vergleichbare Unterscheidung eingeführt. In seiner Schrift *Über Deckerinnerungen* (Freud 1994) trennt er die unmittelbare Erinnerung an eine Szene von der, in der der Erinnernde sich selbst wie in einem Film betrachtet und konstatiert: „Wo immer in einer Erinnerung die eigene Person so als ein Objekt unter anderen Objekten auftritt, darf man diese Gegenüberstellung des handelnden und des erinnernden Ichs als einen Beweis dafür in Anspruch nehmen, dass der ursprüngliche Eindruck eine Überarbeitung erfahren hat" (Freud 1994: 55). So macht es einen Unterschied, ob ich mich recht genau an das Kind erinnern kann, das ich einmal war und das einmal in spannende Lektüre vertieft an einem bestimmten Ort auf eine bestimmte Weise seine Nachmittage verbracht hat, oder ob ich von innen heraus versuche, das gleiche Gefühl wiederherzustellen, das ich damals hatte, also gedanklich rückwärtsschreitend für einen Moment lang wieder diejenige zu werden, die ich damals war.

Im ersten Fall wird die Rekonstruktion erheblich erleichtert durch die Möglichkeit, auf soziale Rahmen zurückzugreifen – in diesem konkreten Falle auf Erzählungen von Eltern und Geschwistern, Familienfotos und eben die materiellen Repräsentanten der Vergangenheit wie Bücher, Möbel und Orte. Der zweite Fall scheint den direkten, affektiven Weg zur Vergangenheit aufzuzeigen. Allerdings räumt Freud im gleichen Text an späterer Stelle ein: „Vielleicht ist es überhaupt zweifelhaft, ob wir bewußte Erinnerungen *aus* der Kindheit haben oder nicht vielmehr bloß *an* die Kindheit." (Freud 1994: 56) Auftretende Fehler und Lücken in der Erinnerung nimmt Freud als Hinweis auf die von ihm vertretene grundlegende Motiviertheit aller Gedächtnistätigkeit. Aus der unüberschaubaren Menge an Erlebtem werde jene Situation erinnert und reproduziert, die in Inhalt und gefühlsmäßiger Tönung der momentanen Gestimmtheit entspreche und ein aktuelles Abwehrgeschehen auf psychischer Ebene unterstütze. Indem Freud alle Erinnerungsarbeit durch Affekte und unbewusste Motive beherrscht sieht und ebenso wie Halbwachs nicht von einem Speichermodell, sondern von der Annahme eines aktuellen Produzierens von Erinnerungen ausgeht, entfernt er sich weit von der damaligen akademischen Gedächtnispsychologie und wird zum Vordenker für heutige sozialkonstruktivistische oder narrative Theorieansätze.

Halbwachs erweist sich in gedächtnistheoretischer Hinsicht allerdings als der noch konsequentere Konstruktivist: Während Freud wie schon erwähnt annimmt, dass Erinnerungen grundsätzlich nie verloren gehen, sie nur im psychodynamischen Prozess von Verdrängung und Ersatzbildung ihre Zugänglichkeit verlieren oder eine Umgestaltung und Verfremdung erfahren können, konfrontiert Halbwachs uns mit der Möglichkeit eines absoluten Verlusts von Erinnerungen, seinerseits in theoretischer Abgrenzung von Bergson (vgl. Halbwachs 1925/1985: 62). Die vollkommene gedankliche Wiederherstellung eines vergangenen Erlebniszustandes hält er in Anbetracht ihrer beständig wechselnden Rahmung für unmöglich: „Was für uns dagegen fortbesteht, sind nicht fertige Bilder in irgendeinem unterirdischen Schacht unseres Denkens, sondern innerhalb der Gesellschaft all jene Anhaltspunkte, die notwendig sind, um bestimmte Teile unserer Vergangenheit zu rekonstruieren, die wir uns in unvollständiger und unklarer Weise vergegenwärtigen oder die wir sogar völlig aus unserem Gedächtnis entschwunden glauben." (Halbwachs 1950/1991: 62f.) Die sozialen Rahmen sind unsere kulturelle und gesellschaftliche Umgebung. Sie wandeln sich langsam, oft unmerklich, so dass für das individuelle Bewusstsein die Illusion von Kontinuität und Gleichförmigkeit entsteht.

Die Verflochtenheit von Erinnerungen mit dem Moment ihres Entstehens – aus der Gegenwart heraus, in Interaktion mit einem sozialen Rahmen, also durch das Umfeld und die Verfasstheit der Kultur beeinflusst, in der der Erinnernde steht – nimmt ihnen den Charakter von begrenzten Einheiten, welche im Individuum verortet sind und nach Bedarf reaktiviert werden können. Hier erscheint die einzelne Erinnerung vielmehr als Produkt einer Auseinandersetzung der Person mit sich und ihrer Umwelt, und sie kann potentiell immer auch anders ausfallen. Insofern ist Erinnerung bei Halbwachs nicht im Inneren der Person angesiedelt. Sie wird gebildet im Austausch mit der Umwelt und erschafft wiederum neue Umwelten, indem sie, wenn sie mit anderen geteilt wird, Gemeinschaft und Dauer garantiert.

Gedächtnis ist für Halbwachs also nicht nur eine Vorausbedingung für Gruppenkohäsion, es erweist sich auf der Ebene des Einzelgedächtnisses als konstruktiv und untrennbar mit sozialen Rahmen vermengt. Wie haben wir uns eine solche gedankliche Tätigkeit konkret vorzustellen? Wie manifestiert sich das, was Halbwachs soziale Rahmen nennt, in unseren Erinnerungen? Halbwachs illustriert dies am Beispiel eines nur scheinbar ohne Begleitung stattfindenden Spazierganges durch die Straßen von London (Halbwachs 1950/1991: 2f.). In Gedanken werden die Eindrücke und Überlegungen auf dem Weg mit vorgestellten Freunden, Bekannten oder sogar Romanfiguren besprochen. Bestimmte Sachgebiete assoziiert man mit vertrauten Anderen und lässt sich diese von ihnen im fantasierten Zwiegespräch erläutern. So nimmt man zum Beispiel herausragende Bauwerke in Verbindung mit den Hinweisen eines befreundeten Architekten wahr und ordnet Plätze, die bisher nur dem Namen nach bekannt waren, den Orten erinnerter Romanhandlungen zu. Halbwachs' Gedächtnistheorie beginnt also dort, wo es die psychologische heute noch tut: bei der sinnlichen Wahrnehmung. Diese findet immer bereits in einem sozialen Kontext statt und wird durch ihn geleitet:

> Gleichzeitig mit dem Sehen der Gegenstände stellt man sich die Art und Weise vor, in der die anderen sie sehen könnten; tritt man aus sich selbst heraus, so nicht, um mit den Gegenständen zu verschmelzen, sondern um sie vom Standpunkt der anderen ins Auge zu fassen, was nur möglich ist, weil man sich an die Beziehungen erinnert, die man zu ihnen gehabt hat. (Halbwachs 1925/1985: 363)

Der deutsche Psychologe David Katz (1952) griff innerhalb der Sozialpsychologie diesen Aspekt der Sozialität menschlichen Denkens und Erinnerns auf und unternahm den Versuch, ihn empirisch zu operationalisieren. Dazu ließ er 35 Lehrer zahlenmäßige Angaben darüber machen, mit wie viel „Kumpanen", also inneren Dialogpartnern, sie insgesamt im gedanklichen Gespräch stehen. Katz ging davon aus, dass Ereignisse vor allem in Verknüpfung mit der Repräsentation anderer Menschen eingeprägt werden: „Menschen sind für uns das sinnvollste Material." (Katz 1952: 255) Demzufolge definierte er einen „soziopsychologischen Faktor" des Gedächtnisses, welcher das Verhältnis des Erinnernden zu Personen seiner Umgebung beschreibe.

Die Ergebnisse seiner Studie wirken beinahe wie ein Kuriosum psychologischer Forschung. So berichtet er von einzelnen Befragten, die angeblich bis zu 4000 Kumpane benennen konnten, welche sie in Gedanken begleiteten. Die Erforschung der Bedeutung einzelner innerer Begleiter für Inhalt und Genauigkeit von Erinnerungen, vor allem jedoch in Bezug auf deren Verbindung mit dem individuellen Gefühl, bleibt ein Forschungsdesiderat: „Es würde sich lohnen, in speziellen Untersuchungen der Frage mehr nachzugehen, wie zeitliche Faktoren und emotionale Engagiertheit die Struktur der inneren Bevölkerung gestalten." (Katz 1952: 260)

Genau an dieser Stelle jedoch schließt sich eine Reihe interessanter psychologischer Fragestellungen an, inspiriert von der fundamentalen Beobachtung von Halbwachs, derzufolge jedes Erinnern nicht nur den allgemeinen Rahmen einer Gemeinschaft voraussetzt, um sich in Raum und Zeit orientieren und der Vorstellungswelt eine Struktur verleihen zu können, sondern auch die Repräsentation bestimmter Personen, welche die Wahrnehmung und ihre Rekonstruktion in der Erinnerung begleiten. Wie unterscheiden sich Menschen hinsichtlich ihrer Auswahl gedanklicher Interaktionspartner? Welche Personen erlangen hier herausragende Bedeutung, und für welche Art von Erinnerungen werden sie wichtig? Und schließlich: Was geschieht, wenn die Kontinuität des inneren Gesprächs unterbrochen wird?

111

4. Trauma als Sonderfall des Gedächtnisses

Bei der Diskussion der Frage, ob es rein individuelle Erinnerungen gebe, in der andere Menschen keine Rolle spielen und die somit auch nicht durch den Kontakt mit ihnen wiederhergestellt werden können, gibt Halbwachs eine Kindheitserinnerung von Charles Blondel wieder:

> Ich erinnere mich, dass ich als Kind einmal beim Durchforschen eines verlassenen Hauses unvermittelt mitten in einem dunklen Zimmer bis zum Gürtel in ein Loch eingebrochen bin, auf dessen Grund Wasser stand, und ich entsinne mich mehr oder weniger mühelos, wo und wann dies passiert ist; aber hier ist es mein Wissen, das völlig meiner Erinnerung untergeordnet ist. (…) Es scheint wirklich, als hätten wir bei Erinnerungen dieser Art einen direkten Kontakt mit der Vergangenheit, der der historischen Rekonstruierung vorausgeht und sie bedingt. (Blondel, zit. bei Halbwachs 1950/1991: 18f.)

Blondel argumentiert hier im Sinne seiner oben angeführten Unterscheidung zwischen der sozial rekonstruierten und der spontanen Erinnerung. Dagegen verteidigt Halbwachs die These eines grundlegend sozialen Charakters aller Erinnerungen: Die verzweifelte Situation des alleine in Bedrängnis geratenen kleinen Jungen zeichne sich gerade durch die vorübergehende Unterbrechung der sozialen, hier familiären Eingebundenheit aus und werde von dem Jungen als ein Kontrast wahrgenommen. Tatsächlich hätten die sozialen Rahmen des Wahrnehmens und Erinnerns auch hier nichts von ihrer Macht verloren. Es sei „der Gedanke an die abwesende Familie, der den Rahmen" (Halbwachs 1950/1991: 19) liefere und der eine Rekonstruktion im üblichen Sinne ermögliche.

Blondels Kindheitserinnerung zeichnet sich durch einen affektiven Charakter, hier wohl in erster Linie ein starkes Angst- und Schreckerleben aus. Halbwachs versucht, solche Gefühlserinnerungen auf die gleiche Weise zu interpretieren wie jede Erinnerung. Die Intensität des Gefühls entstamme dabei nicht der ursprünglichen Situation, aus der heraus es in die aktuelle Erinnerungsvorstellung transportiert werde. Vielmehr seien es momentane Affekte, welche den rekonstruierten Bildern hinzugefügt werden und ihnen so die Illusion von Lebendigkeit verleihen. Die gegenwärtige Einstellung zur Vergangenheit bringe Emotionen mit sich, welche vorübergehend einen unmittelbaren Kontakt zum Vergangenen, eine Art persönlicher Zeitreise suggerieren. Hier handle es sich jedoch nur um ein scheinbares Erfasstwerden von der andauernden Macht geschehener Ereignisse, und Halbwachs lässt keinen Zweifel daran, dass er uns über die Irrationalität dieser sentimentalen Haltung aufklären will: „Wir können nur sagen, daß die Erinnerungen gleich anderen Bildern zuweilen unsere gegenwärtigen Zustände imitieren, wenn unsere aktuellen Gefühle ihnen entgegenkommen und sich in sie einordnen" (Halbwachs 1925/1985: 57).

In diese Richtung weisen auch empirisch überprüfte Beobachtungen aus der neueren Gedächtnisforschung, wonach es leichter fällt, ein emotional gefärbtes Ereignis in eben solcher Stimmung wiederzuerinnern.[7] Eine Kongruenz zwischen vergangenem und aktuellem Gefühl wirkt sich positiv auf die Gedächtnisleistung aus, und dies lässt sich als Hinweis auf ein Konstruieren von Erinnerungen aus dem gegenwärtigen Vorstellungs- und Gefühlszusammenhang heraus verstehen. Hierzu existiert auch eine etwas abweichende Sichtweise. Es ist die einer quasi verkapselten Erinnerung, welche im Gedächtnis der Person schlummert und sich zu einem späteren Zeitpunkt mit einer ihr innewohnenden emotionalen Kraft erneut zur Darstellung verhilft. Als Erzählmuster in literarischen Werken, später dann in Freuds Definition der neurotischen Störung als „Leiden an Reminiszenzen" (Breuer/Freud 1991: 31) findet sich immer wieder die Beschreibung von Erinnerung als *pathogenic secret* (Young 1993), das durch Schmerzen und Wiederkehr auf sich aufmerksam machen muss. Seiner offenkundig romantisierenden Anklänge zum Trotz bestimmt dieses Muster mit erstaunlicher Hartnäckigkeit den alltagssprachlichen wie den wissenschaftlichen Diskurs. Dort ist es seit einigen Jahren im Zuge des allgemeinen interdisziplinären Gedächtnisinteresses im Zusammenhang mit der Traumaforschung wieder anzutreffen, und man könnte versucht sein, die oben beschriebene Kindheitserinnerung als eine traumatische zu lesen.

Eindringliche Schilderungen der seelischen Verletzungen nach lebensbedrohlichen Erfahrungen lassen sich in den Mythen und Sagen unterschiedlicher Kulturen auffinden. Zu einem klinischen Forschungsfeld innerhalb der modernen Psychiatrie wurde Trauma dann vor allem im Zuge des kriegsbedingten massenhaften Auftretens von psychischen Zusammenbrüchen, wie sie beispielsweise im Ersten Weltkrieg unter der Bezeichnung *shell-shock* bekannt wurden.[8] In den letzten zwanzig Jahren gewann dieser Bereich zunehmend an Dringlichkeit bei Psychiatern und Psychotherapeuten, die sich immer häufiger vor die schwierige Aufgabe gestellt sahen, Menschen nach Erfahrungen von Krieg und terroristischen Anschlägen, aber auch Brandkatastrophen, Verkehrsunfällen oder häuslicher Gewalt beizustehen und akute Zustände von Panik und Hilflosigkeit zu lindern.

---

[7] Vgl. hierzu auch Schacter (1999).

[8] Für einen Einblick in die Geschichte der Traumaforschung eignet sich das Lehrbuch von Fischer/Riedesser (1998), vor allem aber die leider noch nicht ins Deutsche übersetzte wissenschaftsgeschichtliche Analyse Allan Youngs (1993).

Als eines der ersten umfassenden Lehrbücher im deutschsprachigen Raum veröffentlichten Fischer und Riedesser 1998 ihr *Lehrbuch der Psychotraumatologie* und verhalfen so der sich verselbständigenden Disziplin zu einer eigenen Bezeichnung. Das traumatische Erlebnis wird hier definiert als „ein vitales Diskrepanzerlebnis zwischen bedrohlichen Situationsfaktoren und den individuellen Bewältigungsmöglichkeiten, das mit Gefühlen von Hilflosigkeit und schutzloser Preisgabe einhergeht und so eine dauerhafte Erschütterung von Selbst- und Weltverständnis bewirkt" (Fischer/Riedesser 1998: 79). Was im Lehrbuch klar umgrenzt und wissenschaftlich unzweideutig präsentiert wird, zeigt sich jedoch bei genauerer Betrachtung als zuweilen etwas schillerndes Konstrukt.

Mit dem Beginn seiner wissenschaftlichen Existenz war der psychologische Traumabegriff umgeben vom Nimbus des Geheimnisvollen. Das erklärt sich unter anderem aus der Tatsache, dass die frühen Traumaforscher zu Ende des 19. Jahrhunderts, zum Beispiel Freud oder der weniger im disziplinären Gedächtnis bewahrte Pierre Janet, ihre Erklärungen an hypnotisierten Frauen illustrierten, Hypnose jedoch damals wie heute in einem wissenschaftlichen Grenzbereich verortet und in die Nähe von Okkultismus und Esoterik gerückt wird. Im Gegensatz zur körperlichen Verletzung ist psychisches Trauma außerdem in der Regel weniger sichtbar. Psychotraumatisches Geschehen scheint sich im Verborgenen abzuspielen und uns nur nach einer unberechenbaren Latenzzeit indirekt – über Zeichen, Symptome und ihre Deutungen – zugänglich zu werden. Ein Trauma erfordert Aufdeckung, Konfrontation, die von Freud nach Aufgeben der Hypnose in die psychoanalytische Methode des freien Erzählens und Assoziierens eingekleidet wurde. Erst dann kann sich die traumatische in eine gewöhnliche Erinnerung verwandeln. Im Freud'schen Traumamuster von unerträglichem Affekt, Abwehr desselben durch Verdrängung und einer darauf folgenden Kompromissbildung, welche durch die in der dynamischen Natur des Unbewussten begründete Wiederkehr des Verdrängten zustande kommt, setzt sich die geheimnisvolle Aura in zum Teil abgewandelter Terminologie fort. Etwas gespenstisch Anmutendes bleibt auch hier mit der Idee des Traumas verknüpft.

Als Ausnahmesituation des Gedächtnisses scheint Trauma Erinnern und Vergessen gleichzeitig in paradoxer Weise zu verkörpern. Dies spiegelt sich auf der Symptomebene wider: Das schreckliche Ereignis wird zum einen auf unterschiedliche, unkontrollierbare Arten wiedererlebt und mit quälender Deutlichkeit erinnert. Traumatisierte leiden oft unter Alpträumen und *flashbacks*, also plötzlich ins Wachbewusstsein einschießenden, überdeutlichen und grausamen Bildern der erlittenen Szene. Zum anderen kommt es nicht selten vor, dass wichtige Details des Geschehenen auch mit Mühe nicht mehr erinnert werden können.

Beide Phänomene stellen diagnostische Kriterien für die so genannte Posttraumatische Belastungsstörung dar, die nosologische Kategorie traumabedingten Leidens.[9] Auch diese scheinbar klare psychiatrische Formulierung bringt keine einheitliche Konzeption von Trauma mit sich, im Gegenteil. Das liegt daran, dass die Diagnose „Posttraumatische Belastungsstörung" (PTBS) keine unverfängliche Entstehungsgeschichte hat.[10] Während der hilflose Opferstatus ein zentrales Element der Diagnose darstellt, stammen viele der Forschungen, die zur Festlegung der Kriterien geführt haben, aus der klinischen Erfahrung mit heimgekehrten Soldaten. In den USA haben Vietnam-Veteranen gemeinsam mit ihren Ärzten erfolgreich für die (Wieder-)Aufnahme der Störungsdefinition ins diagnostische Manual gekämpft. Young kommentiert dies sarkastisch: „For example, veterans who were traumatized by the deaths and grievous injuries that they inflicted without remorse are still covered by the diagnosis. No one is being left out in the cold (…)" (Young 1995: 290). Die Diagnose PTBS speist sich aus Forschungen zu sehr unterschiedlichen Formen psychischer Extremerfahrung, und es erscheint mindestens problematisch, daraus ein einheitliches Störungsbild zu definieren, das für alle gelten soll.

Die traumatische Erinnerung fügt sich nicht der Ordnung gewohnter, kontrollierbarer Gedächtnisprozesse. Sie tritt oft erst nach einer längeren, manchmal Jahre dauernden Latenzzeit auf, um zerstörerische Macht über den Menschen zu gewinnen. Dabei widersetzt sie sich der Eingliederung in einen chronologisch geordneten Lebenslauf. Die gedankliche Wiederholung der traumatischen Situation wird nahezu halluzinatorisch erlebt. Sinnliche Eindrücke aus dem Hier und Jetzt können schlagartig die komplette Szenerie von damals vergegenwärtigen, so dass der Erinnernde sich in den furchtbaren Teil seiner Vergangenheit ohnmächtig zurückversetzt fühlt.[11] Auf diese Weise scheint es, als ob die Vergangenheit nicht vergeht. Viele neue Wahrnehmungen werden nur in Bezug auf das allgegenwärtige Trauma verarbeitet.

---

[9] Vgl. hierzu Fischer/Riedesser (1998: 42ff.).
[10] Vgl. Young (1993).
[11] Ein Beispiel für eine eindrucksvolle literarische Verarbeitung einer solchen traumatischen Erinnerung findet sich im autobiographischen Roman *Weiter leben* der Literaturwissenschaftlerin und Auschwitz-Überlebenden Ruth Klüger (1997: 271f.). Die Autorin schildert einen Unfall, den sie erleidet, als sie viele Jahre nach ihrer Emigration in die USA zu Besuch bei Freunden in Göttingen weilt. Im Moment des Zusammenpralls mit einem Fahrradfahrer erinnert sie schockartig Bilder aus dem Konzentrationslager und fühlt sich unmittelbar in die Zeit der Verfolgung zurückversetzt, beherrscht von dem verzweifelten Gedanken: „Den Kampf verlier' ich!" (Klüger 1997: 271)

5. Soziale Aspekte traumatischen Erinnerns

Mit den gedächtnispsychologischen Überlegungen von Halbwachs erscheint dieser Modus des Erinnerns kaum vereinbar: „Ich habe (...) keine Erinnerung an die Zeiten und Augenblicke, während derer ich zu lebhaft empfunden habe." (Halbwachs 1950/1991: 56) Mit diesem Zitat beruft sich Halbwachs auf Stendhal, der es als Schriftsteller gewohnt war, für seine kreative Tätigkeit aus Erinnerungen zu schöpfen. Reine Gefühlserinnerungen, denen eine raumzeitliche Positionierung fehlt, können Halbwachs' Verständnis zufolge nur ephemer sein. Schließlich ist es gerade die soziale Rahmung, die eine Erinnerung von flüchtigen Vorstellungstätigkeiten, beispielsweise dem Traum, unterscheidet (Halbwachs, 1925/1985). Der traumatischen Erfahrung fehlen häufig die notwendigen Orientierungsfaktoren, von Halbwachs „Anhaltspunkte" genannt, und dies kann durch Verlassen des gewohnten soziokulturellen Kontextes im Verlauf von Vertreibung und Emigration noch gravierend verstärkt werden. Schilderungen von Bedrängnis und Überwältigung durch emotionale Erinnerungen vermisst man in den Schriften von Halbwachs, und dies obwohl zu seiner Zeit das Wissen um die damals so benannte traumatische Neurose sehr rasch anwuchs und der Erste Weltkrieg diese Erfahrungen in unzählige Familien hineinbrachte.

Die gedächtnispsychologischen Besonderheiten von Traumata traten jedoch erst im Anschluss an den Zweiten Weltkrieg und in Folge der schweren pathologischen Auswirkungen des Holocaust stärker in den Vordergrund. In Verbindung mit Berichten von Überlebenden aus Konzentrationslagern sowie aus therapeutischer Arbeit mit deren Kindern und Enkeln treten Phänomene zutage, die auf soziale und konstruktive Aspekte von Trauma hinweisen. Der amerikanische Psychoanalytiker Dori Laub berichtet von einer Auschwitz-Überlebenden, die einen misslungenen Aufstand im Konzentrationslager als Augenzeugin erlebt hatte (Felman/Laub 1992: 66). Entgegen der historisch gesicherten Information nannte sie eine abweichende Anzahl von gesprengten Schornsteinen und ließ sich in ihrer Überzeugung nicht beirren. Erinnerungsverzerrungen im Zusammenhang mit besonders eindrücklichen und bedeutungsvollen Geschehnissen machen stutzig. Wir gehen üblicherweise davon aus, dass uns gerade bei wichtigen Ereignissen keine Fehler in der Erinnerung unterlaufen, da jenes Geschehen schon im Prozess der Wahrnehmung unsere volle Aufmerksamkeit erhalten hatte. Dass jedoch auch diese Gedächtnisleistungen konstruktiven Verzerrungen unterliegen, lässt sich mittlerweile anhand zahlreicher empirischer Befunde bestätigen.[12]

---

[12] Vgl. Schacter (1999).

Mit dem zunehmenden zeitlichen Abstand zu den Ereignissen, die heute unter die Bezeichnung Holocaust gefasst werden, ändern sich die Erzählungen darüber. Dies illustrierte die israelische Historikerin Irith Knebel (1999) durch eine vergleichende Analyse von Überlebendenberichten des Frauenkonzentrationslagers Ravensbrück. Sie konnte zeigen, dass sich die Berichte der gleichen Personen im Abstand von mehreren Jahren immer wieder veränderten: Sachliche Schilderungen gaben mit der Zeit Raum für biographische Erzählungen, die wiederum durch persönliche Sinndeutungen und narrative Abrundungen zu anderen Schwerpunkten und Auslassungen führten. Rekonstruktionen dieser Art lassen sich, so Knebel, auch durch veränderte Erwartungen und Anforderungen auf Seiten der Zuhörer erklären. So gehen in Augenzeugenberichte aus jüngerer Zeit vermehrt literarisch oder durch Filme vermittelte Vorstellungen über das Leben im Konzentrationslager mit ein, auf die sich Erzählende wie Fragende zur besseren Verständigung beziehen.

Die Tradierung traumatischer Erfahrung innerhalb von Familien – manchmal unsäglich irreführend als Vererbung von Traumata bezeichnet – macht in verschiedener Hinsicht den sozialen Charakter traumatischen Erinnerns deutlich. So lassen sich nicht nur auf der Ebene psychischer und psychosomatischer Symptome Nachwirkungen des Holocaust innerhalb der Familie beobachten.[13] Die Angehörigen der Kinder- bzw. Enkelgeneration unterscheiden sich auch auf charakteristische Weise voneinander in ihrem Umgang mit der bedrohlichen, nur zum Teil verbal kommunizierten Vergangenheit. Vielfach stößt man auch hier auf die Vorstellung des pathogenen Geheimnisses, welches wie ein Gespenst noch die nachfolgenden Generationen heimsucht und in Leid oder Wiederholungszwängen an die Oberfläche tritt. Aus einer berechtigten Angst heraus, gänzlich ignoriert zu werden, wird hier versucht, Erinnerung als etwas Kostbares und daher nicht Anzutastendes zu bewahren. Wer als Nachgeborener die Erzählungen in Frage stellt, rührt nicht nur am Wahrheitsanspruch von Erinnerung, sondern immer auch an der Berechtigung starker Emotionen. Das Familiengedächtnis so genannter „Täter"- und „Mitläufer"-Familien lässt sich in dieser Hinsicht etwas weniger rücksichtsvoll untersuchen.

Neuere Ansätze in der Sozialpsychologie betonen die Aktivität aller Beteiligten, wenn es darum geht, im Verbund der Familie eine geteilte Version der Vergangenheit auszuhandeln.[14] Aktuelle Einflüsse durch

---

[13] Auch zu diesem Thema ist die Literatur kaum mehr umfassend zu sichten. Als Klassiker gelten mittlerweile Bergmann/Kestenberg/Jucovy (1995); wichtige Beiträge liefern außerdem Kogan (1998) und Rosenthal (1997).

[14] Nicht nur in methodischer Hinsicht überzeugend erscheinen die Studien aus dem Projekt „Tradierung von Geschichtsbewusstsein" der Arbeitsgruppe um Harald Welzer (Welzer/Montau/Plaß 1997; Moller/Tschuggnall 1999).

117

politische Inszenierungen des Gedenkens, die schulische Vermittlung der historischen Zusammenhänge sowie die schon lange nicht mehr überblickbare Anzahl an kulturellen Produktionen, die den Holocaust zum Thema machen, führen zu einer sozialen Konstruktion der Holocaust-Erinnerung auch im familiären Rahmen. Der privaten Erfahrung wird eine gesellschaftlich geteilte und aufrechterhaltene Struktur des Holocaust-Traumas gegenübergestellt, und beide beeinflussen einander.

Einen besonders irritierenden Beweis für die soziale Konstruktion von Trauma lieferte der Skandal um die gefälschten Holocaust-Memoiren des Schweizers Bruno Grosjean.[15] Hier waren es die kollektiv getragenen Erwartungen im Hinblick darauf, wie ein überzeugender Überlebensbericht zu klingen habe, welche der erfundenen Autobiographie zum Erfolg verholfen haben. Das, was sich so schockierend authentisch las, aber auch die Art und Weise, wie der Autor sich in der Öffentlichkeit zu präsentieren wusste, die beinahe sämtliche Klischees vom Klarinette spielenden, an seiner Vergangenheit schwer tragenden jüdischen Opfer bediente, reichten aus, um es sich für eine Weile im Rahmen einer vorgefertigten Identität bequem einzurichten.

Als populärwissenschaftlich vergröbertes Konstrukt ist Trauma längst Teil unserer sozialen Rahmen geworden. Dabei bleibt die Idee der versteckten, von der verstrichenen Zeit und veränderten Verhältnissen unberührt wieder an die Oberfläche tretenden Erinnerung bestehen. Im weiteren gesellschaftlichen Kontext erweist sich Trauma als ein wirksames Deutungsmuster, das dem Einzelnen Möglichkeiten zur identifikatorischen Festlegung eröffnet. Die traumatische Erfahrung gilt als die einer radikalen Einsamkeit. Die sichernden Strukturen von Raum und Zeit, vor allem aber die schützende Vorstellung vertrauter Personen werden in der traumatischen Situation zerstört. Anders als im Beispiel des kleinen Jungen bei Halbwachs, der in eine gefährliche Situation gerät, in der ihn der Gedanke an die nur vorübergehend verlassene familiäre Geborgenheit trösten kann, greift die Erfahrung von Gewalt, die von anderen Menschen ausgeht, massiv ein in die sozial strukturierte Innenwelt des Einzelnen. Im schlimmsten Fall, wenn Gewalt durch jene ausgeübt wird, die bis dahin als Personen des Vertrauens und der Intimität repräsentiert wurden, verletzt die traumatische Erfahrung die Fähigkeit, innere Dialoge aufrechtzuerhalten.

In diese Richtung interpretierte Laub (Felman/Laub 1992) Lebensberichte, die er im Rahmen des Videoprojekts des *Fortunoff Video Archive for Holocaust Survivors* an der Universität Yale aufzeichnen ließ. Die Geschichte eines Mannes, der als kleiner Junge durch die nationalsozialistische Verfolgung von seinen Eltern getrennt wurde und für sein Überle-

---

15 Aufklärung über den „Fall Wilkomirski" liefert Mächler (2000).

ben auf die Hilfe fremder Familien angewiesen war, macht die existenzielle Bedeutsamkeit jener inneren Dialoge nachvollziehbar. Eine sorgsam gehütete Fotografie seiner Mutter diente dem Jungen über Jahre hinweg als symbolische Stütze und Ersatz für den realen Kontakt. Diese Möglichkeit symbolischen Festhaltens an der Kommunikation bewahrte ihn vor der Verzweiflung. Dennoch sah er sich im Moment des Interviews zum ersten Mal in der Lage, seine Erlebnisse während der Verfolgung tatsächlich einer anderen Person mitzuteilen. Laub hebt diesen Moment als zentral für die Heilung eines traumatisierten Menschen hervor: Im Vorgang des Erzählens und Gehörtwerdens kann nachgeholt werden, was in der Situation nicht möglich war oder verletzt wurde. Der Zuhörer bekommt dabei die wichtige Rolle eines Zeugen zugewiesen. Indem das Trauma im Nachhinein geteilt wird, verliert es manchmal einen Teil seiner emotionalen Intensität und lässt sich in eine geordnete Abfolge von Erinnerungen eingliedern. Der Wiederholungszwang, der bis dahin als Garant der Wirklichkeit von Erfahrung zu dienen hatte, wird nun nicht mehr benötigt (Felman/Laub 1992: 68). Offensichtlich liegt auch in diesem Vorgang etwas Paradoxes – erst durch Erinnern verliert das Vergangene seine bedrängende Qualität, erst durch Transformation in eine Erinnerung kann Trauma potentiell auch vergessen werden. Dass es sich hier um ein Erinnern mit anderen, um eine Herstellung von kollektivem Gedächtnis handelt, weist auf die große Tragweite des Halbwachs'schen Ansatzes hin.

6. „Du hast nichts anderes zu tun als mir zuzuhören. Ich weiß nicht, wohin ich gehe. Aber ich brauche einen Zeugen."

Diese Worte lässt Jean-Paul Sartre (1993: 365) in *Freud – Das Drehbuch* den jungen Freud sprechen, als dieser sich im Beisein seines Freundes Wilhelm Fließ zum ersten Mal selbst in die psychoanalytische Situation begibt. Auch in der Theorie der Psychoanalyse stellt das Teilen der eigenen Lebensgeschichte mit einem vertrauenswürdigen Anderen die zentrale Komponente im Prozess der Heilung dar. Verletzt ist das Individuum an der Stelle, an der es seine Erinnerungen nicht mitteilen kann, und in Lebensgefahr kommt es, wenn auch die innere Welt – bei Freud sind es die Repräsentanzen – keinen Halt mehr bietet. Macht uns Halbwachs auf das Vorhandensein innerer Gesprächspartner in Wahrnehmung und Gedächtnis aufmerksam, so verweisen Freud und seine Nachfolger auf deren überlebenswichtige Funktion. Wie wenig wir uns letztendlich auf die akkurate Detailgenauigkeit von Erinnerungen noch verlassen können, stimmt in jedem Falle unbehaglich. Es ist der Preis, den das individuelle wie das kollektive Gedächtnis zu zahlen haben.

Literatur

Bartlett, F. C. (1932): Remembering: A Study in Experimental and Social Psychology. Cambridge: Cambridge University Press.

Bergmann, M. S./J. Kestenberg/M. E. Jucovy (1995): Kinder der Opfer – Kinder der Täter. Psychoanalyse und Holocaust. Frankfurt/M.: Fischer.

Blondel, C. (1948): Einführung in die Kollektivpsychologie. Bern: Francke.

Breuer, J./S. Freud (1991): Studien über Hysterie. Frankfurt/M.: Fischer.

Draaisma, D. (1998): Die Metaphernmaschine. Eine Geschichte des Gedächtnisses. Darmstadt: Primus Verlag.

Felman, S./D. Laub (1992): Testimony. Crises of Witnessing in Literature, Psychoanalysis and History. New York: Routledge.

Fischer, G./P. Riedesser (1998): Lehrbuch der Psychotraumatologie. München: Reinhardt.

Freud, S. (1937/1996): Konstruktionen in der Psychoanalyse. In: S. Freud: Zur Dynamik der Übertragung. Frankfurt/M.: Fischer.

Freud, S. (1992): Notiz über den Wunderblock. In: S. Freud: Das Ich und das Es. Frankfurt/M.: Fischer, S. 313-318.

Freud, S. (1994): Über Deckerinnerungen. In: S. Freud: Schriften über Liebe und Sexualität. Frankfurt/M.: Fischer.

Halbwachs, M. (1925/1985): Das Gedächtnis und seine sozialen Bedingungen. Frankfurt/M.: Suhrkamp.

Halbwachs, M. (1950/1991): Das kollektive Gedächtnis. Frankfurt/M.: Fischer.

Katz, D. (1952): Der soziopsychologische Faktor als Organisator unseres Gedächtnisses. *Schweizerische Zeitschrift für Psychologie und ihre Anwendungen*, 4, S. 252–264.

Klüger, R. (1997): Weiter leben. Eine Jugend. München: dtv.

Knebel, I. (1999): Changing Attitudes towards the Trauma of the Holocaust as reflected in Testimonies, Interviews and Memoirs of Jewish Women Survivors of Ravensbrück from 1945 to the 1990s (unveröffentlichtes Vortragsmanuskript).

Kogan, I. (1998): Der stumme Schrei der Kinder. Die zweite Generation der Holocaust-Opfer. Frankfurt/M.: Fischer.

Mächler, S. (2000): Der Fall Wilkomirski. Über die Wahrheit einer Biographie. Zürich: pendo.

Moller, S./K. Tschuggnall (1999): Familienerinnerungen. Kriegserlebnisse in den Geschichten dreier Generationen.. In: E. Domansky/H.

Welzer (Hg.): Eine offene Geschichte. Zur kommunikativen Tradierung der nationalsozialistischen Vergangenheit. Tübingen: edition diskord, S. 57-73.

Rosenthal, G. (Hg., 1997): Der Holocaust im Leben von drei Generationen. Gießen: Psychosozial-Verlag.

Sartre, J.-P. (1993): Freud. Das Drehbuch. Hamburg: Rowohlt.

Schacter, D. L. (1999): Wir sind Erinnerung. Hamburg: Rowohlt.

Welzer, H./R. Montau/C. Plaß (1997): „Was wir für böse Menschen sind!" – Der Nationalsozialismus im Gespräch zwischen den Generationen. Tübingen: edition diskord.

Young, A. (1993): The Harmony of Illusions. The Invention of Post-traumatic-Stress-Disorder. Baltimore: Johns Hopkins University Press.

Gedächtnis als Korrelat sinnhafter Prozesse

Einige Umdispositionen in einer Theorie des Gedächtnisses

Thomas Khurana

Die Diskurse, die sich in den letzten Jahren um den Begriff des Gedächtnisses gruppiert haben, konnten durch ihre inter- und transdisziplinäre Ausrichtung viele Engführungen lösen.[1] Gedächtnis wird nun nicht mehr allein als eine Funktion psychischer Systeme gesehen, wenn die Bedeutung der sozialen Rahmen des Erinnerns hervortritt und das Gedächtnis als kulturelles erscheinen kann (vgl. nur stellvertretend Assmann 1999). Das Gedächtnis tritt des Weiteren nicht mehr allein in einer repräsentationalen Arbeitsweise auf, sondern vielmehr in einer aktiv rekonstruierenden.[2] Auch die Perspektivierung des Gedächtnisses als Frage der *ars memoriae* und als rhetorisch strukturierter Raum wird in diesem Zusammenhang oft als eine Umstellung auf ein aktives und mit persuasiven Funktionen versehenes Gedächtnis verstanden, das nicht nur eine schlichte Abspiegelung und Aufspeicherung der Realität bewerkstelligt.

Unangetastet scheint aber, obwohl man die Referenzebene des Gedächtnisses (soziale Formationen statt bloß psychische Systeme) und seine Arbeitsweise (Konstruktion statt Repräsentation) verändert auffasst, die Funktion des Gedächtnisses: Es scheint dazu zu dienen, Kontinuitäten in der Zeitdimension herzustellen und demjenigen, der das Gedächtnis gebraucht, um sich zu erinnern, Identifikation zu erlauben. Diskontinuität und Differenz werden, wenn sie auftreten, vor allem in die Sozialdimension verlagert: Verschiedene Gruppen haben verschiedene, konfligierende Gedächtnisse. Dass es sich aber in der Inanspruchnahme des Gedächtnisses selbst vor allem um eine Erfahrung der Selbstdivergenz, der Entidentifizierung und der Virtualisierung handeln

---

[1] Für exemplarische Einblicke in die gemeinten Diskussionszusammenhänge vgl. Assmann (1999), Haverkamp/Lachmann (1991), Porath (1995) und Schmidt (1991).

[2] Auf diesem allgemeinen Niveau betrachtet, gehen die aktuellen Debatten exakt von den Ausgangspunkten aus, die schon weit früher Maurice Halbwachs formuliert hat: von der Sozialität und Rekonstruktivität des Gedächtnisses (vgl. etwa Halbwachs 1925/1985, insbesondere Kap. 3 u. 4).

könnte, tritt kaum in Erscheinung. Das wird durch die Umstellung auf die soziale Referenzebene eher noch verstärkt, da man den sozial instruierten Gedächtnisgebrauch als politisch strukturiert auffasst und vordringlich die Grenzziehung bestimmter sozialer Gruppen behandelt, die auf Eindeutigkeit und aktuellen Bestimmungsgewinn zielen muss.

Man gibt hier nur auf die identifizierenden und engführenden Aspekte des Gedächtnisgebrauchs Acht, richtet aber nicht das Augenmerk darauf, worin zunächst die originäre Leistung des Gedächtnisses liegt: eine andere Modalität zu konstituieren, die sich von der Modalität rein aktuellen Erlebens oder Handelns unterscheidet und die gerade nicht allein auf die Bildung von Identität zuläuft. Diese Modalität des Gedächtnisses als solche genauer zu charakterisieren, ist eine systematisch noch nicht hinreichend gestellte Aufgabe.

Es empfiehlt sich daher, gegenüber der aktuellen Diskussion einen Schritt zurückzugehen und auf einem abstrakten Niveau zu beschreiben, welche Rolle Gedächtnis für sinnhafte Zusammenhänge, seien sie psychisch, seien sie sozial, spielt. Die folgenden Bemerkungen setzen also sehr basal an und abstrahieren von dem konkreten Geschehen, in dem Gedächtnis, Erinnern und Vergessen ihren Ort haben. Das geschieht vor allem im Hinblick auf eine Wiederbeschreibung der Funktionen des Gedächtnisses. Ich werde dabei vor allem drei Umdispositionen vorschlagen: (i) von Gedächtnis als Strukturmerkmal von Sinnhaftigkeit auszugehen und mithin schon dann von Gedächtnis zu sprechen, wenn es noch nicht um thematische Erinnerung geht; (ii) in Gedächtnis nicht nur die Sicherung von Identität, sondern vor allem eine Form von Potentialität, die Diversität und Unverfügbarkeit impliziert, auszumachen, was (iii) damit einhergeht, das explizite Gedächtnis als eine spezifische, qualitativ unterschiedene Modalisierung von Erleben und Handeln zu erfassen. Schließlich will ich (iv) einige Vorschläge dazu machen, wie die Sozialität des Gedächtnisses, die nahe gelegt ist, wenn Gedächtnis ausgehend von sinnhaften Praktiken erläutert wird, differenzierter aufzufassen ist, als das mit einem allgemeinen Verweis auf die Kollektivität des Erinnerns geleistet werden kann.

I

Geht man von sinnhaften Praktiken psychischer oder sozialer Art aus, so kann man sie auf einem abstrakten und einfachen Niveau als strukturierte Verkettungen von Elementen, „Marken" (Derrida) oder „Operationen" (Luhmann) begreifen (als Verkettungen von Kommunikationen, von Handlungen, von Erlebnisakten usf.). Diese Elemente zeichnen sich dadurch aus, dass sie differentiell konstituiert werden, dass sie also ihren Wert durch die Differenz zu anderen Elementen desselben Zusammenhangs erhalten. Überdies ist ein strukturelles Erfordernis an alle fungierenden Elemente eines sinnhaften Zusammenhangs, dass sie wiederholbar sein müssen. Ein rein singuläres Element, das nicht in Differenz zu anderen träte und das unwiederholbar wäre, hätte keinen konturierbaren Sinn und keinen Wert in dem entsprechenden psychischen oder sozialen Gefüge von Gedanken oder Kommunikationen. Jede bedeutsame, sinnhafte Praktik erfordert die Differentialität und die Iterabilität der Marken, in deren Verkettung sie besteht (Derrida 1988a).

Es muss also in allem sinnhaften Operieren die Möglichkeit geben, Elemente zu aktualisieren, zu deaktualisieren und zu reaktualisieren. Dieser Umstand schlägt auch auf die Verfasstheit des einzelnen, aktuellen Elements in dem Sinne durch, dass jedes aktuelle Element, insofern es strukturell seine Wiederholbarkeit impliziert, virtuell bereits als wiederholend gebraucht wird. Man gebraucht einen sinnvollen Ausdruck nur insoweit, wie man ihn als der Form nach bekannt und verstehbar voraussetzt, und das heißt genauer besehen: man gebraucht ihn als wiederholenden. Die Wiederholbarkeit des Elements bestimmt somit bereits den Modus seiner Aktualität. Es tritt aus strukturellen Gründen nie als reines, allein auf die Gegenwart bezogenes Element auf, sondern immer schon als eines, das wiederholt worden ist oder wiederholt werden könnte – und das heißt auch: in anderen Gefügen, mit modifizierter Bedeutsamkeit wiederholt worden sein oder werden könnte.

Man kann zunächst offen lassen, was das materielle Substrat sein mag, dem man diese wiederholenden Operationen, ihre Aktualisierung, ihre De- und Reaktualisierung zurechnen will, aber in funktionaler Hinsicht liegt hier in einem ganz einfachen Sinne die Notwendigkeit von Gedächtnis vor: Die Wiederholbarkeit eines Elements scheint zunächst in einem ganz schlichten und noch nicht näher spezifizierten Sinne das „Überdauern" einer Übriggebliebenheit oder Spur von ihm zu erfordern, selbst wenn es als ereignishaftes Element bereits verblasst ist und im Zuge der Verkettung das nächste Element an seine Stelle getreten ist. Diese Art des „Überdauerns" – das Verfügbarhalten der Elemente zur erneuten Aktualisierung – ist aber nur das Nullniveau der Gedächtnisanforderung an die beschriebene Verkettungspraxis. Nicht nur muss das die Verkettung leistende Ensemble so disponiert sein, dass es tatsächlich

Elemente in der ein oder anderen Weise zu reaktualisieren imstande ist.[3] Der entscheidende Zug ist, dass dieses Ensemble aktuell jedes Element als ein auf sich selbst und andere verweisendes konstituieren muss, das heißt, aktuell ein Gedächtnis anderer Elemente fortschreiben und ein Gedächtnis dieses Elements vorwegnehmen muss. Selbst wenn man in Zweifel ziehen will, dass die Wiederholbarkeit eines Elements sich in einem bemerkenswerten Sinne bereits aktuell geltend macht, kann man dieses „Aktualgedächtnis" immer noch wegen der Konstitution der Elemente durch ihre Differentialität fordern. Diese Differentialität macht offenkundig ein gewisses – aktuelles und nicht notwendig faktisch zeitlich anhaltendes – „Überdauern" der anderen Elemente nötig: Das Element hat seinen Wert nur als eines, das auf andere Elemente verweist, von denen es zu unterscheiden oder denen es äquivalent ist. In dieser Verweisung sind diese anderen Elemente auf implizite Weise appräsentiert. Mit dieser Formulierung ist bereits vorweggenommen, dass es sich bei diesem Gedächtnis nicht einfach um einen Speicher diskreter, in ihrer Elementqualität stabiler und wiederabrufbarer Elemente handelt, sondern um die Kontinuierung und Variation – kurz: die Fortschreibung – eines Verweisungszusammenhangs. Wenn das Gedächtnis die Differentialität und die Wiederholbarkeit der Elemente und mithin ihre Bedeutsamkeit qua Verweisung sichert, dann handelt es sich – über die Gewährleistung der Verfügbarkeit der Elemente für Aktualisierungen hinaus – um eine Horizontbildung für die aktuelle Operation.

Ein sinnhafter Zusammenhang, der als die Verkettung von differentiellen, ereignishaften Elementen gedacht wird – Beispiele solcher Konzeptionen sind Derridas verallgemeinerter Begriff der Schrift (vgl. z.B. Derrida 1976, 1983, 1988a) und Luhmanns Theorie sinnkonstituierender Systeme (Luhmann 1984, 1995) – impliziert also auf einem basalen Niveau eine Gedächtnisfunktion, die sich in der zeitlich sich fortsetzenden Regelmäßigkeit (Wiederholungen) und in einem spezifisch sinnhaften Modus aktueller Momente (Verweisung auf frühere Vorkommnisse und differierende Elemente) zeigt.

Es stellt sich natürlich die Frage, wie das in diesen Konzeptionen erforderte „Überdauern" und die Schaffung der verweisenden Aktualität eines Elements realisiert ist. Es ist nicht beabsichtigt, hier auf das Implementationsniveau zu wechseln und zu Fragen der sozialen Spei-

---

[3] Es gibt bereits auf einem funktionalen Niveau gesprochen – noch bevor man also in die Details der Implementierung geht – verschiedene Möglichkeiten, auf welche Art und Weise dieses Verfügbarhalten vergangener Formen geschehen kann. Mit Krippendorff (1975) kann man hier *temporal memory* (Speicherung durch laufendes Zirkulieren einer Information), *memory involving records* (der klassische Speicher, der Information in einem haltbaren Medium kodiert, ablegt und im Moment des Dekodierens Gedächtnis zu produzieren erlaubt) und *structural memory* (eine Bewahrung in Form von Prozeduren für die Erzeugung von Information) unterscheiden.

chermedien, der psychischen Strukturbildung oder der Neurophysiologie überzugehen – schon allein, weil diese Bemerkungen hier noch nicht auf psychisches oder soziales Gedächtnis verengt werden sollen. Es geht mir an dieser Stelle allein um die durch die Funktion des Gedächtnisses bedingten allgemeinen *Formen* der Verwahrung und Reaktualisierung. Offensichtlich wäre, was die Form des Sinngedächtnisses angeht, die Vorstellung einer schlichten, veränderungslosen Speicherung der entsprechenden Elemente des sinnhaften Zusammenhangs wenig geeignet. Es geht hingegen um die Bewahrung nichtaktueller Elemente in Form einer aktuellen Spur dieser Elemente, die aufgrund der Verweisung durch das jeweils gegenwärtige Element fortbesteht.

Die aktuelle Markierung muss so in einer Praxis des Verkettens eingelassen sein, dass sie gleichsam auf frühere Verwendungen und auf von ihr differente Elemente verweist. Die sinnhaften Zusammenhänge, die sich als strukturierte – das heißt Erwartungen ermöglichende, nichtbeliebige – Verkettungen von differentiellen Elementen realisieren, implizieren in diesem Sinne keinen Speicher, sondern ein *structural memory*.[4] Sie realisieren sich als eine Praxis der Wiederholung und Alteration, ohne nach jeder weiteren Verkettung einen Vergleich des aktuellen Elements mit den in einem separaten Speicher zu findenden früheren Elementen zu vollziehen. Die Elemente überdauern vielmehr in dem Sinne, dass sie ein Schema oder eine Struktur realisieren. Dadurch verweisen sie auf vorangegangene Elemente dieser Struktur zurück, weisen auf die nächsten Elemente dieser Struktur voraus und sind auf frühere und zukünftige Realisierungen dieser Struktur bezogen. Nicht das einzelne Element überdauert, sondern ein strukturiertes Ensemble von Elementen, das Variationen einzelner Elemente einschließt. Dadurch, dass man als Einheit des Gedächtnisses nicht das einzelne Element, sondern ein Muster der Relationierung von Elementen wählt, kann man beide Anforderungen an das Gedächtnis zugleich wahren: Es hält vergangene Elemente in dem Sinne als aktualisierungsfähige verfügbar, wie es Produktionsregeln von Elementverkettungen – eben die Strukturen, die Muster der Relationierung – wahrt. Es versieht zudem das jeweils aktuelle Element mit einem Hof differentieller Elemente und eigener

---

4   Ein *temporal memory* ebenso wie *memory involving records* bieten sich hier nicht an, wenn man den Aspekt der gedächtnishaften Verfasstheit der verweisenden Elemente – mehr als ihre Verfügbarkeit für weitere Verkettung – akzentuieren will. Das strukturale Gedächtnis zeichnet sich dadurch aus, dass kein Wiederabruf durch Interception oder Dekodierung möglich ist, sondern allein durch den Vollzug der gewöhnlichen Operationen des Systems selbst: Allein die Qualität der normalen, gewöhnlichen Operationssequenzen des Systems erweist die im strukturalen Gedächtnis implizierte Information. Das entspricht der Qualität von Verweisungen, die allein im weiteren Verketten ihre Wirkung erweisen und daher immer nur mit einem „lack of determinacy" (Krippendorff 1975: 28) feststellbar sind.

Wiederholbarkeit, insofern es dieses Element *als* Element von Relationierungsmustern aktualisiert.

Die Herausforderung liegt nun darin, auch das Überdauern der Strukturen nicht als Speicherung einer Repräsentation der Struktur an einem bestimmten Ort zu denken. Das „Überdauern" im Sinne des *structural memory* impliziert, dass die Bildung dieses Gedächtnisses nicht in einem separaten Speicher stattfindet, sondern vielmehr über das gesamte System verteilt ist. Es hat zunächst allein in der Strukturiertheit der Operationen des entsprechenden sinnhaften Zusammenhangs selbst seinen Ort, insofern die aktuellen Elemente praktisch, im weiteren Verketten, so genommen werden, dass sie in spezifischer Weise zurück- und vorverweisen.[5]

II

Die Wiederholungs- und Verweisungsstruktur der Operationen eines sinnhaften Zusammenhangs, die hier mit Blick auf basale Gedächtnisfunktionen erörtert wird, darf nicht auf die Wahrung der Selbstidentität der betreffenden Operationen verkürzt werden. Die reklamierte Wiederholbarkeit sinnhafter Elemente impliziert zugleich eine mögliche Alteration der entsprechenden Elemente durch die Wiederholungen (vgl. Derrida 1988a). Die Verwendung der aktuellen Elemente als wiederholbare sichert also nicht einfach die Eindeutigkeit und Identität dieser Elemente, sondern ist die Bedingung dafür, dass sich diese Kommunikationen oder Gedanken, diese Handlungen oder Erlebensakte in ihrer Sinngestalt wandeln können.

Man kann dies mit zwei Begriffen von Luhmann (1990: 21ff.) erläutern: Die Wiederholung differentieller Elemente (Unterscheidungen) bedeutet einerseits die *Kondensierung* von „Identitäten", von wiederholbaren Marken mit einer bestimmten konturierten Sinngestalt und einer nicht-beliebigen Wiederverwendbarkeit. Zugleich aber bedeutet Wiederholung das Auftauchen einer Markierung in diversen Situationen,

---

5   Diese Beschreibung klingt zunächst leer, weil die Implementationsebene in diesen Bemerkungen ausgespart bleibt. Natürlich erfordert ein solches *structural memory* materielle, dauerhafte Spuren: je nach der Betrachtungsebene Veränderungen von Erwartungen und Sanktionen, Veränderungen von sprachlichem Material, neurophysiologische Enkodierung oder was immer. Es kommt an dieser Stelle aber darauf an, dass diese materiellen Spuren hier nicht im Sinne von Repräsentationen verstanden werden können. Sie liegen vielmehr in der Modifikation eines produktiven Mediums, Materials oder Systems. Die Spuren sind nicht Einträge in einer Tabelle, denen das System jeweils Elemente entnimmt, mit denen es Auftauchendes vergleicht oder abgleicht; die Spuren modifizieren vielmehr die Struktur des Systems, das nun andere Elemente hervorbringt resp. sinnhafte Marken nun anders verkettet (für das Prinzip dieser Alternative vgl. von Foerster 1999).

was zur *Konfirmierung* der Marke Anlass gibt. In einer Sinnpraxis besteht diese Konfirmierung nun de facto in einer Aufladung der Markierung mit Andersheit. Sie verweist bedingt durch die Umgebungen auf jeweils Variierendes und gewinnt so an womöglich disparaten Verweisungen. Die Markierung wird folglich durch Wiederholung zugleich kondensiert, und zwar indem sich ein identischer „Kern" herausarbeitet, sich eine Fluchtlinie der Idealisierung andeutet und indem sich ihre Einbettbarkeit in verschiedene Umgebungen, in verschiedene Strukturen erweist und mithin eine Fluchtlinie der Alteration entsteht.[6]

Wenn man die Bezüglichkeit, durch die eine Marke ihren Wert in einer sinnhaften Praxis erhält, expliziert, stößt man folglich darauf, dass sie zugleich von ihrer Selbstidentität wie von ihrer Selbstdiversität (vgl. zu diesem Begriff auch Luhmann 1984: 393f.) zehrt – beides Merkmale, die in ihrer zeitlichen Erstreckung zu verorten sind und insofern eine Funktion des Gedächtnisses darstellen. Die Gedächtnisdimension in einer sinnhaften Praxis übernimmt zugleich die Rolle, ein Element mit seiner Identität zu versehen, so wie es das Element auch mit seiner Variierbarkeit, mit der Verschiedenheit seiner Verweisungen und mithin seiner faktischen Werte konfrontiert. Diese Selbstdiversität ist in ihrer Leerform strukturell impliziert und selbst dann präsent, wenn die Verweisungen, mit denen eine Marke aufgetreten ist, maximal gleichförmig waren: Im Lichte des Gedächtnisses kann alles, „was es überhaupt gibt, (…) im Bedarfsfalle als Doppelgänger seiner selbst verstanden werden" (Luhmann 1995b: 50) und so schon in eine – nicht-inhaltliche – Differenz zu sich selbst treten: Es tritt *als es selbst* auf und *ist* somit nicht einfach es selbst. Mithin wird das Element mit seiner Kontingenz und seinem Auch-anders-möglich-Sein überzogen. Auf einem basalen Niveau geht es also in der Gedächtnisfunktion um Identität ebenso sehr wie um Differenzierungspotential.

III

Wie aber ist in einer solchen Konzeption, die von strukturalem Gedächtnis den Ausgang nimmt, überhaupt explizite, thematische Erinnerung zu denken? Auf den ersten Blick erläutert die Beschreibung strukturalen Gedächtnisses nur, dass Wiederholungen stattfinden, dass eine irgendwie geregelte Modulation von Strukturen vorkommt, nicht aber dass im Verkettungszusammenhang ein Wissen darüber gegeben ist,

---

[6] Vgl. zu dieser Doppelheit auch Derridas „(identificatory) iterability" und „(altering) iterability" (Derrida 1988: 119).

dass gerade Wiederholung existiert. Thematisches, explizites Erinnern erfordert hingegen, dass das Verwiesensein eines Elements auf ein früheres selbst bezeichnet wird oder dass eine Sequenz von gerade wiederholten Elementen *als wiederholte Sequenz* markiert wird. Der Verkettungszusammenhang muss also gleichsam „reflexiv" werden, indem ein Element explizit auf die Verweisungsstruktur eines Elements verweist oder indem bestimmte Momente eine Elementsequenz als vergangene modalisieren. Diese Markierung der Bezogenheit auf Vergangenes kann nun in sehr verschiedener Weise und in sehr verschiedenen Graden von Explizitheit geschehen. Eine als solche klar erkennbare thematische Erinnerung eines früheren Ereignisses oder ein explizites Wiedererkennen sind mithin nicht die einzigen Weisen, Gedächtnis zu zeigen, sondern spezifische Fälle. Thematische Erinnerung ruht auf einer Praxis des (verändernden) Wiederholens auf, die ohnehin Aspekte impliziten Erinnerns beinhaltet. Diese Form von Praxis kann nicht nur durch eine *Thematisierung* eines Vergangenen gedächtnishaft werden, sondern auch durch eine *bestimmte Art und Weise*, etwas zu tun, zu sagen, zu erleben, die den Bezug auf Früheres ins Spiel bringt.[7]

Diese Beobachtung ist vor allem darum von Bedeutung, weil sie dazu anhält, auch die frontale Thematisierung des Vergangenen, in der das Vergangene als solches schon explizit zum Gegenstand gemacht wird, mit Blick auf Änderungen in der Modalität zu beobachten: zu beobachten, auf welche Art und Weise etwas gegeben ist, wenn es *als Vergangenes* gegeben ist. Explizite, thematische Erinnerung erfordert, dass der – implizit gedächtnishafte – Zusammenhang auf sich selber stößt und in eigenen Operationen die zeitliche Qualität seiner Operationen vermerkt. Das kann zunächst allein in dem Bemerken einer Bezogenheit bestehen, also in der Reflexion einer Relation von etwas, das als gegenwärtig beobachtet wird, auf etwas, was als zeitlich vorangegangen beobachtet wird (Wiedererkennen). Diese Relation würde hier als Gehalt einer gegenwärtigen Operation figurieren: Man bemerkt (Operation 1), dass man den gerade gesagten Satz (Operation 0) schon einmal in dieser Weise gesagt hat (Operation -1). Wenn es sich im Weiteren um explizite, thematische Erinnerung einer vergangenen Sequenz selbst handelt – man

---

7   Man denke hier an zitathaftes Verhalten oder Fälle von Ironie, in denen ein Element zugleich in spezifischer, veränderter Weise gebraucht und als Element erwähnt wird. Hier bezieht ein Element seinen Reiz daraus, dass es in diesem Moment aktuell gebraucht wird und zugleich die Spur einer anderen Verwendung, auf die man sich durch die Gebrochenheit seines Gebrauchs bezieht, trägt. Dieses Beziehen hat, wie man deutlich an der Ironie sehen kann, nichts mit frontaler Thematisierung zu tun, sondern wandert in die Art und Weise, in den Modus der Verwendung ein. Dieser Modus ist dabei durch Selbstbezüglichkeit und ein Moment von Selbstdistanz oder Selbstdiversität gekennzeichnet (vgl. allgemeiner zur Rhetorik der Zeitlichkeit de Man 1993; zur Engführung von Gedächtnis und Selbstreferenz vgl. auch Baecker 1991).

ruft sich eine Szene zurück, sieht sie erneut vor sich ablaufen –, liegen spezifizierte Elemente vor, die mit einer anderen zeitlichen Modalität versehen sind. Die verketteten Elemente sind dann als mit einem Zeitindex versehen vorzustellen und können so danach unterschieden werden, ob es sich um Produktionen, die als aktuelle indiziert sind, um Produktionen, die Vergangenes betreffen (Erinnerungen), oder um solche, die Zukünftiges betreffen (Erwartungen), handelt. Es ist allerdings, wie man bei genauerer Beobachtung bemerken kann, für bestimmte Typen thematischer Erinnerung nicht hinreichend, wenn eine gewöhnliche Operation anschließt und mit einem bloß formalen Vergangenheitsindex versehen ist. Bei plastischen Erinnerungen vergangener Elemente nimmt der „Index" eher die Form an, dass ein Element evoziert wird, dem eine andere Modalität eignet: Das Erinnerte ist als nichtaktuelles in einem deutlicheren Sinne verweisend, multipel und unverfügbar. Das hängt mit dem Umstand zusammen, dass in der thematischen Erinnerung nicht nur die Selbstidentität eines Elements, sondern ebenso seine Selbstdiversität explizit werden kann: Es geht im Erinnern nicht allein um eine Funktion der Rekognition, zugleich eröffnet das Erinnern die Möglichkeit der Anreicherung eines Elements mit der ganzen Multiplizität, die ihm im Licht vergangener (und zukünftiger) Vorkommnisse eignet. Sich zu erinnern, hieße in diesem Sinne gerade, sich mit der Reichhaltigkeit und Kompliziertheit eines Elements zu konfrontieren, die jede einfache Erkennbarkeit suspendieren. Statt zu reagieren, statt einfach im üblichen Duktus weiterzuverketten, nimmt man Bezug auf eine frühere Verwendung, versetzt die produzierten Elemente in den Stand der Vergangenheit und erschließt sie so in vollem Sinne als Verweisung.

Diese Charakterisierung trifft offenkundig nicht für jeden erlebnismäßigen oder kommunikativen Bezug auf Vergangenes zu: Beim Wiederabrufen von gesuchten Ereignissen, Vorkommnissen und Fakten kommen die gesuchten Inhalte selten mit einem deutlich markierten Vergangenheitscharakter vor, der sie von Gegenwärtigem abheben würde. Beim begleitenden Wiedererkennen, beim An-etwas-erinnert-Werden, bei einem passiven Einfall einer vergangenen Szene, kann sich das anders verhalten. Hier wird der normale Ablauf durch einen mitlaufend entstehenden Bezug auf Vergangenes gedoppelt oder suspendiert, so dass dem Aktuellen ein Bezug auf anderes zur Seite tritt, der oft nicht unmittelbar klar und direkt motiviert und dennoch auf das Aktuelle bezogen ist. Das Aktuelle kompliziert sich derart, unterbricht sich, klammert sich ein. So beschrieben werfen diese Fälle auch die Frage nach der Funktionalität solcher Inanspruchnahmen von Gedächtnis auf, wenn sie offensichtlich nicht direkt aus dem Aktuellen (etwa einem expliziten, aktuellen Versuch, sich etwas zurückzurufen) motiviert sind:

Welche Funktion soll es haben, sich plötzlich an etwas erinnert zu fühlen, das sich gerade nicht nahtlos in das gegenwärtige Erleben einfügt?

Tendenziell wird in der kulturwissenschaftlichen Gedächtnisdebatte unterstellt, dass Vorkommnisse expliziter Erinnerung und insbesondere des Gedenkens dazu dienen, Identitäten und Kontinuitäten herzustellen, nicht zuletzt Identität und Kontinuität eines Selbst (einer Person oder auch kollektiven Entität). Vor dem Hintergrund des gerade Ausgeführten drängt sich jedoch anstelle dessen auf, dass (i) Identität im Erinnerungsprozess nicht automatisch und mühelos anfällt, sondern vielmehr Produkt aktueller Identifikation ist, und dass (ii) die eben beschriebenen Formen von Gedächtnis zugleich – und darin liegt vielleicht ihre wesentlichere Funktion – ein Medium darstellen, in dem die erinnernde Instanz von sich selbst durch zeitliche Modalisierung Distanz gewinnen kann. So erzeugt etwa eine episodische Erinnerung nicht notwendig eine unproblematische Kontinuität zwischen der Person, die etwas erlebte, und der, die sich nun erinnert, sondern erlaubt der Person vielmehr im Medium der durch das Gedächtnis aufgespannten Zeit von sich selbst zu differieren: sich an sich als eine andere zu erinnern.

Dass die Rolle von thematischer Erinnerung nicht allein auf Identifizierung eines Objektes oder auch die Selbstidentifizierung der Person zu reduzieren ist, wird im Bereich des Psychischen besonders deutlich an den bereits erwähnten Fällen von *passive remembering*. Diese kommen spontan, unintendiert und zunächst scheinbar unmotiviert vor.[8] Sie scheinen nicht immer aus einem angebbaren Wiedererkennen zu folgen und kommen wie ein überraschender Einfall, der sich nicht von selbst erklärt und nicht bruchlos dem Selbst als erkennbarer, identischer Größe zurechnen lässt. Statt einer Fortschreibung eines kohärenten Zusammenhangs haben diese Ereignisse eher den Charakter einer Selbstunterbrechung und suspendieren die gerade noch vorgezeichneten Anschlussmöglichkeiten oder Erwartungen. Gedächtnis zeigt sich hier auch auf der Ebene thematischer Erinnerung als ein Potential, das Irritation und das Eingreifen von Andersheit erlaubt.

IV

Wie die Modalisierung von Elementen als vergangene die Art, in der sich sinnhafte Elemente zeigen, verändert, lässt sich auch mit Bezug auf

---

8   Die gegenwärtige Gedächtnispsychologie hat sich – im Gegensatz zu literarischen Reflexionsformen – mit diesem Phänomen kaum befasst. Für eine jüngere, dabei theoretisch noch nicht besonders elaborierte Arbeit, die im Kontext des ökologischen Ansatzes steht, vgl. Spence (1988).

die Gedächtnistheorie Bergsons (Bergson 1896/1991) zeigen, die durch die akzentuierende Lektüre von Gilles Deleuze (1997) erneut Aktualität erhalten hat.[9] Bei Bergson wird eine – durch das reine Gedächtnis etablierte – Dimension der Vergangenheit gefordert, die als eine eigene Dimension der Realität begriffen wird. Sie ist zunächst wesentlich von der Sphäre der Gegenwart zu unterscheiden und konstituiert eine eigene Modalität: die der Virtualität.[10] Etwas als Element der Vergangenheit – im Sinne einer reinen Erinnerung – zu erfassen, heißt, ihm gerade nicht die in aktueller Wahrnehmung herrschende Form, die auf Rekognition und Zuordnung der adäquaten Reaktion zentriert ist, zu geben. Es heißt auch nicht, „vergangene Gegenwarten" zu aktualisieren. Die Vergangenheit enthält im strengen Sinne überhaupt keine Gegenwarten, wenn man darunter Gegebenheiten oder „fertige Dinge" (Bergson 1896/1991: 242) versteht, sondern nur Virtualitäten, die zunächst inaktuell sind, machtlos, für den Augenblick nicht „nützlich" und insofern latent. Es handelt sich um etwas, das im Moment nicht wirksam ist und allein wirken *könnte*, und nur in dem Maße, wie es sich diese Potentialität bewahrt, bleibt etwas reine Erinnerung und verschmilzt nicht mit Wahrnehmung (Bergson 1896/1991: 119f., 121, 240).

Reine Erinnerungen sind also nicht bloß vergangene Gegenwarten, sondern Gehalte anderer Art: Virtualitäten, Möglichkeiten als solche.[11] Diese virtuellen, reinen Erinnerungen sind nun im Gedächtnis Bergson zufolge nicht als einzelne vergangene Gegenwarten gegeben, die diskret entlang einer Zeitachse aufgereiht gespeichert liegen, sondern als Teil von Vergangenheitsschnitten, die jeweils die gesamte Vergangenheit der Person umfassen. Diese Schnitte sind unterschiedlich stark kontrahiert, das heißt in unterschiedlichem Maße detailliert. Zudem unterscheiden

---

9 In die aktuelle Gedächtnisdebatte wird Bergson hingegen meist nur am Rande einbezogen, obwohl seine Arbeit theoriegeschichtlich auch einen wichtigen Hintergrund für Halbwachs' Theorie des Gedächtnisses darstellt, die sich an vielen Punkten durch die Absetzung von Bergson Profil zu geben versucht (vgl. vor allem Halbwachs 1925/1985). Diese marginale Rolle von Bergson mag damit zusammenhängen, dass man von Halbwachs aus insbesondere Bergsons Subjektzentriertheit und die Ausblendung des Moments der Rekonstruktivität des Gedächtnisses kritisieren muss. Diese Kritikpunkte zugestanden, will ich im Folgenden allerdings die Beschreibung der Modalität des reinen Gedächtnisses bei Bergson aufgreifen, da sie mir Charakteristika einer bestimmten Sinndimension zu erschließen scheint, die oft unbeachtet bleiben.

10 In diesem Begriff hat man hier weniger den Aspekt der Irrealität oder Inexistenz (vgl. dazu Bergson 1896/1991: 141ff.) zu akzentuieren als den Aspekt einer spezifischen Kraft (vgl. das lateinische *virtus*), die einem Element zukommt, das im Stande der Möglichkeit und gerade nicht im Stande der Präsenz ist: ein potentielles und nicht aktuelles Element. Vgl. zu dieser Akzentuierung von Virtualität auch Derrida (1994).

11 Die Rede von Möglichkeiten als solchen soll signalisieren, dass es sich hier nicht um das Mögliche handelt, das in Verwirklichung aufgeht. Von dieser Sorte Möglichkeit unterscheidet Deleuze mit Bezug auf Bergson die Virtualität sehr deutlich (Deleuze 1989: 264ff.).

sie sich in der „Systematisation" (vgl. Bergson 1896/1991: 165), indem jeweils ein anderer Bezirk, ein bestimmter Strang oder ein Moment der Vergangenheit besonders hervortritt (Bergson 1896/1991: 161f.). Diese verschiedenen Schnitte bilden in Bergsons Schema insgesamt einen Kegel, an dessen Basis der Vergangenheitsschnitt liegt, der das Vergangene in vollster Detaillierung gibt und jede Erinnerung per Kontiguität sich mit jeder anderen berühren lässt (Bergson 1896/1991: 166). An der Spitze des Kegels hingegen ist die gesamte Vergangenheit absolut kontrahiert, verdichtet und drückt sich nur noch implizit in der spezifischen aktuellen Wahrnehmungsweise aus. Zwischen diesen beiden Extremen liegen Schnitte, in denen Erinnerungen den Charakter haben, mehr oder weniger kontrahiert zu sein, im Grunde also verschiedene Momente in sich zusammenzuziehen und koexistieren zu lassen. Diese Erinnerungen sind nicht als Vorstellungsatome, sondern nur als Teil eines Vergangenheitsschnitts gegeben, der im Grunde das Gesamt der Vergangenheit der Person beinhaltet.

Eine konkrete, distinkte Erinnerung – im Sinne einer thematischen Reaktualisierung eines vergangenen Elements – erscheint vor diesem Hintergrund als selektives Resultat eines komplexen auswählenden Aktualisierungsprozesses (vgl. z.B. Bergson 1896/1991: 164ff.), der einen bestimmten Schnitt setzt und die Dimension der Virtualität auf eine vergangene Gegenwart (oder zumindest einen handlungspragmatisch verwertbaren Zug) zu reduzieren beginnt. Der Gewinn dieser Schilderung der Gedächtnisbildung und der Erinnerung liegt darin, die Aufmerksamkeit darauf zu lenken, dass eine gezielte Erinnerung (im Sinne einer Vorstellung) die reine Erinnerung reduziert und aktualisiert, jedoch auf die Vergangenheit und das reine Gedächtnis als originäre Sinndimension eigener Art bezogen bleibt. Im Erinnern wird, wenn auch nur reduziert, die Detaillierung respektive Kontrahiertheit, der Verweisungsreichtum, der holistische Zusammenhang, in dem das einzelne Element oder Elementgefüge als Teil eines Vergangenheitsschnitts steht, sowie die Virtualität des Gehalts appräsentiert.[12] Wenn das richtig ist, so erweist sich Erinnern als die Möglichkeit der Erfahrung der Verwiesenheit und der Kompliziertheit eines erinnerten Elements. Das Erinnern bedeutet die Möglichkeit einer Erfahrung des Raums der Möglichkeit als solcher und, sofern es als Aktualisierung die reine Erinnerung immer reduziert, eine Erfahrung der Unverfügbarkeit der Vergangenheit als solcher. Ein qualitativ unterschiedenes, reines Gedächtnis in Bergsons

---

12 Bergson schreibt hierzu, die Erinnerung bleibe „der Vergangenheit durch ihre Wurzeln in der Tiefe verhaftet, und wenn sie, einmal realisiert, nicht das Gepräge ihrer ursprünglichen Virtualität behielte, wenn sie nicht, obgleich ein aktueller Zustand, etwas wäre, was grell gegen die Gegenwart absticht, würden wir sie niemals als eine Erinnerung erkennen" (Bergson 1896/1991: 128).

Sinne ist somit nicht einfach die Speicherung und das Vermögen zur Reaktualisierung distinkter, früherer Vorkommnisse, sondern wesentlich eine Virtualitätsdimension.

V

Sofern Gedächtnis als Korrelat sinnhaften Operierens erläutert wird, stellt sich die Frage, inwieweit es sich um eine psychische oder eine soziale Funktion handelt. Ich habe diese Frage bis zu diesem Punkt weitgehend mit der Bemerkung aufgeschoben, die Ausführungen sollten für sinnhafte Zusammenhänge als solche gelten, seien sie auf einer phänomenalen Ebene nun sozial (resp. kommunikativ) oder psychisch. In dem Maße jedoch, wie Sinn seiner Struktur nach nur als – in einem bestimmten Sinne – sozial und nicht-privat verstanden werden kann, ist deutlich, dass das hier umrissene Gedächtnis, das sinnhaften Prozessen korrelativ ist, wesentlich auf Sozialität bezogen ist. Noch aber ist nicht differenziert erläutert, worin diese Sozialität besteht, ob sie in gleicher Weise für Erleben und Kommunikation gilt und ob etwa unterstellt werden soll, dass diese auf Sinn bezogene Funktion allein durch Individuen geleistet wird, wie die wenigen oben erwähnten Beispiele thematischer Erinnerung nahe legen mögen. Das trifft sich mit typischen Unschärfen aktueller Debatten, die auf die Sozialität und Kollektivität des Erinnerns verweisen, ohne zureichend zu klären, ob es hier (i) um eine bloße soziale Konditionierung in sich intakter und geschlossener individueller Gedächtnisse geht, ob (ii) die individuellen Gedächtnisse nur bloße Manifestationen eines großen kollektiven Gedächtnisses sind und im Grunde keine eigene Geschlossenheit für sich reklamieren können oder ob (iii) vor allem ein soziales Gedächtnis postuliert werden soll, das sich jenseits oder diesseits von individuellen Erinnerungen artikuliert und in sozialen Operationen eigener Art zur Geltung kommt.

Um diese Problematik zu entfalten und verschiedene Aspekte „der" Sozialität schärfer differenzieren zu können, will ich von der systemtheoretischen Unterscheidung psychischer und sozialer Systeme ausgehen. Man kann mit Luhmann psychische und soziale Systeme als zwei Typen sinnkonstituierender autopoietischer Systeme verstehen, die autonom und überschneidungsfrei operieren. Psychische Systeme sind mithin nicht Bestandteile sozialer Systeme, sondern vielmehr konstitutive Bestandteile der Umwelt kommunikativer Systeme. Durch diese Position werden Konzeptionen in Frage gestellt, die an Maurice Halbwachs in dem Sinne anschließen, dass sie soziale Entitäten (wie z.B. Gruppen) als aus Individuen bestehend denken und das Gedächtnis letztlich immer in den Individuen ansiedeln, die dabei unter der Konditionierung sozialer Rahmungen stehen (vgl. z.B. Assmann 1999: 36).[13] Aus einer systemtheoretischen Perspektive liegt es zunächst nahe, auf die strikte Unterschiedenheit von Kommunikation und Bewusstsein als selbstreproduktive Zusammenhänge eigener Art hinzuweisen. Sie sind jeweils durch einen bestimmten Typus von Operation definiert, der nur durch die Verkettung von Operationen gleicher Art gebildet werden kann: Soziale Systeme bestehen *nur* aus dem Anschluss von Kommunikation an Kommunikation, Bewusstseine *nur* aus dem Anschluss von Gedanke an Gedanke. Eine Gedankenoperation kann nicht als solche innerhalb der Kommunikation fungieren. Eine Kommunikation kann nicht als solche, als Operation eines kommunikativen Systems, im Bewusstsein als dessen Operation fungieren. Natürlich können psychische Systeme kommunikative Systeme beobachten, wie andererseits kommunikative Systeme auf psychische Bezug nehmen können, sie sind aber operational gegeneinander geschlossen. Wenn diese Position akzeptabel ist, muss man ebenso fordern, dass die Gedächtnisse des Sozialen und des Psychischen operational gegeneinander geschlossen sind: Bewusstseinsoperationen als zeitliche und verweisende Ereignisse zu konstituieren, Erinnern und Vergessen in diesem Zusammenhang zu diskriminieren, kann nur das Bewusstsein selbst verrichten und kann nicht operativ durch Kommunikationen als solche geschehen – ebenso wie kommunikative Operationen nur durch den Zusammenhang weiterer Kommunikationen als zeitliche, verweisende, Erinnern und Vergessen diskriminierende Ereignisse formiert werden können.

Es fehlt in diesen knappen Bemerkungen der Raum, um die mögliche Richtigkeit der Konzeption autopoietischer Geschlossenheit von Psyche und Kommunikation zu plausibilisieren. Anzudeuten ist aber die

---

13 Indem Halbwachs das Gruppengedächtnis letztlich an entscheidenden Stellen immer wieder an Individuen zurückbindet, wird es ihm möglich, der Spezifikation der Autonomie des Sozialen durch eigene Strukturen und vor allem eigene Operationen auszuweichen und dennoch die Kollektivität des Gedächtnisses zu postulieren. Zwar konzediert Halbwachs, dass es nicht genügt zu zeigen, „daß die Individuen immer gesellschaftliche Bezugsrahmen verwenden, wenn sie sich erinnern" (Halbwachs 1925/1985: 23). Man müsste sich stattdessen auf den Standpunkt der Gruppe als solcher stellen, um wirklich die Sozialität des Gedächtnisses zu erfassen, um das kollektive Gedächtnis „direkt und für sich selber zu betrachten" (Halbwachs 1925/1985: 23). Da Halbwachs aber keine autonome Operation des Systems Gruppe angeben kann und er sie letztlich als Gefüge von Individuen denkt, fallen die zwei Fragen, wie das Individuum sich erinnert und wie das soziale Gedächtnis beschaffen ist, in letzter Instanz doch wieder zusammen, werden „identisch" (Halbwachs 1925/1985: 23): „Man kann ebensogut sagen, daß das Individuum sich erinnert, indem es sich auf den Standpunkt der Gruppe stellt, und daß das Gedächtnis der Gruppe sich verwirklicht und offenbart in den individuellen Gedächtnissen" (Halbwachs 1925/1985: 23). Anhand systemtheoretischer Beschreibungen kann man versuchen, diese Gleichsetzung mit der Unterscheidung und Relationierung psychischer und kommunikativer Systeme aufzulösen und differenziertere, reichere Beschreibungen zu geben.

aufschlussreiche Konsequenz dieser Position, die darin besteht, dass man durch sie das Feld sozialen Gedächtnisses neu zu erschließen in der Lage ist. Es geht, wenn vom sozialen – und das heißt jetzt: vom kommunikativen – Gedächtnis die Rede ist, nicht mehr nur um solche sozialen Formen, in denen vorgesehen oder erwartet ist, dass adressierte Individuen sich an etwas erinnern mögen. Soziales Gedächtnis kulminiert nicht notwendig in öffentlichem Gedenken oder in der Identifizierung von Individuen mit kollektiven Identitäten. Wenn vom sozialen Gedächtnis die Rede ist, muss es vielmehr zunächst darum gehen, wie (i) die Verkettung von Kommunikationen ihre Operationen als zeitliche und verweisende konstituiert[14] und wie (ii) das Kommunizieren selbst durch strukturierende Operationen und hervorgehobene Zuschreibungen Erinnern und Vergessen diskriminiert: Auf der Ebene von Interaktionen, Organisationen und Funktionssystemen kann man fragen, welche Praktiken, Operationsweisen, Reduktionsformeln und Semantiken dazu verwandt werden, Erinnern und Vergessen als strukturelle Leistungen zu ermöglichen und im Einzelnen zu markieren (vgl. z.B. Luhmann 1996: 319ff.). Dabei stellt sich insbesondere die Frage, ob und wie sich der Gebrauch von Medien des Gedächtnisses der Gesellschaft (Bewusstseine, Schrift, elektronische Medien etc.) verändert und, wenn ja, mit welchen Folgen für die Stabilität, Dynamik und Differenziertheit sozialer Autopoiesis das geschieht (vgl. z.B. Esposito 1997). Über diese Fragen hinaus wird es des Weiteren möglich (iii) zu explorieren, ob funktionale Äquivalente von im Psychischen bereits definierten Prozessen wie episodischer oder unwillkürlicher Erinnerung im sozialen Operieren denkbar sind: In welchem Sinne „erinnert" sich die Kommunikation an vergangene Kommunikationen? Reproduziert sie faktisch frühere Kommunikationen versehen mit einem Inszenierungsindex?[15]

Dabei muss man für diesen Zugewinn an Fragen, die *dem sozialen Gedächtnis im engeren Sinne* gelten, nicht den Preis zahlen, dass Bewusstsein und Kommunikation vollständig auseinander gerissen werden, so dass etwa missachtet würde, dass die psychische Erinnerung sozial gerahmt geschieht.[16] Bewusstsein und Kommunikation sind nicht nur operatio-

---

14 Es liegt nahe, schon auf dieser Ebene auf Varianzen im Gedächtnisgebrauch zu achten. Stark formalisierte, funktionalisierte Kommunikation sollte auf frühere Vorkommnisse vor allem unter Gesichtspunkten der Kondensierung verweisen, während etwa kulturelle Kodierungen, z.B. im Sinne von Retro-Mode, vor allem distanzierte, zitierend-verschiebende Wiederaufnahmen anachronistischer Formen wählen, die die Konfirmierungsaspekte der Wiederholung spielen lassen.

15 Für die Schwierigkeit zu definieren, inwiefern sich eine soziale Formation (z.B. eine Gruppe) erinnert, wenn man dies nicht mit der Erinnerung eines Mitglieds zusammenfallen lassen will, vgl. bereits Bartlett (1932/1961: 296ff., 310f.).

16 Es soll, mit anderen Worten, nicht geleugnet werden, dass auch rein psychisch prozessiertes Gedächtnis, das nicht im engeren Sinne soziales Gedächtnis ist, da es nicht unmittelbar in einer Kommunikation mitgeteilt oder markiert wird, als sozial im weiteren Sinne

nal getrennt, sie sind auch konstitutiv füreinander: Es handelt sich bei
Kommunikation und Bewusstsein um strukturell gekoppelte Systeme,
die sich wechselseitig ihre Komplexität zum Strukturaufbau zur Verfügung stellen.[17] Die Systeme sind ko-evolutiv und ohne einander nicht
denkbar: Bewusstsein würde nie die Grade von Komplexität und
Strukturiertheit erreichen, wenn es nicht in seiner Umwelt zu laufender
Kommunikation käme, die über das Medium der Sprache auch seine
eigene Autopoiesis strukturiert. Kommunikation setzt in seiner Umwelt
Bewusstsein voraus, das die unverzichtbare Infrastruktur darstellt, die
die entscheidende Aktivität liefert, um Kommunikation an Kommunikation anzuschließen.

In diesem Sinne ist es theoriekonsistent formulierbar, dass im Bereich des sozialen Gedächtnisses die infrastrukturelle Gedächtnisarbeit
letztlich von der koordinierten Aktion von Bewusstseinen und verschiedenen Medien geleistet wird und dass andererseits bewusste Erinnerungen in der uns bekannten Form nur geführt durch soziale Rahmen
denkbar sind. Der Grund dafür ist aber nicht, dass Bewusstsein und
Kommunikation operational identisch sind oder dass soziale Gefüge
sich – statt aus Kommunikationen – aus Individuen als ihren Bestand-
teilen zusammensetzen. Der Grund liegt allein in der strukturellen
Kopplung, die Bewusstsein und Kommunikation füreinander zu Kon-
stitutionsbedingungen macht. Diese Gleichzeitigkeit von Unterschiedenheit, Eigendeterminiertheit *und* wechselseitiger Abhängigkeit macht
es erst interessant, das konkrete Wechselspiel kommunikativer und
bewusstseinsmäßiger Ereignisketten zu beschreiben: zu sehen, wie sie
sich wechselseitig strukturieren – eben gerade weil sie nicht schlicht
identisch, sondern operational unterscheidbar und eigenselektiv sind.
Dieses wechselweise Sich-Strukturieren erlaubt in jedem Moment auch
– und darin liegt die hier für uns interessante Pointe – die Dissoziation
und die Divergenz von psychischem und sozialem Gedächtnis.

---

verstanden werden muss. Auch das im psychischen Erleben geschehende Prozessieren
von Vor- und Rückgriffen sowie dort lokalisiertes thematisches Erinnern ist zu erklären
im Rahmen von wiederholbaren und differentiell gebildeten Vollzügen. Schon diese
Strukturmerkmale machen eine „Sozialdimension" des Sinns (Luhmann 1984: 119ff.) irre-
duzibel und tragen schon ins „Ich" eine innere Alterität ein (vgl. dazu Derrida 1979: z.B.
101ff., 145ff.). Überdies muss man beachten, dass diese Vollzüge erst im sozialen Kontakt
angeeignet werden und mithin sprachliche, soziale Erschlossenheit von Welt implizieren.
Unter dem Stichwort Sozialität des Gedächtnisses im weiten Sinne wird also darauf Bezug
genommen, dass Personen erst in einer sozial bedingten Subjektivierung konstituiert werden und mithin auch psychisches Gedächtnis von Sozialität strukturell abhängig bleibt.

17 Vgl. zu dieser Problematik struktureller Kopplung auch Luhmann (1984: 286–345, 1995a:
13–91), Khurana (im Druck: 220ff.).

VI

Die vorstehenden Bemerkungen haben versucht zu zeigen, dass man für eine Theorie des Gedächtnisses auf einer basalen Ebene sinnhaften Prozessierens ansetzen sollte, um zu sehen, dass (i) Gedächtnisfunktionen in einem strukturellen Sinne in aller sinnhaften Praxis unterstellt sind, (ii) thematische Erinnerung als eine voraussetzungsvolle, aktuelle und konstruktive Operation zu beschreiben ist, die das strukturale Gedächtnis in einer spezifischen Weise in Anschlag bringt, dass (iii) die Funktion der Erinnerung sich dabei nicht auf die Schaffung von Selbstidentität beschränkt, sondern ebenso sehr die Möglichkeit von Selbstdiversität eröffnet, dass (iv) das Gedächtnis nicht primär den Zugang zu vergangenen *Gegenwarten* erschließt, sondern eine andere Sinndimension, die „reine Vergangenheit", konstituiert, die dem System ermöglicht, sich zu seinen Möglichkeiten als Möglichkeiten – und mithin nicht einfach als aktualisierbare Optionen – zu verhalten, und schließlich, dass (v) all dies gleichermaßen für die zunächst getrennt zu betrachtenden, wenngleich strukturell gekoppelten Ebenen des Psychischen und des Sozialen gilt.

Literatur

Assmann, J. (1999): Das kulturelle Gedächtnis. Schrift, Erinnerung und politische Identität in frühen Hochkulturen. München: Beck.

Baecker, D. (1991): Die Form des Gedächtnisses. In: S. J. Schmidt (Hg.): Gedächtnis. Probleme und Perspektiven der interdisziplinären Gedächtnisforschung. Frankfurt/M.: Suhrkamp, S. 337–359.

Bartlett, F. C. (1932/1961): Remembering: A Study in Experimental and Social Psychology. Cambridge: Cambridge University Press.

Bergson, H. (1896/1991): Materie und Gedächtnis. Eine Abhandlung über die Beziehung zwischen Körper und Geist. Hamburg: Meiner.

Deleuze, G. (1989): Differenz und Wiederholung. München: Fink.

Deleuze, G. (1997): Henri Bergson zur Einführung. 2., überarb. Aufl. Hamburg: Junius.

Derrida, J. (1976): Die Schrift und die Differenz. Frankfurt/M.: Suhrkamp.

Derrida, J. (1979): Die Stimme und das Phänomen. Frankfurt/M.: Suhrkamp.

Derrida, J. (1983): Grammatologie. Frankfurt/M.: Suhrkamp.

Derrida, J. (1988): Afterword: Toward an Ethic of Discussion. In: J. Derrida: Limited Inc. Evanston: Northwestern University Press, S. 111–160.

Derrida, J. (1988a): Signatur Ereignis Kontext. In: J. Derrida: Randgänge der Philosophie. Wien: Passagen.

Derrida, J. (1994): Kraft der Trauer. In: M. Wetzel/H. Wolf (Hg.): Der Entzug der Bilder. München: Fink, S. 13–35.

Esposito, E. (1997): The Hypertrophy of Simultaneity in Telematic Communication. *Thesis Eleven*, 51, S. 17–36.

Foerster, H. v. (1999): Gedächtnis ohne Aufzeichnung. In: H. v. Foerster: Sicht und Einsicht. Heidelberg: Carl-Auer-Systeme Verlag, S. 133–171.

Halbwachs, M. (1925/1985): Das Gedächtnis und seine sozialen Bedingungen. Frankfurt/M.: Suhrkamp.

Haverkamp, A./R. Lachmann (Hg., 1991): Gedächtniskunst. Raum – Bild – Schrift. Studien zur Mnemotechnik. Frankfurt/M.: Suhrkamp.

Khurana, T. (im Druck): Die Dispersion des Unbewussten. Drei Studien zu einem nicht-substantialistischen Konzept des Unbewussten: Freud – Lacan – Luhmann. Gießen: Psychosozial-Verlag.

Krippendorff, K. (1975): Some Principles of Information Storage and Retrieval in Society. *General Systems*, 20, S. 15–35.

Luhmann, N. (1984): Soziale Systeme. Grundriß einer allgemeinen Theorie. Frankfurt/M.: Suhrkamp.

Luhmann, N. (1990): Identität – was oder wie? In: N. Luhmann: Soziologische Aufklärung. Bd. 5. Opladen: Westdeutscher Verlag, S. 14–30.

Luhmann, N. (1995): Die Autopoiesis des Bewußtseins. In: N. Luhmann: Soziologische Aufklärung. Bd. 6. Opladen: Westdeutscher Verlag, S. 55–112.

Luhmann, N. (1995a): Die Kunst der Gesellschaft. Frankfurt/M.: Suhrkamp.

Luhmann, N. (1995b): Kultur als historischer Begriff. In: N. Luhmann: Gesellschaftsstruktur und Semantik. Bd. 4. Frankfurt/M.: Suhrkamp, S. 31–54.

Luhmann, N. (1996): Zeit und Gedächtnis. *Soziale Systeme*, 2, S. 307–330.

de Man, P. (1993): Die Rhetorik der Zeitlichkeit. In: P. de Man: Die Ideologie des Ästhetischen. Hrsg. v. Ch. Menke. Frankfurt/M.: Suhrkamp, S. 83–130.

Porath, E. (Hg., 1995): Aufzeichnung und Analyse. Theorien und Techniken des Gedächtnisses. Würzburg: Königshausen & Neumann.

Schmidt, S. J. (Hg., 1991): Gedächtnis. Probleme und Perspektiven der interdisziplinären Gedächtnisforschung. Frankfurt/M.: Suhrkamp.

Spence, D. P. (1988): Passive Remembering. In: U. Neisser/E. Winograd (Hg.): Remembering Reconsidered: Ecological and Traditional Approaches to the Study of Memory. Cambridge: Cambridge University Press, S. 311–325.

Pierre Noras *Les Lieux de mémoire* als Diagnose und Symptom des zeitgenössischen Erinnerungskultes

PETER CARRIER

Les Lieux de mémoire (Nora 1984, 1986, 1993) ist ein umfangreiches bahnbrechendes Werk der zeitgenössischen Geschichtsschreibung, eine siebenbändige Studie über „Erinnerungsorte", die in den Augen der Autoren eine symbolische Grundlage des kollektiven Gedächtnisses in Frankreich bilden. Dieses Projekt basiert auf einem in den siebziger Jahren von dem französischen Historiker Pierre Nora geleiteten Seminar, das zu einer Sammlung von 130 historischen Aufsätzen über so unterschiedliche Themen wie „Kaffee", „Vichy" und „Der König" führte. Die drei Abschnitte des Werks tragen die Überschriften „La République", „La Nation" und „Les France"; sie sind in weitere thematische Abschnitte und einzelne Studien unterteilt, die die Ursprünge und Entwicklung von Symbolen der französischen „Identität" untersuchen: Spuren der politischen und kulturellen Konstruktion der dritten Republik sowie der nationalen Einheit und Teilung in der Zeitspanne, die von „Die Franken und die Gallier" bis zu „Vichy" reicht. Der vielfältigen, konfliktreichen französischen Geschichte gemäß bringt dieses Werk ein pluralistisches Verständnis vom kollektiven Gedächtnis zur Geltung; kein streng kollektives Gedächtnis, sondern eine Sammlung von Erinnerungsträgern, die in verschiedenen Konstellationen das Gedächtnis französischer Individuen bilden. Zugleich lässt diese Zusammenstellung jedoch auf eine einheitliche Geschichte unter dem allumfassenden (obwohl schwer fassbaren) Begriff des Französischen schließen.

Nora hat einen zweifachen Beitrag zur Debatte über Erinnerungspolitik geleistet. Einerseits bietet *Les Lieux de mémoire* einen Einblick in die symbolischen Grundlagen des „französischen" Gedächtnisses und ein methodologisches Raster für dessen historische Interpretation.[1] Dieses Werk ist zudem ein literarisches Denkmal an sich, das Symptom eines international verbreiteten nationalen Erinnerungskultes, der ein

---

[1] Vgl. Samuel (1995), Winter (1995), Isenghi (1996), Carcenac-Lecomte et al. (Hg., 2000), François/Schulze (2001).

141

bestimmtes kulturelles Verständnis nationaler Identität zur Geltung bringt. Dieser Aufsatz hat zum Ziel, Noras Beitrag zum Verständnis des kollektiven, vor allem nationalen und auf Symbolik aufbauenden Gedächtnisses in seinen Aufsätzen, Vor- und Nachworten in *Les Lieux de mémoire* zu erläutern. Dieses monumentale, zum Teil programmatische Werk ist Diagnose und Symptom des zeitgenössischen Erinnerungskults zugleich. Die Zunahme an öffentliche Gedenkereignissen seit den siebziger Jahren hat in den meisten Fällen in einem nationalen Rahmen stattgefunden. Beispielhaft stehen dafür die Zweihundertjahrfeier der französischen Revolution im Jahr 1989, die Gründung eines Ministeriums für nationale Kultur in Frankreich im Jahr 1979 und die eines Ministeriums für nationales „Erbe" *(heritage)* in Großbritannien im Jahr 1993, die Ernennung eines Staatsministers für Kultur in Deutschland im Jahr 1999 sowie die Debatten über die kulturellen und historischen Grundlagen der neuen BRD seit 1990 und das Erwachen der postsozialistischen nationalen Erinnerungskulturen in Zentral- und Osteuropa.

Trotz des wissenschaftlichen Renommees dieses Projekts sind dessen historische, historiographische und politische Voraussetzungen noch nicht systematisch untersucht worden. Eine solche Untersuchung des den sieben Bänden zugrunde liegenden konzeptuellen Apparats könnte jedoch für unser Verständnis des neueren intensivierten Rückgriffs auf das kollektive Gedächtnis und das kulturelle „Erbe" in nationalen Kontexten aufschlussreich sein. *Les Lieux de mémoire* ist nicht nur ein Inventar gegenwärtiger französischer Symbole wie „Der Eiffelturm" oder „Gastronomie", sondern auch eine historische Erklärung für den Zustand des kollektiven Gedächtnisses im „Zeitalter des Gedenkens" (Nora 1993d). Es geht dem Herausgeber Nora im Wesentlichen um den historischen Bruch als Anlass zur radikalen Verwandlung des kollektiven Bewusstseins: aus einem historischen in ein „erbschaftliches" *(patrimonial)*, kulturelles, soziales, historiographisches und „archivisches" Gedächtnis – Begriffe, die eine genauere Untersuchung benötigen.

1. Vom politischen zum kulturellen Konsens

Noras Konzept der Erinnerungsorte ist inzwischen fast zum Allgemeinplatz geworden. Es verweist allgemein auf symbolische „Orte" oder kulturelle Ausdrucksformen des kollektiven Gedächtnisses wie geographische Regionen, Denkmäler, Gedenkzeremonien, bekannte Persönlichkeiten, politische Bewegungen, Institutionen oder soziale Gewohnheiten, die Nora als „Kristallisationspunkte unseres nationalen

Erbes" (1995: 83) definiert. Ein „Erinnerungsort" lässt sich daher als kultureller Träger für ein bestimmtes kollektives Gedächtnis definieren. Auf keinen Fall ist er ausschließlich als topographischer Ort (wie „Der Louvre") zu verstehen, sondern zudem als kulturhistorisches Erlebnis und Ritual (wie die „Gastronomie") oder als historische Epoche oder Ereignis (wie „Vichy"), denen eine kollektive emotionale Bindung zugesprochen wird. 1993 wurde dieser Begriff in das offizielle französische Wörterbuch *Grand Robert* eingetragen, das *lieu de mémoire* als eine „Bedeutungseinheit" definiert, „entweder materiell oder ideell, die der Wille der Menschen oder die Wirkung der Zeit in ein symbolisches Element einer bestimmten Gemeinschaft verwandelt hat".[2] Die Betonung einer durch den „Willen" oder durch die „Wirkung der Zeit" entstandenen Bedeutsamkeit eines „symbolischen Elements" einer „Gemeinschaft" beschreibt den Erinnerungsort als ein semantisches Instrument, an der man die kollektive Identität mittels historischer Ursprünge („Wille" oder „Wirkung der Zeit") und aktueller politischer Zweckmäßigkeit (die Geschlossenheit einer Gemeinschaft) ablesen kann.

Dieser Definition zufolge sind Erinnerungsorte ein Instrument für soziale Stabilität. Nora behandelt jedoch vorrangig den rituellen, institutionellen und politischen Umgang mit diesen Identitätsträgern und weniger die psychologischen Mechanismen der individuellen Bindung an sie. Zudem sind Erinnerungsorte für ihn keineswegs Träger oder Elemente einer Gemeinschaft, die auf einem geschlossenen (z.B. ethnischen oder politischen) Gruppenverständnis beruht. *Les Lieux de mémoire* baut auf ein offenes Verständnis vom kollektiven Gedächtnis als eines dynamischen Prozesses mehr oder minder geteilter Erinnerungen, nicht ein vom Einzelnen, von allen Mitgliedern einer homogenen Gemeinschaft geteiltes Gedächtnis.[3] Nora setzt sich nicht für ein unbewegliches, geschlossenes kollektives Gedächtnis, sondern für ein aus mehreren einzelnen Erinnerungen zusammengesetztes Gedächtnis ein, das im Kontext der französischen Nationalgeschichte gipfelt. Aber dieser nationale Kontext ist nicht homogen oder zwingend, sondern offen für immer neue Zusammensetzungen vorhandener Erinnerungsorte (vgl. Namer 1987: 26). Jedes Individuum kann sich mit einer beliebigen Zahl von unterschiedlichen Erinnerungsorten wie „Gaullisten und Kommunisten", „Das industrielle Zeitalter" oder „Der König" identifizieren, ohne in einen Identitätskonflikt zu geraten. Erinnerung-

---

2   Die Übersetzungen der französischen Zitate stammen vom Autor.

3   Die im *Grand Robert* besprochene „Identität" und „Gemeinschaft" legt einen der Gruppe eigenen Erinnerungsbestand nahe, der die Komplexität und Instabilität der symbolischen Bindungen innerhalb einer Gesellschaft nicht in Betracht zieht: Bindungen, die sich mit der Zeit inhaltlich ändern und deren Intensität sich entwickelt (vgl. François et al. 1995: 17).

sorte sind, behauptet Nora, keine Grundlage für eine „Erinnerungsgemeinschaft" (1993b: 964) und sollten daher nicht mit Gruppen zugrunde liegenden Interessen oder identitätsstiftenden Merkmalen wie Ethnizität, Religion oder Geschlecht verwechselt werden. Fast keiner der in den Bänden erörterten Erinnerungsorte (wie z.B. „Kaffee" oder „Der Wald") könnte heute eine bindende Gruppenidentität erzeugen oder bestärken.

Zusätzlich zu dieser pluralistischen Interpretation vertritt Nora den Standpunkt, dass sich das kollektive Gedächtnis in Frankreich qualitativ geändert hat, insofern „Erinnerungsorte" als künstliche Träger (aber nicht als Ersatz) eines verebbten, wenn nicht sogar verloren gegangenen, nationalen Gedächtnisses gepflegt werden. Die Tatsache, dass Elemente wie „Kaffee" oder „Sterben fürs Vaterland" heute als *Symbole* einer nationalen Geschichtskultur wahrgenommen werden, lässt sie als künstliche bzw. „unnatürliche" Erinnerungsorte erscheinen, denn sie werden in dem Bewusstsein erfahren, dass sie ursprünglich Bedeutungen verkörperten, die von den heutigen Bedeutungen weit entfernt sind. Erinnerungsorte sind Symptome eines historischen Bruchs, der das Ende der kontinuierlichen Überlieferung bezeichnet: „Es gibt *lieux de mémoire*, weil es keine *milieux de mémoire* mehr gibt." (Nora 1990: 11; 1984b: XVII) Im Gefolge der sozialen Transformation der Moderne, die in diesem häufig zitierten Aufsatz *Zwischen Geschichte und Gedächtnis* als Prozess der Globalisierung, Demokratisierung, Vermassung und Mediatisierung definiert wird, funktionieren *lieux* als Spuren solcher *milieux* in einer von ihren Ursprüngen abgeschnittenen Gesellschaft; diese gedenkt und fixiert die Spuren als Mittel zur Aufrechterhaltung verlorener Traditionen einerseits und zur Bewahrung kollektiver Identität andererseits.[4]

Auch explizit politische – einmal als Garant des sozialen Zusammenhalts geltende – Bezugspunkte wie „Gaullisten und Kommunisten", „Das Volk" oder „Sterben fürs Vaterland" werden im Nachhinein – als Objekte unserer wissenschaftlichen Neugier – in politisch neutrale Träger des kulturellen Erbes transformiert. Individuen dürfen sich daher gleichzeitig mit einer beliebigen Konstellation von bevorzugten Erinnerungsorten identifizieren, ohne dass ein Ort den anderen ausschließen würde. Der sich auf Erinnerungsorte stützende Konsens sichert weder einen standhaften Zusammenhalt innerhalb einer einzelnen Gruppe noch einen Parteien-Konflikt zwischen unterschiedlichen

---

4   Noras Definition von *milieu* entspricht der Nostalgie für eine Zeit, als man Geschichte vermeintlich „unmittelbar" erfuhr, d.h. ohne den Rückgriff auf Symbolik, Gedenkriten oder Museen. Für eine genauere Behandlung der Dichotomie zwischen moderner und vormoderner Erinnerung siehe Wood (1994: 127); ein ähnlicher Unterschied betrifft das Verständnis von moderner und postmoderner Erinnerung (s. Hutton 1993: 22).

Gruppen. In dieser Hinsicht ist die Nichtbeachtung z.b. der eigenen Erinnerungsorte ethnischer Minderheiten in *Les Lieux de mémoire* ein logischer Bestandteil von Noras integrativem System, in dem auch vorrangig historische, vom heutigen Alltagsleben der Bevölkerung weit entfernte Beispiele aus dem neunzehnten Jahrhundert vorkommen. Ein Beispiel eines solchen politisch und historisch neutralen Erinnerungsorts ist die französische Revolution, die nach Nora das zeitgenössische Selbstverständnis französischer Bürger auf eine besondere Weise versinnbildlicht. Das Wiederaufleben revolutionären Denkens und Handelns in den sechziger Jahren des zwanzigsten Jahrhunderts war, behauptet Nora, eine Art symbolischen Gedenkens und weniger eine wirksame politische Aktion; die Zweihundertjahrfeier der Revolution 1989 in Frankreich lenkte die öffentliche Aufmerksamkeit auf Kontroversen über die Gedenkfeier, anstatt sie auf das zu gedenkende historische Ereignis selbst hinzuweisen (Nora 1993d: 980). Nora versucht nicht, die unterschiedlichen Erinnerungen spezifischer Gruppen gegenüberzustellen, sondern vielmehr deren gemeinsame qualitative Grundlage zu bestimmen. Dieses „erbschaftliche" Gedächtnis ist eher kulturell als politisch und „in erster Linie durch die Auflösung von klassischen Gegensätzen gekennzeichnet" (Nora 1986b: 650). Anders ausgedrückt, nachdem entgegengesetzte soziale Kategorien wie „Katholiken und Laien" oder „Gaullisten und Kommunisten" ihre ursprüngliche politische Relevanz eingebüßt haben, werden sie nicht mehr als einander ausschließende Gruppen betrachtet, sondern als kulturelle Überbleibsel der sich aus der Erinnerung speisenden Kategorien, die im Nachhinein eine Grundlage für einen gesellschaftlichen Konsens ohne Politik bilden.[5]

2. Die historische Gegenwart: vom historischen zum sozialen Bewusstsein

Erinnerungsorte sind Träger kultureller Erinnerungen, die wiederum Träger des subjektiven Bewusstseins historischer Kontinuität sind. Paradoxerweise schwächt jedoch der dem Erinnerungsprozess eigene qualitative Bruch zwischen Gegenwart und Vergangenheit das Bewusstsein dieser Kontinuität. Als ein mit Hilfe vorhandener Symbole wie dem Panthéon, dem jährlichen Nationalfeiertag und der militärischen Parade am 14. Juli erinnertes Phänomen schreibt man der französischen

---

[5] Vgl. Nora (1993a: 29): „Als ob Frankreich aufhörte, eine uns teilende Geschichte zu sein und zu einer uns vereinigenden Kultur würde (…)."

Revolution im Rückblick völlig andere moralische und politische Werte zu als vor hundert oder zweihundert Jahren. Wenn im Nora'schen Sinne die Vergangenheit heute hauptsächlich vermittels äußerer symbolischer Gegenstände und Rituale statt durch tradierte Erfahrungen zugänglich ist, d.h. in Form von *lieux* statt *milieux*, so bedeutet dies eine radikale Verwandlung für das moderne Bewusstsein. Historiker sollten daher den Auswirkungen des sozialen Gedächtnisses auf die öffentliche Meinung, auf das historische Verständnis im Allgemeinen und auf die Geschichtswissenschaft im Besonderen mehr Aufmerksamkeit schenken. In diesem Zusammenhang benutzt Nora den Begriff der „historischen Gegenwart" als eines neuen Felds der Geschichtsschreibung (1993e).

Es ist eine Binsenwahrheit, dass das Gedächtnis Effekte auf die Gegenwart hat. Noras nachdrückliche Deutung von Erinnerungsorten als der „Präsenz der Vergangenheit in der Gegenwart" (1990: 29; 1984b: XXXVII) oder von Erinnerung als der „Verwaltung der Vergangenheit in der Gegenwart" (1993a: 25) oder als „Mittel zur Situierung der Vergangenheit in der Gegenwart" (1995: 87) deutet auf eine innovative Legitimierung der Gegenwart und auf die soziale Funktion von Gedächtnis als bisher vernachlässigtes Feld der historischen Forschung hin. Beispielhaft für den Bruch zwischen den „natürlichen" *milieux* der Erinnerung und den „unnatürlichen" *lieux* ist das Panthéon in Paris, anhand dessen die Historikerin Mona Ozouf diese beiden Erinnerungstypen veranschaulicht. 1791 als Grabstätte für die Überreste nationaler Helden eingeweiht, ist das Panthéon ein zentrales nationales Denkmal der französischen Republik geworden. Seit es seine Funktion als glaubwürdige Legitimierung der republikanischen Ideologie verloren hat, wurde es zum Symbol eines vergangenen Zeitalters. Ozouf zufolge ist es heutzutage geradezu ein Anachronismus. Seine ursprüngliche Funktion als Stätte für den nach der Revolution eingeführten Kult der „großen Männer" war nicht nur symbolisch gemeint, denn jedem einzelnen Bürger wurde ein Platz im Panthéon für besondere Dienste im französischen Staat zuteil. Die Belohnung in Form von öffentlicher, über die individuelle Lebenszeit hinaus sich erstreckender Erinnerung erfüllte eine praktische Funktion, indem sie den politischen Wert einzelner Bürger, das Vorbild einer partizipatorischen Staatsbürgerschaft und das demokratische Ideal der Leistungsgesellschaft im Unterschied zum früheren Despotismus des *Ancien Régimes* legitimierte. Im politischen und historischen Kontext des späten zwanzigsten Jahrhunderts hat die rein symbolische Funktion des Panthéons Vorrang vor seiner pädagogischen und politischen Funktion. Aus diesem Grund erfüllen sowohl der archetypische Erinnerungsort Panthéon als auch die von ihm verkörperten Werte nur noch eine Gedenkfunktion (Ozouf 1984: 162).

Genealogische Untersuchungen über die gegenwärtige Bedeutung von Symbolen der französischen Geschichte stellen besondere Ansprüche an die traditionellen Methoden der Geschichtsschreibung. Erstens stellt die Hervorhebung des gegenwärtigen Zeitraums die übliche Zeitrechnung der Vergangenheit (und die Unterscheidung in „Vorgeschichte", „Antike", „Neuzeit" und „Zeitgeschichte") in Frage. Zweitens erweist sich bei der Erforschung der Gegenwart der Rückgriff auf Beweisstücke und verlässliche Quellen als beinahe unmöglich, so dass sich in diesem Feld weniger die Richtigkeit historischer Fakten beweisen lässt als die Art und Weise, wie die Vergangenheit im zeitgenössischen Bewusstsein verstanden und angeeignet wird. Nora reagiert auf diese Herausforderung an die vorhandene historiographische Methodik, indem er die „historische Gegenwart" als eigenständigen Zweig der Geschichtsschreibung behauptet. Im Unterschied zum Zeithistoriker, der Ereignisse und Phänomene der jüngsten Vergangenheit behandelt, d.h. einen Zeitraum, der mit einem historischen Bruch – sei es einer Revolution oder einem Krieg – anfängt oder der an der Gedächtnisspanne lebender Menschen gemessen wird, wendet sich der Gegenwartshistoriker aktuellen, ständig neuen Begebenheiten zu. Das wesentliche Medium der historischen Gegenwart ist das Gedächtnis, ein schwer fassbarer Datenträger, dem die historische Legitimität dokumentarischer Beweisstücke fehlt. Während *oral history* das Gedächtnis als Mittel zur Enthüllung bzw. Dokumentierung eines vergangenen Ereignisses (in Bezug auf das Ereignis an sich) betrachtet, wird bei der Erforschung der historischen Gegenwart das Gedächtnis zum wissenschaftlichen Selbstzweck: ein Medium, das die Vergangenheit verständlich macht und als Messinstrument des historischen und politischen Bewusstseins gelten kann.

Das Gedächtnis als Bedingung von Verständlichkeit der Vergangenheit in der Gegenwart statt als Träger historischer Kontinuität erfordert eine kritische, reflexive Einstellung zur Vergangenheit. Nora behauptet daher: „[A]nstelle von Solidarität zwischen Vergangenheit und Zukunft erleben wir heute Solidarität zwischen Gegenwart und Gedächtnis" (1993d: 1009). Er interpretiert diese Wandlung der Zeiterfahrung als eine allgemeine Veränderung des „historischen Bewusstseins" in ein „soziales Bewusstsein" (1993d: 1009) und erwägt zwei Deutungen. Einerseits sei das Interesse für gegenwärtige Ereignisse und für die zweckmäßige Funktion des Gedächtnisses in der Gegenwart eine Folge der drängenden sozialen und politischen Veränderungen und der wirtschaftlichen Krise in Frankreich seit den siebziger Jahren; das bezieht sich auf das Abtreten und den Tod de Gaulles, den damaligen

Niedergang des französischen Sozialismus, das Ende des als *trente glorieuses* gekennzeichneten wirtschaftlichen Aufschwungs sowie den Aufstieg neuer politischer Tendenzen einschließlich des *Front National* und der ökologischen und Menschenrechtsbewegungen (Nora 1986b: 46). Die Bedeutung der historischen Gegenwart folgt aber auch aus einer zunehmenden und tief greifenden kollektiven Wahrnehmung der Aktualität mittels zunehmend wirksamer Massenmedien seit dem Ende des neunzehnten Jahrhunderts. Die Dringlichkeit und Bedeutung der Gegenwart wird heute vor allem von „live"-Sendungen im Fernsehen vermittelt, die ihren Zuschauern eine emotionale Beteiligung an der politischen Gegenwart ermöglichen. Die Kultivierung der öffentlichen Meinung durch die Massenmedien steht im Zusammenhang mit einer neuen Wahrnehmung von Zeit und Raum als Beschleunigung (mit stetig zunehmenden Neuigkeiten und Änderungen) und von Globalisierungsprozessen (und der zunehmend leichten Überbrückung von Entfernungen zwischen Ereignissen und Beobachtern). „Beschleunigung und Globalisierung", schreibt Nora, „haben die Gegenwart qualitativ verändert; sie haben die Geschichte selbst demokratisiert, denn die Geschichte ist nicht mehr das Vorrecht der Historiker." (1978: 470) Das neu umschriebene „soziale Bewusstsein" entspricht einer Verschiebung der Autoritäten über das kollektive Gedächtnis. Dieses wird nicht mehr nur von Fachhistorikern (in Staatsarchiven, Bildungseinrichtungen, durch Veröffentlichungen und die von ihnen gepflegten Traditionen), sondern zunehmend auch von Journalisten und der öffentlichen Meinung gesteuert, die mittels Massenmedien an der Verankerung im historischen Bewusstsein beteiligt sind. Der effektive institutionelle Staatsapparat der Dritten Republik beispielsweise garantierte eine relativ weit gehende Übereinstimmung zwischen dem kollektiven sozialen Gedächtnis und der offiziellen Geschichtsdeutung; der gemeinsame Glauben an eine der Geschichte zugrunde liegende, langfristige lineare Struktur verlieh auf diese Weise vergangenen Ereignissen eine zukünftige Legitimität. Diese Legitimation der Tradition aufgrund von Geschichte und von „historischem Bewusstsein" ist daher durch ein „soziales Bewusstsein", das lediglich auf die in der unmittelbaren Gegenwart nachwirkenden Ereignisse aufbaut, ersetzt worden. Im Nora'schen System löst die dynamische soziale Kraft namens Gedächtnis die Geschichte weitgehend ab.

Nora betrachtet den Unterschied aufeinander folgender Generationen als Hauptursache für die stärkere politische Autorität des sozialen Gedächtnisses in der Gegenwart und für den Bruch zwischen Tradition und der „historischen Gegenwart". Jede Generation identifiziert sich nicht *mit* der, sondern *gegen* die vorangegangene oder die nachfolgende Generation. Generationen entstehen aus der natürlichen Abfolge von

Altersgruppen oder als Ergebnis historischer Ereignisse, Veränderungen sozialer Zustände oder des politischen Regimes, die z.b. zur Einführung eines neuen Bildungsprogramms führen. Kategorien wie „die Kriegsgeneration" oder „die Generation der sechziger Jahre" sind im Westen bedeutungstragende generationelle Denkeinheiten, die eine einer spezifischen Altersgruppe wesentliche und fest umschriebene Sammlung von Erfahrungen und Werten voraussetzen. Die Geschlossenheit einer generationellen Identität stützt sich aber auch auf das von Nora so genannte „reine Gedächtnis", das die Individuen nicht nur mit gemeinsamen Erfahrungen, sondern auch mit einer gemeinsamen Reaktion auf etwas, das sie *nicht* erfahren haben bzw. nur mit der vorangegangenen Generation assoziieren, verbindet. Daraus folgen die prägnanten und etwas elliptischen Beschreibungen von Generation als der „Gegenwart als Gegenwart" oder dem „dauerhaft Vorangegangenen" (Nora 1993b: 948, 958): „[D]er generationelle Bruch (…) besteht wesentlich darin, sich der Gegenwart besser zu ‚entsinnen' *(mémorialiser)*, indem man sich der Vergangenheit ‚versinnt' *(immémorialise)*. In diesem Sinne ist die Generation eine mächtige und zentrale Verursacherin von ‚Erinnerungsorten', die deren provisorische Identität strukturieren und die Bezugspunkte ihres spezifischen Gedächtnisses bestimmen." (Nora 1993b: 959)

Das so genannte generationelle Bewusstsein, das sich von der Vergangenheit abgekoppelt in der Gegenwart entwickelt, ist der Schlüssel zur Deutung von Erinnerungsorten. Es nährt ein kollektives Gedächtnis, das auf der „erbschaftlichen" Qualität statt auf einer bindenden Kraft oder Homogenität beruht. In dieser Hinsicht wirkt das „generationelle" kollektive Gedächtnis entscheidend auch auf Form und Inhalt des Werkes *über* Erinnerungsorte, *Les Lieux de mémoire* selbst. Die Tatsache, dass Historiker sich dafür entschieden, über „Straßennamen" und „Lavisse, ein nationaler Lehrer" zu lesen und schreiben, zeugt von deren Relevanz im heutigen Frankreich. Ein weiteres Beispiel für die generationelle „Versinnung" der Vergangenheit ist das „*Ancien Régime* und die Revolution", denn allein die Benennung der Revolution, eines radikalen historischen Wechsels, stellt alles Vorangegangene in den Schatten; der zweckdienliche Begriff *Ancien Régime* reduziert dagegen zehn Jahrhunderte Geschichte auf einen amorphen zeitlichen Block vor 1789 (vgl. Furet 1993: 107).

3. Archivisches Gedächtnis: vom „historischen" zum „historiographischen" Bewusstsein

Die Transformation vom historischen zum sozialen Bewusstsein, die die politische Autorität vom professionellen Historiker zur Gesellschaft selbst hin verlagert, geht auch mit einer radikalen Veränderung der Mittel zur Erhaltung des kollektiven Gedächtnisses einher. Die im neunzehnten Jahrhundert entwickelte positivistische Methode der Geschichtsschreibung stützte sich auf die Gültigkeit und Autorität von Quellenmaterial in Archiven und unternahm die Rekonstruktion von Tatsachen, die einem sozialen Konsens oder einem kollektiven Gedächtnis dienlich sein könnten. Die öffentliche Meinung dagegen legitimiert sich oder löst ihr Verständnis der „Präsenz der Vergangenheit in der Gegenwart" mit Hilfe einzelner „Bedeutungseinheiten" oder symbolischer Orte ein, die in einer atomisierten Gesellschaft auch für partikularistische, nicht-konsensfähige Interessen oder Erinnerungen stehen können. Die Gedenkveranstaltungen zur Zweihundertjahrfeier der Französischen Revolution (1989), die Kontroverse um die Einweihung der „Zentrale Gedenkstätte der Bundesrepublik Deutschland" in der Neuen Wache in Berlin (1993), die Pläne für ein „Denkmal für die ermordeten Juden Europas" in Berlin (1988–1999) oder die internationalen Gedenkfeiern zum fünfzigsten Jahrestag des Endes des Zweiten Weltkriegs (1995) sind bemerkenswerte Beispiele der sozialen Dynamik von Gedenkanlässen, bei denen die Rolle der Medien und der Öffentlichkeit überragend und in deren Verlauf die pädagogische Rolle des Historikers auf die des Kritikers oder Sittenwächters reduzierbar ist.[6] Gedächtnisorte übernehmen daher die Funktion der dokumentierenden Archive und fungieren als *symbolische* Archive, die ein von Nora als „archivisch" beschriebenes Gedächtnis stützen; das heißt nicht, dass das Gedächtnis dort mit sich selbst oder einer Datenbank abgeglichen wird, sondern dass es von externem, gespeichertem Material abhängig ist, das der sich erinnernden Instanz fremd ist: „ein registrierendes Gedächtnis, das dem Archiv die Sorge überlässt, sich zu erinnern" (Nora 1990: 19; 1984b: XXVI).

Nora erweitert den Begriff des Archivs erheblich und bezieht ihn auf alle objektiven oder materiellen Repräsentationsformen, die zeitgenössisches Gedächtnis stützen können; er behauptet aber auch, dass der Übergang vom historischen zum sozialen Gedächtnis eine tief greifende

---

[6] Diese Veranstaltungen waren alle staatlich organisiert und sollten öffentlichen Konsens erzeugen, haben aber oft eher Dissens erzeugt; paradoxerweise standen sie oftmals im Schatten partikularer „sozialer" Interessen, deren Artikulation sie zum Teil erst ausgelöst hatten.

Modifizierung der Rolle existierender Archivinstitutionen ausgelöst hat. Die öffentliche historische Rolle der Archive wurde allmählich von der Sphäre des privaten Gedächtnisses übernommen. Die öffentlichen (institutionellen, nationalen, supranationalen, usw.) Archive werden nicht nur zunehmend von Genealogen und Biographen für private Zwecke benutzt, sondern profitieren selbst auch von einem zunehmenden Zufluss von Quellendokumenten aus Privat- und Familienbeständen, aber auch von Firmen und Verbänden. Zusätzlich befinden sich die öffentlichen Archive in einer zunehmenden Konkurrenz mit einer beträchtlichen Zahl privater Archive, die dem Staatsmonopol entgehen und von Unternehmen, Familien, politischen Gruppierungen und religiösen Orden unterhalten werden (Nora 1993c: 15). Dieser Aufstieg eines „archivischen" Gedächtnisses hat auch die Formen der Gedächtniserhaltung und -vermittlung tief greifend verändert. Die klassischen Archive sind traditionellerweise schriftgestützt und chronologisch klassifiziert; ihre Objekte gelten als vorhandene und „vorgefundene" eher als „gemachte" Gegenstände und repräsentieren die Interessen der archivierenden Institution. Gedächtnisorte oder symbolische „Archive" dagegen sind nicht notwendigerweise schriftfixiert und können jede mögliche symbolische, materielle oder immaterielle Form annehmen; in Noras Begriffen gesprochen können sie „immateriell" („Geschichte", „Landschaft"), „materiell" („Territorium", „Staat") oder „ideell" („Ruhm", „Worte") sein (Nora 1993a: 12). Darüber hinaus sind sie nicht chronologisch klassifiziert, sondern den politisch-historischen Kategorien „La Republique", „La Nation" und „Les France" und Symboltypen wie „Monumente", „Überlieferung" und „politische Gruppierungen" zugeordnet.

Der wichtigste Aspekt von Noras Begriff des archivischen Gedächtnisses ist die kritische Distanz, die er Individuen beim Gebrauch kultureller Werkzeuge zum Erhalt historischer Kontinuität gegenüber zuschreibt. Auch wenn Nora das zeitgenössische Gedächtnis als „archivisch" beschreibt und sonst tendenziell die Verantwortung zu erinnern an Objekte oder symbolische Archive delegiert, behauptet er doch nicht, dass Gedächtnisorte nur als Projektionsflächen für das Heimat- und Identitätsbedürfnis der Individuen fungieren; sie können auch ein „historiographisches" Bewusstsein befördern und zum Studium genau der Mechanismen benutzt werden, durch die ihr Gedächtnis konstruiert wird. Aus diesem Grund enthält *Les Lieux de mémoire* Analysen einiger Meilensteine der französischen Geschichtsschreibung: Ernest Lavisses *Histoire de France* (P. Nora), den Politiker-Historiker François Guizot, der die französischen Nationalarchive und Bildungsinstitutionen der Dritten Republik gegründet hat (Laurent Theis), die historische *Annales*-„Schule" im zwanzigsten Jahrhundert (Krzysztof Pomian), die Rolle der

Nationalarchive (K. Pomian) und die historische Funktion der Genealogie (André Burguière). Diese Geschichten der Geschichtsschreibung vollziehen unvermeidlicherweise eine intellektuelle Distanzierung von der historischen Tradition: „Die Historiographie der Französischen Revolution zu betreiben, ihre Mythen und Interpretationen zu rekonstruieren: das bedeutet, daß wir uns nicht mehr vollständig mit ihrem Erbe identifizieren. An eine Tradition, so altehrwürdig sie auch sein mag, Fragen zu stellen heißt, sich nicht mehr ausschließlich als derjenige zu sehen, der sie weiterführt." (Nora 1990: 14–15; 1984b: XXI)

Diese für das archivische Gedächtnis charakteristische Lösung oder „Disidentifikation" von der historischen Tradition ist aber nicht nur eine Konsequenz einer analytischen Distanzierung. Sie ist auch eine Folge historischer Entwicklungen: der schwindenden Autorität des Staates, die bisher formell durch solche Institutionen wie den Kult „großer Männer" garantiert war, und der abnehmenden pädagogischen Effizienz nationaler Symbolik. Die Dritte Republik konnte den nationalen Zusammenhang nicht nur durch nationale Erziehungsinstitutionen, sondern auch durch den effektiven Einsatz öffentlicher Kunst und Denkmäler als Träger einer republikanischen Ideologie stärken. Öffentliche Monumente im neunzehnten Jahrhundert waren laut Ozouf Ausdruck eines „Glaubens an die spontane Vereinigung von Ästhetik und Moral, an die notwendige öffentliche Erziehbarkeit der Öffentlichkeit durch die Lehren der Sinne und die Wirksamkeit pädagogischer Kunst" (Ozouf 1984: 163). Dieser Kontrast zwischen der früheren pädagogischen Wirksamkeit politischer Symbole, der öffentlichen „Erziehbarkeit" und der relativen Gleichgültigkeit der heutigen Öffentlichkeit charakterisiert Monumente wie das Panthéon. Diese öffentliche Gleichgültigkeit gegenüber politischen Symbolen im späten zwanzigsten Jahrhundert ist aber bloß relativ. Ritualisierung und Gewöhnungseffekte ändern zwar die individuelle Beziehung zu Objekten oder Symbolen, löschen sie aber nicht ganz aus dem Gedächtnis. Gedächtnisorte wie „Das Panthéon", „Die Tour de France" oder die „Gastronomie" können zum Beispiel Nationalstolz verstärken, gerade weil sie Ritualisierungen, Habitualisierungen oder sogar physischer Gewöhnung[7] unterliegen, die man sich unbewusst im Laufe eines Lebens aneignet und die durch eine passive Übereinstimmung mit den Gewohnheiten früherer Generationen noch verstärkt werden; das trifft für Passanten zu, die am Panthéon vorbeigehen, für Radfahrer, die an der Tour de France teilnehmen, oder auch für Besucher eines Restaurants, die die französische Gastronomie genießen. Man braucht aber kein historisches Wissen

---

[7] Vgl. Paul Connertons Studie der Funktion des „verkörperten" sozialen Gedächtnisses (1989).

dieser Symbole, um ihre Geschichtlichkeit zu erfahren. Ritual, Habitualisierung und Gewöhnung sind zwar nicht notwendigerweise die Produkte ideologischer Absichten, sie tragen aber unvermeidlicherweise zum kollektiven Gefühl bei, eine nationale Tradition zu erhalten. Diese Mehrdeutigkeit des archivischen Gedächtnisses als Kraft von entweder Identifikation oder „Disidentifikation" ist für Noras Verständnis von Gedächtnisorten und nationaler Symbolik im Allgemeinen wesentlich. In seiner ersten theoretischen Exposition des Projekts einer Geschichte Frankreichs auf der Grundlage von Gedächtnisorten stellt er fest: „Wir müssen uns permanent von unseren in der Hitze der Tradition erprobten Gewohnheiten lösen und eine Landkarte unserer mentalen Geographie zeichnen." (Nora 1984a: VII) Aber er fährt fort und rät seinen Lesern, obwohl das letztliche Ziel einer Erforschung der Gedächtnisorte die Einsicht in die Mechanismen der Geschichtsschreibung und historischen Repräsentation sei, sie sollten trotz eines „Risikos der intellektuellen Regression und einer Rückkehr zum Gallozentrismus" in einer „unschuldigen Lektüre" zuallererst „Vergnügen und Neugier" verfolgen (ebd.: XIII). Diese Mehrdeutigkeit des Gedächtnisses als Medium von unkritischer Identifikation oder kritischer „Disidentifikation" ist besonders im Fall des *Dictionnaire de pédagogie* (1882–1887) augenfällig, einem äußerst einflussreichen Schulbuch aus der Zeit der Dritten Republik, das von dem Schulreformer Ferdinand Buisson nach dem Vorbild einer ähnlichen pädagogischen Enzyklopädie in Deutschland (1858–1875) entworfen wurde. Die heutige Bedeutung dieses Schulbuchs hängt laut Nora nicht nur von den Einsichten in die politische oder historische Erziehung während der Dritten Republik ab, die es gewährt – es ist auf ein genaues ideologisches Raster der Französischen Revolution, der republikanischen Ideale, der Vernunft, der Demokratie und Erziehung begründet. Vielmehr ist seine ursprüngliche Funktion seiner Rolle als Medium für ein sentimentales (emotionales und unkritisches) oder ethnologisches (wissenschaftliches und kritisches) Gedächtnis gewichen:

> Das *Dictionnaire* kombiniert also verschiedene Typen von Gedächtnis: historisch und journalistisch, korporativ und universell, sentimental und ethnologisch. Die ersten beiden treffen für seine Autoren zu, die nächsten zwei für die damaligen Leser, während die letzten beiden für zeitgenössische Leser wie uns gelten. Was dieses Werk zu einem Gedächtnisort macht, ist der Effekt der ersten vier auf die letzten beiden und die Tiefe, die sich daraus ergibt. Das *Dictionnaire* war in seinen eigenen Tagen als Gedächtnisort für die zeitgenössischen Leser gedacht. Auf dieser Ebene hat aber es seine Bedeutung mit dem Verlust seines Gebrauchs

verloren. Wir sehen es heute nur als Gedächtnisort, weil wir wissen, daß es einer in der Vergangenheit sein sollte. Diese Dialektik macht es in unseren Augen zu einem solchen. (Ebd.: 375)

Das Beispiel von Buissons Wörterbuch führt Nora zur Definition des Gedächtnisses der Gedächtnisorte in Begriffen der dialektischen Beziehung zwischen Verständnis erster und zweiter Ordnung, zwischen den ursprünglichen und den nachträglichen Intentionen und Interessen: ein Bewusstsein des Bruchs zwischen ursprünglichen und Memorialfunktionen. Aber ein Gedächtnis zweiter Ordnung kann selbst einer Dialektik zwischen einem *sentimentalem* und einem *ethnologischen* Gedächtnis zum Opfer fallen; die Entscheidung zwischen einem unkritischen Schwelgen in und einer Identifikation mit Gedächtnisorten und einem kritischen Interesse an den Motiven und Mechanismen der Identitätsbildung durch Gedächtnis ist nur suspendiert. Nora verteidigt sogar diese Mehrdeutigkeit als Charakteristikum der Methode von *Les Lieux de mémoire*. Gedächtnis als Schlüsselmedium für die Traditionsübermittlung ist ein Instrument sowohl von „Konstruktion" wie „Dekonstruktion":

> Dieser Entzifferungsprozess bestimmt den Geist des gesamten Unternehmens. Er ist zwei Typen von Operation unterworfen, die völlig verschieden und sogar entgegengesetzt sind; einmal geht es um die Konstruktion des Gegenstands als Symbol, einmal um seine Dekonstruktion. Im ersten Fall geben wir den Dingen, die bisher stumm waren, eine Stimme, und Bedeutung und Leben demjenigen, das vorher keines besaß. Im zweiten Fall zerstreuen wir die Bekanntheit von etwas, dessen Bedeutung allzu offensichtlich ist, und stellen die ursprüngliche Fremdheit von etwas wieder her, das als fertiges Erbe der Vergangenheit weitergegeben wurde. (Nora 1993c: 14)

Die Technik der Konstruktion oder Dekonstruktion von Gedenksymbolen ist am offensichtlichsten in der dritten Abteilung des Bandes *Les France*, die den Untertitel „Von den Archiven zu den Emblemen" trägt. Dort werden solche relativ unbekannten archivischen Mechanismen zur Übermittlung des sozialen Gedächtnisses wie „Archive" und „Das Leben der Arbeiter" als Symbole und Embleme konstruiert, die relativ bekannten Embleme wie der „Eiffel-Turm" und „Der König" werden analytisch dekonstruiert.

Der Zweck der Erforschung der Gedächtnisorte ist nicht nur die Definition des zeitgenössischen Gedächtnisses als eines Bewusstseins des Bruchs zwischen historischem und sozialem Bewusstsein oder zwischen Bedeutungen erster und zweiter Ordnung, zwischen den „Milieus innerlich erlebter Werte und den Orten ihres äußerlichen Gedenkens"

(Hutton 1993: 149). Sie soll vielmehr den stummen Symbolen „eine Stimme geben" oder im Fall der bekannten Symbole die „Bekanntheit zerstreuen" und damit in den Status und die Konfiguration des symbolischen Rahmens des zeitgenössischen Gedächtnisses *intervenieren*; dazu werden weniger bekannte Gedächtnisorte hervorgehoben und die bekannteren in ihrer emotionalen Kraft gedämpft. In beiden Fällen, der Konstruktion oder der Dekonstruktion von Symbolen und ihren Bedeutungen, dient der Begriff des Gedächtnisorts als heuristisches Werkzeug zum Verständnis der heutigen politischen Instrumentalisierbarkeit von Gedächtnis und darüber hinaus zur Konstruktion eines Kanons der Stützen zeitgenössischer französischer Identität. Noras primäres Ziel ist praktisch, nicht theoretisch: Das monumentale siebenbändige Werk ist selbst eine Art enzyklopädisches Archiv oder Inventar des französischen Gedächtnisses, das deshalb dem Vergleich mit den monumentalen pädagogischen Werken von Lavisse standhält (vgl. Hartog 1995: 1228). Die Zeitspanne zwischen der Veröffentlichung des ersten (1984) und des letzten Bandes (1993) erlaubte dem Herausgeber sogar die Feststellung im letzten Band, dass *Les Lieux de mémoire* inzwischen schon vor dem Abschluss und aufgrund der enthusiastischen Rezeption ein eigener Gedächtnisort geworden sei (vgl. Nora 1993d: 977).

Die monumentalen Ausmaße des Unternehmens, die Beteiligung der renommiertesten Spezialisten für französische Geschichte und die Schlagkraft des unorthodoxen Titels, der unüblicherweise eher die historiographische Methode als das historische Thema des Buches (nämlich französische Identität) angibt, haben seine pädagogische Brauchbarkeit als wissenschaftliches Referenzwerk garantiert. Dennoch entspricht das Werk *Les Lieux de mémoire* als „symbolisches Element einer gegebenen Gemeinschaft" nicht Noras expliziter Theorie der Gedächtnisorte. Während Gedächtnisorte die symbolischen Verkörperungen eines archivischen Gedächtnisses oder eines Gedächtnisses „zweiter Ordnung" sind, d.h. formale kulturelle Motive eines einstigen politisch dynamischen Gedächtnisses „erster Ordnung", entwirft *Les Lieux de mémoire* ein Gedächtnis „*dritter* Ordnung", ein neues (pluralistisches, aber vereinigendes) Modell eines französischen Gedächtnisses. Auch wenn der Begriff des Gedächtnisorts offen und die Themenauswahl nicht erschöpfend ist, fixiert das Werk doch die Analysen innerhalb einer engen literarischen Struktur. Es ist selbst eine Konstruktion, ein *analytisches* Archiv symbolischer Archive und damit ein Entwurf einer (zukünftigen) neuen Form französischer Geschichte. Seine Autoren sind Historiker, die im Durcharbeiten der Rolle des Gedächtnisses in der heutigen Gesellschaft mit Macht ihre politische Autorität vom Gedächtnis, von der öffentlichen Meinung und den Medien zurückfordern, indem sie eine kollektive und globale *Idee* von Frankreich anbieten. Die

155

fragmentarische oder „atomisierte" Ansammlung privater Gedächtnisse, die das soziale Bewusstsein ausmacht, erhält so eine lose, aber auf eine bestimmte Art vereinigende Form: Der Gegenstand von *Les Lieux de mémoire* ist streng genommen nicht eine Nationalgeschichte, sondern die etwas schwerer fassbare Idee eines Nationalgedächtnisses oder einer nationalen Identität, die auf einer Ansammlung fragmentarischer (nichtkollektiver) kultureller Gedächtnisse beruht, die offen innerhalb der drei Kategorien der Republik, der Nation und *les* France definiert ist und nicht auf eine reduziert werden kann.

4. Pierre Nora als Nachfolger von Maurice Halbwachs?

Die internationale Ausstrahlung von *Les Lieux de mémoire* hat diesem Werk und vor allem dem Begriff „Erinnerungsort" einen festen Platz in der französischen Geschichtsschreibung gesichert. Die Frage, was dieses Werk und das Studium von Erinnerungsorten in Frankreich, aber auch bereits in anderen Ländern, zum Verständnis der Entstehung und Funktion des sozialen Gedächtnisses beigetragen hat, ist jedoch noch nicht beantwortet worden. Die Rezeption dieses Werks könnte man zunächst im Zusammenhang mit der Tradition der soziologischen und historischen Erinnerungsforschung untersuchen. Fragen zu den Trägern des kollektiven Gedächtnisses, zur Begriffsauswahl und deren Interpretation, zur symbolischen Bedingung der Erinnerbarkeit und zum Generationsbewusstsein werden in diesem Zusammenhang abschließend kurz erörtert.

Die Ideen Maurice Halbwachs' fallen in *Les Lieux de mémoire* vor allem wegen ihrer Abwesenheit auf. In diesen Aufsätzen gibt es keinen expliziten Beleg für die Behauptung von Pim den Boer, der in Bezug auf Nora Halbwachs als „den Soziologen, der den französischen Historikern beigebracht hat, wie sie das Gedächtnis an eine zentrale neue Stelle rücken können" (den Boer 1993: 41), beschreibt. Kennzeichnend dafür ist Noras flüchtiger Verweis auf die Gedächtnissoziologie in einem Aufsatz vom Jahre 1978. Im für die Geschichte der französischen *Nouvelle Histoire* bahnbrechenden „Wörterbuch der neuen Geschichte" (Nora 1978b) hat Nora den Beitrag „Kollektives Gedächtnis" verfasst, in dem Halbwachs lediglich in einer Fußnote erwähnt wird. Nora räumt jedoch dem kollektiven Gedächtnis einen festen Platz in der neueren Geschichtsschreibung ein, indem er die Notwendigkeit betont, Orte als Ausgangspunkte einer neuen Geschichtsauffassung anzuerkennen, nämlich Erinnerungsorte, „in der jede Art Gesellschaft, ob Nation,

Familie, Ethnie oder Partei, freiwillig ihre Erinnerungen festhalten oder sie als Bestandteil ihrer Persönlichkeit wiederfinden" (1978b: 401). In diesem frühen Hinweis auf Erinnerungsorte als unabdingbare Quellen und Objekte der Geschichtsschreibung entwickelt Nora diese Methodik nicht im Zusammenhang mit der Mnemotechnik in der Antike und im Mittelalter (in der der Begriff „Erinnerungsort" wurzelt) oder mit den jüngsten Forschungen zum kollektiven Gedächtnis im Bereich der Soziologie. Umso überraschender ist es daher, dass der Historiker die Begriffsgeschichte erst 1990 im Vorwort zur deutschen Ausgabe dreier Aufsätze aus *Les Lieux de mémoire* aufgreift (Nora 1990). Von diesen zwei ideengeschichtlichen Quellen vom „Erinnerungsort" – die der antiken Mnemotechnik und der Soziologie des Gedächtnisses – hat sich Nora in *Les Lieux de mémoire* jedoch nur scheinbar entfernt. Es handelt sich hier zwar nicht um die zweckmäßige Bildung des Gedächtnisses, sondern um die wissenschaftliche Auslegung einer vorgefundenen kollektiven Symbolik; die pädagogische Dimension dieser neuartigen französischen Nationalgeschichte könnte man aber durchaus als Gedächtnisstütze auffassen. Und trotz der im Aufsatz von 1978 beschworenen vielschichtigen Träger der kollektiven Erinnerung wie Nation, Familie, Ethnie oder Partei (s.o.) ist das spätere Werk *Les Lieux de mémoire* ausschließlich dem Kontext der Nation gewidmet.

Halbwachs und Nora verwenden ähnliche analytische Konzepte, deren Bedeutungen und Sinnzusammenhänge jedoch unterschiedlich sind. Wenn Nora Erinnerungsorte als „Kristallisationspunkte unseres nationalen Erbes" (1995: 83) definiert, wird man an Halbwachs' Analyse der Verortung von Erinnerungen und die Reflexion über „kollektive Anhaltspunkte" (1925/1985: 178) erinnert. Der Unterschied zwischen Noras Kristallisationspunkten und Halbwachs' Anhaltspunkten liegt darin, dass in *Les Lieux de mémoire* die Träger des kollektiven Gedächtnisses Ereignisse und Orte der nationalen Geschichte Frankreichs sind, die im Laufe der Zeit symbolischen Wert gewonnen haben: Ereignisse, Symbole oder kulturelle Produkte der Kunst und der Literatur, die unserem Leben einen historischen Sinn verleihen. Halbwachs dagegen beschreibt alltägliche Anhaltspunkte wie z.B. ein Mittagessen, eine Wohnung, ein Stadtviertel oder Naturerlebnisse, die der gedanklichen Rekonstruktion vergangener Erlebnisse im Zwiegespräch oder im Selbstgespräch zugrunde liegen (Halbwachs 1925/1985: 178–180). Beide Autoren verweisen weiterhin auf *milieux* der Erinnerung. Das verloren gegangene *milieu* wird bei Nora an der Zeit der dritten Republik gemessen: einer idealisierten Synthese kollektiver Symbolik und kollektivem Geschichtsbewusstsein, die Mona Ozouf am Beispiel des Panthéons darstellt. Halbwachs spricht vom *milieu* einer sozialen Gruppe als Träger von gemeinsamen Interessen, Ideen und Anliegen (vgl.

Namer 1978: 98). Hier operieren individuelle Kontexte in Verbindung mit sozialen Kontexten (Familie, Religion, Klasse sowie auch wirtschaftliche, politische und juristische Gruppen) und mit „intellektuellen" Kontexten der Gedächtnisvermittlung (Sprache, Zeit, Raum und Assoziationen). Dieses dreiteilige Interpretationsschema eignet sich für die Mikroanalyse sehr verschiedenartiger Kontexte des kollektiven Gedächtnisses anhand von Entstehungsprozessen, symbolischen Trägern und der vielfältigen Verbindungen zwischen individuellem und kollektivem Gedächtnis, die durch Reflexion und interpersonelle Kommunikation, Erzählungen, Zeugenaussagen und vertrauliche Mitteilungen erzeugt werden. Aus diesen Gründen ist die gemeinsame Begriffsbildung Noras und Halbwachs' in Bezug auf die Verbindung der individuellen Erinnerung zum sozialen Kontext irreführend.

Die theoretischen Voraussetzungen von *Les Lieux de mémoire* und deren Struktur sind normativ. Sie bauen auf einem nationalen sozialen Kontext der gemeinsamen Erinnerungen auf (Republik, Nation, die „Frankreichs"); bei Nora wird das Verhältnis zwischen dem größeren nationalen Kontext und einzelnen Erinnerungsorten nicht analysiert, sondern als Bedingung für eine neuartige nationale Geschichtsschreibung vorausgesetzt. In den sieben Bänden wird das kollektive Gedächtnis zwar als plurale Sammlung einzelner Erinnerungsorte gestaltet, die jedoch strukturell in einem metaphorischen Verhältnis zum Ganzen, dem nationalen Kontext, stehen. Einzelne Kristallisationspunkte wie das Panthéon, Kaffee oder die Vendée werden durch einen assoziativen Prozess der Synekdoche (vgl. White 1973: 34) als Teile des Ganzen begriffen, als vermittelnde Träger gemeinsamer, emotionaler Bindungen. Wir können deshalb Noras Erinnerungsorte nicht im Halbwachs'schen Sinne als kollektiv bezeichnen. Die Schichtung der Erinnerungsorte beruht hier nicht auf sozialen Gruppen wie Klasse, Religion oder Familie, sondern auf einer umfassenderen, politisch definierten Symbolik der Republik, der Nation und der „Frankreichs", auf einer zweiten Schicht politischer und kultureller Symbolik (wie z.B. „Territorium", „Staat" oder „Erbe", *patrimoine)*, und drittens auf einzelnen Erinnerungsorten. *Les Lieux de mémoire* ist daher, im Unterschied zu Halbwachs' Studien, weniger eine analytische Diagnose des kollektiven Gedächtnisses des späten zwanzigsten Jahrhunderts als dessen Produkt und pädagogisches Regulativ. Die Auswahl der darin enthaltenen Erinnerungsorte wird nicht begründet. Ihre Ursprünge liegen im gemeinsamen Projekt der Autoren und der in den frühen achtziger Jahren im Seminar der Pariser EHESS[8] teilnehmenden Studenten. In diesem Sinne erscheint es als Mangel, wenn man ein Inventar der zeitgenössischen

---

8   *École des Hautes Études en Sciences Sociales.*

Erinnerungssymbolik Frankreichs entwirft, das die Kolonialgeschichte und den Auflösungsprozess der Kolonien nicht einbezieht und das die Kollaboration während des zweiten Weltkriegs nicht ausführlicher als im Einzelaufsatz zum Thema „Vichy" behandelt.[9]

Im Mittelpunkt von Noras Interessen steht nicht das kollektive Gedächtnis als kommunikativer Prozess, sondern die Definition des kollektiven Geschichtsbewusstseins im späten zwanzigsten Jahrhundert in seinem historischen Kontext. Er fasst die Entwicklung des kollektiven Gedächtnisses in breiten historischen Epochen zusammen. Die Moderne Frankreichs führt von der „monarchischen Erinnerung" unter dem *Ancien Régime* über die „staatliche Erinnerung" nach der Revolution, die „nationale Erinnerung" nach der Julirevolution von 1830 und die „staatsbürgerliche Erinnerung" unter der Dritten Republik bis zur heutigen „kulturellen" bzw. „erbschaftlichen Erinnerung" *(mémoire-patrimoine)* (Nora 1986b: 647–651). Diese letzte Kategorie begreift Nora als Wasserscheide für das nationale Selbstverständnis, das das Gefühl der Zugehörigkeit zu einer einzigartigen Nation zwar zulässt, aber keineswegs parteiische Gegensätze hervorruft. Ein solches „teilnahmsloses" historisches Bewusstsein kann trotz parteiischer Interessen (z.B. für oder gegen die europäische Einigung, Immigration oder Dezentralisierung), die früher diese gemeinsame Vorstellung der nationalen Zugehörigkeit in Frage gestellt hätten, fortdauern (Nora 1986b: 651).

Im Unterschied zu Nora problematisiert Halbwachs den Zusammenhang zwischen historischem, sozialem und individuellem Gedächtnis. Zwischen Individuum und Kollektiv stehen kleinere und größere soziale Kreise, ein Geflecht von Kommunikation, geteilten Interessen und sogar die Aushandlung von Erinnerungen (vgl. Ferry 1996: 44f.). In den Worten Marie-Claire Lavabres: „[W]enn die Individuen, die an kollektiven Erinnerungen teilhaben, eben dieser größeren Gruppe Nation angehören, haben die mittleren Gruppen eine wesentlich direktere Wirkung auf das Leben und das Denken von deren Mitgliedern als die Nation selbst, deren Geschichte nur wenige Kontaktpunkte mit der Geschichte der Individuen hat." (Lavabre 1999: 51) Am deutlichsten wird das problematische Verhältnis zwischen dem individuellen und dem kollektiven Gedächtnis am Beispiel des Erwerbs von historischem Wissen im Schulunterricht (Halbwachs 1950/1991: 103). Paul Ricœur zufolge kennzeichnet das Beispiel des Geschichtsunterrichts den *unheimlichen* Charakter der Kluft zwischen individueller Erfahrung und kollektivem (vor allem historischem) Gedächtnis (2000: 511). In *Les*

---

[9]   Obwohl die später erschienenen Bände zu italienischen und deutschen Erinnerungsorten in deren Bandbreite differenzierter sind, wird auch hier das grundlegende Prinzip der Auswahl der Orte einem von Hans-Ulrich Wehler „erinnerungspolitisch" genannten Ziel der Herausgeber unterstellt (2001).

Lieux de mémoire wird diesem Problem mit normativen statt analytischen Kategorien begegnet, indem Nora das Unheimliche durch ein metaphorisches System übertüncht. Stattdessen entwirft Halbwachs ein Interpretationsmodell, mit dem er den Prozess der Überbrückung dieser Kluft durch interpersonelle und transgenerationelle Kommunikation interpretiert.

Worin liegt Noras Beitrag zum Verständnis des kollektiven Gedächtnisses über den Kontext der französischen Nationalgeschichte hinaus? Während Halbwachs die transgenerationelle Vermittlung des individuellen und kollektiven Gedächtnisses erforscht, unterstreicht Nora generationelle und historische Brüche. Und während Halbwachs Parameter der Wechselwirkung zwischen individuellem, sozialem und historischem Gedächtnis mit erlebten, teilweise autobiographischen Beispielen darlegt, versucht Nora vor dem historischen Hintergrund der Moderne das kollektive Gedächtnis am Ende des zwanzigsten Jahrhunderts zu kategorisieren: es ist „kulturell" statt politisch, „sozial" statt historisch, und daher „archivisch" und „historiographisch". Dies ist eine Epoche, so Nora, in der das kollektive Gedächtnis nur noch vermittelt über historische Spuren und Geschichtsbücher erfahren wird; daraus resultiert eine „unnatürliche" Geschichtsbezogenheit, in der erinnernde Individuen sich nicht mehr mit dem Kollektiv (z.B. mit der *nation-mémoire* der Staatsnation oder gemeinsamen Ideologien) identifizieren und in der das kollektive Gedächtnis an das „Archiv" (einschließlich Museen und Denkmäler) delegiert wird. Nora hat einen zweifachen Beitrag zum Verständnis der Kulturen und Kontexte des Erinnerns geleistet: eine pädagogische Darlegung kollektiver Symbolik und deren historische Analyse im Kontext des zeitgenössischen Geschichtsbewusstseins. Nicht zuletzt hat er über den Kontext seines Werks hinaus einen Fundus einprägsamer Begriffe zur Deutung der neueren Erinnerungskulturen hinterlassen. Gerade wegen des pädagogischen Zwecks, der Gebundenheit an den nationalen Kontext und der geringfügigen Beachtung individueller Erfahrungen im Entstehungsprozess und in der Erhaltung geteilter Erinnerungen, bleibt jedoch diese ausführliche Diagnose auch ein Symptom des neueren internationalen Erinnerungskults.

Literatur

Boer, P. den (1993): Lieux de mémoire et l'identité de l'Europe. In: P. den Boer/W. Frijhoff (Hg.): Lieux de mémoire et identités nationales. Amsterdam: Amsterdam University Press, S. 11–45.

Carcenac-Lecomte, C./K. Czarnowski/S. Frank/S. Frey/T. Lüdtke (Hg., 2000): Steinbruch Deutsche Erinnerungsorte. Annäherungen an eine deutsche Gedächtnisgeschichte. Frankfurt/M: Peter Lang.

Connerton, P. (1989): How Societies Remember. Cambridge: Cambridge University Press.

Ferry, J.-M. (1996): L'Éthique reconstructive. Paris: Cerf.

François, E. et al. (Hg., 1995): Nation und Emotion. Göttingen: Vandenhoeck & Ruprecht.

François, E./H. Schulze (Hg., 2001): Deutsche Erinnerungsorte. Bd. I. München: Beck.

Furet, F. (1993): L'Ancien Régime et la Révolution. In P. Nora (Hg.): Les Lieux de mémoire III. Les France 1, S. 106–183.

Halbwachs, M. (1925/1985): Das Gedächtnis und seine sozialen Bedingungen. Frankfurt/M: Suhrkamp.

Halbwachs, M. (1950/1991): Das kollektive Gedächtnis. Frankfurt/M: Fischer.

Hartog, F. (1995): Temps et histoire. 'Comment écrire l'histoire de France?' *Annales HSS*, 6, S. 1219–1236.

Hutton, P. (1993): History as an Art of Memory. Hanover/London: Vermont University Press.

Isnenghi, M. (Hg., 1996): I Luoghi della Memoria. Simboli e miti dell'Italia unita. Roma-Bari: Laterza.

Lavabre, M.-C. (1998): Maurice Halbwachs et la sociologie de la mémoire. *Raison présente*, 3, S. 47–56.

Namer, G. (1987): Mémoire et Société. Paris: Klincksieck.

Nora, P. (1978a): Le présent. In: J. Le Goff et al. (Hg.): La nouvelle histoire. Paris: Bibliothèque du CEPL, S. 467–472

Nora, P. (1978b): Mémoire collective. In: J. Le Goff/R. Chartier/J. Revel (Hg.): Dictionnaire de la nouvelle histoire. Paris: Bibliothèque du CEPL, S. 398–401.

Nora, P. (Hg., 1984–93): Les Lieux de mémoire. 7 Bände. (1984): I. La République. (1986): II. La Nation (1, 2, 3). (1993): III. Les France (1, 2, 3). Paris: Gallimard.

Nora, P. (1984a): Présentation. In: Les Lieux de mémoire. I. La République, S. VII–XIII.

Nora, P. (1984b): Entre mémoire et histoire. La problématique des lieux. In: Les Lieux de mémoire I. La République, S. XVII–XLII.

Nora, P. (1984c): Le Dictionnaire de pédagogie de Ferdinand Buisson. In: Les Lieux de mémoire. I. La République, S. 353–378.

Nora, P. (1984d): De la république à la nation. In: Les Lieux de mémoire. I. La République, S. 651–659.

Nora, P. (1986a): Présentation. In: Les Lieux de mémoire. II. La Nation 1, S. IX–XXI.

Nora, P. (1986b): La nation-mémoire. In: Les Lieux de mémoire. II. La Nation 3, S. 647–658.

Nora, P. (1990): Zwischen Geschichte und Gedächtnis. Berlin: Wagenbach.

Nora, P. (1993a): Comment écrire l'histoire de France? In: Les Lieux de mémoire. III. Les France 1, S. 11–32.

Nora, P. (1993b): La génération. In: Les Lieux de mémoire. III. Les France 1, S. 931–971.

Nora, P. (1993c): Présentation. In: Les Lieux de mémoire. III. Les France 3, S. 13–16.

Nora, P. (1993d): L'ère de la commémoration. In: Les Lieux de mémoire. III. Les France 3, S. 977–1012.

Nora, P. (1993e): De l'histoire contemporaine au présent historique. In: Institut d'Histoire du Temps Présent (Hg.): Écrire l'histoire du temps présent. Paris: Éditions du CNRS, S. 43–47.

Nora, P. (1995): Das Abenteuer der Lieux de mémoire. In: E. François et al. (Hg.): Nation und Emotion, S. 83–92.

Ozouf, M. (1984): Le Panthéon. In: Les Lieux de mémoire. I. La République, S. 139–166.

Ricœur, P. (2000): La Mémoire, l'histoire, l'oubli. Paris: Seuil.

Samuel, R. (1995): Theatres of Memory: Past and Present in Contemporary British Culture. London/New York: Verso.

Wehler, H.-U. (2001): Was uns zusammenhält. Die Zeit, 22. März 2001, S. 28.

White, H. (1973): Metahistory: The Historical Imagination in Nineteenth Century Europe. Baltimore/London: Johns Hopkins.

Winter, J. (1995): Sites of Memory, Sites of Mourning: The Great War in European Memory. Cambridge: Cambridge University Press.

Wood, N. (1994): Memory's Remains: Les Lieux de mémoire. History and Memory, 1, S. 123–149.

Living history und die Konstruktion von Vergangenheit in amerikanischen *historic sites*

Sabine Schindler

Mit 70 Millionen Besuchen jährlich stellen amerikanische Geschichtsmuseen und *historic sites* Fixpunkte des kollektiven Gedächtnisses mit beträchtlichem Wirkungskreis dar.[1] Die Ergebnisse der wissenschaftlichen Erforschung ihres Gegenstands präsentieren sie nicht vorrangig einem Fachpublikum, sondern dem historischen Laien. Sie gehören damit in den Bereich der *public history*, die in den Vereinigten Staaten ein breites Feld findet und definiert werden kann als „history in action and sometimes reenacted", als „history in usable, tangible, and visible forms that evoke personal and often highly emotional responses" (Franco 1997: 66).

Die Anziehungskraft, die Geschichte im Museum auf die breite Öffentlichkeit auszuüben vermag, hat vielerlei Gründe. Zum einen besticht sie durch ihre dingliche Konkretheit und die, wie Deneke formuliert hat, „Suggestionskraft authentischer Materialien" (1990: 66), die oftmals im ganzheitlichen Kontext gezeigt werden. Zum anderen haben sich viele amerikanische Institutionen durch die museale Umsetzung der akademischen *new social history*, die sich vor allem in einer Ergänzung der konventionellen Ereignis- und Politikgeschichte durch alltags- und minoritätengeschichtliche Ansätze ausdrückt, im Verlauf der letzten Jahrzehnte zusätzliche Zielgruppen erschließen können. Nicht zuletzt wurde die Popularität vieler *historic sites* durch innovative, an den Grundsätzen des *experiential learning* orientierte Vermittlungskonzepte befördert. Eine wachsende Zahl amerikanischer historischer Stätten bedient sich einer Präsentationsform, für die sich seit etwa 1970 der Begriff *living history* eingebürgert hat. Mit über 800 Institutionen aus dem Bereich der *public history* nicht mehr wegzudenken, gilt sie in den Vereinigten Staaten inzwischen als „one of the primary ways in which people learn about their past" (Fortier 1989: 2).

Die *living history* kann als eine Erinnerungskultur eigener Qualität bezeichnet werden, die konträr zu Halbwachs' These der Rekonstruktivität des Erinnerns (Halbwachs 1925/1985: 8) das Wiederaufleben der Vergangenheit suggeriert und die Möglichkeit einer authentischen Wieder-

---

1 Schätzungen der Besucherzahlen in amerikanischen Museen in Lusaka/Strand (1998: 59).

163

erlebbarkeit präsumiert. Während *historic sites*, die sich traditioneller Vermittlungsmethoden wie Führungen und mit Text versehener Exponate bedienen, die originalgetreue Rekonstruktion des ursprünglichen Zustandes historischer Gebäude anstreben, geht sie noch einen Schritt weiter: Ihr Ziel ist: „to simulate life in another time" (Anderson 1982: 291). Die Vergangenheit soll auf dem Wege der mimetischen Reproduktion materieller und mentaler Milieus vergegenwärtigt und im engeren Sinne erlebbar gemacht werden. Dieses Vorhaben wird in der Regel durch ein ganzes Spektrum an Präsentationsmöglichkeiten umgesetzt, das vom Tragen historischer Kostüme über das Ausüben historischer Handwerke bis hin zur umfassenden Inszenierung eines möglichst vollständigen Ausschnitts vergangener Wirklichkeit reichen kann. Der letztgenannte Fall stellt eine Extremform von *living history* dar, die so genannte *first person interpretation*. Sie bevölkert die – restaurierte oder rekonstruierte – historische Kulisse mit Schauspielern, die in die Rolle der damaligen Bewohner schlüpfen und diese ausschließlich aus der Perspektive der Vergangenheit verkörpern.

Die dialogische Interaktion mit den *first person interpreters* wird somit zur Hauptinformationsquelle des historischen Laien. Dem Besucher wird in Aussicht gestellt, durch die simulierte persönliche Begegnung mit der Vergangenheit gleichsam unvermittelt in diese einzutauchen und dadurch zu einem vertieften und kritischen Geschichtsverständnis zu gelangen. In Anlehnung an die Terminologie Jan Assmanns mag man darin den Versuch erkennen, einem externalisierten und medial vermittelten kulturellen Gedächtnis den Anstrich eines kommunikativen, interaktiven Gedächtnisses zu verleihen (1997: 22ff.). Die *living history* wird allgemein als die museumsdidaktische Umsetzung der akademischen *new social history* bezeichnet und entstehungsgeschichtlich in den Kontext der gesamtgesellschaftlichen Demokratisierungsprozesse der sechziger und siebziger Jahre eingeordnet. Eines der Ziele dieses holistischen Vermittlungsansatzes war ursprünglich, allen Bevölkerungsschichten gleichermaßen Zugang zu Geschichte und Tradition zu ermöglichen, und in der Tat schreibt man ihm generell den Erfolg zugute, „culture less elite and heritage more accessible" gemacht zu haben (Fortier 1989: 10). Allerdings ist die *living history* als medialer Rahmen der kollektiven Erinnerung mit Eigenheiten befrachtet, die der Erfassung historischer Komplexität teilweise im Wege stehen und manipulativ auf das Geschichtsverständnis der Museumsgänger wirken können.

Im Folgenden sollen einzelne streitbare Aspekte der *living history* anhand der empirischen Beispiele *Colonial Williamsburg* und *Plimoth Planta-*

tion skizziert werden.[2] Beide Institutionen können als einflussreiche Vertreter der amerikanischen Museumslandschaft gelten. Zum einen nehmen sie aufgrund ihres Vermittlungsgegenstands einen wichtigen Platz in der Nationalsymbolik und im historischen Selbstverständnis der Vereinigten Staaten ein. Sie behandeln Kernthemen des amerikanischen Gründungsmythos. Zum anderen haben ihre ebenso umfangreichen wie akribischen Restaurations- bzw. Rekonstruktionsarbeiten und museumsdidaktischen Umsetzungen Vorbildfunktion für die Bemühungen anderer *historic sites*.

Colonial Williamsburg, die wiedererrichtete koloniale Hauptstadt Virginias und größtes *living history*-Museum der Vereinigten Staaten, setzt dem revolutionären Amerika und seinen *patriot leaders* ein Denkmal. Die Stätte empfängt rund drei Millionen Besucher im Jahr. Sie wurde 1926 mit erheblicher finanzieller Unterstützung des Ölmillionärs John D. Rockefeller, Jr. gegründet und befindet sich heute im Besitz und unter Leitung der *Colonial Williamsburg Foundation*, einer *non-profit educational foundation*. Bis in die achtziger Jahre war die Institution darum bemüht, Rockefellers Vision umzusetzen, die darin bestand „(to) let the past speak to us of those great patriots whose voices once resounded in these halls and whose far-seeing wisdom, high courage, and unselfish devotion to the common good will ever be an inspiration for noble living".[3] Im Zuge des Aufstiegs der *new social history* fanden jedoch entscheidende Revisionen der Interpretation statt. Neben den großen Taten der Gründungsväter bemüht man sich seit etwa fünfzehn Jahren, auch die Lebenswelten der mittleren und unteren Bevölkerungsschichten, von Frauen, Kindern und Sklaven begreiflich zu machen. Wie in den Ausführungen des aktuellen *thematic framework* ersichtlich wird, wurden dem epochalen Konflikt mit dem englischen Mutterland inzwischen ansatzweise innergesellschaftliche Konflikte und Entwicklungsdynamiken beigefügt:

> The Williamsburg story – which we call ‚Becoming Americans' – tells how diverse peoples, holding different and sometimes conflicting personal ambitions, evolved into a society that valued both liberty and equality. Americans cherish these values as their birthright, even when their promise remains unfulfilled. Interpretation at *Colonial Williamsburg* explores the history behind critical challenges that currently divide American society and the historic forces that simultaneously unite it. (Carson 1997: 1)

---

[2] Die Stätten wurden in den letzten Jahren im Rahmen mehrerer Forschungsaufenthalte von der Verfasserin besucht.

[3] Ansprache von John D. Rockefeller, Jr. anlässlich der Eröffnung Colonial Williamsburgs, zitiert im Einführungsfilm des *Colonial Williamsburg Visitors Center*.

Dennoch ist der traditionalistische Erzählstrang, der die amerikanische Nation aus teleologisch verzerrtem Blickwinkel zelebriert, in den ideellen Zielsetzungen der Geschichtsvermittlung erhalten geblieben. So betont Carson, *Director of Research* der Institution, die ungebrochene Gültigkeit der Überzeugung „that American history should ultimately be a story about the process of nation making" (Carson 1994: 144). Mit der Veröffentlichung und Implementierung des oben genannten überarbeiteten *thematic framework* (*Becoming Americans – Our Struggle To Be Both Free And Equal*) hat sich die Institution im Jahr 1998 an die innovative Spitze der musealen Präsentation historischer Stoffe gesetzt.[4] Die Vermittlung *on site* findet heute verstärkt durch das Medium der *theatrical interpretation* statt, getreu des von *Colonial Williamsburg* neu verinnerlichten Glaubenssatzes, „that history museum interpretation is ultimately theater" (Carson 1998: 45).

Auf *Plimoth Plantation*, einer Rekonstruktion der ersten puritanischen Siedlung auf dem nordamerikanischen Kontinent zum Stichjahr 1627, werden die so genannten *Pilgrims* als sittliche Gründungsväter der Vereinigten Staaten vergegenwärtigt. Das Museum wurde 1947 von Harry Hornblower II mit dem Ziel ins Leben gerufen, der Geschichte der *Pilgrims* physische Präsenz innerhalb der Stadt Plymouth zu verleihen, wo die Überreste der ursprünglichen Siedlung im Lauf der Jahrhunderte zerstört oder überbaut worden waren. Die Stätte empfängt jährlich eine halbe Million Besucher. Bis in die sechziger Jahre hinein vermittelte man den in der amerikanischen Populärkultur bis heute verbreiteten Mythos der *Pilgrims*, „stressing the popular, pious image of them as hardworking, ingenious and reverent pioneers whose stalwart ways and collective courage made them the inspiration for all that was good in America" (Baker 1997: n.p.).

Das Jahr 1969 brachte die Veränderungen, die *Plimoth Plantation* letztendlich seine heutige Gestalt geben sollten. Als eine der ersten Institutionen seiner Art setzte sie die Theorien der *new social history* im musealen Kontext um und wurde zu einem „prominent player in America's ‚culture war'" (Baker 1997: 24). Die *Pilgrims* sollten nicht länger als die mythisierten Gründungsväter der Vereinigten Staaten präsentiert und jeglicher Form von *inspirational history* eine Absage erteilt werden. Eine ‚history for history's sake' sollte „the previous ‚useful' bourgeois history" ablösen (Baker 1993b: 15).[5] Im Museumsdorf drückte sich

---

4   Vgl. auch die Sonderausgabe *The Public Historian. A Journal of Public History*, 20 (3), Summer 1998.
5   Als das Museum den Anschluss an neue Erkenntnisse der geschichts- und sozialwissenschaftlichen Forschung suchte und sich zum Zweck der Vermittlung der *living history* zuwandte, stieß man auf erheblichen Widerstand, insbesondere von Seiten der *Mayflower descendants*. Diese wollten die *inspiring history* ihrer Vorfahren nicht gegen eine ihnen fraglich

dieser Bruch mit der traditionellen Historiographie durch die Einführung des in jener Zeit aus der Taufe gehobenen *living history*-Konzepts aus: Die Betextungen der Exponate wurden entfernt und stereotype Kostümierungen durch historisch genauere Anfertigungen ersetzt. Statische Ausstellungen nahm man aus dem Dorf heraus. Es wurden nicht länger „repetitive demonstrations" nur zu Erklärungszwecken vorgeführt, sondern die entsprechenden Tätigkeiten wurden von den *guides* und *hostesses* tatsächlich ausgeübt (Baker 1993a: 65). Außerdem bevölkerte man das Museumsdorf mit Tieren. „It was now possible (...) for a visitor to see a village representing 1627 Plymouth where nothing obviously anachronistic met the eye" (Baker 1993a: 65).

Der Übergang zur *first person interpretation* markiert die dritte und bis heute andauernde Phase der institutionseigenen Entwicklung. Sie begann im Jahr 1978. Um die Vergangenheitsillusion noch überzeugender zu gestalten, schlüpften die *interpreters* jeweils in die Rolle eines damaligen Bewohners der Siedlung und kommunizierten ausschließlich aus der Perspektive des Jahres 1627 mit dem Besucher. Marten, der Initiator der neuen Methode, bezweckte, eine „internally *consistent* and verisimilitudinous reconstruction of the *total* (...) material and (...) social environment" zu leisten (1977: n.p.). Im Selbstverständnis der *Plimoth Plantation* ist der Ikonoklasmus der späten sechziger Jahre sowie die *living history* als museumsdidaktische Umsetzung einer angeblich wertfreien Geschichte, die allein der Authentizität des Gezeigten verpflichtet sei, fest verankert. *Myth-debunking*, ein Begriff, der in der genannten Umbruchphase an Prominenz gewann, wird heute noch als eine der Hauptaufgaben des Museums betrachtet.

Die Stätte setzt sich gegenwärtig aus verschiedenen Exponaten zusammen, deren Kernstück das so genannte *Pilgrim Village* darstellt.[6] Das Dorf besteht aus vierzehn Holzhütten, die den ursprünglichen Bewohnern, darunter die bekannteren Persönlichkeiten Miles Standish, William

---

[6] erscheinende *scientific history* eintauschen und beurteilten die Bemühungen der *Plimoth Plantation* als *revisionist ploy*.

Daneben besteht folgendes Informationsangebot: Im nahegelegenen *Visitor Center* situiert eine kurze multimediale Einführungsshow den Besucher im historischen Kontext und bereitet ihn auf das *Pilgrim Village* vor. Nach der Erkundung des Dorfes wird der Besuch von *Hobbamock's Homesite*, einer wieder aufgebauten indianischen Farm, die sich ausschließlich der *third person interpretation* bedient, empfohlen. Die Kultur der *Native Americans* war bereits ab 1959 Teil der musealen Darstellung auf *Plimoth Plantation*. Seit 1973 wird das *Wampanoag Indian Program* von Mitgliedern der örtlichen *Wampanoag community* gestaltet. Eine zum Teil interaktive Ausstellung im *Visitor Center* stellt die historischen Ereignisse jenseits des im Museumsdorf porträtierten Jahres dar. Schließlich kann man sog. *rare breeds*, Tierarten, die ihren historischen Pendants phänotypisch gleichen, und ein *Crafts Center* besichtigen. Dort stellen Handwerker die im *Pilgrim Village* eingesetzten und für den Verkauf in den *gift shops* vorgesehenen Artefakte vor den Augen der Besucher her. Sie verwenden dabei Techniken, die im 17. Jahrhundert gebräuchlich waren.

Bradford, William Brewster und John Howland, aber auch weniger bekannten Zeitgenossen wie John Billington und William Palmer als Behausungen gedient haben. Die Hütten ziehen sich auf beiden Seiten einer knapp einen Kilometer langen unbefestigten, leicht abschüssigen Straße entlang. Sämtliche *plots* sind durch Holzzäune abgegrenzt, innerhalb derer sich jeweils ein *kitchen garden* mit Gemüse und Kräutern befindet. Außerdem sind ein gemeinschaftlich genutzter Backofen, mehrere Vorratsschuppen, ein Heuschober, eine Schmiede sowie mehrere umzäunte Flächen, auf denen Rinder und Schafe gehalten werden, Teil des Dorfes. Eine aus Holzpfählen gebaute rautenförmige Palisade umgibt das gesamte *Pilgrim Village*. In den Hütten und Gärten trifft der Besucher auf kostümierte Schauspieler, die jeweils einen der ursprünglichen Bewohner der Siedlung verkörpern. Er kann sich im Museumsdorf frei bewegen und sämtliche Objekte – es handelt sich ausschließlich um Reproduktionen – berühren.[7] Herkömmliche Hilfestellungen, etwa durch Schilder und *third person interpreters*, stehen ihm indes nicht zur Seite. Bei der Erkundung des Geländes kann er sich lediglich am im *Visitor Center* verteilten Lageplan orientieren, der die einzelnen Behausungen Familien zuordnet und knappe Informationen zur Biographie der Bewohner gibt. Dem Besucher stellt sich die historische Wirklichkeit also zunächst als ein Nebeneinander demographischer Daten dar, dem keine *a priori* bekannte narrative Struktur zugrundeliegt. Diese soll sich für jeden Besucher individuell aus der Interaktion mit den *interpreters* ergeben. *Plimoth Plantation* preist diese Art der Darbietung als didaktisch höchst effizient an:

> [T]he experience of Plimoth Plantation is consciously and carefully constructed to encourage critical thinking and to move visitors from the acquisition of fundamental facts about the 17th century to deep consideration of the personal relevance of the past. (…) We introduce visitors to the historical complexities beneath the pastoral Thanksgiving tale that they were told as children. While a familiar story draws many of our visitors, the living history presentation (in particular our historic role playing) opens new avenues of learning by drawing them into deeper personal and emotional association with people of the past. (Plimoth Plantation 1999: n.p.)

Der Besuch des Museumsdorfes zeigt hingegen, dass die Präsentation on site oftmals nicht über die Kommunikation alltagsgeschichtlicher

---

7   Im Jahr 1969 hatte man sämtliche Originalstücke aus dem Museumsdorf entfernt und einen Teil der Artefakte versteigert, um mit dem Erlös funktionsfähige Reproduktionen anfertigen zu lassen.

Banalitäten und die Vermittlung eines essentialistischen Menschenbildes hinausreicht. Ein typischer Dialog zwischen Besucher und *interpreter* beginnt in der Regel mit der Feststellung des Familiennamens der jeweiligen Behausung.[8] Vielen Besuchern bereitet es Schwierigkeiten, den typisierten Lageplan ohne Hilfestellung durch Beschilderungen mit den Gegebenheiten vor Ort überein zu bringen. Ist die Identität des *Pilgrim*, den man antrifft, geklärt, führen die *visual cues* der dinglichen Kultur zu weiteren Fragen. Da jedoch die Sachkultur und der Umgang *der interpreters* mit den Gegenständen in der Regel der einzige Kommunikationsauslöser zwischen dem historischen Laien und seinem Gegenüber ist und das Vorwissen des Museumsgängers die Kommunikationstiefe entscheidend beeinflusst, reichen die Dialoge häufig nicht über Themen mit unmittelbar lebenspraktischem Bezug hinaus. Dabei finden die Essenszubereitung über offenem Feuer und jegliche Art von Holz- und Feldarbeiten stets größte Aufmerksamkeit. Sie erscheinen fremd und werden doch als universell menschliche Aktivitäten erkannt.

Zu Diskussionen über abstrakte geschichtliche Konzepte oder zur Vermittlung umfassenden Wissens kommt es in den seltensten Fällen – nämlich immer nur dann, wenn der Besucher offensichtlich Vorwissen zu diesen Themen mitbringt und der *Pilgrim* historisch gesehen tatsächlich in der Lage sein darf, sich über derartige Inhalte fundiert zu äußern.[9] Der über demographische Daten und das Erklären von unmittelbar ausgeübten Tätigkeiten hinausgehende *educational content* eines Besuches kann deshalb sehr unterschiedlich ausfallen.[10] Die didaktische Leistungsfähigkeit der *first person interpretation* erscheint aus diesem Blickwinkel somit zumindest fraglich. Hinzu kommt, dass die auf *Plimoth Plantation* praktizierte Vermittlungsform durch die Dominanz der visuellen Rhetorik stets Gefahr läuft, historische Gegebenheiten selektiv zu verzerren. Dem Besucher werden vorrangig Aktivitäten geboten, die zur optischen

---

8 Die Zuordnung von Individuen und Häusern garantiert nicht, dass der Besucher tatsächlich auf den im Lageplan angekündigten Bewohner trifft, sondern möglicherweise auf einen Verwandten, einen Freund oder einen vorübergehend aufgenommenen Fremden. Diese Maßnahme soll die Wahrnehmung eines bloßen Nebeneinanders der *Pilgrims* durchbrechen und ein Netz von Beziehungen suggerieren. Sie führt jedoch vielmehr zu störender Redundanz und dazu, dass die demographischen Daten der jeweiligen Person einen großen Anteil des Gesprächsinhalts ausmachen.

9 Da eine Gemeinde authentisch auch in ihrer sozialen und intellektuellen Strukurierung verkörpert werden soll, muss etwa ein weibliches Mitglied der *community* so tun, als könne sie keine Fragen zu politischen Anschauungen beantworten oder muss eine ihrem Status entsprechende, subjektiv begrenzte Version abstrakter historischer Konzepte darbieten.

10 Dieser Umstand scheint für die Museumsverantwortlichen kein Anlass zu sein, Teile des Konzepts neu zu überdenken. Sie ziehen sich auf die Position eines *educational relativism* zurück, der jeglicher Information über die Vergangenheit den gleichen Erkenntniswert zuschreibt – handele es sich um das Schmieden eines Nagels, das Sticken eines Knopflochs oder die religiösen Anschauungen des puritanischen *elder*; informelles Gespräch mit Richard Pickering, Special Projects, *Plimoth Plantation*, 1. Juli 1999.

Rezeption geeignet, aber nicht notwendigerweise repräsentativ für die angeblich originalgetreu porträtierte geschichtliche Realität sind. So reklamiert *Plimoth Plantation*, mithilfe der living history eine „entire culture" zu zeigen, „the same way as it was (…) almost 400 years ago" (1999: n.p.). Das Publikum nimmt jedoch fast ausschließlich *Pilgrims* wahr, die sich folgenden Tätigkeiten hingeben: „shearing sheep, tending gardens, harvesting crops, or preserving foodstuffs, (…) entertaining themselves with games, dances and songs" (Plimoth Plantation 1978: n.p.). Die immaterielle Kultur der *Pilgrims* bleibt zumeist im Dunkeln, denn für sie gibt es kaum visuelle Kommunikationsauslöser. Symptomatisch für die sich daraus ergebende Verfälschung historischer Wirklichkeit ist folgende Konstellation: Obwohl im *Pilgrim Village* jeder Tag dem gleichen Tag im Stichjahr 1627 entsprechen soll, wird der Sonntag allwöchentlich übersprungen und zum Montag erklärt. So wird eine angeblich vollständig replizierte Kultur gerade jener Spezifika beraubt, die für sie kennzeichnend waren und die auf die Gegenwart befremdlich wirken dürften. Die auf *Plimoth Plantation* gebotene Form der *living history* propagiert ein teilweise essentialistisches Menschenbild, das den in der amerikanischen Kultur nicht immer positiv rezipierten Puritanern zu einer neuen Art Ansehen verhilft und gleichzeitig Stereotypen des amerikanischen Selbstbildes reproduziert:

> Familiarity dispels contempt: no longer weird exotics, the Pilgrims instead do everyday things just like us today. To be sure, they are done differently, but they are the same kinds of activity – eating and drinking, buying and selling, chatting and cleaning. But in highlighting these resemblances we risk misreading normative for actual behavior. The Pilgrims now become American archetypes: discontented with their lot, they were confident they could change it. Visitors know this is a good American thing to do. (…) So the Pilgrims again become larger-than-life figures, now acting out as behavioral norm what moderns esteem as ideal precept. (…) Extending stereotypical American behavior back into the past, [we] construct or confirm a genetically or environmentally fixed national character. (Lowenthal 1993: 6)

Die angestrebte Entzauberung des *Pilgrim myth* findet nicht statt, im Gegenteil. In Anlehnung an den Barthes'schen Mythosbegriff ist zu konstatieren, dass im *Pilgrim Village* die Prinzipien der Mythenbildung voll in Kraft sind: Geschichte wird hier in Natur verwandelt.[11] Wie bereits angedeutet, hängt dies unter anderem mit der „unvermittelten"

---

[11] Vgl. Barthes (1964).

Dominanz des Visuellen zusammen – ein Phänomen, das sich ebenso in *Colonial Williamsburg* beobachten lässt.

Seit 1978 hat sich auch diese Institution der *living history* zugewandt, allerdings weniger konsequent. Das Freilichtmuseum umfasst über 500 Gebäude, darunter sind 88 als Originalgebäude ausgewiesen. Die restlichen Bauten wurden nach entsprechender Forschungsarbeit zum Teil auf ihren Originalfundamenten rekonstruiert.[12] Die Grünanlagen der *historic area* machen über die Hälfte des Areals aus. Zu ihnen gehören Blumen- und Kräutergärten genauso wie der weitläufige *Market Square* oder der *Palace Green*. Ungefähr zwei Dutzend der Häuser können besichtigt werden, oft nur im Rahmen einer Führung. Es handelt sich dabei vor allem um öffentliche Gebäude wie *Governor's Palace*, *Courthouse* und *Capitol* sowie um die Häuser der städtischen Elite wie das *George Wythe House* oder das *Peyton Randolph House*. Der Lebensraum der mittelständischen Bewohner Williamsburgs ist etwa durch das *Geddy House* und *Benjamin Powell House* repräsentiert. Außerdem nehmen die so genannten *historic trade sites*, also die Heimstätten des Gewerbes, einen prominenten Platz ein. Den insgesamt fünfzehn *stores* und *craft shops* stehen zwölf *exhibition sites* in Form der öffentlichen und privaten Häuser gegenüber. In ihrer Gesamtheit sollen diese Gebäude die damalige *community* möglichst vollständig widerspiegeln.

Während der Besucher auf *Plimoth Plantation* durch die Interaktion mit den *first person interpreters* in die simulierte historische Wirklichkeit eintauchen soll, verharrt er in *Colonial Williamsburg* weitgehend in seiner Rolle als Beobachter. Die kolonialen und (vor-)revolutionären Ereignisse werden ihm hauptsächlich in Form gespielter Szenarios nahe gebracht, in denen *patriots* und *loyalists* publikumswirksam ihre Argumente austauschen. Daneben kann er sich jedoch auch konventionellen Führungen anschließen, die zahlreichen *third person interpreters* um Auskunft bitten oder mit einer Reihe von *first person interpreters* ins Gespräch kommen.[13] Schließlich besteht die Möglichkeit, völlig auf verbale Erklärun-

---

12 Die Grundsätze, die die Restaurationsarbeiten bestimmten, sind bis heute nicht unumstritten. Williamsburgs *capitol* beispielsweise brannte im Jahr 1747 nieder. Das daraufhin wiedererrichtete Gebäude hielt man für architektonisch weniger interessant als jenes vor dem Brand. Deshalb beschloss man, die erste Version des *capitol* zu rekonstruieren, obwohl *Colonial Williamsburg* vorgibt, den Zeitraum von 1750 bis 1775 zu porträtieren. Hinzu kommt, dass man die überlieferten Pläne unter dem Einfluss der *Beaux-Arts*-Schule interpretierte und dem Gebäude eine Symmetrie aufdrängte, die das historische Original wahrscheinlich nicht aufwies. Damit muss die Authentizität der räumlichen Dimensionen des heute präsentierten *capitol* in Frage gestellt werden; Ähnliches gilt für eine Reihe anderer Gebäude. Vgl. Warren/Rosenzweig (Hg., 1989), Huxtable (1992).

13 Zu den Gesprächspartnern aus der Vergangenheit gehören z.B. „George Wythe, Gentleman and Scholar", „Alexander Purdie, Patriot Printer", „Mr. Greenhow, Williamsburg Merchant", „Annabelle Powell, Notable Housewife", „John Randolph, Loyal Servant of the King" sowie George Washington und Thomas Jefferson.

gen durch Führer oder *costumed interpreters* zu verzichten und die *historic area* selbständig zu erkunden – eine Erfahrung, die aufgrund der Abwesenheit von textuellen Erklärungen *on site* fast ausschließlich durch den optischen Eindruck geprägt sein wird.

Die Dominanz des Visuellen zeitigt auch hier Konsequenzen, die einer wahrheitsgetreuen Darstellung historischer Lebenswelten zuwiderlaufen. Dem Besucher bietet sich beim Betreten der *historic area* ein äußerst erbaulicher Anblick, denn das Stadtbild *Colonial Williamsburgs* ist vor allem durch Sauberkeit, Harmonie und Idylle geprägt. Obgleich das Museum die historischen Gegebenheiten des 18. Jahrhunderts originalgetreu porträtieren will, ist die Hauptpromenade, *Duke of Gloucester Street*, asphaltiert und von gepflasterten Gehwegen gesäumt, die zum Flanieren unter schattigen Bäumen einladen. Unzählige Sitzbänke reihen sich aneinander. Vom Lärm, Schmutz und von den Gerüchen einer kolonialen Siedlung ist nichts wahrzunehmen. Sämtliche Gebäude befinden sich in tadellosem Zustand und weisen kaum Gebrauchsspuren auf. Die Inneneinrichtungen der *exhibition buildings* sind Musterbeispiele staubfreier Ordentlichkeit und Übersichtlichkeit. Selbst die *outbuildings* der Sklaven erstrahlen in frisch gestrichenem Glanz. Die liebevoll angelegten, zum großen Teil begehbaren Gärten verwandeln die gesamte Siedlung in eine farbenprächtige, romantische Idylle.

Die euphemistische Rhetorik der baulichen und hortikulturellen Elemente wird durch die „Bevölkerung" *Colonial Williamsburgs* bestätigt. Man bekommt auf einem Spaziergang durch die Straßen das Gefühl, eine besonders ordentliche, harmonische und ethnisch homogene Gemeinde betreten zu haben. Der Besucher wird aus seiner Wahrnehmung schließen, dass die überwältigende Mehrheit im Williamsburg des 18. Jahrhunderts Weiße waren. Dieses Bild entspricht indes nicht den historischen Tatsachen. Über die Hälfte der früheren Bevölkerung war afrikanischen Ursprungs und befand sich im Besitz der sklavenhaltenden *gentry*. Wie Schlereth richtig konstatiert, bleiben die Angehörigen sowie die *material culture* der unteren Gesellschaftsschichten dem Auge des Besuchers grundsätzlich verborgen, sowohl auf der Straße als auch in den Häusern (Schlereth 1990: 351).

So wenig sichtbar die Bewohner afrikanischer Herkunft und andere Menschen am unteren Ende der Hierarchie sind, so überrepräsentiert ist das Bevölkerungssegment der Handwerker und Kaufleute. In der *historic area* sind außer den öffentlichen Gebäuden überwiegend *craft shops* und *stores* zur Besichtigung freigegeben. Damit entsteht zwangsläufig der Eindruck eines prosperierenden Städtchens, das fast ausschließlich von emsigen *artisans* und *merchants* bewohnt ist. Diese Schwerpunktsetzung ist wiederum auf die Vorlieben der Besucher abgestimmt, bei denen *craft and country*-Idyllen gut ankommen. Wie die meisten Museumsdörfer vermittelt *Colonial Williamsburg* eine vorindustrielle „Arbeitsromantik" (Faber 1990: 179), die nicht viel mit den Realitäten der Vergangenheit zu tun hat. Das Erscheinungsbild der *historic area* ist von der versprochenen idealtypischen Repräsentation historischer Gegebenheiten weit entfernt. Stattdessen wird hier „die ästhetische Form selbst (...) zum historischen Inhalt" (Rüsen 1988: 12f.).

Sieht man die Präsentation in ihrer Gesamtheit, so ist festzustellen, dass trotz der nach außen getragenen inhaltlichen und interpretatorischen Neubestimmungen der letzten Jahre althergebrachte ideologische Versatzstücke des amerikanischen Selbstverständnisses omnipräsent sind. *Colonial Williamsburg* propagiert „the Horatio Alger story, the drama of consumer desire, the wisdom of progress, the primitiveness of the past, the universality of middle-class familial emotions" (Handler/Gable 1997: 221). Die amerikanische Geschichte wird zu einem patriotischen Wertesystem verdichtet, in dem dysfunktionale soziale Beziehungen sowie das Fortwirken vergangener Friktionen kaum Platz haben. Stattdessen unterstreicht man das vermeintlich harmonische Streben aller nach Gleichheit und Freiheit, die Amerikanische Revolution wird letztendlich als Höhepunkt einer geradlinig verlaufenden Entwicklung gedeutet. Die Art und Weise der Rekonstruktion der historischen Gebäude und Gartenanlagen, die Führungen und Schauspieler entwerfen gemeinsam ein Bild, das Geschichte zum Inbegriff der Idylle werden lässt und sie als Zufluchtsort vor einer ungewissen Gegenwart und Zukunft attraktiv macht.

Jenseits denkbarer ideologischer oder politischer Motivationen zur Beschönigung der Vergangenheit ist ein Grund für die inhaltlichen und optischen Ästhetisierungen zweifellos in der Tatsache zu suchen, dass Stätten vom Zuschnitt von *Colonial Williamsburg* im Wettbewerb mit alternativen touristischen Angeboten bestehen müssen: „Museums have many competitors in the cultural marketplace; if their offerings are unattractive, shoppers will go elsewhere." (Wallace 1996: 124) *Historic sites*, die als so genannte *non-profit educational foundations* organisiert sind, haben die Kommodifizierung von Geschichte und Erinnerung vorangetrieben und die Erwartungshaltungen des Publikums an die Begegnung mit der Vergangenheit durch die Umwandlung historischer Stoffe in professionell dargebotene Spektakel entsprechend geprägt. Die *living history* geht grundsätzlich mit den Anforderungen des kommerziellen Massenunterhaltungsmarktes konform. Zugleich Produkt und Medium der *event*-Kultur weist sie Berührungspunkte mit den populärkulturellen amerikanischen *theme parks* auf.

So ist die Grenze zwischen Bildungsanspruch und kommerziellen Interessen auch in *Colonial Williamsburg* fließend. Die Institution ist nicht bloß ein Vermittler historischen Wissens, sondern kann als ein hochspezialisiertes Unternehmen zur Vermarktung des Produkts „Geschichte" bezeichnet werden. Die Verzerrung geschichtlicher Tatsachen bis hin zur Trivialisierung wird dabei vielfach billigend in Kauf genommen. Dem Publikum bietet man erlebnishafte Veranstaltungen im Übermaß: Jahrmarktähnliche Inszenierungen wie Auktionen und Seiltanz häufen sich. Besucher können mit Holzstöcken den *military drill* nach Art des 18. Jahrhunderts üben und sich am Pranger fotografieren lassen. Das *fife and drum corps* gibt mehrere Male täglich musikalische Darbietungen auf der *Duke of Gloucester Street* zum Besten. Diese primär unterhaltungsorientierten Ereignisse werden wiederum ohne Erklärungen zum Authentizitätsstatus des Gezeigten neben die Präsentation des aus der Überlieferung gesicherten historischen Materials gestellt.

Wie eng museale Tätigkeit und Kommerz verzahnt sind, demonstrieren auch die unzähligen Möglichkeiten des Besuchers, Utensilien des 18. Jahrhunderts käuflich zu erwerben. In fast allen zur Besichtigung freigegebenen Gebäuden werden *period artifacts* zum Verkauf feilgeboten, und in den zahlreichen *taverns* kann man sich die Vergangenheit gegen teures Geld im wahrsten Sinne des Wortes einverleiben: „Take a bite out of the 18th century!" (Colonial Williamsburg Foundation 1999: n.p.) Die Kommodifizierung von Geschichte macht an den Grenzen der *historic area* nicht Halt. Die *Colonial Williamsburg Foundation* betreibt unter anderem mehrere exklusive *decorator lines*, und im gesamten Gebiet der Vereinigten Staaten orientieren sich moderne Vorstadtwohnsiedlungen und Gärten am nostalgisch verklärenden Stil der wiedererrichteten Kolonialstadt. Nicht ganz zu Unrecht zweifeln Kritiker wie Huxtable demnach an der Redlichkeit und dem Stellenwert der nach außen getragenen Bildungsambitionen: „History is a marketing ploy; shopping is the end of the preservation rainbow." (1992: 26)

Die medialen Eigenarten der *living history* und das kommerzielle Umfeld, in dem Geschichte vermittelt wird, hat vielen *historic sites* den Vorwurf eingebracht, eine, wie Lowenthal es formuliert, „Disneyfied history" zu präsentieren (1995: XV). Die betroffenen Institutionen hingegen weisen eine Gleichsetzung mit künstlich und nur zum Zweck der Unterhaltung geschaffenen *theme parks* zurück – mit dem Hinweis auf die Authentizität dessen, was dem Besucher unterbreitet wird. Der Begriff der Authentizität nimmt im Diskurs vieler *historic sites* einen prominenten Platz ein, erweist sich bei näherem Hinsehen jedoch als mehrdeutiger und je nach Argumentationszusammenhang unterschiedlich funktionalisierter Terminus. Sein Bedeutungskern schwankt zwischen Originalität und Plausibilität. So beschwört *Colonial Williamsburg* gegenüber dem Besucher stets die Echtheit des materiellen *historical environment*, die gleichzeitig die Wahrheit dessen, was inmitten der historischen Kulisse inszeniert wird, zu verbürgen scheint. Die *third person interpreters* werden nicht müde, auf Originalgebäude und -artefakte hinzuweisen und die Museumsgänger über die *painstaking research* zu informieren, mit der man der historischen Wahrheit scheinbar unaufhaltsam auf der Spur ist. In diesem Argumentationszusammenhang wird Geschichte als eine Akkumulation geschichtlichen Faktenmaterials gedacht, an deren Ende eine sich aus den Quellen objektiv ergebende, wahre Darstellung der Vergangenheit steht. Die Tatsache, dass jeglicher Umgang mit Geschichte Selektions- und Deutungsprozesse beinhaltet, wird dem Besucher hingegen nicht bewusst gemacht. Der Authentizitätskult, den viele Stätten betreiben „reifies the vision of an untarnished history yet to be found, an objective past preserved untouched in archives and artifacts" (Lowenthal 1993: 8). Besonders die *living history* mit ihrem Anspruch, die Vergangenheit in ihrer Gesamtheit darzustellen – ein Anspruch der aufgrund der Vielfalt an multisensorischen Eindrücken vordergründig glaubhaft gemacht werden kann –, „(has) revived faith in the old chimera of objectivity" (Lowenthal 1993: 8).

In *Colonial Williamsburg* zeitigte diese Art strikten Authentizitätsdiskurses zudem Folgen, die der angestrebten repräsentativen Porträtierung vergangener Zustände diametral entgegengesetzt sind. So gehörte es bis in die jüngste Vergangenheit zur Philosophie des Freilichtmuseums, in der *historic area* nur diejenigen Aspekte vergangener Lebenswelten zu zeigen, die einwandfrei anhand von Quellenmaterial dokumentierbar sind und idealerweise – hier greift wieder das Visualitätsprinzip der *living history* – anhand von Sachkultur ausgestellt werden können. Diese auch von Handler und Gable kritisierte ‚just the facts'-Philosophie (1997: 78) führte jedoch zwangsläufig zur Exklusion minoritärer Diskurse: Da die Lebenswelten der afroamerikanischen Bevölkerung der ehemaligen Kolonialstadt kaum durch traditionelle Quellen und Überreste dokumentiert sind, wurden sie im visuellen Erscheinungsbild unterschlagen. Inzwischen ist man von der Verwendung des Authentizitätsbegriffs im Sinne des auratischen Eigenwerts eines Originalgegenstandes abgerückt, ohne ihn jedoch vollständig zu ersetzen. Die Diskurse überlagern sich vielmehr. Heute gilt auch als authentisch, was dem Besucher plausibel erscheint:

> What visitors see and hear, (...) what they *experience* is provoked by a series of artfully constructed environments that situate the museum-goer in historical time and space. Three-dimensional objects provide the look and feel that storytellers want; objects that visitors further perceive to be authentic do double duty by also vouching for the truth of the story being told (Carson 1998: 47).

Diese Gleichsetzung von emotionaler Glaubwürdigkeit und Originalität ist jedoch insofern problematisch, als für den Besucher keinerlei Unterschied zwischen Authentizität, Plausibilität und historischer Wahrheit erkennbar wird. Um den afroamerikanischen Lebenswelten des 18. Jahrhunderts trotz des Mangels an Dokumentation im Museumsdorf Präsenz zu verleihen, greift *Colonial Williamsburg* inzwischen zu den Mitteln des fiktiven *story-telling*. So konnte man 1999 im Rahmen des Themenschwerpunkts „Enslaving Virginia" das Schicksal eines entlaufenen Sklaven, der in Williamsburg gelebt hat, dessen Lebensweg jedoch weitgehend unbekannt ist, in Form gespielter *skits* mitverfolgen. Obgleich man einen minoritären Diskurs seiner bisherigen Marginalisierung entreißt und streckenweise ins Zentrum der musealen Vermittlung stellt, ist die hier suggerierte Wesensgleichheit von narrativer und historischer Wahrheit als problematisch zu bewerten.

Die unvermeidlich stattfindende Rekontextualisierung vergangenen Denkens und Handelns sowie die Ergänzung durch fiktionale Elemente bleiben dem Besucher verborgen. Dieser Umstand lädt dazu ein, die Echtheitsbeteuerungen, die sich auf die materiellen Überreste der Stadt beziehen und einen trügerischen Eindruck der Faktizität des Wahrgenommenen hervorrufen, auf die inszenierte Geschichte zu übertragen. Im Übrigen mag folgende Grundannahme hinter *Colonial Williamsburg* illustrieren, dass hinter der *theatrical interpretation* als Mittel der Aktualisierung vergangener Gegebenheiten vor allem eine populärhistorische Motivation steckt, die sich der Erzeugung fiktionaler Spannung mehr verpflichtet fühlt als der Ermöglichung historischer Erkenntnis: „People's differences give dramatic tension to all good soap operas, all good novels, and all good history." (Carson: 1998: 50)

In weiten Teilen der Öffentlichkeit genießt auch *Plimoth Plantation* den Ruf, Geschichte besonders authentisch darzustellen: „The Plantation's approach of radical authenticity is unique in America" (Hechinger 1998: NE–1). Da das *Pilgrim Village* jedoch eine von Grund auf neue Rekonstruktion darstellt, kann die simulierte historische Wirklichkeit ihre Legitimität nicht aus der Echtheit der Objekte ableiten. Authentizität heißt auf *Plimoth Plantation* deshalb: die historisch korrekte Ausführung vergangener Aktivitäten.

> The Williamsburg end of the spectrum relies on scripted events, displays both original and reproduced artifacts or structures to illustrate the cultural context, while the Plimoth end uses reproductions almost exclusively and relies on its re-creation of period social activity to give meaning and legitimacy to the exhibit.[14]

---

[14] <http://www.plimoth.org/liveh1.htm>, Februar 1998.

Die spezielle auratische Qualität, die Originalgegenständen innewohnt, wird zur Erreichung der Bildungsziele für entbehrlich gehalten:

> ‚Authentic' objects (...) do convey a numinous value that inspires emotion and aesthetic appreciation, but an accurate copy is fully as useful to the intellect. (...) [a] life-sized, full(y) operational model has an equal educational legitimacy to a view of George Washington's false teeth. (Ebd.)

So einleuchtend diese Argumentation ist, an ihrem Ende steht doch unausweichlich das Oxymoron der „authentic reproduction" (ebd.). Sowohl in *Colonial Williamsburg* als auch auf *Plimoth Plantation* manifestieren sich mithin gewisse Paradoxien des amerikanischen Authentizitätsverständnisses. Eco konstatiert, „that there is a constant in the average American imagination and taste, for which the past must be preserved and celebrated in full-scale authentic copy" (1998: 6), eine Form der Vergegenwärtigung vergangener Lebenswelten „(in which) the ‚completely real' becomes identified with the ‚completely fake'" (ebd.: 7).

Im Verbund mit den Erkenntnissen der Sozial- und Alltagsgeschichte hat die *living history* in den letzten Jahrzehnten die amerikanische Geschichtsvermittlung und somit die kollektive Erinnerung an bestimmte Epochen und Persönlichkeiten der nationalen Vergangenheit restrukturiert. Die Aufnahme minoritärer Diskurse in das thematische Spektrum hat oftmals zu einer Ergänzung bisheriger hegemonialer *narratives*, selten jedoch zu deren Relativierung und kritischen Hinterfragung geführt. So stehen viele namhafte *historic sites* wie *Colonial Williamsburg* und *Plimoth Plantation* nach wie vor in der Tradition des *civil religion approach*, der historische Konflikte und Problemlagen zwar nicht negiert, aber zugunsten einer konsensbetonten, im Dienste nationaler Identitätsstiftung stehenden kollektiven Erinnerung minimiert. Nicht zuletzt ist dies ein Resultat der spezifischen kommunikativen Eigenschaften der *living history*.

Wie die angeführten Einzelbeispiele gezeigt haben mögen, sind die Dominanz des Visuellen und eine fast ausschließlich auf affektive Wahrnehmung bauende Kommunikation historischer Gegebenheiten besonders geeignet, neben museumsdidaktisch aufbereiteten Fakten (nationale) Mythen zu transportieren und eine kritische Auseinandersetzung mit dem Dargebotenen zu erschweren. Über *visual cues* können kulturell codierte ideologische Wiedererkennungseffekte erzielt werden. Diese untergraben die unzweifelhaft gegebenen Stärken des holistischen, multisensorischen und die historische Vorstellungskraft anregenden Vermittlungsansatzes. In den rekreierten *historical environments* und den zum Teil spektakulär inszenierten Ausschnitten historischer Wirklichkeit, die *Colonial Williamsburg* und *Plimoth Plantation* ihrem Publikum in geschichtspädagogischer und erinnerungspolitischer Absicht präsentieren, ist die Prognose Fortiers längst Realität: Geschichte und Erinnerung haben sich zum „spectator sport" gewandelt (1989: 10).

Literatur

Anderson, J. (1982): Living History: Simulating Everyday Life In Living Museums. *American Quarterly*, 34 (3), S. 290–306.

Assmann, J. (1997): Das kulturelle Gedächtnis. Schrift, Erinnerung und politische Identität in frühen Hochkulturen. München: Beck.

Baker, J. W. (1997): Plimoth Plantation: Fifty Years of Living History. Plymouth: Plimoth Plantation, Inc.

Baker, J. W. (1993a): World View At Plimoth Plantation: History and Theory. *ALHFAM Proceedings of the 1990 Annual Meeting*, Vol. XIII, S. 64–67.

Baker, J. W. (1993b): Looking Back – Looking Around – Looking Ahead. *ALHFAM Proceedings of the 1990 Annual Meeting*, Vol. XIII, S. 12–18.

Barthes, R. (1964): Mythen des Alltags. Frankfurt/M.: Suhrkamp.

Britton, D. F. (1997): Public History and Public Memory: National Council on Public History President's Annual Address. *The Public Historian: A Journal of Public History*, 19 (3), S. 11–23.

Carson, C. (1994): Lost in the Fun House: A Commentary on Anthropologists' First Contact with History Museums. *Journal of American History*, 81 (1), S. 137–150.

Carson, C. (1998): Colonial Williamsburg and the Practice of Interpretive Planning in American History Museums. *The Public Historian: A Journal of Public History*, 20 (3), S. 11–51.

Carson, C. (Hg., 1999): Becoming Americans: Our Struggle To Be Both Free And Equal. A Plan Of Thematic Interpretation. Williamsburg: The Colonial Williamsburg Foundation.

Colonial Williamsburg Foundation (1999): Visitor's Companion for the Week of July 18–24.

Deneke, B. (1990): Realität und Konstruktion des Geschichtlichen. In: G. Korff/M. Roth (Hg.): Das historische Museum. Labor, Schaubühne, Identitätsfabrik. Frankfurt/M./New York: Campus, S. 65–86.

Faber, M. H. (1990): Freilichtmuseen – Abbilder historischer Realität? In: M. L. Schmeer-Sturm/J. Thinesse-Dermel/K. Ulbricht/H. Vieregg (Hg.): Museumspädagogik. Grundlagen und Praxisberichte. Baltmannsweiler: Pädagogischer Verlag Burgbücherei Schneider, S. 164–182.

Fortier, J. (1989): The Dilemmas of Living History. *ALHFAM Proceedings of the 1987 Annual Meeting*, 10, S. 1–19.

Franco, B. (1997): Public History and Memory: A Museum Perspective. *The Public Historian: A Journal of Public History*, 19 (2), S. 65–67.

Glassberg, D. (1986): Living in the Past. *American Quarterly*, 38 (2), S. 305–310.

Halbwachs, M. (1925/1985): Das Gedächtnis und seine sozialen Bedingungen. Frankfurt/M.: Suhrkamp.

Handler, R./E. Gable (1997): The New History in an Old Museum: Creating the Past at Colonial Williamsburg. Durham: Duke University Press.

Hechinger, J. (1998): Plimouth Rocked: Fiscal Woes Force Deep Cuts at Historic Site. *Wall Street Journal*, Wednesday, April 15, NE–1.

Huxtable, A. L. (1992): Inventing American Reality. *New York Review of Books*, 39 (20), December 3, S. 24–29.

Lowenthal, D. (1993): The Dying Future – The Living Past? *ALHFAM Proceedings of the 1990 Annual Meeting*, 13, S. 3–11.

Lowenthal, D. (1995): The Past is a Foreign Country. Cambridge: Cambridge University Press.

Lusaka, J./J. Strand (1998): The Boom – And What to Do About It: Strategies for Dealing with an Expanding Field. *Museum News*, November/December, S. 54–59.

Marten, R. (1977): Plimoth Plantation Interpretation Defined. Photocopy.

Plimoth Plantation (1978): Have the Time of their Life. Photocopy.

Plimoth Plantation (1999): Grant Application for the Institute of Museums and Library Services.

Rüsen, J./W. Ernst/H. T. Grütter (Hg., 1988): Geschichte sehen. Beiträge zur Ästhetik historischer Museen. Geschichtsdidaktik. Studien, Materialien, Neue Folge, Bd.1. Pfaffenweiler: Centaurus.

Rüsen, J. (1988): Für eine Didaktik historischer Museen. In: J. Rüsen/W. Ernst/H. T. Grütter (Hg.): Geschichte sehen. Beiträge zur Ästhetik historischer Museen. Geschichtsdidaktik. Studien, Materialien, Neue Folge, Bd.1, a.a.O., S. 9–20.

Schlereth, T. J. (1990): It Wasn't That Simple. In: ders.: Cultural History and Material Culture: Everyday Life, Landscapes, Museums. American Material Culture and Folklife Series. Ann Arbor/London: University of Michigan Research Press, S. 347–359.

Wallace, M. (1996): Mickey Mouse History and Other Essays on American Memory. Philadelphia: Temple University Press.

Warren, L./R. Rosenzweig (Hg., 1989): History Museums in the United States: A Critical Assessment. Urbana/Chicago: University of Illinois Press.

Vereint in der Differenz

Zur Ausstellung „Leben – Terror – Geist. KZ Buchenwald: Porträts von Künstlern und Intellektuellen"

AXEL DOßMANN

Besucher der Ausstellung „Leben – Terror – Geist. KZ Buchenwald: Porträts von Künstlern und Intellektuellen"[1] mussten sich im Sommer 1999 in das Dachgeschoss des ehemaligen SS-Verwaltungsgebäudes begeben, in dem heute Archiv, Bibliothek und Büros der Gedenkstätte Buchenwald untergebracht sind. Der erste Eindruck entsprach nicht den Erwartungen: Auf dem großen Speicherboden stehen viele große Holzkisten, kreuz und quer über den ganzen Boden verteilt. Das Tageslicht dringt spärlich durch Seitenfenster ein. Von der Decke werfen Spots diffuses, warmes Licht auf die 73 Kisten. Weit hinten sind an einer Wand Begriffe zu lesen: „Angst, Denken, Einsamkeit" steht am anderen Ende des Raumes, darunter: „Enttäuschung, Gedächtnis, Geschichte, Gesellschaft" und „Gott, Haß, Ideale, Kunst, Liebe, Mensch" sowie „Rache, Tod, Versöhnung, Zukunft, Zweifel".

Mit diesen Worten sind grob Horizont und Themen der Ausstellungsinstallation abgesteckt, die an das Leben und das Werk von 73 Künstlern und Intellektuellen erinnert, die eines miteinander verbindet: ihre Gefangenschaft im Konzentrationslager Buchenwald. Was bedeutete dieser gemeinsame Haftort für diese Gruppe von Menschen? Vereint worden sind sie in erster Linie durch den nationalsozialistischen Verfolgungszusammenhang. Nach dem Willen der Nationalsozialisten hätten ihr Geist und ihre Kultur vernichtet werden sollen, niemand sollte sich mehr an sie erinnern können. Von den 73 Porträtierten sind 14 in den Lagern umgekommen, darunter der Wiener Kabarettist Fritz

---

[1]   Die Ausstellung wurde vom 25. Juli bis 25. Oktober 1999 erstmals in der Gedenkstätte Buchenwald gezeigt, danach im Goethe-Nationalmuseum Weimar, in der Gedenkstätte Langenstein-Zwieberge und am Bauhaus in Dessau; 2002 steht Brüssel als Ausstellungsort in Aussicht. Konzeption der Ausstellung: Dr. Volkhard Knigge, David Mannstein, Naomi Tereza Salmon, Christian Schölzel, Axel Doßmann; wissenschaftliche Recherche: Christian Schölzel, Axel Doßmann; künstlerische Gestaltung: David Mannstein, Naomi Tereza Salmon; Ausstellungsarchitektur und Typographie: Axel Pohl, Peter Wentzler. Etliche meiner Überlegungen sind inspiriert durch Gespräche und Debatten im Kreise des Buchenwalder Teams – allen sei dafür herzlich gedankt.

Grünbaum, der Jurist und Hitler-Ankläger Hans Litten, der Dichter Robert Desnos und Maurice Halbwachs, der 67-jährig im Kleinen Lager von Buchenwald starb.

Repräsentiert die Ausstellung ein „kollektives Gedächtnis" im Sinne von Maurice Halbwachs? „In dem Augenblick, in dem die Gruppe auf ihre Vergangenheit zurückblickt, fühlt sie wohl, daß sie dieselbe geblieben ist und wird sich ihrer zu jeder Zeit bewahrten Identität bewußt." (Halbwachs 1950/1991: 74) Dieser Satz aus Halbwachs nachgelassenen Schriften lässt sich vor der Kenntnis der individuellen Äußerungen von Überlebenden nicht bestätigen. Nach Jahren des Schweigens haben viele Überlebende die Differenz ihrer Erfahrungen betont. Ein „gemeinsamer Nenner" oder gar eine „kollektive Identität"[2] wäre für diese (wie auch für alle anderen) Buchenwald-Häftlinge nur um den Preis der Abstraktion, der formelhaften Sinnstiftung oder der mythenhaften Klischeebildung zu behaupten. Was sie verbindet ist der Haftort, und selbst hier wird man differenzieren müssen nach einzelnen Lagerbereichen. Die Künstler und Intellektuellen bildeten keine soziale Gruppe. Sie sind aus verschiedenen Gründen inhaftiert worden. Sie waren zu unterschiedlichen Zeiten im KZ Buchenwald, viele im Hauptlager, andere im Kleinen Lager, wieder andere in Außenlagern des KZs. Die meisten haben sich vor ihrer Haft nicht gekannt und sind sich auch im Lager nicht persönlich begegnet. Einige der Überlebenden nahmen nach 1945 voneinander Kenntnis und haben in ihren Werken aufeinander Bezug genommen. Sie haben sich dabei nicht selten, direkt oder indirekt, voneinander abgegrenzt.[3]

„Leben – Terror – Geist" zeigt diese Differenzen in ihrer Wahrnehmung von Buchenwald. Die Ausstellung stützt sich fast ausschließlich auf Selbstaussagen und deutet zugleich den biographischen, religiösen, nationalen und politischen Kontext ihrer Aussagen an. Mit hunderten von Erinnerungsfragmenten und künstlerischen Interpretationen der Porträtierten kann zugleich – in den Grenzen, die das Medium Ausstellung setzt – nachvollziehbar werden, wie sich individuelle Erinnerungen sozial konstituieren, wie sie abhängig sind von gesellschaftlichen Kontexten und (politischen) Erinnerungsgemeinschaften. Insofern interveniert die Ausstellung durch ihr Material und ihre ästhetische

---

[2] Siehe dazu Lutz Niethammer (2000: 314–366), der der Gedächtnissoziologie von Maurice Halbwachs im Kontext seiner Kritik am Scheinkonzept „Kollektive Identität" eine ausführliche Analyse gewidmet hat.

[3] Außerordentlich anregend ist in diesem Zusammenhang der Ansatz des Literaturwissenschaftlers Thomas Taterka (1999), der versucht, die vielen, oft stillen Dialoge, die die Überlebenden in ihren Texten miteinander führten, als ein polyphones „Gespräch über das Konzentrationslager" zu rekonstruieren.

Präsentation gegen die Vorstellung eines homogenen „kollektiven Gedächtnisses".

Zunächst werde ich die Ausstellung näher beschreiben und dabei wichtige konzeptionelle Ansätze erörtern. „Leben – Terror – Geist", verstanden als eine öffentliche Form der Erinnerung,[4] steht im Kontext anderer Geschichtsbilder und Mythen, auf die indirekt Bezug genommen wurde. Diese Interpretationen mit generalisierendem Anspruch werden im zweiten Abschnitt skizziert. Danach versuche ich an Beispielen zu zeigen, wie sich Zeitzeugen gegen kollektive Zuschreibungen zur Wehr setzten und dass „Buchenwald" dabei alles andere als eine beendete, abgeschlossene Geschichte ist. Und schließlich möchte ich anhand der Überlieferungen zum Tod von Maurice Halbwachs vergegenwärtigen, wie sich unser Wissen um sein Sterben vor allem individuellen Zeugnissen von Überlebenden verdankt. Die Tatsache aber, dass wir diese Zeugnisse heute präsentieren (können), verweist wieder auf Halbwachs' frühe theoretische Einsichten zu den sozialen Bedingungen des Kulturgedächtnisses.

1. Die Ausstellung: Vielstimmiger Erinnerungsraum

Mit der oben geschilderten Besuchersituation am Eingang der Ausstellung ist bereits angedeutet, dass diese Installation die Besucher zu eigenen Wegen einladen will. Das Durcheinander der Kisten verweigert sich jedem Narrativ und jeder vorgeschriebenen Hierarchie des Ausgestellten. Im Faltblatt zur Ausstellung ist lediglich eine alphabetische Übersicht über die Porträtierten gegeben: Namen, Lebensdaten, Berufe.

Natürlich fragt man sich, warum die Porträts in schlichten Holzkisten präsentiert werden. Häftlinge des KZ Buchenwald hatten 1944 im Auftrag der Stadt Weimar solche Kisten anfertigen müssen. In ihnen sollten die wertvollen Bestände der Weimarer Museen vor den Bomben der Alliierten geschützt werden. In ihrer Sorge um das klassische Bildungsgut hatten die Kultureliten der Stadt Weimar die Menschen im „KL Buchenwald" auf dem Ettersberg als billige Arbeitskräfte genutzt. Vierzehn dieser Kisten sind nach dem Krieg in den Sammlungsbestand der heutigen Stiftung Weimarer Klassik gelangt – und weitgehend vergessen worden. Auf dem Ausstellungsplakat, dem Faltblatt und in der Ausstellung selbst zeigt ein Foto mehrere dieser Kisten, wie sie 1998 gefunden wurden: übereinander gestapelt, staubig, mit Taubenkot be-

---

[4] Vgl. auch Katharina Kaiser (1996) über die Berliner Ausstellung zur Vertreibung und Ermordung von jüdischen Nachbarn aus dem Bayrischen Viertel.

schmutzt. Heute gehören die Kisten zur Sammlung der Gedenkstätte Buchenwald.

In unserer Ausstellung sollten nun jene Kisten „den Geist und die Kultur" bergen, „die nach dem Willen der Nationalsozialisten nicht hätten sein sollen", so das Faltblatt zur Ausstellung. Die „Gedächtniskisten"[5] sind ein gegenwärtiger Kommentar auf ihren historischen Entstehungszusammenhang, zugleich Erinnerung an die bis in die 1990er Jahre lange Zeit ausgeblendeten historischen Verbindungen zwischen der Kulturstadt Weimar und dem KZ Buchenwald. Die Kisten erzwingen eine beschränkte Auswahl von Gegenständen und Wissen, ihr Inhalt ist Zeichen der Wertschätzung für Gegenwart und Zukunft. Da nur 14 originale Kisten erhalten waren, wurden für die Ausstellung Nachbauten angefertigt.

Betreten Besucher wie eingangs beschrieben die Ausstellung, dann können sie sich diese auf einer ersten Ebene wie eine minimalistische Installation aneignen. Auf die Deckel der Kisten sind charakteristische Zitate gedruckt, wenige Zeilen aus Texten und Interviews, die auf die Porträtieren verweisen, die indes noch nicht mit ihren Namen identifizierbar sind. An den blechernen Deckelverschlüssen der Kisten hängen lediglich Pappanhänger mit jeweils einer Häftlingsnummer. Folgende Beispiele sollen die kognitive Situation im Ausstellungsraum wenigstens annäherungsweise simulieren:

Ob jemand gegen das Unrecht aufsteht, ist nicht Sache seiner Weltanschauung, sondern seines Herzens. (7188)[6]

Jeder Schriftsteller hat sein Thema. Das meine ist der Antifaschismus, und ich betrachte seine literarische Gestaltung als eine der wichtigen und aktuellen Aufgaben unserer sozialistischen Literatur. (2417)[7]

Von all dem will ich ein Lied machen. Es wird ein Gedicht, ein Epos oder vielmehr eine Kantate. Ja, hier gibt es Stoff für eine Kantate. (53236)[8]

Man kann sagen, daß dasselbe Ereignis gleichzeitig mehrere verschiedene kollektive Bewußtseinsarten berühren kann (…). Aber ist es wirklich ein und dasselbe Ereignis, wenn jede dieser

---

5   Dazu ausführlich Assmann (1999: 114 ff.).
6   Ernst Wiechert (1887–1950), Schriftsteller.
7   Bruno Apitz (1900–1979), Schriftsteller und Bildhauer.
8   Robert Desnos (1900–1945), Dichter und Journalist.

Denkweisen es sich auf ihre Art vorstellt und in seine Sprache übersetzt? (77161)[9]

Unser Glaube war in vieler Hinsicht ein profaner Schwarm, der mit hochgradiger ideologischer Ungeduld und mit einem Dogmatismus beladen war, der Glaubensbekenntnissen glich. (36467)[10]

Wer sehenden Auges durch diese Zeit gegangen ist, hat eine Realität von Welt und Mensch erfahren, sie ist fürchterlich, so fürchterlich, daß es nur noch eine Reaktion geben kann – Erbarmen. (21704)[11]

Die allzu starke Isolierung aller mit dem Faschismus verbundenen Phänomene würde uns zu der irrigen Ansicht verleiten, daß der Nazismus aus dem „Deutschtum" resultierte und daß die übrigen Völker eo ipso ihm gegenüber immun sind. (92803)[12]

Freunde sagen mir: es ist eine Gnade Gottes, daß du dem Tod entgangen bist. Soll ich mich dafür bedanken, daß meine Frau, meine beiden Kinder, meine Eltern und Geschwister vergast wurden und er mich am leben läßt? Soll ich mich etwa auch noch beim barmherzigen Gott bedanken, daß er die Täter am Leben ließ? Wen soll ich anklagen? (94783)[13]

Lebendiges Engagement ist nicht im Elfenbeinturm möglich. In einer Zeit der Kriege und Vernichtungen sind ästhetische Turnübungen und dekorative Zeichensetzungen unangebracht. (95966)[14]

(...) niemals würde ich die Figuren von Giacometti betrachten können, ohne mich an die sonderbaren Gehenden von Buchenwald zu erinnern (...). (44904)[15]

---

[9] Maurice Halbwachs (1877–1945), Soziologe und Gedächtnistheoretiker.
[10] Ernö Gáll (1917), Soziologe und Philosoph.
[11] Robert Raphael Geis (1906–1972), Rabbiner und Theologe.
[12] František Graus (1921–1989), Historiker.
[13] Fischel Libermann (1908–2001), Dichter und Philologe.
[14] Boris Lurie (1924), Collagekünstler, Dichter.
[15] Jorge Semprun (1923), Schriftsteller, Politiker.

> Tut man Gutes aus Achtung vor dem Bild, das man von sich hat, und das Böse, um die Situation tiefer Verachtung auszudrücken, in der man sich befindet? (123587)[16]

> Wir müssen eine Moralität finden, in der der Mensch den anderen nicht feindlich ist, also Vertrauen. Dafür arbeite ich. Vielleicht hört da noch jemand. (41408)[17]

> Ich habe gar nicht gewußt, daß ich Jude bin oder ein Anderer Nicht-Jude. Wer hat sich dafür interessiert? Aber auf einmal war das so (...) Den Komplex, den man dadurch bekam, den bin ich bis zum heutigen Tag nicht losgeworden. (4139)[18]

Erst wer einen dieser Kistendeckel hebt (oder wie hier in Fußnoten nachsieht), erfährt mehr von der Identität jener Menschen, die zwischen 1937 und 1945 im Blick der Täter zu einer Nummer reduziert worden waren. In der Innenseite des Kistendeckels informiert eine Biographie-Tafel mit Porträtfoto knapp über das Leben und die Werke der Intellektuellen und Künstler und gibt auch über die genaue Herkunft des Zitates auf dem Deckel Auskunft. Das Innere der Kiste ist mit Glasplatten in zwei Ebenen geteilt. Auf der oberen Glasfläche liegt ein Bild-Text-Heft mit kopierten und reproduzierten Dokumenten. Die Cover dieser Hefte zeigen in der Regel großformatige Fotos aus dem Privatleben der Porträtierten, grobkörnige Vergrößerungen und Ausschnitte von Fotos. Bei den berühmteren Intellektuellen wählten wir Aufnahmen, die noch nicht in unser kulturelles Bildgedächtnis eingegangen sind: Ziel war, neue Perspektiven auf diese Menschen zu eröffnen. Auf den zehn bis dreißig Seiten der Hefte sind kopierte Dokumente aus dem Leben und Werk arrangiert: Schulzeugnisse, Briefe, Buchtitel, oft erstmals veröffentlichte Privatfotos und viele Zitate oder Beispiele aus dem künstlerischen Œuvre: Reproduktionen von Gemälden, Collagen, Zeichnungen.

Auf dem unteren Glas ruht ein originales Erinnerungsstück. Außerdem ist bei etwa der Hälfte der Porträts ein CD-Player installiert. Bei Musikern und Kabarettisten können Lieder, Sketche oder Ausschnitte aus Konzerten gehört werden, bei Schriftgelehrten und Dichterinnen gibt es Lesungen und Interviews, die aus Rundfunkarchiven stammen oder die wir in Vorbereitung der Ausstellung selbst geführt haben. Die Journalistin Susanne Leinemann schrieb:

---

[16] Paul Steinberg (1924–1999), Kaufmann und Schriftsteller.
[17] Józef Szajna (1922), Theaterregisseur, Maler und Plastiker.
[18] Helmut Goldschmidt (1918), Architekt.

Wer in der Ausstellung ‚Leben – Terror – Geist' etwas erfahren möchte, der muß die Deckel der Ausstellungsstücke heben, Kopfhörer aufsetzen – um Interviews zu hören, die Begleithefte mit Photographien und Schriftstücken zur Hand nehmen. Nichts erschließt sich hier von selbst (…). Auf den ersten Blick ist die Uniformität von Buchenwald zurückgekehrt, die Individualität hat sich an einen dunklen Ort unter den Deckeln zurückgezogen (…). Es braucht Zeit, die Ausstellung aufzunehmen. Aber je mehr Kisten geöffnet, Biographien wahrgenommen und CDs angehört werden, desto mehr entsteht auf dem Dachboden ein kleiner Kosmos von traurigen, komischen, menschlichen Bezügen. (Leinemann 1999)

Viele der Gegenstände für die Porträts haben wir mit den ehemaligen Häftlingen oder deren Nachkommen gemeinsam ausgewählt: Erstausgaben der Werke, Ölbilder, Zeichnungen; Aufzeichnungsgeräte wie eine Schreibmaschine oder eine Filmkamera; Manuskriptseiten, Kassiber, Partituren; Alltagsgegenstände, deren Symbolwert für das Leben der Porträtierten ein knapper Text vermittelt. Es gibt aber auch etliche Kisten, die leer sind, ohne ein „authentisches Objekt". Das hat verschiedene Gründe. Mal waren „Originale" für die Ausstellung aus konservatorischen Gründen nicht leihbar, in anderen Fällen war der Transport aus den Kriegsgebieten auf dem Balkan 1999 nicht zu organisieren, in wieder anderen Fällen konnte oder wollten die Porträtierten bzw. deren Angehörige nicht unseren Wünschen nach einem besonderen, persönlichen Gegenstand oder Dokument entsprechen. Das „Original" oder sein Fehlen ist insofern jeweils spezifisches Ergebnis der sozialen Konstruktion von Gedächtnis, es verweist auf unsere paradoxen und widersprüchlichen Vorstellungen und Wünsche nach dem „Authentischen", auf die individuellen, institutionellen und rechtlichen Kontexte von öffentlichem Gedenken.

Es ist klar, dass die Masse an Material, die diese 73 Porträts bieten, unmöglich in einem Besuch zu erfassen ist. Besucher sind gezwungen, eine eigene Auswahl zu treffen, die auch von Zufällen abhängig ist. Wie die Ausstellung selbst kann auch ihre Wahrnehmung nur Fragment sein – und Anlass zu eigenen Lektüren jenseits der Ausstellung. Die Porträts bieten keine „Opferbiographien", mit denen zu identifizieren es leichtfallen würde. Erkennbar sind vielmehr die biographischen Brüche und Kontinuitäten im Leben dieser Menschen vor ihrer Verfolgung und, für die Überlebenden, im Schatten der Konzentrationslagererfahrung. Zugleich werden Bezugnahmen der Intellektuellen untereinander sichtbar. Sie sind im Übrigen weniger inszeniert als manche Besucher glauben mögen. Oft stellten sie sich beim Schreiben des Drehbuchs für die

Ausstellung von ganz alleine her, sie bedürfen aber stets der wachen Beobachtung und Phantasie von geduldigen Besuchern, die bei ihrem Rundgang selbst zu kombinieren und zu interpretieren beginnen:

> Da beäugt der eine Psychoanalytiker argwöhnisch den Erfolg des anderen als Holocaust-Experte („Er hat 1940 einen Text geschrieben, ich 1945 zwei Bücher") (…), während sich der eine Künstler aus Ironie nach dem Kriege in Amerika einen Schäferhund anschafft, posiert der andere Literat – der lange für seine deutschnationale Haltung bekannt war – wenige Kisten weiter stolz mit einem Dackel. (Leinemann 1999)[19]

2. Kontexte des Gedenkens: Kulturstadt Weimar und Antifaschismus in der DDR

Im Jahr 1999 war Weimar „Kulturstadt Europas". „Leben – Terror – Geist" war eine von hunderten Veranstaltungen, die Weimarer Kulturinstitutionen für diesen Anlass vorbereiteten. Die Gedenkstätte Buchenwald bemühte sich, in Kooperation mit Weimarer Museen „rettende Kritik" an einem alten Geschichtsmythos zu leisten, der das Denken über das KZ Buchenwald in der Nähe von Weimar schon wenige Jahre nach der Befreiung des KZs geprägt hatte. Während Weimar als das kulturelle Herz Deutschlands galt, musste Buchenwald auf dem Ettersberg für das ganz Andere herhalten: einen Ort der Barbarei.[20] Für die Gedächtniskonstruktionen der Deutungseliten im Nachkriegsdeutschland blieb der Gegensatz von Buchenwald und Weimar zentral: hier das Abgründig-Böse als kurze Episode zwischen 1937 und 1945, dort das Gute und Schöne als das Ewig-Währende. Während Buchenwald in dieser Konstruktion unwiderruflich vergangen war, blieb die Klassik auf Dauer gestellt. Hier das Böse als abgeschlossene Vergangenheit, dort das Gute als vollendete Gegenwart – diese dichotomische Gedächtnisbildung ließ eine Auseinandersetzung mit Schuld und Verantwortung in der Vergangenheit nicht notwendig erscheinen, obschon gerade Thüringen bereits vor seiner Zeit als nationalsozialistischer Mustergau eine Hochburg von Rechtsnationalen und Kulturkonservativen war, deren

---

[19] Es handelt sich um die Psychologen Ernst Federn und Bruno Bettelheim sowie um den Künstler Boris Lurie und den Schriftsteller Ernst Wiechert. Zur biographischen und Rezeptionsgeschichte der umstrittenen Interpretationen Bettelheims zum Verhalten von Häftlingen in Konzentrationslagern siehe Fleck/Müller (1997).

[20] Hierzu und im Folgenden nach Volkhard Knigge (1996).

Wirken unter anderem das berühmte Bauhaus unter Walter Gropius zum Umzug nach Dessau zwang.[21]

„Leben – Terror – Geist" stellt die *historische* Verbindung zwischen Weimar und Buchenwald wieder her. In den ersten Monaten seiner Existenz hieß das Lager noch „KL Ettersberg". Dann gab es Proteste aus der NS-Kulturgemeinde Weimars, nicht wegen der Existenz des Lagers, sondern wegen seiner Benennung: „weil der Ettersberg mit dem Leben des Dichters Goethe in Zusammenhang steht".[22] So wurde aus dem KL Ettersberg das KZ Buchenwald. Doch Goethe war auch während der Lagerhaft in den Köpfen vieler Häftlinge nicht auszulöschen. Mitten auf dem Lagergelände stand eine große Eiche, die wegen ihres Alters und ihrer außerordentlichen Größe unter Naturschutz gestellt worden war. Häftlinge erklärten diesen Baum auf ihrer Suche nach Orientierung und Halt zur „Goethe-Eiche". Bis nach Paris reichte die Legende von dem Baum, diesem *lieu de mémoire* mitten im Konzentrationslager, entstanden in der kollektiven Phantasie der Häftlinge.[23] Nachdem der Baum bei einem Bombenangriff getroffen und im August 1944 gefällt worden war, schnitzte der Häftling Bruno Apitz aus seinem Holz eine Plastik, die das Gesicht eines sterbenden Häftlings zeigt: „Das letzte Gesicht".

Ein anderes Beispiel: Unter den bis 1997 vergessenen Weimarer Bauhaus-Schülern war der Architekt Willem van Bodegraven (1903– 1992) aus Amsterdam. Nach zwei Jahren Studium kehrte er 1931 in die Niederlande zurück, wo er später Sprecher der niederländischen Architektengruppe am Athener *Congrès International d'Architecture Moderne* (CIAM) wurde. Im Februar 1942 verhaftete ihn der Sicherheitsdienst wegen Beteiligung an einer kommunistischen Flugblattaktion. Nach Gefängnisaufenthalten kam er 1943 schließlich als politischer Häftling ins KZ Buchenwald. Van Bodegraven überlebte und wurde in den 50er und 60er Jahren Assistent und Kollege des Architekten Cor van Eesteren.

Ein anderer, wichtiger Kontext von „Leben – Terror – Geist" waren die „unbefragten Traditionen und Geschichtsbilder" (Knigge 1996: 71), die sich nach 1945 an der Gedenkstätte etabliert hatten. „Lebenswille hinter Stacheldraht" hieß zum Beispiel eine Ausstellung, die 1975 an der „Nationalen Mahn- und Gedenkstätte Buchenwald" gezeigt wurde und *pars pro toto* das Konzept der gesamten Gedenkstätte repräsentierte. „11 Millionen Tote mahnen", hieß es am Eingang zur Ausstellung: „Sie starben für uns in den Konzentrationslagern des Hitlerfaschismus".

---

21 Vgl. Härtl/Stenzel/Ulbricht (Hg., 1997).
22 Zit. nach Knigge/Seifert (Hg., 1999: 6). Das historische Beziehungsgefecht von Weimar und Buchenwald ist detailliert von Schley (1999) dargestellt worden.
23 Knigge (1999).

Solche politischen Sinnstiftungen für die „antifaschistische DDR" zielten nicht auf historische Differenzierung und Aufklärung, sondern wollten Zukunftsgewissheit selbst noch aus dem Elend des Lagers gewinnen. „Es sollte deutlich werden, daß jede kulturelle Tätigkeit in den Konzentrationslagern ein Zeichen von Optimismus und Lebensmut, damit aber schon Widerstand gegen den faschistischen Terror war. So war die Kunst im Konzentrationslager Quelle der Kraft und Ausdruck der internationalen Solidarität", schrieb der damalige Gedenkstättendirektor und ehemalige Buchenwald-Häftling Klaus Trostorff (1997: 24).

Auf solche starren Geschichtsbilder, die Generationen von DDR–Bürgern vermittelt worden waren, versuchte „Leben – Terror – Geist" zu reagieren. In einer Vorankündigung der Leiter der sieben großen Kultureinrichtungen Weimars hieß es 1998:

> Wenn die Gedenkstätte Buchenwald an diese Menschen und ihre Werke erinnert, dann nicht, um die Geschichte des Konzentrationslagers Buchenwald nachträglich zu verklären. Zwar sagt ein gängiges Klischee, daß materielle Not der Produktion geistiger Reichtümer aufhelfe, aber die Not kann so groß werden, daß sie nicht nur das Fleisch, sondern zuvor den Geist tötet. (...) Geistige Schöpfung und künstlerische Produktion sind in ihnen [den Lagern] nicht allein das Ergebnis humaner Resistenz oder auf der Würde des Menschen beharrender Unbeugsamkeit, sondern ebenso vom Zufall und Glück, auch in der Form tätiger Hilfe durch Mitgefangene. Diese – und auch die Schwierigkeiten, das eigene Leben zu überleben – soll die Ausstellung nicht vergessen machen. Wohl aber soll sie denen, die ausgegrenzt wurden, obwohl sie – im emphatischen Sinne – Weimar, dem Weimar der humanen Tradition zugehörten, den Ort der ehemaligen Ausgrenzung als Schaubühne zur Verfügung stellen: als Ausstellungsraum, als Archiv, als Bibliothek. (Sieben für Weimar 1998: 39)

Der konzentrierte Blick auf Intellektuelle und Künstler war jenen typischen gruppenspezifischen Darstellungen in KZ-Gedenkstätten gegenläufig, die einzelne Häftlingskategorien vorstellen und damit unvermeidlich Gefahr laufen, die nationalsozialistische Opferhierarchisierung zu reproduzieren: politische Häftlinge, Juden, Zeugen Jehovas oder Franzosen, Russen, Niederländer usw. Andererseits: Schleicht sich mit dem Fokus auf Künstler und Intellektuelle nicht eine andere hierarchische Wertbildung ein, die nur die Hochkultur und Gebildete schätzt? Das Problem stellt sich meines Erachtens anders und verweist auf ganz generelle Fragen der Überlieferung. Von den ehemaligen Häftlingen waren es besonders die Intellektuellen und Künstler, die auf Grund ihres professionellen Reflexions- und Ausdrucksvermögens ihre jeweiligen Eindrücke und Erfahrungen mitgeteilt und überliefert haben, stellvertretend für viele andere. Als Künstler, Schriftsteller und Wissenschaftler haben sie an ihre Mitgefangenen erinnert, die in den Nachkriegsgesellschaften sonst völlig vergessen worden wären. Insofern zeugte auch die Ausstellung von weit mehr als nur 73 ehemaligen Häftlingen.[24]

In Auseinandersetzung mit dem Problem der Stellvertretung ist man auf das selektive Gedächtnis unserer eigenen Gesellschaft verwiesen. Das Speichergedächtnis der Archive und Institutionen führt in der Regel zu kaum mehr als einigen Eckdaten zum Leben von Personen, die als „unbekannt" gelten. Gerade eine solche bergende Recherche zum Leben von anonymen Opfern muss aber als zentral für die Gedächtniskultur begriffen werden, weil so aus abstrakten, Opferkollektiven zugeschriebenen Zahlen wieder konkretes, individuelles, vorstellbares Leben wird. Im Kulturstadtjahr „Weimar 1999" hat die Gedenkstätte Buchenwald eine andere Sonderausstellung diesem Anliegen gewidmet. „Vom Antlitz zur Maske" erinnerte an 440 bis dahin unbekannte Buchenwald-Häftlinge, die 1939 nach einer anthropologischen Untersuchung in Wien als „Ost-Juden" ins KZ Buchenwald verbracht worden waren. Sie kamen zum größten Teil unter Beobachtung von SS-Ärzten in einer Typhusepidemie um. Die in Wien gefertigten rassekundlichen Porträtaufnahmen waren zumeist die letzten Bilder von diesen Menschen (Knigge/Seifert 1999; Hirte 2000).

3. Überlebende im Widerstreit von Erinnerung, Sinnstiftung und Identifizierung

Für Überlebende der Lager ist Erinnerung keine akademische Frage, sondern alltägliche, schmerzhafte Körpererfahrung. „Ich habe in der Würdelosigkeit gelebt und lebe noch in ihr. Es ist mir nie gelungen, mein Bild reinzuwaschen", so lautet die Lebensbilanz des Kaufmanns Paul Steinberg, der Auschwitz und Buchenwald überlebt hat, am Ende seiner *Chronique d'ailleurs* (1996/1998: 163). In dieser *Chronik aus einer dunklen Welt* spricht Steinberg auch von seiner Angst, dass das Schreiben ihn noch fünfzig Jahre nach Auschwitz der „Balancierstange be-

---

[24] Trotzdem bleibt natürlich stets die Frage nach „all den anderen", über die wir fast nichts wissen. Pierre Vidal-Naquet fragt: „Wer aber hat Ravensbrück oder Buchenwald aus der Sicht der ‚Grünen' beschrieben, der gewöhnlichen Strafgefangenen?" (1993/2000: 131) In der Tat liegt hier eines der größten Forschungsdefizite zur Geschichte der Konzentrationslager.

rauben wird, dieses zerbrechlichen und mit so viel Sorgfalt zuwege gebrachten Gleichgewichts" (ebd.: 7). In den sechziger Jahren hatte ihn der Versuch, eine Auschwitz-Erfahrung als Roman zu verarbeiten, fast in den Freitod geführt. Das damals abgebrochene Manuskript hat uns Paul Steinberg für die Ausstellung geliehen.

Felicja Karay, 1927 als Fela Schächter in Polen geboren, hat einen anderen Weg gewählt, mit ihren Erinnerungen umzugehen. Sie war schon über fünfzig Jahre alt, als sie 1980 auf einer großen Holocaust-Konferenz in ihrer neuen Heimat Israel teilnahm. Alle redeten über Auschwitz, erzählte sie uns, aber niemand über das jüdische Arbeitslager Skarżysko-Kamienna – „ihr" Lager, in dem sie viele Monate arbeiten musste, bevor sie in ein Leipziger Außenlager von Buchenwald deportiert wurde. Die Geschichtslehrerin besuchte während der Sommerferien Archive in Polen, Deutschland und in den USA und interviewte Zeitzeugen. Heute liegt ihre Promotion über die Geschichte dieses Lagers auch in Englisch vor. In *The Death Comes in Yellow* (Karay 1996) gibt es keinen einzigen direkten Verweis darauf, dass die Autorin selbst in diesem Lager war. Danach befragt, lächelte sie, nahm das Buch zur Hand und antwortete: „Hier bin ich *incognito*, weil das ist für mich nicht wichtig. Das sind keine Erinnerungen, das ist Forschungsarbeit."[25]

In der Ausstellung stehen solche Selbstdeutungen, die viele Jahrzehnte nach dem Geschehen getroffen wurden, neben Reflexionen von Überlebenden, die gleich nach der Befreiung versucht haben, ihre Erfahrungen schriftlich zu fixieren: in wissenschaftlicher Prosa, als Erinnerungsbericht, als Roman. Der Jurist Robert Antelme schreibt drei Jahre nach seiner Befreiung aus den Lagern im Vorwort seiner Erinnerungsschrift *L'espèce humaine*: „Was wir zu sagen hatten, begann uns nun selber *unvorstellbar* zu werden." (1947/1990: 9) Er rang auch deshalb um eine angemessene Sprache, weil er schon ahnte, was es bedeutet, wenn leichtfertig von der Unvorstellbarkeit der Lager geredet wird. „*Unvorstellbar*, das ist ein Wort, das sich nicht teilen läßt, das nicht einschränkt. Es ist das bequemste Wort. Läuft man mit diesem Wort als Schutzschild umher, diesem Wort der Leere, wird der Schritt sicherer, fester, fängt sich das Gewissen wieder." (Ebd.: 407) Antelme schien zu fühlen, dass das Erfahrene für die kaum mitteilbar sein wird, die es nicht erlebt haben. „Es bedarf großer Kunstfertigkeit, um ein kleines Teilchen Wahrheit herüberzubringen (...), aber die Wahrheit anzuhören kann ermüdender sein als eine erfundene Geschichte. Ein Stück Wahrheit würde genügen, ein Beispiel, eine Vorstellung." (Ebd.)

---

25 Felicja Karay in einem Interview mit Axel Doßmann und Christian Schölzel am 1. Mai 1998, Sammlung Gedenkstätte Buchenwald.

Radikalisiert hat diese Sicht Imre Kertész, der sein Schreiben als den kathartischen Versuch betrachtet, „die eigene Existenz wiederzugewinnen" (Kertész 2000: 375). „Das Konzentrationslager ist ausschließlich als Literatur vorstellbar, als Realität nicht. Auch nicht – und vielleicht sogar dann am wenigsten –, wenn wir es erleben", notierte er in seinem *Galeerentagebuch* (1992/1997: 253). Die Romane und Essays des Schriftstellers und Übersetzers lassen sich wie Interventionen gegen vermeintliche Gewissheiten und Sprachfloskeln lesen, die sich zur heterogenen Welt der Lager etabliert haben. Den Zusammenhang von individuellem Gedächtnis und sozialem Kontext hat Imre Kertész in einem Interview beschrieben: „Der Sozialismus wirkte bei mir wie Prousts Madelaine, die der Erzähler eines Tages in den Tee taucht und deren vergessener Geschmack ihm alle Erinnerung zurückbringt: Durch den Sozialismus begriff ich, was ich im Lager erlebt hatte." (Kertész 2000: 375).

Während der Ausstellungsvorbereitungen arbeiteten wir in dem Wissen, dass es in absehbarer Zeit keine Chance mehr geben wird, ehemalige Häftlinge um Unterstützung zu bitten. Die Vergegenwärtigung der letzten Zeitzeugen hat allerdings eine Vorgeschichte. Seit den 70er Jahren „stürzen" sich Historiker, Sozialwissenschaftler, Journalisten auf „Überlebende" und fragen nach deren Erinnerungen an das Lager. Die „Überlebenden" sind, der Name sagt es, nicht in erster Linie als Koch, Lehrerin, Parteifunktionär oder Schriftstellerin interessant, sondern sie sollen vor allem vom Schrecklichen der Lager berichten – oft, nachdem ihnen Jahrzehnte lang niemand Gehör geschenkt hat. Sie waren in Interviews mit der permanenten Erwartung konfrontiert, „daß sie sich wie Helden verhalten und nicht nur überlebt, sondern auch ihre Würde gewahrt haben" (Pollak 1988: 165).

Unser Ausstellungskonzept wollte eine solche Reduzierung ehemaliger Häftlinge auf ihr Dasein als heroische Überlebende vermeiden. Konkret und offen bleiben, hieß die Devise. Im Zentrum der Recherchen und Interviews stand nicht die Zeit des Lagers selbst, sondern das Leben davor und danach. Wie zu erwarten, stand dieses zweite Leben nach 1945 in den meisten Fällen im Schatten der Lagererfahrung, geprägt von den jeweiligen Gesellschaften und politischen Kulturen, in und zwischen denen die Künstler und Intellektuellen lebten. Dabei waren die Erinnerungen an Konzentrationslager wie Buchenwald von Anfang an immer auch Gegenstand von zum Teil heftigen Auseinandersetzungen unter den ehemaligen Häftlingen. Dominiert wurden sie von Gruppen und Gemeinschaften, die aus Gründen politischer Herrschaft und „kollektiver Identität" ihre Version von Buchenwald als einzig wahre gegen individuelle Erinnerungen durchsetzen wollten.[26] Ein Beispiel: Der Wiener Fred Wander, ein geborener Rosenblatt, hat Auschwitz und Buchenwald überlebt. Kommunist wurde er mehr aus Gefühl denn aus politischer Überzeugung. 1958 zog er von Wien aus in die DDR. Erst 23 Jahre nach seiner Befreiung gelang es ihm, über das Lager zu schreiben. „Ich hatte tief verborgen noch immer jenes Gefühl totaler Entfremdung und der Umkehrung meines Lebens, wie damals im Konzentrationslager (...). Das wirkliche Leben war nur ein Traum, auf einem anderen Stern." (Wander 1996: 189)

Den Tag der Befreiung von Buchenwald hatte Wander im „Kleinen Lager" von Buchenwald erlebt.[27] Das Kleine Lager ist ein eingezäunter Lagerbereich ganz in der nördlichen Ecke des Geländes. Hier wurden die schwächsten, arbeitsunfähigen Häftlinge in Pferdestallbaracken oder in Zelten untergebracht. Hier gab es keine Steinhäuser wie im großen Lager, keine Spinde für persönliche Sachen. „Im Kleinen Lager von Buchenwald zu leben, im letzten Kriegswinter, war ein Alptraum. Hier zu überleben kam einem Wunder gleich", schreibt Jorge Semprun (1994/1997: 59).

Als Fred Wander 1971 sein Erinnerungsbuch *Der siebente Brunnen* veröffentlichte, waren nicht alle ehemaligen kommunistischen Häftlinge mit seiner Darstellung einverstanden, besonders die nicht, die in der DDR die Deutungsmacht über Buchenwald beanspruchten. Er würde das Lagerleben falsch darstellen, „unkontrollierte Ereignisse" wie die von Wander geschilderten Exzesse um ein Stück Brot unter den Häftlingen seien nicht vorgekommen. Wander verteidigte sich im Juni 1971 mit einem Brief an den Maler Herbert Sandberg und andere gegen deren Vorwürfe:

Ihr gesteht mir großmütig ,Verständnis' zu, für die ,besondere Synthese von Erfindung und Erfahrung'. Tatsächlich, es gibt eine legitime ,dichterische Freiheit', derer ich mich auch sonst mit großem Vergnügen bediene, aber nicht, wenn es um Buchenwald geht. Ich habe zwanzig Jahre gewartet, ehe ich dieses Buch zu schreiben begann, und ich übernehme die volle Verantwortung für jedes gedruckte Wort in dieser Sache. Nichts an Tatsachen in diesem Bericht ist erfunden. Ja, im Großen Lager herrschten Disziplin und Ordnung, aber das Quarantänelager war überfüllt, dort herrschte Katastrophenstimmung und Chaos. (...) Wovon

---

[26] Zur politischen Sinnstiftung in der DDR und ihren Konsequenzen für die Gedächtnisbildung zum KZ Buchenwald vgl. vor allem die Arbeiten von Niethammer (1994) und Knigge (1997).

[27] Zur Geschichte des KZ Buchenwald vgl. den Katalog der Gedenkstätte Buchenwald (1999) zu ihrer permanenten Ausstellung.

reden wir hier eigentlich? Von einer Wohlfahrtseinrichtung der illegalen KPD oder von einem Konzentrationslager, von den Nazis gemacht, um Menschen zu vernichten? (...) Ist denn die ,historische' Wahrheit ein Dogma?[28]

Wander verteidigte das Recht auf vielstimmige subjektive Objektivierung und die Möglichkeit pluraler Wahrheiten. Er hat *gegen* das offizielle Lagergedächtnis in der DDR anschreiben müssen, um seinen Erlebnissen und Erfahrungen Geltung zu verschaffen.

Buchenwald war nicht gleich Buchenwald. Elie Wiesel und Jorge Semprun stellten 1995 in einem Gespräch fest, dass sie zwar beide in „Buchenwald" waren, es aber doch ganz verschieden erlebt hatten.[29] Semprun war als „Politischer" im Hauptlager und konnte als Kommunist und Résistance-Kämpfer stolz behaupten zu wissen, warum er in Buchenwald gefangen gehalten wurde. Elie Wiesel kam nach Auschwitz und Buchenwald, weil er Jude war, und hatte im Kleinen Lager seinen Vater sterben sehen. Die Differenzen in den Erfahrungen *und* den Erinnerungen haben wesentliche Ursachen in der politischen und religiösen Sozialisation der Häftlinge *vor* ihrer Deportation, die wiederum die spezifische Verfolgungspraxis bestimmte, der sie ausgesetzt waren.

Die Aufgabe, in den Nachkriegsgesellschaften das eigene Überleben zu überleben, hat viele dazu geführt, ganz eigene Positionen zu beziehen. „Wer der Folter erlag, wird nicht mehr heimisch in dieser Welt", schrieb Jean Améry in seinem Essay *Die Tortur* (1966: 73). Weil das Ich nicht mehr ungebrochen war, reichte *eine* Identität längst nicht aus, sein (Über-)Leben durchzustehen. „Ich bin ein anderer geworden, um ich selbst bleiben zu können." (Semprun 1994/1997: 268) Wie bei vielen anderen ehemaligen Häftlingen auch, sind bei dem Historiker und Schriftsteller H. G. Adler vielfache und gebrochene Identifikationen charakteristisch für das Selbstverständnis. 1979 beschrieb er sich in einem Interview, das auf der CD in der Ausstellung zu hören ist, mit folgenden Worten: „Ich bin ein deutscher Schriftsteller, jüdischer Nation, tschechoslowakischer Herkunft oder sagen wir selbst böhmischer Herkunft, britischer Staatsbürger, dem österreichischen Kulturkreis zugehörig und versuche, in all diesem ein Mensch zu sein."[30] Vom Lager zu zeugen, heißt für die Einzelnen auch, mit Aporien leben zu lernen und Identitä*ten* zu entwickeln, die sich kollektiven Fremdzuschreibungen verweigern.

---

28 Brief von Fred Wander an Benno Biebel, Otto Halle, Herbert Sandberg, Robert Siewert, 23.6.1971 (Kopie, Stiftung der Akademie der Künste Berlin-Brandenburg, Nachlass Anna Seghers); vgl. auch Taterka (1999: 153).

29 Semprun/Wiesel (1997).

30 H. G. Adler im Gespräch mit Eckart Frahm und Hubert Locher am 13. März 1979 (Wortband-Archiv des Südwestfunks Baden-Baden).

4. Erinnerungen an das Sterben von Maurice Halbwachs

Halbwachs ist 1944 an das *Collège de France* berufen worden. Er sollte dort die Fächer Soziologie und Kollektivpsychologie vertreten. Ihm wurde damit die höchste Ehre für einen französischen Intellektuellen zuteil, zu einem Zeitpunkt, als die Deutschen Paris noch besetzt hielten und Vichy regierte. Am 3. Juni 1944 musste Halbwachs offiziell erklären, dass er nicht jüdisch ist.[31] Ende Juli, kurz vor der Befreiung von Paris, verhaftete man ihn im Zusammenhang mit der Widerstandstätigkeit seiner Söhne. Im August wurde er gemeinsam mit seinem jüngsten Sohn Pierre nach Buchenwald verschleppt. Gekennzeichnet als „politischer Häftling" Nr. 77161 kam er ins Kleine Lager von Buchenwald, in den Block 56. Auf der seitenlangen „Veränderungsmeldung" zum 15. März 1945 ist in der Rubrik „Abgänge" auch der Name von Maurice Halbwachs notiert. Demnach starb er vier Tage nach seinem 67. Geburtstag.

Die rohen Daten vom Ende seines Lebens lassen sich im Archiv der Gedenkstätte Buchenwald recherchieren. Halbwachs war einer von mehr als 5000 Menschen, die in den letzten Monaten des Krieges im Kleinen Lager umkamen, darunter viele aus den Evakuierungstransporten aus Groß-Rosen und Auschwitz. Für die Ausstellung könnte man zum fast schon üblichen Verfahren medialer Präsentation des Sterbens in Lagern greifen und die „Abgangsliste" der Lagerverwaltung vom 15. März 1945 ausstellen, die letzte Spur von Halbwachs in der Registratur der Täter, die von Funktionshäftlingen geführt wurde. Bei Maurice Halbwachs ist es anders, und dass es so ist, spricht für *und* gegen seine sozialkonstruktivistische Theorie vom „kollektiven Gedächtnis".

Es muss sich im Winter 1944/45 in Buchenwald herumgesprochen haben, dass der Soziologe Halbwachs im Lager ist. Der Maler und Zeichner Boris Taslitzky hat von seinen hunderten, 1944/45 im Lager angefertigten Bleistiftzeichnungen nach der Befreiung einhundertundelf veröffentlicht (1946/1978). Darunter ist auch ein Blatt mit dem Titel „Maurice Halbwachs, auf seinen Verbandswechsel wartend" (s. Abb.). Über sein Zeichnen und Überleben im Lager sagte der Kommunist Taslitzky Jahrzehnte später: „Es war gut, daß ich beobachten konnte und verstand, was mich rettete. Mich rettete auch, daß die anderen verstanden, mir zu helfen, daß sie wußten, daß für mich Zeichnen Leben bedeutete." (Staar 1980/1987: 60) Sein zeichnerisches „Bildgedächtnis" hätte nicht entstehen können ohne die Hilfe seiner Freunde:

---

[31] Fournier (1994: 737).

Das Papier wurde mir von den Sekretären des Blocks 34 beschafft, desgleichen auch die Bleistiftstummel. Für die Sicherheit sorgten andere Genossen. Die Porträtzeichnungen entstanden auf Papier, das im Projektierungsbüro der SS gestohlen war, und meine kleine Aquarellschachtel – Teil meiner persönlichen Sachen bei der Ankunft im Lager – ist auf Bitte der französischen Résistance von einem deutschen Internierten heimlich aus der Effektenkammer herausgeschmuggelt worden. (1987: 15)

Taslitzky betont sowohl seinen individuellen Impuls, sich durch Zeichnen am Leben zu halten, als auch die Gruppensolidarität besonders unter den französischen Kommunisten, die ihm unter Ausnutzung der existentiellen sozialen und politischen Hierarchien im Lager ermöglicht haben, sein zeichnerisches Gegengedächtnis zu verwirklichen.

Neben dieser und einer weiteren Bleistiftskizze gibt es noch ein individuelles Zeugnis vom Sterben des Gedächtnistheoretikers. Der spanische Student und Résistance-Kämpfer Jorge Semprun, 1944/45 Schreiber in der Arbeitsstatistik von Buchenwald, hatte im März 1945 Halbwachs im Kleinen Lager besucht. Halbwachs war einer von Sempruns Professoren an der Sorbonne gewesen. „Auch Maurice Halbwachs hatte ich in meine Arme genommen, am letzten Sonntag", schrieb Semprun 1994 in *Schreiben oder Leben*, das eigentlich *Schreiben oder Tod* heißen sollte, seinem dritten Buch über Buchenwald (Semprun 1994/1997: 55).

Er lag auf der mittleren Pritsche des dreistöckigen Bettgestells, genau in Höhe meiner Brust. Ich habe meine Arme unter seine Schultern geschoben, ich habe mich über sein Gesicht gebeugt, um so nahe wie möglich, so leise wie möglich zu ihm zu sprechen. Ich hatte ihm das Gedicht von Baudelaire aufgesagt, so wie man das Gebet für die Sterbenden aufsagt. Halbwachs hatte nicht mehr die Kraft zu sprechen. (...) Oder die Schwäche, wer weiß? Auch der Todeswunsch ist ein Reflex des Lebens. Aber Maurice Halbwachs hatte sichtlich keinen Wunsch mehr, nicht einmal den Wunsch zu sterben. Er war darüber hinaus, zweifellos, in der verpesteten Ewigkeit seines zerfallenden Körpers. (...) Ich habe ihn in meine Arme genommen, ich habe, mein Gesicht dem seinen genähert, ich bin überschwemmt worden von dem üblen, fäkalen Geruch des Todes, der in ihm wuchs wie eine fleischfressende Pflanze, als giftige Blume, blendende Fäulnis. (Ebd.: 55–56)

In *Schreiben oder Leben* berichtet Semprun davon, wie er, als 22-Jähriger, zwei Tage nach dieser Begegnung den Namen Halbwachs auf der täglichen Liste der Todesfälle entdeckte. Er schildert, wie er den Namen aus der Kartei der Arbeitsstatistik löschte, die letzten Identitätszeichen ausradierte. Sempruns letzte Sätze dieser langen Passage zum Tod von Maurice Halbwachs lassen erahnen, was Semprun meint, wenn er Überlebende der Lager als „Wiedergänger" bezeichnet. „Eine Art körperliche Traurigkeit überfiel mich. Ich dämmerte in dieser Traurigkeit meines Körpers. In dieser fleischlichen Bestürzung, die mich mir selbst unbewohnbar machte. Die Zeit verging, Halbwachs war tot. Ich hatte den Tod von Halbwachs durchlebt." (Ebd.: 58)

Sempruns Erinnerung „an den Tod von Maurice Halbwachs paßt nicht in seine Theorie" (Niethammer 2000: 362). Nicht ein Gruppengedächtnis hat uns den einzigen Bericht von seinem Tod überliefert, sondern das Gedächtnis und die künstlerische Darstellungskraft eines Menschen, der sein Überleben bis zum heutigen Tag überlebt hat. Unter welchen wechselnden Umständen Semprun das gelang, schildern seine Bücher, die immer auch kritische Selbstentwürfe sind. Im Juni 2001 ist sein neuestes Werk bei Gallimard erschienen: *Le mort qu'il faut*. Erstmals berichtet er davon, dass ein sterbenskranker Häftling, François L., unter seinem Namen in Buchenwald gestorben sei. François L. ist für die Kommunisten im Lager „der Tote" gewesen, „den wir brauchen", um das Leben Sempruns zu retten. Es hat solche Fälle von „Opfertausch" im Lager nachweisbar gegeben. Im Fall von Semprun indes sprechen die verfügbaren Dokumente des Buchenwalder Archivs gegen seine Erinnerung. Doch die Spuren, die Semprun mit seiner Darstellung legt, führen uns in die dunklen Bereiche des verletzten Gedächtnisses, die mit Fragen nach dokumentarischer Wahrheit kaum zu ergründen sein werden.

Literatur

Améry, J. (1966/1980): Jenseits von Schuld und Sühne. Stuttgart: Klett-Cotta.

Antelme, R. (1947/1990): Das Menschengeschlecht. Als Deportierter in Deutschland. München: dtv.

Assmann, A. (1999): Erinnerungsräume. Formen und Wandlungen des kulturellen Gedächtnisses. München: Beck.

Fleck, C./A. Müller (1997): Bruno Bettelheim and the Concentration Camps. *Journal of the History of Behavioral Sciences*, 37, S. 1–37.

Fournier, M. (1994): Marcel Mauss. Paris: Fayard.

Gedenkstätte Buchenwald (Hg., 1999): Konzentrationslager Buchenwald 1937–1945. Begleitband zur ständigen historischen Ausstellung, erstellt von H. Stein. Göttingen: Wallstein.

Halbwachs, M. (1950/1991): Das kollektive Gedächtnis. Frankfurt/M.: Fischer.

Härtl, U./B. Stenzel/J. H. Ulbricht (Hg., 1997): „Hier, hier ist Deutschland ...". Von nationalen Kulturkonzepten zur nationalsozialistischen Kulturpolitik. Göttingen: Wallstein.

Hirte, R. (2000): Vom Antlitz zur Maske. Eine Ausstellung in Weimar und das Menschenbild der naturwissenschaftlichen Anthropologie. *Historische Anthropologie*, 2, S. 272–290.

Kaiser, K. (1996): „In der Sprache sitzt das Vergangene unausrottbar". Konzeption und Rezeption der Ausstellungsinstallation *Formen des Erinnerns* im *Haus am Kleistpark* in Berlin. In: N. Berg/J. Jochimsen/B. Stiegler (Hg.): Shoah. Formen der Erinnerung. Geschichte. Philosophie, Literatur, Kunst. München: Fink, S. 233–252.

Karay, F. (1996): Death Comes in Yellow. Skarźysko-Kamienna Slave Labor Camp. Amsterdam: Harwood Academic Publishers.

Kertész, I. (1992/1996): Die Panne. Der Holocaust als Kultur. In: S. Steiner (Hg.): Jean Améry (Hans Maier). Mit einem biographischen Bildessay und einer Bibliographie. Basel/Frankfurt/M.: Stroemfeld, S. 13–24.

Kertész, I. (2000): Im Gespräch mit Carola Hähnel und Phillipp Mesnard. *Sinn und Form*, 3, S. 369–378.

Knigge, V. (1996): Im Schatten des Ettersberges. Von den Schwierigkeiten der Vernunft. Unbefragte Traditionen und Geschichtsbilder. *WerkstattGeschichte*, 14, S. 71–86.

Knigge, V. (1997): Opfer, Tat, Aufstieg. Vom Konzentrationslager Buchenwald zur Nationalen Mahn- und Gedenkstätte der DDR. In: V. Knigge/J. M. Pietsch/T. A. Seidel (Hg.): Versteinertes Gedenken. Das Buchenwalder Mahnmal. Spröda: Edition Schwarz/Weiß.

Knigge, V./J. Seifert (Hg., 1999): Vom Antlitz zur Maske: Wien – Weimar – Buchenwald 1939/Gezeichneter Ort: Goetheblicke auf Weimar und Thüringen (Doppelkatalog). Mainz.

Knigge, V. (1999): „... sondern was die Seele gesehen hat." Die Goethe-Eiche. Eine Überlieferung. In: V. Knigge/J. Seifert (Hg.): Vom Antlitz zur Maske: Wien – Weimar – Buchenwald 1939/Gezeichneter Ort: Goetheblicke auf Weimar und Thüringen. A.a.O., S. 64–68.

Leinemann, S. (1999): Leben – Terror – Geist. Porträts von Intellektuellen und Künstlern. *Weimar Kultur Journal*, 10, S. 13–15.

Niethammer, L. (Hg., 1994): Der „gesäuberte Antifaschismus". Die SED und die roten Kapos von Buchenwald. Berlin: Akademie.

Niethammer, L. (1996): Diesseits des „Floating Gap". Das kollektive Gedächtnis und die Konstruktion von Identität im wissenschaftlichen Diskurs. In: K. Platt/M. Dabag (Hg.): Generation und Gedächtnis. Erinnerungen und kollektive Identitäten. Opladen: Leske und Budrich, S. 25–50.

Niethammer, L. (2000): Kollektive Identität. Heimliche Quellen einer unheimlichen Konjunktur. Reinbek bei Hamburg: Rowohlt.

Pollak, M. (1988): Die Grenzen des Sagbaren – Lebensgeschichten von KZ Überlebenden als Augenzeugenberichte und als Identitätsarbeit. Frankfurt/M./New York: Campus.

Schley, J. (1999): Nachbar Buchenwald. Die Stadt Weimar und ihr Konzentrationslager 1937–1945. Weimar/Köln/Wien: Böhlau.

Semprun, J. (1994/1997): Schreiben oder Leben. Frankfurt/M.: Suhrkamp.

Semprun, J./E. Wiesel (1997): Schweigen ist unmöglich. Frankfurt/M.: Suhrkamp.

Sieben für Weimar (1999): Beiträge zum Programm Weimar 1999 – Kulturstadt Europas. Weimar: Universitätsverlag der Bauhaus-Universität Weimar.

Staar, S. (1987): Kunst, Widerstand und Lagerkultur. Eine Dokumentation. Weimar-Buchenwald: Druckhaus Weimar.

Steinberg, P. (1996/1998): Chronik aus einer dunklen Welt. München: Hanser.

Taslitzky, B. (1987): Zeichnungen. Ausstellungskatalog des Zentrums für Kunstausstellungen der DDR. Berlin.

Taslitzky, B. (1946/1978): 111 dessins faits à Buchenwald 1944–1945. Présentés par Julien Cain. Paris.

Taterka, T. (1999): Dante Deutsch. Studien zur Lagerliteratur. Berlin: Erich Schmidt.

Trostorff, K. (1976): „Lebenswille hinter Stacheldraht". Sonderausstellung anläßlich des 30. Jahrestages der Selbstbefreiung der Häftlinge des ehemaligen faschistischen Konzentrationslagers Buchenwald, *Neue Museumskunde. Theorie und Praxis der Museumsarbeit*, 2, S. 113–124.

Vidal-Naquet, P. (1993/2000): Überlegungen zu drei *Ravensbrück*. In: U. Baer (Hg.): „Niemand zeugt für den Zeugen". Erinnerungskultur nach der Shoah. Frankfurt/M.: Suhrkamp, S. 119–132.

Wander, F. (1971/1976): Der siebente Brunnen. Berlin/Weimar: Aufbau.

Wander, F. (1996): Das gute Leben. Erinnerungen. München/Wien: Hanser.

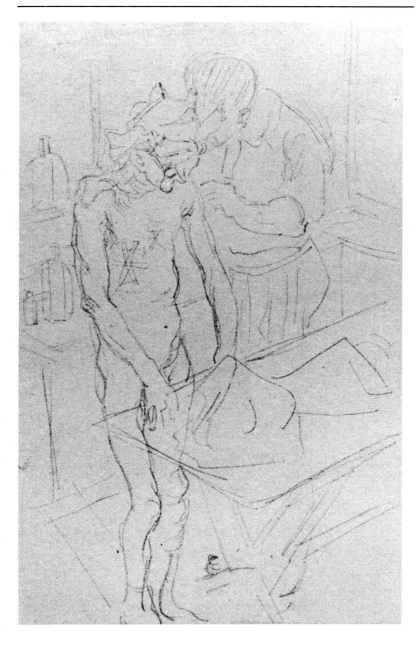

Abb.: Boris Taslitzky: „Maurice Halbwachs, auf seinen Verbandswechsel wartend"

Öffentliche versus familiale Geschichtserinnerung?

Beobachtungen zur individuellen Deutung des Nationalsozialismus bei drei Generationen

NINA LEONHARD

> „Ich bin auch in einem anderen Deutschland aufgewach-
> sen als jetzt Westdeutschland, wenn's auch zur Nazizeit
> halt nur ein Deutschland war (…)." (Pia)

Seit Aristoteles wissen wir, dass Erinnerung zum einen das ist, was un-
vermutet aus der Vergangenheit auftaucht, und zum anderen etwas
Vergangenes, das präsent im Bewusstsein oder Vorbewusstsein ist und
auf das ich mich besinnen kann. Erinnerung ist jedoch kein genaues
Abbild, keine Kopie der vergangenen Ereignisse, Erlebnisse und Gefühle, sondern eine Rekonstruktion des Vergangenen gemäß der Situation, in der sich der Erinnernde gerade befindet, und entsprechend den
sich daraus ergebenden aktuellen Anforderungen. Augustinus verwendet
in seinen *Bekenntnissen* (Augustinus 1955: X, 11) ausdrücklich das Verb
cogitare (wörtlich: „zusammenbringen"), um den Vorgang des Erinnerns
zu beschreiben. Erinnerung ist die „Gegenwart von Vergangenem"
(ebd.) und umfasst sowohl eine Selektion als auch eine Deutung.

Maurice Halbwachs (1925/1985, 1950/1991) hat darüber hinaus gezeigt, dass unsere persönlichen Erinnerungen stets eingerahmt sind von
kollektiven Erzähl- und Deutungsmustern, von „sozialen Rahmen", die
Teil der Gruppe(n) sind, der oder denen wir angehören. Halbwachs
unterscheidet zwischen unterschiedlichen Bezugspunkten, die sprachli-
cher, räumlicher und zeitlicher Natur sind. Es handelt sich dabei um
„mentale Rahmen" (Namer 1987: 33), die aus Bildern oder Bildzusam-
menhängen und Begriffen bestehen (Halbwachs 1925/1985: 375). Mit
Jan Assmann kann man dabei zwischen zwei verschiedenen Rahmen-
systemen unterscheiden: Das „kulturelle Gedächtnis" umfasst „instituti-
onell geformte und gestützte Erinnerungen" (1991: 344). Das „kommunikative Gedächtnis" beinhaltet nur die Erinnerungen, „die sich auf die
rezente Vergangenheit beziehen. Es sind dies Erinnerungen, die der
Mensch mit seinen Zeitgenossen teilt" (Assmann 1997: 50). Gedächtnis

im kollektiven Sinn kann folglich als eine Mnemotechnik aufgefasst werden, als ein System von sozialen oder gesellschaftlichen Anhaltspunkten oder Vektoren (Rousso 1990: Kap. 6), die den Bildern entsprechen, durch die in der klassischen Mnemotechnik Vergessen abgewendet werden soll (Assmann 1991: 349f., Anm. 3). Dazu gehört die Struktur der Gruppe und das System der Kommunikation (Bastide 1970), das die Erinnerung der Gruppe strukturiert. Bestimmte Vergangenheitsinterpretationen werden befördert und wachgehalten. Gleichzeitig wird dadurch festgelegt, was in der Gruppe erinnert werden darf und soll.

Die kollektiven Deutungen der Vergangenheit im Kreis einer Gruppe wie der Familie oder innerhalb einer staatlichen Gemeinschaft können, müssen aber nicht mit den individuellen Erinnerungen der Gruppen- bzw. Gesellschaftsmitglieder übereinstimmen. Inwiefern die in Politik und Öffentlichkeit vorherrschende Interpretation des Nationalsozialismus tatsächlich der privaten, d.h. individuell oder in der Familie vertretenen Deutung entspricht, ist nicht von vornherein festgelegt, sondern allenfalls empirisch zu überprüfen. Dies gilt ebenso für die Frage, inwieweit der individuelle Bezug zur NS-Zeit auf der in der Familie geltenden Auslegung dieser Vergangenheit beruht oder davon abweicht.

Im Folgenden möchte ich daher anhand von zwei Familienfallbeispielen aus Ostdeutschland der Bedeutung von familialen und gesellschaftlichen Vergangenheitsdeutungen für den individuellen Bezug zur nationalsozialistischen Vergangenheit nachgehen, wobei das Interesse vor allem den Vertretern der zweiten und dritten Generation gilt. Meine Darlegungen beruhen dabei auf den Erkenntnissen einer umfassenderen Untersuchung zum Thema „Wandel von Politik- und Geschichtsbewusstsein im Verlauf von drei Generationen", für die qualitative Interviews mit zwölf Familien aus Ost- und Westdeutschland ausgewertet wurden.[1] Im Hinblick auf die individuelle Erinnerung werde ich also den Einfluss von zwei verschiedenen sozialen Rahmen betrachten: der Familie als Beispiel des kommunikativen Gedächtnisses und des in der Öffentlichkeit vorherrschenden Bilds der NS-Vergangenheit als Beispiel für das kulturelle Gedächtnis.[2] Angesichts der Menge von möglichen

---

[1] Vgl. meine Dissertation „Politik- und Geschichtsbewusstsein im Wandel. Die Bedeutung der nationalsozialistischen Vergangenheit im Verlauf von drei Generationen in Ost- und Westdeutschland", die ich im Rahmen eines gemeinschaftlichen deutsch-französischen Betreuungsverfahren (co-tutelle) an der Freien Universität Berlin und am Institut d'Etudes Politiques de Paris erstellt und im Juni 2001 abgeschlossen habe. Diese Arbeit ist zugleich Teil des von der Volkswagen-Stiftung geförderten Forschungsprojektes „Faktoren und Bedingungen der Konstitution von demokratischer politischer Identität in nachdiktatorischen Gesellschaften" (Leitung: Gesine Schwan).

[2] Da für mich der Einzelne im Mittelpunkt steht, gilt es mit Blick auf die Familie darauf hinzuweisen, dass ich nur einen Ausschnitt dessen untersuche, was in Anlehnung an

Einflussfaktoren ist es natürlich nicht möglich, kausale Beziehungen letztgültig festzustellen. „In der qualitativen Forschung besteht ein Beweis (wenn dieses angstbesetzte Wort denn überhaupt verwendet werden muss) im Nachweis einer sinnfälligen Beziehung, qualitative Forschung hat sich die Bürde der Plausibilität auferlegt." (Sennett: 1983: 59)

1. Die öffentliche Geschichtserinnerung in Ost- und Westdeutschland vor und nach 1989

Wie die Bundesrepublik war die DDR nach ihrer Gründung 1949 darauf angewiesen, die neue politische Ordnung in Abgrenzung vom vorangegangenen nationalsozialistischen Regime zu etablieren und ein neues nationales Selbstverständnis zu schaffen. Gemäß der von der Faschismusdefinition von Georgi Dimitroff abgeleiteten Interpretation des Nationalsozialismus als der „offenen terroristischen Diktatur der reaktionärsten, am meisten chauvinistischen, am meisten imperialistischen Elemente des Finanzkapitals" wurde der Nationalsozialismus von der politischen Führung der DDR im Rahmen einer ökonomisch begründeten Faschismusanalyse erklärt und somit „universalisiert" (Lepsius 1989). Die Frage nach soziokulturellen und sozialpsychologischen Einflussfaktoren oder nach Schuld und Verantwortung des Einzelnen spielte dabei keine Rolle. Die Beseitigung der bisherigen sozioökonomischen Verhältnisse, wozu auch die Enteignung und Verstaatlichung von Kapital und Grundbesitz gehörte, wurde als notwendige Maßnahme zur Schaffung einer „demokratisch-antifaschistischen" Ordnung postuliert. Der Aufbau des sozialistischen Staates galt als das Gegenstück zum

Halbwachs (1925/1985: Kap. 5) als „Familiengedächtnis" bezeichnet wird: Das Familiengedächtnis kann als die Gesamtheit der „je individuellen und im Kollektiv immer wieder erzählten Erinnerungen an Personen und Ereignisse der gemeinsamen Geschichte" verstanden werden, in denen stets „Vorstellungen und Urteile der Familie über sich selbst" und somit auch über die anderen enthalten sind (Moller/Tschuggnall 1999: 58). Zum Familiengedächtnis gehört vor allem die Art und Weise, wie innerhalb der Familie diese Familienerinnerungen durch Kommunikation konstruiert und vermittelt werden (Keppler 1994: 166). Mir geht es hier jedoch nicht darum, wie die gemeinsame Vergangenheit erinnert oder die Familie explizit als solche thematisiert wird (ebd.), welche Funktionen der Bezug zur Familie hat und in welchen Formen er sich äußert (Muxel 1996), in welcher Weise sich Ehepartner jeweils auf ihre Herkunftsfamilie beziehen (Coenen-Huther 1994) oder wie und welche biographischen Geschichten der Großeltern an die nachfolgenden Generationen weitergegeben werden (Moller/Tschuggnall 1999). Ich konzentriere mich vielmehr auf die individuelle Sicht der eigenen Familiengeschichte und die Bedeutung, die der Einzelne ihr im Hinblick auf sein eigenes Leben beimisst. Folgt man Halbwachs darin, dass „jedes individuelles Gedächtnis (…) ein ‚Ausblickspunkt' auf das kollektive Gedächtnis" (1950/1991: 31) ist, verweisen die Perspektiven der verschiedenen Mitglieder einer Familie auf das Bild, das die Familie als Gruppe von sich im Allgemeinen und von der familialen Vergangenheit zur Zeit des Nationalsozialismus hat.

nationalsozialistischen Regime, das Bekenntnis zum neuen Gesellschaftssystem als einziger legitimer Umgang mit dem Nationalsozialismus.

Insgesamt lässt sich die offizielle Deutung der Geschichte des Nationalsozialismus als eine „weitgehend abstrakte und entdifferenzierte Erinnerung" charakterisieren, die „zunehmender Kanonisierung", insbesondere einer Verengung auf den kommunistischen Widerstand unterworfen und „in einem relativ stabilen Arsenal öffentlicher politischer Rituale" normiert war (Danyel 1995: 38f.). In der Regel blieben die Opfer (wie die Täter) anonym, wobei allerdings die Gruppe der kommunistischen Widerstandskämpfer einseitig hervorgehoben und einzelne KPD-Kämpfer wie zum Beispiel Ernst Thälmann hochstilisiert wurden. Auf Seiten der Täter wurde im Wesentlichen vereinfachend zwischen den Führern (den Eliten, insbesondere denen des Großkapitals) und den Verführten (dem deutschen Volk, insbesondere der Arbeiterschaft) getrennt.

Die Judenvernichtung sowie rassistisch motivierte Verbrechen im Allgemeinen hatten in diesem materialistischen, klassentheoretisch orientierten Welt- und Geschichtsbild keinen eigenständigen Platz. Die rassistische Terror- und Vernichtungspolitik des „Dritten Reiches" wurde entsprechend allein auf die Eroberungs- und Herrschaftspläne des deutschen Großkapitals zurückgeführt, so dass die Ermordung der Juden „gewissermaßen als Randphänomen, als bloße ‚Erscheinungsform' des deutschen Imperialismus" (Herbert 1992: 23) wahrgenommen wurde. Erst ab Mitte der achtziger Jahre begann eine Auseinandersetzung mit diesem Thema auf breiterer Ebene, wobei die Verantwortung der Deutschen umfassender als bisher thematisiert wurde (Groehler 1992). Dennoch blieben diese Veränderungen in erster Linie auf den Bereich der Geschichtswissenschaft beschränkt und hatten keine wesentlichen Auswirkungen für den Bildungsbereich insgesamt, den Schulunterricht oder die Jugendarbeit.

Als Dreh- und Angelpunkt der westdeutschen öffentlichen Erinnerung an den Nationalsozialismus lässt sich die Auseinandersetzung mit der „Schuldfrage" im Hinblick auf Nationalsozialismus und Holocaust bezeichnen, um die bis heute verschiedene Interpretationen und Kontroversen kreisen (Kohlstruck 1997). In den ersten Jahrzehnten nach Ende des Krieges ging es vor allem um die konkrete Schuld bzw. Verantwortung von bestimmten Personen(-gruppen) und Organisationen bzw. Institutionen. Seit den späten siebziger Jahren ist der Holocaust ins Zentrum der öffentlichen Geschichtserinnerung in der Bundesrepublik gerückt. Seit Ende der achtziger Jahre gilt das Interesse darüber hinaus den Folgen, welche die nationalsozialistische Vergangenheit und deren (Nicht-)Aufarbeitung innerhalb der Familie für die jüngeren Generationen haben: Auf der einen, in Politik und Öffentlichkeit dominierenden Seite wird aus genealogischen, ethischen oder nationalen Gründen von einer allgemeinen Verpflichtung aller, also auch der jüngeren Deutschen ausgegangen. Auf der anderen Seite werden hingegen unter Verweis auf die persönliche Unschuld dieser Nachgeborenen oder auf die Verbrechen, die andere Staaten oder Völker begangen haben, Argumente gegen eine solche Kollektivverantwortung und für eine „Normalisierung" des Verhältnisses der Deutschen zu ihrer Vergangenheit zugunsten einer „freien" Zukunft vorgebracht (vgl. ebd.: 64–74).

Die Vereinigung der beiden deutschen Staaten 1990 hat auch zu einer Vereinigung des öffentlichen Umgangs mit der nationalsozialistischen Vergangenheit geführt. Mit der Wirtschafts-, Währungs- und Sozialunion gab die DDR nicht nur ihre (staatliche) Souveränität, sondern auch das von ihr vertretene Geschichtsbild auf. Seitdem gilt zumindest auch im öffentlichen und politischen Bereich die westdeutsche Umgangsweise mit der nationalsozialistischen Vergangenheit als verbindlich (vgl. ebd.; Wöll 1997). Für die wissenschaftliche Auseinandersetzung mit der Zeit des Nationalsozialismus hat sich durch das Ende der DDR dabei eine thematische sowie inhaltliche Erweiterung ergeben. Die DDR als unmittelbare deutsche Vergangenheit spielt sowohl im Hinblick auf einen Systemvergleich zwischen NS-Regime und SED-Staat eine Rolle, als auch in Bezug auf die DDR-spezifische Umgangsweise mit dem Nationalsozialismus. Die Vergangenheitsinterpretation in der DDR ist seit 1989/90 somit selbst zu einem Gegenstand der Erinnerung geworden, während der westdeutsche Diskurs, um diesen Aspekt ergänzt, in seiner Art fortgeführt wurde.

Was bedeutet das nun insbesondere für die jüngeren Ostdeutschen und ihr Vergangenheitsverständnis? Untersuchungen über das Verhältnis von Jugendlichen zur Geschichte und speziell zum Nationalsozialismus, die Ende der achtziger bzw. Anfang der neunziger Jahre durchführt wurden, deuten darauf hin, dass der Versuch der antifaschistischen Erziehung zumindest für die dritte Generation weitgehend als gescheitert zu bezeichnen ist (z.B. Schubarth/Schmidt 1992: 17f.). So konnten zum Beispiel hinsichtlich der Haltung zum Nationalsozialismus keine wesentlichen Unterschiede zwischen ost- und westdeutschen Jugendlichen festgestellt werden (vgl. ebd.; v. Borries 1993). Ist das in der DDR vermittelte Geschichtsbild somit völlig bedeutungslos? Welche Rolle spielt in diesem Zusammenhang die familiale Deutung der Vergangenheit?

2. Die Familien von Pia und Martin: ein Überblick

Betrachtet man die Familien von Pia und Martin, wie ich die beiden Vertreter der dritten Generation genannt habe, lassen sich viele Gemeinsamkeiten, aber auch, vor allem in Bezug auf den Umgang mit der NS-Vergangenheit, große Unterschiede feststellen.[3] In beiden Fällen stammt ein Teil der Familie aus Ostpreußen, dem heutigen Polen, und wurde bei Kriegsende aus ihrer Heimat vertrieben. Der andere Teil der Familie ist hingegen seit Generationen bereits in der Gegend ansässig, wo die beiden Familien – die von Pia im heutigen Mecklenburg-Vorpommern, die von Martin in Brandenburg – heute leben. Der Familienverbund ist in beiden Familien sehr eng: Alle drei Generationen, d.h. diejenigen, mit denen ein Interview geführt wurde, leben (oder lebten sehr lange) nicht nur im selben Ort, sondern auf demselben Grundstück (Pias Familie) oder im selben Haus (Martins Familie).

Die Großeltern von Pia und Martin waren jeweils im Ernährungssektor tätig. Beide Familienbetriebe wurden im Zuge der allgemeinen Wirtschafts- und Bodenreformen 1960 verstaatlicht, also in Genossenschaften eingegliedert – gegen den Willen der Großeltern.

Pias Vater (Jahrgang 1952) ist Bauingenieur, Martins Vater (Jahrgang 1951) arbeitete bis 1989 als Agrartechniker in einem Großbetrieb. Die Wende bedeutet für beide Väter eine berufliche sowie persönliche Veränderung, allerdings ganz unterschiedlicher Art: Pias Vater gründet nach der Vereinigung mit seinem jüngeren Bruder eine eigene Firma, macht sich also erfolgreich selbständig und baut sich auf dem Grundstück seiner Eltern ein eigenes Haus. Martins Vater, der sich im Herbst 1989 in der Bürgerrechtsbewegung engagiert, wird in den Kreistag gewählt und beginnt eine politische Karriere auf lokaler Ebene. Er tritt in die CDU ein, übernimmt verschiedene Parteiämter und wird schließlich stellvertretender Landrat.

Pia und Martin, 1978 und 1975 geboren, haben beide Abitur gemacht. Pia hat vor zwei Jahren ein Sprachenstudium begonnen. Martin hat seine Ausbildung bereits beendet und arbeitet seit einem Jahr bei der Stadtverwaltung.

Beide Familien waren keine Anhänger der SED und begrüßten die Wende. Sie bezeichnen sich beide als kirchlich gebunden. Pias und Martins Vater ließen sich konfirmieren und machten zugleich die Jugendweihe – ein Beispiel dafür, dass man in beiden Familien versuchte, Auseinandersetzungen mit dem Staat möglichst zu vermeiden. Sowohl Pias

---

[3] In Pias Familie führte ich mit Pia, ihrem Vater und ihren beiden Großeltern (väterlicherseits) jeweils ein Interview. In Martins Familie sprach ich mit Martin, seinem Vater und seinem Großvater (väterlicherseits).

als auch Martins Vater könnte man daher zu den „mehr oder weniger unzufriedenen Angepassten" in der DDR zählen, wenngleich nach der jeweiligen Selbstdarstellung die (politische) Unzufriedenheit in Martins Familie deutlich größer war als in der Familie von Pia. Was die Familiengeschichte zur Zeit des Nationalsozialismus angeht, gibt es sowohl in Pias als auch in Martins Familie delikate Punkte, die von den einzelnen Familienmitgliedern mehr oder weniger deutlich thematisiert werden. In Pias Familie handelt es sich um die Vergangenheit der interviewten Großmutter: Pias Großmutter, 1923 geboren, war Mitglied im Bund Deutscher Mädel (BDM) und hatte dort auch eine Führungsposition inne. 1944 trat sie, gerade achtzehnjährig, in die NSDAP ein. In Martins Familie gibt es zwei durch die Zeit des Nationalsozialismus „Belastete": Martins Urgroßvater (väterlicherseits) war Ortsbauernführer und Mitglied der NSDAP, weshalb er nach Kriegsende von der sowjetischen Besatzungsmacht beinahe enteignet worden wäre. Martins Großvater mütterlicherseits war als Mitglied der Militärpolizei laut Martin an der Niederschlagung des Warschauer Ghettoaufstandes beteiligt, bevor er später an die Ostfront versetzt wurde.

3. Das „offene Geheimnis" und das Problem, (Ost-)Deutscher zu sein: Pias Familie

Nachdem ich zunächst ein Interview mit ihrem Mann gemacht hatte, bestand Pias Großmutter darauf, ebenfalls interviewt zu werden. Sie hat offensichtlich das Bedürfnis, über einen bestimmten Teil ihres Lebens – vor ihrer Heirat – selbst Auskunft zu geben. Was die Zeit danach angeht, überlässt sie es hingegen ihrem Mann, davon zu berichten. „Das hat mein Mann ja alles erzählt, nich'. Das brauche ich ja nun nich'." (3)[4]

Gegenstand des Gesprächs waren ihre Kindheit und Jugend sowie insbesondere ihre Erlebnisse bei Kriegsende, als sie vor der sowjetischen Armee geflüchtet und ihre Familie durch die Polen vertrieben worden war. Wie Pias Großmutter dabei offen ausführt, vertraute sie bis zum Zusammenbruch Deutschlands auf den „Endsieg". Sich selbst wie auch ihre Familie – ihr Vater war Mitglieder der SS-Reiterei – beschreibt sie jedoch als eine letztlich ganz unpolitische Familie. Auch heute noch hält sie den BDM für eine gute, ebenfalls völlig unpolitische Sache und verteidigt beharrlich ihre positiven Erinnerungen an ihre Jugendzeit.

---

[4] Bei diesem und den folgenden Zitaten habe ich die wortwörtliche Transkription zugunsten der besseren Lesbarkeit leicht korrigiert. Die Seitenangaben beziehen sich jeweils auf die Stelle des Zitats im Interviewtranskript.

Pias Großvater ist nicht ganz so gesprächig wie seine Frau, wenngleich er auf Nachfragen durchaus bereitwillig von seinen Erinnerungen erzählt.[5] 1920 geboren, wurde er nach Abschluss seiner Ausbildung zum Arbeitsdienst und danach zur Wehrmacht eingezogen. Er war als Funker zunächst in Polen, später in Dänemark eingesetzt, wo er auch das Kriegsende erlebte, das er, wie er sagt, schon lange herbeigesehnt hatte. In diesem Zusammenhang merkt er zum ersten und einzigen Mal kurz an, ohne dies weiter auszuführen oder zu kommentieren, dass seine Frau eine ganz andere Sichtweise dieser Zeit habe als er. Pias Großvater blickt insgesamt sehr differenziert und kritisch auf seine Erlebnisse und Erfahrungen während des NS-Regimes zurück. Viele Dinge, wie zum Beispiel auch die Judenverfolgung, habe er erst später erkannt und durchschaut.

„Aber persönlich, wenn man, na ja auch loyal blieb, musste man ja, man brauchte nicht mitlaufen oder mitschreien, ja?" (7) Pias Großvater bezieht sich hier nicht nur auf die NS-Zeit, sondern zieht auch einen Vergleich zur DDR: „(...) genauso wie es uns ja nachher vierzig Jahre lang später auch passiert is'." (Ebd.) Er erklärt so sein politisches Verhalten sowohl vor 1945 als auch vor 1989 – ein Zeichen dafür, wie eng diese beiden Vergangenheiten für ihn zusammengehören. Zudem kann er somit seine Distanz zur DDR zeigen, die für sich genommen eigentlich kein Gegenstand des Interviews ist, jedoch nicht zuletzt im Zusammenhang mit seinen Erlebnissen im Nationalsozialismus als Thema stets präsent ist.

Pias Vater trennt während des gesamten Interviews strikt zwischen seiner Familiengeschichte und der Geschichte des Nationalsozialismus. Erstere umfasst für ihn die Ereignisse, an die er sich selbst mehr oder weniger gut erinnern kann, „die letzten vierzig Jahre" (1), also die Zeit der DDR. Zur „Geschichte", zu der auch die NS-Vergangenheit zählt, gehört dagegen das, was ihm im Schulunterricht vermittelt wurde. Die Geschichtsinterpretation in der DDR sei zwar „etwas einseitig" (7) gewesen, fügt er mit Blick auf den Nationalsozialismus hinzu, trotzdem sei er insgesamt gut über die NS-Zeit aufgeklärt worden. Die Lehre, die man, wie er mehrmals betont, aus dieser Vergangenheit ziehen müsse, bestehe darin, jeder Ideologie zu misstrauen und sich von der Politik fern zu halten. Denn der Mensch, von Natur aus ein „Herdentier" (12), lasse sich eben immer von Führern zu etwas verleiten.

Ohne seine Mutter zu nennen, kritisiert Pias Vater hier indirekt ihr Verhalten während des Nationalsozialismus. Indem er dieses jedoch als ein universal menschliches Fehlverhalten interpretiert und sie – entspre-

---

5   Seine Enkelin Pia beschreibt ihn als jemanden, der sich bei Familiengesprächen stets zurückziehe.

chend der offiziellen Interpretation der DDR – in erster Linie als „Verführte" betrachtet, entlastet er sie gleichzeitig von individueller Verantwortung. Diese „Universalisierung" der Mitläuferschaft, die an die offizielle Universalisierung des Nationalsozialismus als Faschismus erinnert, hat allerdings noch eine weitere Funktion: Pias Vater, der sich an anderer Stelle selbst als einen „Mitläufer" (5) in der DDR bezeichnet, scheint hier auch sein eigenes Verhalten vor 1989 zu legitimieren: Im Gegensatz zu seiner Mutter hat er keiner, auch nicht der sozialistischen Ideologie vertraut und sich niemals politisch kompromittiert. Hier zeigt sich seine Kritik an der DDR. Andererseits hatte aber auch er sich mit den Umständen in der DDR arrangiert und den Vorgaben angepasst – wie die anderen „Herdentiere".

Für die NS-Vergangenheit fühlt sich Pias Vater in jedem Fall nicht verantwortlich, höchstens für die DDR; das ist ein Zeichen dafür, dass er den Anspruch der DDR, mit 1949 einen politischen Neubeginn gemacht zu haben, und das antifaschistische Selbstverständnis der DDR zumindest in Teilen verinnerlicht hat. Entsprechend konzentriert er sich in erster Linie auf die Gegenwart und Zukunft, d.h. darauf, die „richtigen" Lehren aus der Vergangenheit zu ziehen. Der Unterschied zu einer rückwärts gewandten, die Vergehen der ersten Generation anklagenden Haltung, wie sie für den westdeutschen Umgang mit der NS-Vergangenheit beispielsweise der so genannten Achtundsechziger-Generation typisch ist (vgl. z.B. Meier 1990: 57), könnte nicht deutlicher hervortreten.

Dass sich Pias Vater wie Pias Großvater in keiner Weise dazu äußert, dass Pias Großmutter ihre Begeisterung für den BDM und ihre positiven Erinnerungen an die NS-Zeit bis heute verteidigt, ist jedoch in erster Linie auf den in der Familie vorherrschenden *modus vivendi* zurückzuführen: In der Familie gilt die stille Übereinkunft, die Erinnerungen der Großmutter stehen zu lassen, d.h. sie von früher erzählen zu lassen, ohne ihre Sichtweise jedoch zu übernehmen. Das Verhältnis der Großmutter zum Nationalsozialismus kann somit als das „offene Geheimnis" der Familie bezeichnet werden (vgl. hierzu auch Keppler 1994: 180/181). Dieser Modus Vivendi zeigt sich dabei nicht nur im Hinblick auf die nationalsozialistische Vergangenheit, sondern generell dort, wo es substantielle Differenzen zwischen Familienmitgliedern gibt, die anscheinend stets mit unterschiedlichen politischen Ansichten zusammenhängen. Aus diesem Grund wird alles, was mit Politik zu tun hat, und dazu gehört hier auch der Nationalsozialismus, bewusst aus dem Familienleben herausgehalten. Nur so kann, wie es scheint, der familiale Zusammenhalt gewährleistet werden.

Auch Pia, die Vertreterin der dritten Generation, respektiert das „offene Geheimnis". Anders als ihr Vater weiß sie allerdings von den Er-

fahrungen und Einstellungen ihres Großvaters hinsichtlich des Nationalsozialismus praktisch gar nichts, da ihre Kenntnisse über die Familie
allein aus den Erzählungen ihrer Großmutter stammen, die, wie gezeigt,
in erster Linie über ihre eigenen Erlebnisse vor ihrer Heirat spricht.[6] Pia
setzt daher die Haltung ihres Großvaters zum Nationalsozialismus mit
den Einstellungen ihrer Großmutter gleich. Letztlich hat die NS-
Vergangenheit für sie jedoch nichts mit ihren Großeltern zu tun: Pia
betrachtet ihre Großmutter in erster Linie als die liebe Oma, die sich um
die Enkelkinder kümmert. Was diese früher einmal gedacht oder getan
hat, spielt dabei keine Rolle. Persönlich relevant ist für Pia vielmehr, wie
in der DDR mit der NS-Zeit umgegangen wurde, und was dies für sie
heute bedeutet.

> Ich bin auch in einem anderen Deutschland aufgewachsen als
> jetzt Westdeutschland, wenn's auch zur Nazizeit halt nur ein
> Deutschland war, aber das hat man zu DDR-Zeiten wirklich
> kaum –, also diese Aufarbeitung, die im Westen lief, gar nicht.
> Also, es waren immer nur die guten Sowjetbürger und das tolle
> Russland, das uns von diesem Joch befreit hatte, aber diese wirk-
> lich wahre Geschichtsdarstellung hab' ich ja alles nie erlebt, weil
> ich elf Jahre war, als die Wende kam. (14)

Im Gegensatz zu ihrem Vater kritisiert Pia, dass zu Zeiten der DDR
keine angemessene Aufarbeitung der nationalsozialistischen Vergangenheit stattgefunden habe. Sie übernimmt somit die westdeutsche Sicht
der Geschichtspolitik der DDR. Sie weist darüber hinaus darauf hin,
dass sie von der DDR und von dem dort vermittelten Geschichtsbild
aufgrund ihres Alters eigentlich nichts mitbekommen habe. Dabei wird
ihr Bemühen deutlich, sich nicht als Ostdeutsche zu präsentieren: Ihre
Familie sei stets sehr westlich orientiert gewesen, betont sie, ihre Kindheit sei völlig frei von politischen Einflüssen gewesen. Gleichzeitig führt
sie aus, dass sie erst mit der Wende 1989 und zu ihrer völligen Überra-
schung durch die Reaktionen ihrer Eltern und ihrer Umgebung erfahren
habe, dass das Leben in der DDR eigentlich schlecht und das Ende der
DDR folglich zu begrüßen sie. Erst viel später, so Pia, habe sie angefangen, die Gründe dafür zu verstehen.

Dieses Unverständnis scheint Pia bis heute nicht überwunden zu
haben. Pia hat offenbar „gelernt", dass die DDR und das in der DDR

---

6   In Pias Familie herrscht eine klare Arbeits- und Aufgabenteilung zwischen den Ge-
    schlechtern. Zum Bereich der Männer gehört die Arbeitswelt und die Sicherung des mate-
    riellen Unterhalts der Familie. Die Frauen sind für die Kindererziehung zuständig, wozu
    auch die Traditionsvermittlung wie das Erzählen und Bewahren von Familiengeschichten
    gehört. Ansprechpartner für die Enkel in dieser Beziehung ist somit ausschließlich die
    Großmutter.

vermittelte Geschichtsbild kritikwürdig sind. Dieses Wissen kann sie jedoch nicht mit ihren Kindheitserfahrungen in Zusammenhang bringen. Sie scheint unsicher zu sein, wie sie ihre DDR-Vergangenheit insgesamt einordnen soll, zumal sie, wie sie feststellt, mit ihren Eltern nie über die Ereignisse 1989/90 geredet hat.[7]

Pias Ambivalenz zeigt sich auch bei ihren Bemerkungen zum Geschichtsunterricht: Wie bereits angedeutet, betont sie einerseits, dass ihre Kenntnis über die NS-Zeit im Wesentlichen aus der Zeit nach der Vereinigung stammen. Andererseits erzählt sie, wie sehr sie der Besuch der Gedenkstätte Buchenwald in der 12. Klasse (also nach der Wende) beeindruckt habe. Für Buchenwald habe sie immer schon ein großes Interesse gehabt, weil dort ja Ernst Thälmann, eine der „heroischen Gestalten" (33) in der DDR, ermordet worden sei, für dessen Person und Leben sie sich schon zu Zeiten der DDR sehr interessiert habe.[8] Deutlich wird hier nicht nur der Einfluss des DDR-Geschichtsbildes, das offensichtlich auch für Kinder der Grundschule eine prägende und vor allem äußerst lang anhaltende Wirkung ausüben kann (vgl. Leo/Reif-Spirek 1999). Pia widerlegt überdies ihre eigene Behauptung, von der Geschichtsdarstellung in der DDR nichts mitbekommen zu haben.

Im Hinblick auf die Bedeutung, die der NS-Vergangenheit heute beigemessen wird, weist Pia allerdings darauf hin, dass sie sich in gewisser Weise belastet fühlt.

> Ach, es wurde dann eben auch immer so darauf 'rumgeritten, dass – man darf nicht vergessen, und wir sind die Enkel der Leute, die mitschuldig sind, und es wurde immer so weiter geführt, dass man die deutsche Vergangenheit auf diesen einen Aspekt reduziert. (Pia, 14)

Erst seit einiger Zeit, so Pia, habe sie ein anderes Bild von Deutschland und fühle sich nicht mehr so komisch, weil sie Deutsche sei. Sie erzählt von ihrem Auslandsaufenthalt in den USA und von den häufigen Gesprächen mit ihrem Gastvater über dieses Thema, der ihr deutlich gemacht habe, dass es außer dem Nationalsozialismus auch andere Ereignisse in der deutschen Geschichte gäbe, wie zum Beispiel die friedliche Revolution 1989, auf die man als Deutscher stolz sein könne.

> Also man lernt dann auch wirklich sein Land irgendwie aus 'nem anderen Blickwinkel zu sehen, und man kann dann auch irgendwie sagen, ich bin deutsch, und ich mag das Land, wenn auch

---

[7] Pia lässt sich somit als Vertreterin einer „in hohem Maße *unberatenen* Generation" betrachten, wie Lindner (1997: 30) die nach 1975 geborenen Ostdeutschen charakterisiert.

[8] Zum Thälmann-Kult in der DDR siehe Leo (1995).

nicht alle Aspekte und auch ganz bestimmt nicht die Aspekte der Vergangenheit, die jetzt die Nazivergangenheit betreffen, aber dass man sich wirklich trotzdem nicht schämen muss zu sagen, ja, ich bin aus Deutschland. (13)

Durch die Haltung ihres amerikanischen Gastvaters fühlt sich Pia offenbar autorisiert, Deutschland und ihr Deutschsein nicht nur unter dem Gesichtspunkt der NS-Vergangenheit zu betrachten, sich auch zu ihren positiven nationalen Gefühlen zu bekennen und auf die „guten" Teile der deutschen Geschichte zu besinnen.

Pias Unbehagen, deutsch zu sein, und das Gefühl, dass man von ihr erwarte, sich aufgrund der nationalsozialistischen Vergangenheit irgendwie schuldig zu fühlen, verweisen aufeinander. Sie scheinen sowohl mit dem „offenen Geheimnis" und dem Modus Vivendi in Pias Familie zusammenzuhängen, die Familieneinheit gefährdende Unstimmigkeiten aus der familialen Kommunikation auszuklammern, als auch mit der öffentlichen Vergangenheitsaufarbeitung nach der Wende. Die unausgesprochene Kritik an der Haltung der Großmutter zur NS-Zeit widerspricht der Rolle, welche diese als eine allseits geachtete und respektierte Person ansonsten innerhalb der Familie hat und in der Pia sie auch kennt. Die Vergangenheit der Großmutter und ihre nachträgliche Haltung dazu stehen zum anderen dem Bild der „Bilderbuch"-Oma entgegen, das Pia von ihr hat und behalten möchte. Eine rationalisierende, zukunftsgerichtete Betrachtung der Vergangenheit, wie sie bei Pias Vater zu beobachten ist, ist für Pia nicht möglich, zumal sie von außen – beispielsweise in der Schule – durch die Diskreditierung des Vergangenheitsbildes in der DDR und durch den Verweis auf ihre Nachkommenschaft der Leute, „die mitschuldig sind", doppelt mit der NS-Vergangenheit konfrontiert wird. Dazu kommt, dass Pia sich eigentlich nicht zu ihrer DDR-Herkunft bekennen möchte, da sie auch diese als abgewertet empfindet, auch wenn sie selbst keine negativen Erinnerungen an die DDR hat.

Pia fühlt sich durch das Erbe der DDR und die NS-Vergangenheit somit zweifach belastet, da sich ihr sowohl die Vergangenheit der Großeltern als auch die Zeit in der DDR höchst widersprüchlich darbieten. Genau diese Zweideutigkeit ist es, die Pias Familie von Martins Familie unterscheidet.

4. Gegen die Kommunisten: Martins Familie

In Martins Familie gibt es im Wesentlichen weder Unklarheiten noch viel Unausgesprochenes. Martins Eltern und Großeltern haben sich, ähnlich wie Pias Angehörige, zu Zeiten der DDR in erster Linie um ihre eigenen Angelegenheiten gekümmert. Martin wächst jedoch von klein an mit dem Wissen auf, dass seine Familie das System der DDR zwar „erträgt", keinesfalls jedoch unterstützt.

(…) wir haben diskutiert, immer wieder, das war halt so. Ich kannte es gar nicht anders, und dann bei den Geburtstagen von meinen Eltern war's dann so, die Brüder von meiner Mutter waren auch nicht so po–, also auch nicht auf volle Linie, und dadurch gab's immer freie Diskussionen, das kannte ich gar nicht anders. (Martin, 23)

Nach dem Krieg wäre die Familie beinahe von der sowjetischen Besatzungsmacht enteignet worden. Schon deshalb war die Familie nicht gut auf „die Russen" zu sprechen. 1960 wurde schließlich von „den Kommunisten" das durchsetzt, was kurz nach dem Krieg noch verhindert werden konnte: Der Familienbetrieb wird auf Druck der SED-Führung in eine Genossenschaft umgewandelt. Für Martins Familie kommt das einer Enteignung gleich. Auch Martins Vater weiß somit bereits als Kind, dass vom Kommunismus bzw. Sozialismus und der SED nichts Gutes zu erwarten ist.

Dass der Urgroßvater ein Anhänger des Nationalsozialismus war, sprechen Martins Großvater und Vater im Interview offen an. Beide weisen erklärend darauf hin, dass er jedoch kein ideologisch verblendeter Mann gewesen sei. Er habe vielmehr in diesem Fall nicht genügend Weitblick gehabt – anders als später im Hinblick auf die Kommunisten und im Gegensatz beispielsweise zu seiner Frau, die schon von Beginn an gegen den Krieg und insgesamt eine (politisch) höchst weitsichtige und kluge Frau gewesen sei. Beide Urgroßeltern hätten außerdem die ausländischen Zwangsarbeiter stets sehr korrekt behandelt. Eine russische Arbeiterin sei es schließlich auch gewesen, welche die Familie vor der Enteignung durch die sowjetischen Truppen bewahrt hätte.

Martins Vater erzählt, dass seine Distanz zum Staat durch die Darstellung der Zeit des Nationalsozialismus in der Schule noch verstärkt worden sei. Die dort vermittelten Informationen hätten in völligem Kontrast zu dem gestanden, was er aus den Erzählungen seiner Eltern und Großeltern gekannt habe: Alle Nazis seien ganz einfach als Verbrecher hingestellt worden. Er hingegen habe von seinem Großvater, dem Ortsbauernführer, gewusst, dass dieser bestimmt keine Verbrechen begangen habe.

Anders als bei Pias Vater trifft also bei Martins Vater die offizielle und in der Schule vermittelte Vergangenheitsinterpretation der DDR auf ein bereits bestehendes, tiefes Misstrauen und verfestigt es weiter.

Martin berichtet ebenfalls von der vereinfachten Darstellung der NS-Zeit in der Schule, wo er zum ersten Mal etwas vom Nationalsozialismus gehört habe.

Und denn natürlich fragt man Opa automatisch, wenn man in der Schule gehört hat, wie gesagt wird, was immer ganz krass war, ja, das sind alles Verbrecher gewesen. Und da musste ich erst mal Opa fragen [lachend], weil ich konnte mir nicht vorstellen, dass meine Großväter Verbrecher waren. (17)

Wie sein Vater vertraut Martin den Geschichten seines Großvaters und nicht der Darstellung der Lehrer, die diesen in vielen Punkten widerspricht. Interessanterweise geht Martin aber nur ganz am Rande auf seinen Urgroßvater ein. Über dessen Haltung zum Nationalsozialismus weiß er Bescheid, misst ihr jedoch keine große Bedeutung bei. Denn erstens interessiert er sich hinsichtlich der Zeit von 1933 bis 1945 vor allem für die militärische Seite, also für den Krieg und die Kriegshandlungen, und weniger für die politische Dimension. Zweitens weiß er von seinem Vater und von seinem Großvater, dass sein Urgroßvater nichts Schlimmes getan hat. Dies gilt im Übrigen auch für seinen Großvater selbst, der als Soldat der Wehrmacht nach dem Krieg drei Jahre in französischer Gefangenschaft verbracht hat.

Hier ist eine interessante Verschiebung festzustellen: Martins Vater erzählt von der drohenden Enteignung des Familienbesitzes 1945, als ob er selbst dabei gewesen sei. Ihm liegt viel daran, zum einen seine eigene Aufgeklärtheit über die NS-Vergangenheit seiner Eltern und Großeltern zu zeigen und zum anderen die Unschuld seines Großvaters zu beweisen. Er stellt ihn in erster Linie selbst als Opfer der Umstände dar. Für seine eigene politische Glaubwürdigkeit ist dies von großer Bedeutung: Seit 1989/90 hat sich Martins Vater für den politischen sowie gesellschaftlichen Neubeginn engagiert. Er ist also eine Person des öffentlichen Lebens. Er muss daher sowohl seine langjährige und echte Distanz zum DDR-Staat beweisen, ohne dabei jedoch die NS-Vergangenheit seiner Familie einfach übergehen zu können, schon allein um mir, der Interviewerin, gegenüber seine Glaubwürdigkeit und Aufrichtigkeit zu wahren. Der Einfluss der aktuellen Lebensumstände auf die Interpretation und Präsentation der Vergangenheit ist hier deutlich zu erkennen.

Martin hat es nicht mehr nötig, das Verhalten seines Urgroßvaters zu rechtfertigen. Er als politisch sehr interessierte, jedoch (partei-)politisch ungebundene Person ist bisher auch noch nicht in die Lage gekommen, seine politische Glaubwürdigkeit auf diese Weise, z.B. bei der Kandidatur um ein öffentlichen Amt, beweisen zu müssen. Wenn überhaupt, würde er in einem solchen Fall – und das ist der dritte Punkt – wohl

Bezug auf seinen Großvater mütterlicherseits nehmen. Denn Martin beschäftigt eher die Vergangenheit seiner anderen Großeltern, also der Eltern seiner Mutter, vermutlich nicht zuletzt, weil diese mehr mit der verbrecherischen Seite des Krieges und der Judenermordung zusammenhängt.

Martins Großvater mütterlicherseits war in der Militärpolizei und in dieser Funktion auch an der Judenverfolgung beteiligt. Wie Martin erzählt, habe sein Großvater erst nach der Wende überhaupt etwas über diese Zeit berichtet, wobei er sich sehr schwer getan hätte. Die Erlebnisse von damals, so Martin, habe er immer noch nicht ganz verkraftet. Diese offensichtlichen Schwierigkeiten ermöglichen es Martin, seinem Großvater mit Verständnis zu begegnen, ihn nicht zu verurteilen und auch sein eigenes Leiden anzuerkennen, wie dies offenbar auch die anderen Familienmitgliedern tun.[9]

Während Martin mehrmals auf die Verbrechen an den Juden eingeht, taucht im Gespräch mit Martins Großvater das Thema Judenverfolgung kaum, im Fall von Martins Vater nur kurz auf. Die Themenverlagerung in der öffentlichen Diskussion um die NS-Zeit, d.h. die große politische sowie öffentliche Aufmerksamkeit für das Thema der Judenverfolgung, die für die Ostdeutschen[10] mit der Wiedervereinigung beginnt, spiegelt sich hier in der Generationenabfolge wider.

Die positive Haltung von Martins Urgroßvater (väterlicherseits) zum Nationalsozialismus wird, so lässt sich zusammenfassend festhalten, im familialen Geschichtsbild durch seine Ablehnung des DDR-Regimes und seine Enteignung durch die SED kompensiert und somit aufgehoben. Die Erlebnisse des Großvaters mütterlicherseits werden von Martin in erster Linie unter dem Gesichtspunkt seines eigenen Leidens betrachtet und dadurch entschärft. Martin hat keinen Zweifel, dass auch der Vater seiner Mutter seine guten Gründe für sein Verhalten während des Krieges hatte. Er betrachtet ihn ebenso wenig als Verbrecher wie seinen anderen Großvater und seinen Urgroßvater. Durch deren Vergangenheit fühlt sich Martin in keiner Weise belastet. Für seine eigenen politischen Überzeugungen orientiert er sich vor allem an seinem Vater; der Bezugpunkt ist hier allein die DDR.

---

9 Zumindest kann man das aus Martins Darstellung schließen, nach der sein Großvater innerhalb der Familie in erster Linie mit Rücksicht und Respekt behandelt wurde.

10 Damit meine ich nicht, dass die Bürger der neuen Bundesländer sich generell erst seit der Wiedervereinigung mit dieser Thematik beschäftigen. Vielmehr beziehe ich mich an dieser Stelle auf den Vergleich der öffentlichen Erinnerung der Zeit vor und nach der Wende. Martins Großvater mütterlicherseits beginnt, wie Martin erzählt, nach der Vereinigung über seine Erlebnisse in Polen zu sprechen. Als Martin in der Schule die Zeit des Nationalsozialismus im Geschichtsunterricht durchnimmt, besteht die DDR bereits nicht mehr. Anders als sein Vater wird ihm in der Schule auch die westdeutsche Sicht der nationalsozialistischen Vergangenheit vermittelt.

Eine nicht zu unterschätzende Rolle für die Beurteilung des Verhaltens der Großväter spielt dabei, dass beide ihren Verpflichtungen als Soldaten nachkamen. Das Militär, die Loyalität des Soldaten haben in Martins Familie einen hohen Stellenwert. Auch wenn man sich von den nationalsozialistischen Zielen und der dahinter stehenden Ideologie distanziert, lässt man auf das Militär an sich, auf die Aufgabe des Soldaten, nichts kommen. Martins Großvater, sein Vater und er selbst unterscheiden jeweils klar zwischen der politischen und der militärischen Seite des Krieges. In ähnlicher Weise trennt auch Martins Vater zwischen der Nationalen Volksarmee (NVA) als Armee und der NVA als Teil des DDR-Systems. Obwohl er die Schikanen in der NVA und das Verhalten von manchen seiner Vorgesetzten und Mitsoldaten scharf kritisiert, ist er von der technischen Seite seiner Aufgabe fasziniert und macht später sogar einen Fortbildungslehrgang mit. Martin meldet sich seinerseits mit Begeisterung zum Wehrdienst in der Bundeswehr und erwägt lange, ob er die Offizierslaufbahn einschlagen solle. Sein Hobby ist das Bauen von Panzermodellen – sein Vater hat ein Faible für U-Boote.

Das Militär im technischen und das Soldatentum im patriotischen Sinne werden in Martins Familie als etwas betrachtet, das von den jeweiligen politischen Umständen weitgehend unabhängig ist. Die politische Überzeugung, die man darüber hinaus vertritt, ist ein Teil des täglichen Lebens. Früher war es die Gegnerschaft zur DDR, heute ist es die Zustimmung zur Wiedervereinigung und zum Leben im vereinten Deutschland.

In Martins Fall sind allerdings sein Interesse für das Militärische und sein Bekenntnis zur Bundesrepublik zusätzlich miteinander verwoben. Als ich ihn frage, wie er dazu gekommen sei, sich zu überlegen, die Offizierslaufbahn einzuschlagen, weist er darauf hin, dass er immer schon „für den Staat direkt arbeiten" (4) wollte: entweder bei der Bundeswehr oder, wie jetzt, in der Verwaltung als Beamter. Er habe sich, fügt er erklärend hinzu, durch seine Erfahrungen vor und nach der Wende sehr damit „beschäftigt, wie der Staat aufgebaut ist und so, und das alles irgendwo verglichen mit dem, was vorher war." Es sei „irgendwo doch faszinierend" gewesen, „dass es auch anders funktioniert. (...) Dass man da für diese Sache eintreten kann und direkt was dafür tun kann." (5)

5. Die Familie als Filter

Während Martin sich durch den Zusammenbruch der DDR darin bestärkt sieht, dass die offizielle Geschichtsinterpretation in der DDR falsch und die Darstellung seiner Eltern und Großeltern richtig war, empfindet Pia die Diskussion über die NS-Vergangenheit nach der Vereinigung eher als Belastung. Pia hat das Gefühl, dass von ihr erwartet wird, sich als Deutsche bzw. als Enkelin ihrer „belasteten" Großeltern schuldig zu fühlen. Der Nationalsozialismus als Teil der deutschen Vergangenheit beeinträchtigt ihr eigenes Selbstverständnis als Deutsche. In diesem Sinn hat die NS-Vergangenheit eine persönliche, negative Bedeutung für sie. Dies gilt auch für ihren Vater und für ihre Großeltern, insbesondere ihre Großmutter. Pias Vater verneint zwar, dass der Nationalsozialismus für ihn persönlich von Bedeutung sei. Allerdings nimmt er indirekt auf die NS-Zeit Bezug, indem er sein eigenes politischen Verhalten nach seiner Mutter – im negativen Sinne – und nach seinem Vater – im positiven Sinne – ausrichtet: keine Opposition gegen, aber auch kein Engagement für den Staat.

Für Martin hat die Vergangenheit seiner Großeltern nur insofern etwas mit ihm zu tun, als er sich für (Militär-)Geschichte und insbesondere für die Geschichte der Familienangehörigen interessiert, denen er nahe steht. Persönlich relevant für sein eigenes Verhalten ist dies nicht, außer für seine Einstellung zu militärischen Dingen. Noch stärker als direkt mit den Erlebnissen seiner Großväter während des Krieges scheint seine Aufmerksamkeit für das Militär jedoch mit dem technischen Interesse seines Vaters zusammenzuhängen. Dieser hingegen bezieht sich ausdrücklich auf seine Vorfahren, um seine eigene Entwicklung, insbesondere seine politischen Überzeugungen und seine Gegnerschaft zur DDR darzulegen. Dabei klammert er alle negativen Aspekte seiner Familiengeschichte aus oder setzt sie gegenüber den positiven so geschickt in den Hintergrund, dass sie ihre Bedeutung verlieren.

Dass Familiengeschichte nicht etwas ist, was man als ein Ganzes, Vorgefertigtes vermittelt bekommt, sondern etwas, das sich jeder selbst aneignet, wird am Beispiel von Martins Vater besonders gut veranschaulicht. Mit Blick auf Pias Familie zeigt sich darüber hinaus, dass die Art und Weise, wie die Kinder und Enkel zum Nationalsozialismus stehen und inwiefern sie sich beispielsweise durch die „Schuldfrage" oder als Deutsche angesprochen fühlen, vor allem aus den Familienbeziehungen und der Art und Weise verstehen lässt, wie man seitens der ersten Generation und innerhalb der Familie mit der NS-Vergangenheit umgeht. Während die „Last" dieser Vergangenheit bei Pias Familie bis zur dritten Generation hin spürbar ist, wird bei Martins Familie das zumindest potentiell zu kritisierende Verhalten des Urgroßvaters durch die Betonung seiner anderen Eigenschaften und des politischen Weitblicks der Urgroßmutter entschärft. Martins Großvater fühlt sich, wenn überhaupt, als Opfer der Umstände, und auch für Martins Vater und für Martin selbst hat diese Interpretation Gültigkeit. Martins Großvater mütterlicherseits, der zur Familie der Mutter gehört und daher nur für Martin eine Rolle spielt, fällt hierbei etwas aus der Reihe. Martins Großvater hat, wie es Martin interpretiert, Schwierigkeiten, sich seinen Erinnerungen zu stellen. Deshalb, so ist zu vermuten, setzt sich Martin auch damit am ausführlichsten auseinander. Wie sein Vater im Hinblick auf seinen Großvater kommt er aber letztlich zu dem Schluss, dass auch der Vater seiner Mutter in erster Linie ein Opfer der damaligen Umstände war. So kann Martin seine Vergangenheit ebenfalls annehmen.

Insgesamt lässt sich daraus schließen, dass besonders Schuldgefühle oder ein Schuldbewusstsein vor allem dann weitergegeben werden und auch für die nachfolgenden Generationen eine Rolle spielen, wenn eine solche Haltung bereits bei der ersten Generation vorhanden ist, beispielsweise in Form einer manifesten Rechtfertigungshaltung, wie sie bei Pias Großmutter zu beobachten ist.

Die öffentliche Geschichtsinterpretation in der DDR sowie im vereinten Deutschland spielt für beide Familien eine Rolle. Für Pias Vater ist sie in erster Linie eine Entlastung, für Pia hingegen eine zusätzliche Belastung, da sie nach der Vereinigung sowohl damit als auch mit der NS-Vergangenheit Deutschlands und der Haltung ihrer Großeltern konfrontiert wird. Aufgrund der in Pias Familie bereits vorhandenen zweideutigen Darstellungen der NS-Zeit verstärkt die neue, westdeutsche Sicht, die Pia in der Schule und in den Medien kennen lernt, ihre eigene Unsicherheit im Hinblick auf die NS-Zeit.

Im Fall von Martin und seinem Vater unterstützt das Vergangenheitsbild der DDR die bereits existierende Gegnerschaft der Familie zum Kommunismus und zum SED-Staat und trägt auf diese Weise zur Entschuldigung der Großväter bzw. des Urgroßvaters bei. Interessant dabei ist, dass Martins Vater und auch Martin die Verunglimpfung der Anhänger der NSDAP und ihre Gleichsetzung mit den NS-Verbrechern sowie die Diskreditierung der Bundesrepublik in diesem Zusammenhang erwähnen, nicht aber etwa die Betonung des kommunistischen Widerstands und des verbrecherischen Kriegs Deutschlands gegen die Sowjetunion. Letzteres stellt zwar ebenfalls einen Teil des offiziellen Geschichtsbildes der DDR dar, ist jedoch in Martins Familie für die Beurteilung der eigenen Familienangehörigen unwichtig, ja sogar eher hinderlich. Durch die nach der Wende geltende Interpretation der NS-Vergangenheit verändert sich für Martin und seinen Vater im Grunde nichts. Für sie steht der Umgang mit der Vergangenheit in der DDR im

Vordergrund. Das Bild des Urgroßvaters bzw. der Großväter wird von Martins Vater bzw. von Martin nicht nochmals neu hinterfragt. Gerade an diesem Beispiel wird deutlich, dass die Wirkung der gesellschaftlichen Rahmen der Erinnerung je nach dem durch die Familie vorgeprägten Raster individuell unterschiedlich ausfällt: „Lange bevor von Kindern und Jugendlichen ‚Geschichte gelernt' wird, sind bereits Eindrücke und Bilder von der Bedeutung dieser Zeit für die älteren Familienangehörigen entstanden" (Inowlocki 1988: 52). Dies gilt nicht nur im Hinblick auf die geschichtlichen Rechtfertigungsversuche von Jugendlichen aus rechtsextremistischen Gruppierungen, um die es bei der Untersuchung der zitierten Autorin geht, sondern für jede Art von Geschichtsbetrachtung. Die innerhalb der Familie erfahrenen Eindrücke und Bilder vermitteln zum Teil als explizite Interpretationen, zum Teil als Andeutungen oder Auslassungen einen bestimmten Sinn. Andere Perspektiven und Bilder, mit denen die Kinder und Jugendlichen später konfrontiert werden, werden nach oder in der Auseinandersetzung mit der entsprechenden Familienperspektive beurteilt. Die Familie fungiert somit als ein Filter oder „Objektiv, aus dessen Perspektive das allgemeine Geschehen beurteilt wird" (ebd.): Das Deutungsangebot von außen wird so aufgenommen (oder zurückgewiesen), wie es zur Bestätigung des Familienzusammenhalts oder zur individuellen Abgrenzung von der Familie gebraucht wird. Die Familie determiniert also nicht einfach die Haltungen des Einzelnen. Sie beeinflusst vielmehr den Wahrnehmungshorizont, ohne genaue Inhalte vorzugeben. Einerseits bedeutet das, dass das antifaschistische Geschichtsbild, wie insbesondere im Fall von Pias Vater ersichtlich, durchaus einflussreich sein kann. Auch Pia ist zum Teil noch davon geprägt. Andererseits, und dafür steht vor allem der Fall von Martins Familie, konstituiert sich auch der familiale Interpretationsrahmen nicht zuletzt in Auseinandersetzung mit dem gesellschaftlichen Umfeld. Die Betonung des Leidens der Familie nach 1945 ist nicht zuletzt in Zusammenhang mit der offiziellen Hervorhebung der Siegerrolle der Sowjetunion zu sehen. Die individuelle Sichtweise der Vergangenheit wird also durch beide Rahmen, den familialen und den gesellschaftlichen, beeinflusst, wobei man sagen könnte, dass die familiale Vergangenheitsdeutung den engeren, das öffentliche Geschichtsbild den weiteren Interpretationsrahmen darstellt.

Literatur

Assmann, J. (1991): Die Katastrophe des Vergessens. Das Deuterono-mium als Paradigma kultureller Mnemotechnik. In: A. Assmann/D. Harth (Hg.): Mnemosyne. Formen und Funktionen der kulturellen Erinnerung. Frankfurt/M.: Fischer, S. 337–355.

Assmann, J. (1997): Das kulturelle Gedächtnis. Schrift, Erinnerung und politische Identität in frühen Hochkulturen. München: C.H. Beck.

Augustinus (1955): Bekenntnisse. Berlin/Darmstadt/Wien: Deutsche Buchgemeinschaft.

Bastide, R. (1970): Mémoire collective et sociologie du bricolage. *Année Sociologique*, 21, S. 65–108.

Borries, B. von (1993): Vorstellungen zum Nationalsozialismus und Einstellungen zum Rechtsextremismus bei ost- und westdeutschen Jugendlichen. Einige empirische Hinweise von 1990, 1991 und 1992. *Internationale Schulbuchforschung*, 15, S. 139–166.

Coenen-Huther, J. (1994): La mémoire familiale: Un travail de re-construction du passé. Paris: l'Harmattan.

Danyel, J. (1995): Die Opfer- und Verfolgtenperspektive als Grün-dungskonsens? Zum Umgang mit der Widerstandstradition und der Schuldfrage in der DDR. In: ders. (Hg.): Die geteilte Vergangenheit. Zum Umgang mit Nationalsozialismus und Widerstand in beiden deutschen Staaten. Berlin: Akademie, S. 31–46.

Groehler, O. (1992): Der Holocaust in der Geschichtsschreibung der DDR. In: U. Herbert/O. Groehler (Hg.): Zweierlei Bewältigung. Vier Beiträge über den Umgang mit der NS-Vergangenheit in den beiden deutschen Staaten. Hamburg: Ergebnisse Verlag, S. 41–66.

Halbwachs, M. (1925/1985): Das Gedächtnis und seine sozialen Bedin-gungen. Frankfurt/M.: Suhrkamp.

Halbwachs, M. (1950/1991): Das kollektive Gedächtnis. Frankfurt/M.: Fischer.

Herbert, U. (1992): Zweierlei Bewältigung. In: ders./O. Groehler (Hg.): Zweierlei Bewältigung. Vier Beiträge über den Umgang mit der NS-Vergangenheit in beiden deutschen Staaten. A.a.O., S. 7–27.

Inowlocki, L. (1988): Ein schlagendes Argument. Geschichtliche Recht-fertigung und biographische Konstruktionen von Jugendlichen in rechtsextremistischen Gruppen. *BIOS: Zeitschrift für Biographieforschung und oral history*, 1, S. 49–58.

Keppler, A. (1994): Tischgespräche. Über Formen kommunikativer Vergemeinschaftung am Beispiel der Konversation in Familien. Frankfurt/M.: Suhrkamp.

Kohlstruck, M. (1997): Zwischen Erinnerung und Geschichte. Der Nationalsozialismus und die jungen Deutschen. Berlin: Metropol Verlag.

Leo, A. (1995): „Stimme und Faust der Nation" – Thälmann-Kult kontra Antifaschismus. In: J. Danyel (Hg.): Die geteilte Vergangenheit. Zum Umgang mit Nationalsozialismus und Widerstand in beiden deutschen Staaten. Berlin: Akademie Verlag, S. 205–211.

Leo, A./R. Reif-Spirek (1999): „Es darf sich dort entsprechend der vorhandenen Hinweisschilder frei bewegt werden." Eine Analyse von Berichten Thüringer LehrerInnen über Klassenfahrten zur Gedenkstätte Buchenwald. GedenkstättenRundbrief (hg. von der Stiftung Topographie des Terrors), 87, S. 12–20.

Lepsius, R. M. (1989): Das Erbe des Nationalsozialismus und die politische Kultur der Nachfolgestaaten des „Großdeutschen Reiches". In: M. Haller/H.-J. Hoffmann-Nowotny/W. Zapf (Hg.): Kultur und Gesellschaft. Verhandlungen des 24. Deutschen Soziologentags, des 11. Österreichischen Soziologentags und des 8. Kongresses der Schweizerischen Gesellschaft für Soziologie in Zürich 1988. Frankfurt/M./New York: Campus, S. 247–264.

Lindner, B. (1997): Sozialisation und politische Kultur junger Ostdeutscher vor und nach der Wende – ein generationsspezifisches Analysemodell. In: U. Schlegel/P. Förster (Hg.): Ostdeutsche Jugendliche. Vom DDR-Bürger zum Bundesbürger. Opladen: Leske und Budrich, S. 23–37.

Meier, C. (1990): Vierzig Jahre nach Auschwitz. Deutsche Geschichtserinnerung heute. München: C.H. Beck.

Moller, S./K. Tschuggnall (1999): Familienerinnerungen. Kriegserlebnisse in den Geschichten dreier Generationen. In: E. Domansky/H. Welzer (Hg.): Eine offene Geschichte: zur kommunikativen Tradierung der nationalsozialistischen Vergangenheit. Tübingen: edition diskord, S. 57–73.

Muxel, A. (1996): Individu et mémoire familiale. Paris: Nathan.

Namer, G. (1987): Mémoire et société. Paris: Méridiens-Klincksieck.

Rousso, H. (1990): Le syndrome de Vichy de 1944 à nos jours. Paris: Seuil.

Schubarth, W./T. Schmidt (1992): „Sieger der Geschichte". Verordneter Antifaschismus und die Folgen. In: K.-H. Heinemann/W. Schubarth (Hg.): Der antifaschistische Staat entlässt seine Kinder. Jugend und Rechtsextremismus in Ostdeutschland. Köln: PapyRossa, S. 12–28.

Sennett, R. (1983): Verfall und Ende des öffentlichen Lebens. Die Tyrannei der Intimität. Frankfurt/M.: Fischer.

Wöll, A. (1997): Vergangenheitsbewältigung in der Gesellschaftsgeschichte der Bundesrepublik. Zur Konfliktlogik eines Streitthemas. In: G. S. Schaal/A. Wöll (Hg.): Vergangenheitsbewältigung. Modelle der politischen und sozialen Integration in der bundesdeutschen Nachkriegsgeschichte. Baden-Baden: Nomos, S. 29–42.

Perspektivität, Erinnerung und Emotion

Anmerkungen zum „Gefühlsgedächtnis" in Holocaustdiskursen

NICOLAS BERG

> Wenn es ein Gefühlsgedächtnis gibt, dann darum, weil die Gefühle nicht gänzlich ersterben, und weil irgend etwas aus unserer Vergangenheit bestehen bleibt.
> (Maurice Halbwachs 1925/1966: 61)

> Daß das Gedächtnis das Vergangene doch fassen könnte in die Formen, mit denen wir die Wirklichkeit einteilen! Aber der vielbödige Raster aus Erdzeit und Kausalität und Chronologie und Logik, zum Denken benutzt, wird nicht bedient vom Hirn, wo es des Gewesenen gedenkt. (...) Das Depot des Gedächtnisses ist gerade auf Reproduktion nicht angelegt. Eben dem Abruf eines Vorganges widersetzt es sich. Auf Anstoß, auf bloß partielle Kongruenz, aus dem blauen Absurden liefert es freiwillig Fakten, Zahlen, Fremdsprache, abgetrennt Gesten (...). Die Blockade läßt Fetzen, Splitter, Scherben, Späne durchsickern, damit sie das ausgeraubte und raumlose Bild sinnlos überstreuen, die Spur der gesuchten Szene zertreten, so daß wir blind sind mit offenen Augen.
> (Uwe Johnson 1970, Bd.1: 63f.)

1. „Tricks der Erinnerung" und Instanzen des Erzählens: Uwe Johnsons „Poetik der Differenz" als erkenntnistheoretisches Paradigma?

In seinem vierbändigen Romanwerk *Jahrestage. Aus dem Leben von Gesine Cresspahl* hat der Schriftsteller Uwe Johnson so konsequent wie kein anderer deutscher Autor nach 1945 das Problem der Perspektivität zum Angelpunkt seines Erzählens gemacht. Das geschah, wie immer wieder zurecht hervorgehoben wurde, angesichts jener vielfältigen Aporien erzählender Vergewisserung von Vergangenheit im Bewusstsein des

„Zivilisationsbruches" (Diner 1988) Auschwitz.[1] „Erzählen" und „Erinnern" gelangen hier auf paradoxe Weise, also gerade deswegen, weil sie nicht bewahrend gegen den Jahrhundertschrecken von Krieg und Völkermord verteidigt wurden, sondern weil sie das „Medium der narrativen Selbstreflektion" (Hofmann 2001: 181) darstellten, in dem diese Brüche überhaupt nur noch evozierbar waren: als konsequente Destruktion von Einheitlichkeit, als Strategie gegen jede Harmonisierung und als ständiger Einspruch gegen die sich aufdrängende Illusion des privaten Unbeteiligtseins.[2] Ohne jemals den Anspruch auf „realistisches" Erzählen aufzugeben, hat Johnson dieses epische Erinnerungswerk in ein hochkomplexes, vielfach gespiegeltes Spannungsfeld gestellt. Dabei waren die offensichtlichsten Pole dieser Korrespondenzen „Vergangenheit" versus „Gegenwart", Mecklenburg versus Manhattan, Erwachsenen- versus Kinderwelt und die Differenz zwischen persönlicher Augenzeugenschaft und medial vermittelter Teilhabe an Wirklichkeit. Entscheidend für seinen Erzählstil, der von Norbert Mecklenburg konsequenterweise einmal „moderner Realismus" genannt wurde[3], war darüber hinaus aber auch jene „Zweipoligkeit des Erzählens" (Mecklenburg 1997: 20), wie sie sich in der Erzählhaltung niederschlug. Im Gedenken an die Shoah unterschied Johnsons Roman kategorisch zwischen einem Opfer- und einem Tätergedächtnis und unterlief somit jede Gefahr eines falschen Ganzen, eines abstrakt vereinnahmenden und unhistorischen Sprechens im Namen der Opfer. Der historisch denkende deutsche Schriftsteller Johnson war sich seiner partikularen Perspektive stets bewusst, sein Schreiben war erinnerungstheoretischen Überzeugungen regelrecht verpflichtet. Die *Jahrestage* repräsentieren hierbei eine dem öffentlichen Diskurs abhanden gekommene Bescheidenheit, indem sie sich bewusst auf das Tätergedächtnis beschränken und zum Gedenken der Opfer, ohne diese zu vergessen, eine diskrete Distanz bewahren. Zugleich aber spaltet Johnson diese Täter-Perspektive noch einmal auf, um den „Tricks der Erinnerung"[4] zu entgehen. Neben die Erzählperspektive der Hauptfigur Gesine Cresspahl tritt die Erzählinstanz „Johnson", die mitunter im Zwiegespräch um die Richtigkeit, Wahrheit und die perspektivische Einseitigkeit von erzählter Erinnerung regelrecht miteinander in Streit geraten. Michael Hofmann hat in diesen Grundkonstellationen des Erzählens das Bemühen Johnsons gesehen, die

---

[1]   Vgl. z.B. vor kurzem pointiert: Hofmann (2001: 181), zuvor schon Hofmann (1998) sowie außerdem Auerochs (1993).

[2]   Zur Gedächtnistheorie von Johnson vgl. Butzer (1997), Helbig (1995), Turk (1995).

[3]   Die Betonung liegt hier auf „*moderner* Realismus", vgl. Mecklenburg (1997: 20–27).

[4]   Vgl. S. 125 in Johnson (1970: Bd. 1), wo er seine Protagonistin das „Verlangen nach einem Tag, der so nicht war" beschreiben lässt. Gesine Cresspahl spricht hier von einer angefertigten Vergangenheit, „die ich nicht erlebt habe". Dieses Verlangen mache sie „zu einem falschen Menschen, der von sich getrennt ist durch die Tricks der Erinnerung".

grundlegende Spannung bei der Gestaltung des Gedächtnisses an die Shoah auszuhalten:

> Während einerseits die Einsicht in die Singularität des Völker-
> mords an den Juden im schockhaften Eingedenken bewahrt
> wird, ist andererseits die deutliche Tendenz zu erkennen, das
> zum Unheil führende Geschehen zu historisieren, was aus der für
> den Text konstitutiven Täterperspektive nur bedeuten kann, die
> Frage zu beantworten, warum die Mitglieder der Elterngenerati-
> on nichts oder nichts Wirksames zur Verhinderung eben dieses
> Völkermordes getan haben. (Hofmann 2001: 189)

Diese „Poetik der Differenz" oder auch „narrative Ethik" (Mecklenburg 1997: 18f.) Johnsons, die sich eher an Walter Benjamins Begriff des „Eingedenkens" orientiert als an historisierenden Rekonstruktionsbemühungen, wie sie Wissenschaft kennzeichnet, verhandelt ein Grundproblem des kollektiven Gedächtnisses: Partikularität und Perspektive.

Diesen Fragen widmet sich im Hinblick auf den Holocaust seit einiger Zeit auch die geschichtswissenschaftliche Diskussion, wenn sie auch, im Vergleich zu Johnsons Reflexionen, etwas länger dafür brauchte. Sie war langsamer als der Schriftsteller, weil ihr Bewusstsein für das Perspektivische mit ihrer objektiv und methodisch geleiteten Rekonstruktionsarbeit, Quellenexegese- und Interpretation schon strukturell im Widerstreit lagen. Historiker sind eben, so die Erwartungen von außen und das dadurch befestigte Selbstbild, *per definitionem* zur Objektivität verpflichtet, nicht dazu, Perspektivität zu reflektieren. Langsam auch, weil das Ausdrucksrepertoire im wissenschaftlichen Diskurs nicht ohne weiteres auf die Johnson'schen Erzählstrategien zurückgreifen konnte. Eine Polyphonie der Stimmen, das Äußern von Vermutungen und die Darlegung eigener Involvierung in das Thema – all das waren tunlichst zu verhindernde Textstrategien, die „Wissenschaft" im Gegensatz zum Roman gerade nicht erlaubte und die sie sich deshalb versagte. So ist es aus heutiger Sicht gar vielleicht gar nicht so verwunderlich, wenn man das methodische Niveau, das in der deutschen Geschichtswissenschaft in Bezug auf die Erinnerung an den Holocaust erst in den späten 80er und in den 90er Jahren erreicht wurde,[5] in den *Jahrestagen* von Johnson schon über 20 Jahre zuvor etabliert vorfindet.

Einen Wendepunkt der innerwissenschaftlichen Diskussion markierte hierbei erst die Auseinandersetzung zwischen Martin Broszat und Saul Friedländer aus dem Jahre 1988, deren Bedeutung im Rückblick

---

[5] Vgl. z.B. folgende, häufig zitierte Sammelbände: Diner (1987a), Pehle (1990); die anglo-amerikanische Diskussion fasst zusammen Friedländer (1992); zur neueren Diskussion vgl. Loewy/Moltmann (1996); Berg/Jochimsen/Stiegler (1996), Koch (1999), Baer (2000), Traverso (2000).

eher zu- als abzunehmen scheint.[6] Hier wurden Probleme angesprochen *und* Gefühle artikuliert, die in der Wissenschaftsprosa der Forschung gewöhnlich keinen Platz bekommen und deswegen eher zwischen die Zeilen verbannt bleiben. Hier wurden nicht nur die theoretischen Defizite des Historikerstreits überwunden, sondern darüber hinaus wurde auch jener zumeist hochsublimierte persönliche Bereich des einzelnen Forschers, seine Zugehörigkeit zu einer bestimmten Alterskohorte und zu bestimmten, sich radikal voneinander unterscheidenden Erfahrungsgruppen thematisiert, wenn auch – wie unten dargelegt wird – Vorbehalte und Selbstschutz nicht überwunden wurden. Zudem wurde in diesem Briefwechsel ein Wort von Maurice Halbwachs bestätigt, der das individuelle Gedächtnis einmal als „Ausblickspunkt" auf das kollektive Gedächtnis bezeichnet hat (Halbwachs 1950/1967: 31). Erinnern sei selbst zwar im Modus individuell, aber dennoch nie anders als gruppenbezogen zu denken. Kraft und Beständigkeit leitet das kollektive Gedächtnis daraus ab, so Halbwachs, dass es auf einer Gesamtheit von Menschen beruht (ebd.), oder, um es noch einmal in den Worten von Halbwachs zu variieren, dass „wir (...) stets eine Anzahl unverwechselbarer Personen mit und in uns" tragen (ebd.: 2).

2. Die Dichotomie deutscher und jüdischer Gedächtnisse: Fremdheit, Emotion, Perspektivität

Es erleichtert einem das Verständnis der Inkompatibilität bestimmter Positionen in Wissenschaft und Öffentlichkeit, wie sie im Modus verschiedener Erinnerung immer wieder aufeinander treffen, wenn man diese These von Halbwachs zugrundelegt. Es ist dabei nicht leicht, die vielen Beispiele zu übergehen, in denen sich jüdische und nichtjüdische Erinnerung wie fremd gegenüberstehen. Die starke und suggestive Gegenüberstellung, wie sie z.B. der berühmte Titel Gershom Scholems kennzeichnet, wenn er „Deutsche und Juden" mit jenem ambivalenten „und" kategorisch trennt, legt hiervon beredt Zeugnis ab (Scholem 1968). Es ist dies, das sei in aller Deutlichkeit hervorgehoben, eine forcierte Dichotomisierung, die zwar erkenntnisfördernd ist, deswegen aber noch lange nicht „wahr"; oder anders gesagt: Die Feststellung perspektivisch nicht zu harmonisierender unterschiedlicher „Gedächtnisrahmen" ist nicht die Erklärung, sondern bleibt das zu Erklärende innerhalb des Versuches, Erinnerung, Perspektivität und Emotion als wichtige Erkenntnissignale auch im wissenschaftlichen Diskurs ernst zu neh-

---

6   Broszat/Friedländer (1988); vgl. auch Rüsen (1999), Berg (1996: v.a. 38ff.).

men, mithin selbst historisch zu erklären. Der immer wieder zitierte Essay Gershom Scholems *Wider den Mythos vom deutsch-jüdischen Gespräch* Anfang der 60er Jahre wäre für beides ein Paradebeispiel, also sowohl als Ausdruck der Dichotomie von Erinnerungsdiskursen als auch für die Notwendigkeit, sich diesen in den dokumentierten Konflikten historisch zu nähern.[7]

Scholems Text war nämlich ursprünglich ein Brief an Manfred Schlösser, den Herausgeber einer Festschrift für Margarete Susman, der den jüdischen Gelehrten zur Mitarbeit an dem „im Kern unzerstörbaren deutsch-jüdische(n) Gespräch" gebeten hatte. Der Nachlass Scholems in Jerusalem bewahrt auch das Original dieser Aufforderung auf, an deren Rand Scholem sogleich die Bemerkung „völlig falsche Nostalgie" schrieb. Seine Antwort vom 18. Dezember 1962 entfaltete also einen Widerspruch zu einem philosemitischen Diskurs im Nachkriegsdeutschland, der in seiner vom Völkermord an den Juden abstrahierenden Allerweltsrhetorik nicht nur eine, wie Scholem schrieb, „unfassbare Illusion" darstellte, sondern auch Züge der „Blasphemie" trug: „Sie (werden) mir erlauben zu sagen", so Scholem mit Blick auf die Shoah, „dass sie [gemeint war die emphatisch beschworenen Versuche einer „Symbiose" zwischen Deutschen und Juden, N.B.] zu hoch bezahlt worden ist." Er hatte den einseitigen Kontext und die ideologische Funktion der „Symbiose-Rede" durchschaut und öffentlich kritisiert, aber seine Bemühungen, die „Bedingungen eines Gesprächs zwischen Deutschen und Juden in Deutschland bereiten zu helfen" (Braese 2001: 441) waren im Deutschland der frühen 60er Jahre nicht von Erfolg gekrönt. Die Wochenzeitung DIE ZEIT, die mit Arnold Metzelders Artikel „Der Dialog zwischen Deutschen und Juden" eine kaum verhüllte Widerlegung von Scholems „Mythos"-Artikel vorgelegt hatte, druckte weder diesen Ausgangstext noch seinen Leserbrief hierzu ab. Auch als Scholem der Rede des SPD-Politikers Adolf Arndt zur Gründung der Berliner Deutsch-Israelischen Gesellschaft zu widersprechen versuchte, in der dieser betonte, dass „wir keine deutsch-jüdische, sondern eine deutsch-israelische Gesellschaft sind", publizierte die Redaktion des „Freiburger Rundbriefes" lediglich die Rede Arndts, nicht den Widerspruch Scholems (Braese 2001: 441). Auf der Sondersitzung des Jüdischen Weltkongresses zum Thema „Deutsch und Juden" Anfang August 1966 in Brüssel wiederholte Scholem noch einmal seine Thesen von der deutsch-jüdischen Symbiose als „zurückprojizierte(m) Wunschtraum" und beschloss seine Rede mit „dem Blick in den Abgrund"

---

[7] Eine akribische Rekonstruktion von Scholems mehrjährigen Versuchen, seine Stimme und Autorität für einen der Vergangenheit verpflichteten Neuanfang des Gesprächs zwischen Deutschen und Juden zu erheben, bietet jetzt Braese (2001: 431–444). Das Folgende, v.a. die Hinweise auf die Archivalien, hiernach.

(ebd.: 437f.): „Nur im Eingedenken des Vergangenen (...) kann neue Hoffnung auf Restitution der Sprache zwischen Deutschen und Juden auf Versöhnung des Geschiedenen keimen." Dieser streitbaren aber präzisen Rede antwortete der gleichfalls geladene Bundestagspräsident Eugen Gerstenmaier (CDU), indem er verallgemeinernd von der „infernalischen Gewalt und Dämonie des Bösen, dessen der Mensch offenbar auch fähig ist" sprach. Der Politiker zielte hier eindeutig und wörtlich darauf ab, „dem deutschen Volk" lediglich einen „Teil der Mitverantwortung" zuzuschreiben, die Herrschaft Hitlers sei nicht in der deutschen Geschichte vorgezeichnet, ja, sie sei grundsätzlich „im deutschen Denken und Fühlen nicht angelegt", sagte Gerstenmaier. Die gegenwärtigen Hakenkreuzschmiereien und Friedhofschändungen in Deutschland seien „ein Werk von Lausejungen, die nicht einmal wissen, was Antisemitismus ist", so Gerstenmaier weiter. Und er schloss mit einer direkten Ansprache „an die Adresse Gerhard (sic) Scholems" als er anfügte, es gebe auch „missglückte Liebesaffären von Deutschen mit den Juden." Jean Améry sprach im Rückblick auf diese Veranstaltung bezeichnender Weise von den „Monologe(n) von Brüssel", Ludwig Marcuse von Gerstenmaier als einem „wilhelminischen Feldwebel im pädagogischen Zivil", dessen „Zensuren für Wohlverhalten (...) noch kränkender seien als die Angriffe" (Braese 2001: 439, 442). Gershom Scholem wurde noch deutlicher. In einem Privatbrief an Margarete Susman bezog er sich auf solche Zusammenhänge und Argumentationen, als er schrieb: „Ich finde das alles zum Kotzen." (Ebd.: 433)

Die vielen Irritationen des Wissenschaftsbetriebes gerade auf dem Feld der Zeitgeschichte – seien es „Monologe" oder völliges Unverständnis, seien es Wutanfälle oder Beschimpfungen[8], seien es Tränen oder eine versagende Stimme[9], abgebrochene Gespräche[10] oder verweigerte Höf-

---

[8] Im Kontext der Goldhagen-Debatte z.B. die Auseinandersetzung zwischen Hans Mommsen und Julius H. Schoeps, der dem Bochumer Strukturhistoriker vorwarf, er reduziere Geschichte auf „Zahlen", „Fakten" und „Strukturen", die Geschichte der Opfer aber lasse sich gerade so nicht wiederfinden. Mommsen, so ist dem Bericht über diesen Zwischenfall zu entnehmen, reagierte außerordentlich empört auf diese Bemerkung und bezichtigte Schoeps wegen seines Zögerns bei ‚Brunnenvergiftung'; er, Mommsen, habe dagegen „keine ‚nationale Selbstrechtfertigung' nötig", vgl. Schostak (1996).

[9] Auf die Emotionen während der berühmt gewordenen Konferenz in Stuttgart Anfang der 80er Jahre, wie sie in der Druckfassung der Diskussionen noch greifbar wird, habe ich bereits hingewiesen, vgl. Jäckel/Rohwer (1985). Meine These war, dass Friedländer hier erstmals der Diskussion neue Wege und Umgangsformen geöffnet hat, vgl. Berg (1996: 42).

[10] Als Beispiel könnte hier der Eklat zwischen Saul Friedländer und Ernst Nolte im Vorfeld des Historikerstreits angeführt werden, bei dem Friedländer eine Abendeinladung des Berliner Faschismusexperten und Totalitarismusforschers verließ, als dieser von der „Kriegserklärung" der Juden an Hitler im Zweiten Weltkrieg zu sprechen begann, vgl. Pokatzky (1986). Zum selben Vorfall vgl. auch Nolte (1987: 126f., 130f.).

lichkeiten[11] – sind für einen erinnerungstheoretischen Ansatz ohne Zweifel Quellen besonderen Wertes, verweisen sie doch gerade auf neuralgische Punkte des Gedächtnisses. Denn die Störungen des ansonsten eingeschliffenen Umgangs miteinander machen Erinnerung sichtbar; „misslungene" Kommunikation, so meine erste These, bekommt unter der Fragestellung nach dem Funktionieren des kollektiven Gedächtnisses eine erhöhte Relevanz. Dieser unverfügbare, mehr „heimsuchende" Charakter des Gedächtnisses, wie er z.b. in den Autobiographien von Saul Friedländer, Raul Hilberg oder Peter Gay zum Ausdruck kommt,[12] zeigt „die andere" Seite des Gedächtnisses: Das Thema „Gedächtnis" zu reflektieren heißt ja keineswegs nur aufzuzeigen, dass und wie die Menschen Vergangenheit formen, sondern auch wahrzunehmen, wie reale Vergangenheit die Erinnerung zu okkupieren in der Lage ist.

Deswegen sollte man innerhalb solcher Prämissen, dies die damit verbundene zweite These, auch Quellenbestände lebensgeschichtlicher Erinnerung, wie sie in Briefen, dokumentierten Gesprächen und v.a. in Memoiren und Erinnerungsfragmenten vorliegen, für das Feld der Historiographieforschung aufwerten. Der Zugriff auf die komplexe Melange von gelebter Erfahrung und theoretischer Konstruktion, von Einzelbiographie, Selbstwahrnehmung und Fachwissenschaft ist nirgends besser möglich als gerade hier. Die einschlägigen Nachlässe in den Archiven sind hier noch bei weitem nicht ausreichend berücksichtigt und werden zumeist nur für einzelbiographische Forschungen herangezogen, seltener für Fragen übergreifender Zusammenhänge. Die publizierten Briefeditionen und Erinnerungstexte von Historikern werden häufig von der Holocaust-Forschung separiert, manche sind ganz vergessen

---

[11] Eine kleine Anekdote oder Illustration mit hoher Symbolkraft berichtete vor kurzem Hans Mommsen, als er eine Szene in den 60er Jahren auf einer Holocaust-Tagung im kalifornischen San José erwähnte, auf der Raul Hilberg sich geweigert haben soll, dem damaligen Direktor des Instituts für Zeitgeschichte, Helmut Krausnick, die Hand zu geben, vgl. Welzer (1999: 75). Krausnick war im Dritten Reich Mitglied in der NSDAP gewesen, in einem Brief an Gerhard Ritter schrieb er darüber im Jahre 1950, er habe gehofft, dass der „mir in vieler Hinsicht unheimliche Radikalismus [der Partei, N.B.]" sich legen werde. Er habe in Berlin eine „ausgesprochen anständige Gruppe von Nationalsozialisten" angetroffen und sei der hier geforderten „ehrlich gemeinten" Werbung gefolgt, „die Partei habe noch gar keine ,Köpfe' und müsse diese auf Grund ihre Wahlerfolges erst sammeln!" (Krausnick, Brief an Gerhard Ritter vom 25. 9. 1950, zit. nach Berg [im Druck a]) Hilberg floh als Jugendlicher 1938 aus Wien und emigrierte in die USA. Vgl. auch seine Memoiren (Hilberg 1994).

[12] Friedländers Erinnerungstext heißt *Wenn die Erinnerung kommt*, der von Raul Hilberg noch deutlicher *Unerbetene Erinnerung*. In Gays kürzlich vorgelegten Kindheitserinnerungen, in denen er von Berlin als seiner „vergifteten Quelle" und von „düsteren Schatten", die ihn verfolgen, spricht, heißt es, er habe sich bemüht, die Jahre „aus dem Gedächtnis zu streichen", aber „meine Vergangenheit wollte mich nicht loslassen. (...) Auch nach sechzig Jahren suchen mich noch Fragmente aus Naziberlin heim und werden mich heimsuchen bis zum Ende meiner Tage." (Vgl. Gay 1999: 172f.)

oder vollständig übersehen worden.[13] Gerade an dieser Schnittstelle von kollektivem Gedächtnis und individueller Erinnerung wird deutlicher als sonst sichtbar, dass „die Gefühle nicht gänzlich ersterben", dass „irgend etwas aus unserer Vergangenheit bestehen bleibt", wie es Halbwachs formulierte (vgl. das Motto am Anfang). Dieser Textkorpus ist in die Diskussion über Probleme der Holocaust-Forschung zurückzuholen, weil hier die Schwierigkeiten, mit denen die Erinnerung an und die Erforschung von Auschwitz konfrontiert sind, nicht selten auf höherem Niveau reflektiert sind als in den wissenschaftlichen Texten derselben Verfasser.[14]

Nicht zuletzt lässt sich auch die oft von Kommentatoren solcher Debatten kritisierte Schärfe der Auseinandersetzung, wie sie z.b. noch deutlicher als zwischen Broszat und Friedländer beim Streit von Martin Walser und Ignatz Bubis an den Tag kam, jenseits politischer und tagesaktueller Kontingenzen eben auch erinnerungstheoretisch deuten. In der Tat prallten in der Walser-Bubis-Kontroverse die Gegensätze Mitte Dezember 1998 in aller Blöße aufeinander. Walser rief auftrumpfend: „Herr Bubis, da muss ich Ihnen sagen, ich war in diesem Feld beschäftigt, da waren Sie noch mit ganz anderen Dingen beschäftigt. Sie haben sich diesem Problem später zugewendet, Sie haben sich diesen Problemen später zugewendet als ich." Bubis antwortete resigniert: „Ich hätte nicht leben können. Ich hätte nicht weiterleben können, wenn ich mich damit früher beschäftigt hätte."[15] Die Differenz zwischen diesen beiden Sätzen bündelt das Problem konträr verschiedener Erinnerungen, wie sie sich in unverhüllten Emotionen oder unterschiedlicher Perspektivenwahl im Verlauf von vielen Jahrzehnten so verfehlten. Hier sprachen eben nicht zwei 70jährige *mit*einander, sondern hier verteidigten, metaphorisch gesprochen, zwei Söhne das jeweilige Gedächtnis ihrer Familen *gegen*einander.[16] Einmal mehr auch hier: Nicht-jüdisches und jüdisches Gedächtnis der Zeit 1933–1945 standen sich gegenüber wie These

---

[13] Dies gilt nicht nur für ältere Erinnerungen (z.B. von Gerhard Masur oder Saul Friedländer), sondern ist auch für jüngere Texte (z.B. von Felix Gilbert, Herbert A. Strauss oder Walter Grab) festzustellen. Kleinere Texte, die an wenig prominenter Stelle veröffentlicht wurden, werden in der Regel leicht übergangen; vgl. hierzu Berg (im Druck a).

[14] Ein Versuch, dieses Plädoyer einzulösen: Berg (2001).

[15] Beide Sätze fielen im von der *Frankfurter Allgemeinen* Zeitung mehrseitig dokumentierten Annäherungsgespräch vom 13. Dezember, Wir brauchen eine neue Sprache für die Erinnerung (13.12.1998).

[16] Zur Erinnerung: Walsers Mutter trat in die Partei ein, um die Familie zu schützen. Ein Großteil der Familie von Bubis kam im Vernichtungsfeldzug der Nationalsozialisten gegen die Juden ums Leben. Zum Hintergrund siehe vor allem die Autobiographie von Bubis, die den programmatischen Titel hat „Ich bin deutscher Staatsbürger jüdischen Glaubens", sowie die in Romanform präsentierte Darstellung von Walsers Kindheit (Walser 1998); zur Debatte von 1998 vgl. die Textsammlung in Schirrmacher (1999). Eine präzise Zusammenfassung bietet Kirsch (1999); die beste Decodierung stammt von Aleida Assmann (in: dies./Frevert 1999: 21–52).

und Antithese. Moshe Zuckermann, der dieser und vergleichbaren Auseinandersetzungen mehrere brillante Essays gewidmet hat, geht in seinem programmatisch *Zweierlei Holocaust* betitelten Buch von einer ähnlichen Annahme aus. Auch er untersucht Dissonanzen, Konfrontationen und Grenzziehungen der Erinnerung, weil in den diversen Debatten und Streitfällen die „Anhäufung des bislang Beigetragenen" eine Art von Verdinglichung erfahren habe, dass es schwierig geworden sei, über das bereits in dritter oder vierter Ableitung Vorgebrachte zu reflektieren (Zuckermann 1998: 123f.). Der Literaturwissenschaftler Stephan Braese hat in seiner umfangreichen Gesamtdarstellung über den prekären Status jüdischer Autoren in der deutschen Nachkriegsliteratur mit guten und nahe liegenden Argumenten vor dem Gebrauch des Terminus „jüdische Erinnerung" gewarnt, aber gleichwohl von einem „Gegenüber", einer „objektiven Erinnerungsdifferenz" gesprochen (Braese 2001: 29f.). Die völlig verschiedenen Erlebnishorizonte von deutscher und jüdischer Erfahrung zwischen 1933 und 1945 liefen *de facto* auf eine „Konkurrenz der Erinnerung" (ebd.: 11) hinaus, in der die jüdischen Stimmen stets „die andere Erinnerung" (so auch der Titel dieser Studie) darstellten. Konstitutiv für die daraus erwachsenden Diskursformen, so kann Braese detailliert nachweisen, war die einseitige Stillstellung des Konfliktpotentials, die des Öfteren hilflose Verweigerung eines Gesprächs und die mitunter rabiate öffentliche Zurückweisung jüdischer Stimmen durch die tonangebende Literaturszene der „Gruppe 47" auf der einen, sowie die Marginalisierung, die Heimatlosigkeit und Positionierung am Rande auf der anderen, der jüdischen Seite.

3. Erinnerungstheorie und Objektivitätsanspruch: Wer fordert von wem Gerechtigkeit, Nüchternheit und Distanz?

Diese strikte Opposition verschiedener Gedächtnisse sei im Folgenden etwas näher betrachtet. Walsers Stolz, *früher* „in diesem Feld" beschäftigt gewesen zu sein, verweist auf das dem Gegenstand inzwischen eingeschriebene und machtvoll gewordene Webmuster aus Diskurs und Interessen, aus Aporien und Apologien, aus Emotionen und Affekten, mit denen deutsche und jüdische Gedächtnisse zwar aufeinander bezogen, aber kaum verbunden sind.[17] Diese Ambivalenzen ziehen sich durch die Erinnerungsdiskurse der Nachkriegszeit, und das bis heute mit einer

---

[17] Vgl. für die Geschichtswissenschaft: Diner (1987b, 1987c). Außerdem und mit Blick auf speziell auf die deutsche Nachkriegsliteratur: Briegleb (1992: 117–150).

Konstanz, die verblüfft. Sie beschränken sich keineswegs auf die aller-persönlichste Ebene, auf die einzelne Augenzeugen-, bzw. Zeitzeugen-schaft allein, sondern finden vielfältige Verlängerungen in öffentliche und auch wissenschaftliche Themen und Thesen. Das ist für den Ob-jektivitätsanspruch der Historie kränkend, und es gab genügend Wort-meldungen, die sich gegen jede erinnerungstheoretische Problematisie-rung des fachinternen Objektivitätsideals verwahrten. Es war wohl an prominentester Stelle Thomas Nipperdey, der hierin stets einen „prä-sentisch-futuristischen Aktualismus" und eine „Geschichte der Nicht-wirklichkeiten" gesehen hat und mit seinem einflussreichen Wider-spruch wiederholt Erinnerung und Erforschung strikt trennte: Das eine war für ihn „Ringen und Rechten", das andere „Erkenntnis", dieses war lediglich „dem natürlichen Verhältnis des Menschen zur Tradition" geschuldet, jenes dagegen ein geistiger Prozess, der „Gerechtigkeit" zum Ziel hatte, Erinnerung war für ihn „Parteiurteil", Erforschung dagegen die Rekonstruktion von „Wirklichkeit".[18] Es gebe, so immer noch Nip-perdey, per definitionem kein begründbares Interesse an Motiven, Mei-nungen und Herkunft von Historikern, denn „die Genese historischer Erkenntnis bestimmt nicht ihre Geltung (...), (die) Soziologie der Histo-riker ist nicht ihre Logik" (Nipperdey 1976/1983: 167f.).

Der vorliegende Beitrag möchte dem widersprechen. Die Korrektur-funktion des Objektivitätspostulates für die gängige wissenschaftliche Rationalität braucht dabei nicht dementiert zu werden, auch dann nicht, wenn man seine Überlegungen stärker erkenntnistheoretisch ausrichtet. Doch die Geschichte des „Dritten Reiches", und in ihr die der Shoah, haben der Geschichtsforschung der vergangenen fünfzig Jahre nicht nur innerfachliche, methodische oder heuristische Probleme aufgegeben, denen mit der Rückversicherung auf Wissenschaftsrationalität zu begeg-nen genügt. Sie haben darüber hinaus Fragen aufgeworfen, die die His-torie als Wissenschaft betreffen. Ist es doch nicht die Theorie, sondern die Sichtung der Befunde selbst, die in Bezug auf die Historiographie von Auschwitz die Nipperdeysche Position stark erschüttert. Erinnert sei in diesem Zusammenhang nur an die „wissenschaftsrationale" Mit-arbeit von Historikern, Sozial- und Bevölkerungswissenschaftlern, Ger-manisten, Ethnologen und Kartographen an dem Projekt der „völki-schen Flurbereinigung" in Osteuropa der 30er und 40er Jahre und ihre Bereitschaft zur „aktiven Rolle" in Planungsstäben und Politikberatung (Volkmer 1989; Haar 2000). Wer auf diesem Feld retrospektiv „Dis-tanz" von wem einforderte, wann und für wen hier „Gerechtigkeit" eingeklagt wurde und mit welchen Argumenten um welche Aspekte von Auschwitz „gerechtet und gerungen" wurde, ist durchaus nicht allein

---

18 Als Beispiel sei hier lediglich verwiesen auf Nipperdey (1976/1983: 163–189).

Signum der „irrationalen" Erinnerung, sondern auch Teil von Geltungs-
ansprüchen innerhalb der Wissenschaft. Mithin kann deshalb das Diktum Nipperdeys auch umgedreht werden: Nicht die Erkenntnis an sich,
sondern ihre „Genese" ist analytisch interessant, nicht die „Logik" der
Wissenschaft allein, sondern der Prozess ihrer Erkenntnisproduktion
rückt aus dem Bereich des Selbstverständlichen, Unbefragten in den
Fokus eines genuin historischen Interesses.

Diese Vorüberlegungen sollen nun mit weiteren Beispielen belegt
werden. Es sind Schlaglichter auf Konfrontationen, keine systematisch
zusammenhängenden Diskussionen. Sie zeigen Konstellationen auf und
stehen deshalb eher in assoziativem Zusammenhang. Und sie sind aus
verschiedenen Jahrzehnten, deren jeweilige Kontexte nicht jeweils aus-
geleuchtet werden. Aber die weisen doch Gemeinsamkeiten auf. Gezeigt
werden alle drei dargelegten Punkte, also sowohl das Phänomen völlig
dichotomer Blickwinkel und konträrer Herangehensweisen jüdischer
und nichtjüdischer Intellektueller und Wissenschaftler, als auch Momente überschießender Emotionen inmitten rationaler Wissenschafts-
kommunikation, wie schließlich, drittens, das fluide Kontinuum zwischen vorwissenschaftlichen Emotionen und wissenschaftlicher Elabo-
ration.

4. „Geheimnis der Metaphysik" oder
„Soziologie des Terrors"? „Unüberbrückbare Gräben"
in den 40er und 50er Jahren

Auf dem achten Deutschen Soziologentag, der 1947 in Frankfurt am
Main stattfand, bemühte der Doyen seines Faches, der damals schon 83
Jahre alte Leopold von Wiese, metaphysische Bezüge, um die These
aufzustellen, dass die Soziologie als Wissenschaft an dem jüngst vergangenen Geschehen „nicht zu rühren" vermöge, da es sich beim Nationalsozialismus um eine Krankheit („Pest") gehandelt habe, die „von außen", gleichsam „unkontrolliert" und als „heimtückischer Überfall"
übermächtig geworden sei, kurz: dass es sich um „ein metaphysisches
Geheimnis" gehandelt habe. Auf derselben Versammlung verlas sein
jüdischer Schüler, der heute vergessene Buchhändler, Zeitschriftenverle-
ger und Soziologe Heinz Maus, recht nüchtern eine Grußadresse von
Max Horkheimer, der die vornehmliche Aufgabe der Soziologie nach
1945 in der Erforschung der „Soziologie des Terrors" erblickte.[19] Das

---

[19] Vgl. Maus (1947: 88; hier das Zitat von L. v. Wiese) sowie Maus' Brief an Max Horkheimer vom 20.12.1947 (in: van de Moetter 1994: 239). Heinz Maus (1911–1878) war Korrespondenzpartner von Horkheimer, der seinerzeit noch in Amerika weilte, und orientierte

waren die zu dieser Zeit real möglichen Pole einer Perzeption der Judenvernichtung durch Wissenschaftler, zwischen beiden Seiten aber klaffte ein Abgrund.

„Unüberbrückbare Gräben" waren auch das Signum des Briefwechsels zwischen dem österreichischen Romancier Hermann Broch und dem jungen Volkmar v. Zühlsdorff, Mitarbeiter einer von Hubertus Prinz v. Löwenstein ins Leben gerufenen Hilfsorganisation für emigrierte Intellektuelle. „Drittes Reich", Krieg und Judenvernichtung lagen erst wenige Jahre zurück, aber der Ton der „Unangreifbarkeit" in den Erklärungen von deutscher Seite kontrastierte in hohem Maße mit der melancholischen Skepsis, wie sie Broch erkennen ließ. Beide waren im Übrigen während der Hitler-Zeit Emigranten in New York, wo sie sich angefreundet hatten.[20] Broch, der seine Mutter in Theresienstadt verloren hatte, konnte sich nach Kriegsende keineswegs so schnell vom „Judenproblem" lösen, wie das sinngemäß der Briefpartner immer wieder von ihm forderte, im Gegenteil. „Am Judenproblem", so Broch, zeige sich doch „die ‚Schuld' des deutschen Volkes" am allerdeutlichsten: „Durch volle 20 Jahre hat der Deutsche die tollidiotischste Judenhetze mit völliger Gleichgültigkeit betrachtet, und kraft dieser bestialischen Gleichgültigkeit ist er zum Helfershelfer eines bestialisch-systematischen Massenmordes geworden" (Broch 1986: 25, Brief an v. Zühlsdorff vom 9.8.1945).

Von Zühlsdorff, gerade halb so alt, war nun alles andere als „betroffen". Er versuchte mit großem Pathos den Gedanken eines „besseren Deutschlands" zu repräsentieren und kehrte, anders als Broch, nach 1945 auch sofort nach Deutschland zurück. Während Broch den Unterschied zwischen einem jüdischen und einem nichtjüdischen Blick auf die Ereignisse betonte, von den Deutschen Reue und Neubesinnung erwartete und von den postnationalsozialistischen Ressentiments gegen heimkehrende Juden überzeugt war, verwies v. Zühlsdorff auf die furchtbare Notlage der Deutschen, verweigerte eine Trennung zwischen jüdischen und nichtjüdischen Hitler-Flüchtlingen und nahm seine Landsleute gegen den Vorwurf des Antisemitismus in Schutz. Während Broch von der Gesamtschuld Deutschlands als „Beihilfe zum Mord qua Gleichgültigkeit" überzeugt war, machte v. Zühlsdorff als „beredter Advokat der Deutschen" (Lützeler, in Broch 1986: 13) den ernsthaften

---

sich früh an der Kritischen Theorie, deren Verbreitung er in verschiedenen Zeitschriften nach Kräften zu fördern versuchte, jedoch ohne durchschlagenden Erfolg. Seine programmatischen Zeitschriftenprojekte *Die Umschau. Internationale Revue* (1946-1948) und *Die Aufklärung* (1951-1953) waren kurzlebig, fast wäre er sogar von der offiziellen Geschichtsschreibung der Kritischen Theorie vergessen worden. Erst Hans Mayer, der ihn noch persönlich gekannt hatte, erinnerte an ihn, vgl. Mayer (1980).

[20] Broch (1986); das Zitat von den „unüberbrückbaren Gräben" im Vorwort (ebd.: 13).

Vorschlag, Juden mögen doch einen Hilfsfond für hungernde deutsche Kinder anregen, um ihre Versöhnungsbereitschaft zu demonstrieren (v. Zühlsdorff, Brief an Broch vom 29.10.1945, ebd.: 45).

Die Diskursvorgaben waren seinerzeit recht ungleich verteilt: Der junge Deutsche warf Broch im Dezember 1948 vor, dass er zu einseitig der „Vergangenheit" verhaftet sei und die Probleme der Gegenwart vernachlässige (v. Zühlsdorf, Brief an Broch vom 28.12.1948, ebd.: 132). Und als dieser einmal mehr den Antisemitismus in Deutschland ansprach, reagierte v. Zühlsdorff in hohem Maße beleidigt und „konterte" mit dem Argument, die „Rache" der „erbarmungslosen Sieger" hätte die „Öfen von Auschwitz" in Deutschland vervielfacht:

> [D]ie Öfen von Auschwitz sind die Glutherde von Hamburg und Dresden, von Berlin, München, Leipzig, Köln, Essen, Dortmund und Düsseldorf, Frankfurt, Bremen, Stuttgart, Hannover, Nürnberg, Magdeburg, Mannheim, Karlsruhe, Augsburg, Lübeck, Regensburg, Kassel, Mainz, Aachen, Darmstadt, Bamberg, Offenbach, Würzburg, Bayreuth, Heilbronn, und so die ganze Reihe der deutschen Städte herunter gefolgt, die Millionen der Erschlagenen und Vertriebenen, die Schrecken von Königsberg, Breslau und dem Sudetengebiet, und der bleiche Hunger, dessen Opfer jetzt in Scharen fallen (...), Zersplitterung, Zerstörung, Erniedrigung durch den erbarmungslosen Sieger, der den Nationalsozialismus erschlug und sich selbst in sein geistiges Ebenbild setzte. (v. Zühlsdorff, Brief an Broch vom 16.3.1948, S. 110f.)

Man muss sich dieses Zitat so ausführlich vergegenwärtigen, um die Aggressivität zu rekapitulieren, die diese empörte Antwort des Deutschen transportierte. Seine Aufzählung versuchte durch fast hysterische Überbietung dem allgemeinen Gedächtnis die Legitimität eines Sprechens über Auschwitz zu entziehen, indem es die „Glutherde" der bombadierten Städte in Deutschland mit den Krematorien des Vernichtungslagers rhetorisch „auslöschte". Die Botschaft war unmissverständlich: Juden hatten ein „Auschwitz" erlebt, Deutsche deren Hunderte. Das jeweilige Verhältnis der Korrespondenzpartner zu Fragen, die Deutschland betrafen, war trotz des großen Altersunterschiedes, derart ungleichgewichtig, dass es sich v. Zühlsdorff bereits Ende der 40er Jahren leisten konnte, Brochs Hinweise auf einen deutschen Antisemitismus als „merkwürdig unwirklich" zu bezeichnen, gleichsam „aus einer anderen Welt, wie eine Stimme aus dem Traum oder aus der Vergangenheit." (v. Zühlsdorff, Brief an H. Broch vom 16.3.1948, in: Broch 1986: 110f.)

Die 50er Jahre sind unter der hier gewählten Fragestellung eine Zeit, in der die Konfrontation verschiedener kollektiver Gedächtnisrahmen, die Emotionalität des Widerspruchs und die Inkompatibilität unterschiedlicher Sichtweisen und Perspektiven auf ein und dasselbe Ereignis eine eigene Studie erforderten. Das verschobene, angedeutete und affektgeladene Sprechen über die Judenvernichtung, die Deckfunktionen vieler Schlüsselbegriffe des damaligen Diskurses und die Assoziationsbreite von Bedeutungen sind ausführlicher zu kontextualisieren, als das hier geschehen kann.[21] Verwiesen sei nur in ganz allgemeinem Sinne auf die signifikante Rezeptionsgeschichte der Bücher von Gerald Reitlinger über die „Endlösung" und die „SS", denen von deutscher Seite vorgeworfen wurden, sie hätten kein Gespür für die Situation unter einer totalitären Diktatur. Verwiesen sei auch auf die jahrzehntelange „Nicht-Rezeption" der Gesamtdarstellung von Raul Hilberg, dessen *opus magnum* zur Vernichtung der europäischen Juden aus den späten 50er Jahren erst dreißig Jahre später einen deutschen Übersetzer fand. Und verwiesen sei besonders auf die der späteren Forschung bemerkenswert vorarbeitenden Dokumentationsbände von Léon Poliakov und Josef Wulf, die beide den Holocaust überlebt hatten. Die Forschungen dieser beiden wurden seinerzeit von der deutschen Fachwissenschaft, v.a. vom damals noch jungen Münchner Institut für Zeitgeschichte, einhellig aber mit z.t. fadenscheinigen und insgesamt schwachen Argumenten zurückgewiesen. Die Auseinandersetzung kulminierte in einem scharfen Brief von Wulf an Krausnick, in welchem er betonte, dass er und das Münchner Institut fast gegensätzlicher Auffassung seien: „Ich möchte ganz formell feststellen, daß wir (...) über Probleme, die heute das Trauma der Welt sind, ganz verschiedener Meinung sind."[22]

5. „Knüppelei in Sachen ‚Vergangenheitsbewältigung'" und „Sauce des Allgemeinen": Die Auseinandersetzungen zwischen Holthusen - Améry und Enzensberger - Arendt in den 60er Jahren

Hochproblematisch, in seiner Dichotomie aber gerade deshalb für unsere Fragestellung einschlägig, erscheint aus heutiger Sicht auch die Briefkontroverse Mitte der 60er Jahre zwischen Jean Améry und Hans Georg Holthusen in der Zeitschrift *Merkur*.[23] Auch dieser Briefwechsel verhan-

---

[21]   Vgl. hierzu Berg (im Druck a).
[22]   Joseph Wulf, Brief an Helmut Krausnick vom 8.4.1965, Zentralarchiv zur Geschichte der Juden in Deutschland (Heidelberg) B 2-7: 91/11, A. Vgl. zu dieser Kontroverse, die sich um die Bewertung von Vorgängen im Warschauer Ghetto drehte, demnächst Berg, N. (im Druck b).
[23]   Améry (1967), vorangegangen war Holthusen (1966).

delte unterschiedliche Perspektiven auf das „Dritte Reich", die SS und die Dichotomie von Täter- und Opfererfahrungen, Mitläufer- und Verfolgtenerinnerung.

Der in Wien 1912 als Hans Mayer geborene Améry, Angehöriger der belgischen Résistance, hatte als politischer Gefangener Buchenwald, Auschwitz-Monowitz und Bergen-Belsen überlebt. Sein Buch *Jenseits von Schuld und Sühne* von 1966 kann als eine der bedeutendsten Studien über Intellektuelle in und nach Auschwitz bezeichnet werden. Holthusen, Jahrgang 1913, aufgewachsen im bildungsbürgerlichen Millieu als Sohn eines protestantischen Pfarrers in Schleswig-Holstein, stammt aus einer politisch deutschnational ausgerichteten Familie. Als Jugendlicher war er schwärmerischer Marxist, im Oktober 1933 trat er für vier Jahre in die SS ein, obwohl ihn, wie er schreibt, die politische Romantik und der Radauantisemitismus der NSDAP abgestoßen hatten. Doch er hielt sich nach eigenen Angaben an „die Welt der Technik" und votierte „für ,Sachlichkeit', für ,Vernunft'" (Holthusen 1966: 926). Besonders scharf wandte sich Holthusen gegen die „vernichtende Art" Hannah Arendts, die „innere Emigration" in Frage zu stellen (ebd.: 939), und in einem zusammenfassenden Absatz gegen Ende seiner Ausführungen gesteht er, dass er es als „Zumutung" betrachte, „von Gott weiß wem einer verhörartigen Befragung unterworfen zu werden" (ebd.: 1043).

Nicht zu übersehen ist Holthusens Versuch, sich langsam an eine Art von Opferstatus heranzuschreiben. So schildert er sein Verhältnis zur Politik im Krieg als „Heimsuchung", sich selbst sieht er als „Unterworfenen", einmal ist vom „drückenden Regime" die Rede, ein andermal davon, dass er „den totalitären Anspruch als eine moralische Probe verstanden habe" (ebd.: 1038, 1042). In seinem Plädoyer für das Private und gegen das Politische parallelisiert er deshalb folgerichtig innerhalb seiner Argumentation militärisches und genozidales Sterben: Es sei unerheblich, ob man „als ,Menschenmaterial' verheizt oder als menschliches Ungeziefer zur Ausrottung bestimmt wird" (ebd.: 1042). Die Authentizität der eigenen Lebensgeschichte und Überzeugungen werden eingesetzt, um den Nachweis zu führen, dass die Uniform der SS als Sinnbild politischer Kriminalität nicht alle Beteiligten diskreditiert habe. Holthusens Antwort verlagert das Problem auf die rein persönliche Ebene, „die besondere Komplikation" bestehe in der „Problematik des ,einzelnen Falls' überhaupt", denn „das ganze riesige Corps der Ehemaligen" bestehe aus „lauter einzelnen Menschen mit jeweils strikt persönlicher Lebensgeschichte" (ebd.: 924).

Jean Améry widersprach auf einer anderen Ebene. Er inkriminierte nicht das von Holthusen als authentisch ausgewiesene Biographische, sondern fokussierte die einseitige Perspektive der damaligen und sehr einseitig verteilten ,Freiwilligkeit': „Sie gingen zur SS, freiwillig, ich kam anderswohin, ganz unfreiwillig" (Améry 1966: 393). Améry erzürnte sich bereits über die Sprechweise und die Argumentation von Holthusen. Das „Bei-der-SS-Gewesen-Sein" werde als Makel bereut, als habe man sich in einem unbedachten Moment eine Krankheit zugegzogen: „In der Generation unserer Väter holten sich junge Leute aus dem Bürgerstand manchmal die Syphillis – welche Schande und welches Unglück. In unserem Jahrgang holte man sich, eine stimmige Ahnentafel vorausgesetzt, die SS." (Ebd.: 393)

Holthusen legte in der Tat eine Erzählung vor, in der der Schuld-Diskurs als Sache des Einzelnen individualisiert, privatisiert und an das persönliche Gewissen gebunden wurde. Er beharrte in seinem Beitrag „Freiwillig zur SS" auf einer Sichtweise „jenseits der allgemein üblichen Knüppelei in Sachen ,Unbewältigte Vergangenheit'" (Holthusen 1966: 397). Man müsse stattdessen „die Voraussetzungen aufdecken, unter denen Irrtümer begangen wurden, Schuld riskiert wurde" (ebd.: 924). Diese Wortwahl war kein Versprecher, sondern Quintessenz der Selbsteinschätzung eines ehemaligen SS-Intellektuellen: Der Modus des Aktiven verbindet sich mit dem Eingeständnis von „Irrtümern", das passiv sich einstellende Ergebnis davon ist „Schuld", die eben nicht „begangen", sondern lediglich „riskiert" wurde. Holthusen, der nach dem scharfen Einspruch von Jean Améry seine Argumente zu retten versuchte, charakterisierte sein Verhalten im Dritten Reich als „Fahrlässigkeit". Aufarbeitung der Vergangenheit war für ihn demnach eine „ganz persönliche Abrechnung mit sich selbst, mit einer Schwäche des eigenen Charakters" (ebd.: 398). Den gewichtigen Widerspruch von Améry gegen diese „Welt des Einzelnen" wehrte Holthusen scharf und beleidigt als störend ab.

Auch die jüngere Generation hat es seiner Zeit nicht vermocht, die Missverständnisse, Fehldeutungen und Blockaden der verschiedenen Rahmen deutscher und jüdischer Gedächtnisse zu durchbrechen. Der Schriftsteller Hans Magnus Enzensberger war 1964 der Überzeugung, dass er Hannah Arendt für eine Rezension zu seinem Buch *Politik und Verbrechen* gewinnen könne und ließ den Verlag deswegen bei ihr anfragen. Enzensberger hatte hier u.a. dargelegt, „Auschwitz" habe die Wurzeln der Politik bloßgelegt und mahnend angefügt, dass „die ,Endlösung' von gestern" nicht verhindert worden wäre, dafür aber „die ,Endlösung' von morgen" verhindert werden könne, denn ihre Planung geschehe öffentlich. Mit solchen brachialen Aktualisierungen von linksintellektueller Seite aber konnte er Arendts Interesse an seinem Text gerade nicht wecken, die ihre Absage an den Verlag denn auch deutlich formulierte:

Auschwitz hat die Wurzeln der Politik bloßgelegt, das ist wie: das ganze Menschengeschlecht ist schuldig. Und wo alle schuldig sind, hat keiner Schuld. Gerade das Spezifische und Partikulare ist wieder in der Sauce des Allgemeinen untergegangen. Wenn ein Deutscher das schreibt, ist es bedenklich. Es heißt: nicht unsere Väter, sondern alle Menschen haben das Unglück angerichtet. Was einfach nicht wahr ist. (Arendt/Enzensberger 1965: 381.)

Auch dieser Austausch blieb in Verständnislosigkeit stecken. Während Arendt die Thesen des deutschen Schriftstellers sozusagen als „Sprechakt", als Handlung einer „hoch kultivierten Form des Escapismus [sic]" wahrnahm, verwahrte sich der kritisierte Intellektuelle mit universalistischen Argumenten gegen jede partikulare Festlegung und warf der exilierten Philosophin vor, sie würde ihn kollektivierend „auf die Nation" festlegen. Für ihn war „an den Untaten der Deutschen das schlimmste nicht, dass Deutsche sie begangen hatten, sondern dass solche Untaten überhaupt begangen worden sind, und dass sie wieder begangen werden können." (Ebd.: 382) Arendt dagegen beharrte kategorisch auf der Differenz von Kriege und „Entvölkerungspolitik" und erteilte „Konstruktionen" und „Parallelen", die „vieles Partikulare unter einen Generalnenner darbietet", eine Absage zugunsten des „immer erneuten Versuch, sich am Konkreten festzuhalten und Unterschiede nicht (…) zu verwischen." (Ebd.: 385)

6. „Pressende Fragen" und „pessimistischer Argwohn"? Die Broszat-Friedländer-Kontroverse der 80er Jahre in neuem Licht

Die Auseinandersetzung zwischen Martin Broszat und Saul Friedländer in den 80er Jahren ist nicht nur im engeren fachwissenschaftlichen Kontext zu sehen und vor allem nicht lediglich als „kleinerer" Teil des „Historikerstreits". Sie steht auch in der Linie, wie sie hier skizziert wurde, allerdings markiert sie eine signifikante Veränderung: Erst hier wurde das Problem der Perspektivität bewusst, offen und öffentlich angesprochen. Die 80er Jahre, so könnte man festhalten, sind innerhalb der Historiographie zu Auschwitz und Judenvernichtung durch diesen Briefwechsel der Ort geworden, an welchem die Frage nach der Perspektivität als Thema und Problem auf die öffentliche Agenda gesetzt wurde. Versteht man den im Motto zitierten Satz von Halbwachs als Metapher einmal wörtlich, so ließe sich die Broszat-Friedländer-Debatte mit ihren Zentralbegriffen „Perspektive", „Fokus", „Gedächtnis" und

„Gerechtigkeit" mithin auch als Auseinandersetzung um den Rahmen von Erinnerungen lesen. Man hat deshalb, wohl zu recht, diese Briefe als eines der bedeutsamsten Dokumente des so genannten „deutsch-jüdischen Dialogs" bezeichnet (Aschheim 1997: 17, 25). Eine Korrektur der jüngeren Forschung jedoch dürfte diese Lesart zumindest relativieren.

Martin Broszat (1926–1989), Schüler von Theodor Schieder und über zwei Jahrzehnte Direktor des Münchner Instituts für Zeitgeschichte, gilt als einer der wichtigsten deutschen Zeithistoriker nach 1945. Er wurde immer wieder, bereits in den späten 50er und in den 60er Jahren, spätestens jedoch mit seinem Projekt *Bayern in der NS-Zeit* Ende der 70er Jahre und dann vor allem mit seinem berühmten *Plädoyer zur Historisierung des Nationalsozialismus* von 1985 zum Protagonisten geschichtsmethodologischer Reflexion über eine adäquate Historiographie des „Dritten Reiches". Waren es zu Beginn Überlegungen zum Täter-Typus (wie in der Veröffentlichung der Höß-Memoiren 1958), danach strukturgeschichtliche Neuerungen (wie in seinem Buch *Der Staat Hitlers* von 1969), so stellte Broszat zuletzt Überlegungen zur Authentizität von Alltagsgeschichte in den Mittelpunkt seines Interesses, untersuchte die in ihm liegende „Resistenz" gegenüber der nationalsozialistischen Diktatur und plädierte dafür, die Geschichte von Auschwitz der Erinnerung zu entziehen und der Wissenschaft allein anzuvertrauen.

Der Briefwechsel zwischen ihm und Saul Friedländer, der seine Eltern in Auschwitz verlor und selbst als Kind mit viel Glück, von Katholiken in Frankreich versteckt, überlebte (vgl.: Friedländer 1991), arbeitete markant die Unterschiedlichkeit der lebensgeschichtlichen Erinnerungen und wissenschaftstheoretischen Prämissen beider Forscher heraus. Hier soll nicht noch einmal die Genese der Debatte oder die Systematik ihrer Argumentation rekapituliert werden. Es soll auch nicht der Frage nachgegangen werden, wie der Terminus „Historisierung" in der Kontroverse selbst und der Folgezeit verwendet wurde, was er implizierte und wer ihn für sich mit welchen Argumenten in Anspruch nahm. Wichtig ist mir im Folgenden die Wendung, die den Diskurs zwischen Wissenschaftlern zum persönlichen Austausch machte, oder anders gesagt: der Punkt, an dem der Austausch über Forschung zum Gespräch über Erinnerung wurde, und wo dieses Gespräch seine Grenzen fand.

Broszat hatte in seinem *Plädoyer* von 1985 (Broszat 1985) und in seinen erläuternden Arbeiten danach (Broszat 1988) die Erinnerung mit irrationalen Gefühlen wie „Schock" und „Sprachlosigkeit" assoziiert, die von ihm favorisierte „historisch realistische Forschung" aber mit dem Gegenteil, also mit Nachsicht, Verständnis, Gerechtigkeit. Erst im Widerspruch durch Friedländer wurde deutlich, dass diese an sich selbstverständlichen Forderungen einer deutschen Perspektive verpflichtet waren. Der jüdischen dagegen, so Broszat mit dem Habitus der Rücksichtsnahme, könne man ein trauerndes und klagendes Eingedenken nicht verwehren – Wissenschaft jedoch wäre das nicht, sondern eine „geschichtsvergröbernde Erinnerung", wenn auch eine verständliche: „Der Respekt vor den Opfern der Naziverbrechen gebietet, dieser mythischen Erinnerung Raum zu lassen." (Broszat, in: Broszat/Friedländer 1988: 343; vgl. hierzu auch: Hegen 1998)

Diese Festlegung lehnte Friedländer zurecht ab, da sie impliziere, dass die Opfer und ihre Nachkommen als „Träger einer ‚mythischen Erinnerung'" ausschließlich in wissenschaftlicher Schwarz-Weiß-Malerei verharren müssten und ihnen auf diese Weise die Fähigkeit abgesprochen werde, sachlich richtig, wissenschaftlich-rational und somit gleichberechtigt am Diskurs über die NS-Vergangenheit mitzuarbeiten. Wie komme es aber, so Friedländer, dass der spezifische deutsche Erinnerungshintergrund, z.b. die HJ-Mitgliedschaft der Generation der 20er Jahre,[24] gerade nicht problematisiert werde? Wieso sollten deutsche Historiker nicht ebenso viele Probleme bei der Darstellung der NS-Zeit haben? Voreingenommenheiten und Einseitigkeiten seien doch nicht a priori verteilt, sondern das je spezifische Ergebnis einer jeden Wissenschaftlerbiographie (Friedländer, in: Broszat/Friedländer 1988: 347). Diese nahe liegenden Fragen aber waren für den Münchner Zeithistoriker „besonders pressend" (Broszat, ebd.: 349),[25] zugleich blieb er bei der Meinung, dass die Perspektive der Opferseite „absolut gesetzt" doch „wesentliche Zugänge geschichtlicher Erkenntnis" versperre und „historischer Gerechtigkeit" nicht genügen könne. Zumal die „intensive jüdische Erinnerung an den Holocaust" gleichsam die Gefahr berge, die Geschichte des „Dritten Reiches" gleichsam „von hinten aufzurollen, anstatt sie, wie das der historischen Methode enspricht, nach vorwärts zu entfalten." (ebd.: 352) Hier aber müsse die Forschung gegen die Erinnerung angehen: Das „Potential der Holocaust-Erinnerung", so Broszat weiter, schaffe ein konstruiertes Bild von den Ereignissen, das Auschwitz in einer solchen historischen Retrospektive sei nicht das Auschwitz der historischen Realität. Dieses sei „weitgehend verborgen

---

[24] Zu dieser Generation sind in den letzten Jahren mehrere Arbeiten und Essays enstanden, vgl. z.B. Moses (2000), Bude (2000) und Nolte (1999); hinzu kommen die Texte der Selbstwahrnehmung der in den 20er Jahren Geborenen, wie sie in folgenden Autobiographien gut gezeichnet wird: Zmarzlik (1970; eine der ersten Reflexionen von Historikern dieser Jahrgänge überhaupt), Lehmann/Oexle (1997), Fetscher (1995), Geyer (1999), Hennis (1998), Krockow (2000).

[25] Später präzisiert Broszat noch: „Glauben Sie (…) wirklich, daß solche Fragen nicht ‚pressend', sondern nachdenklich sind, daß sie der Offenheit unseres Gespräches dienen - und nicht Befangenheit produzieren? (…) Haben Sie dadurch nicht auch einen Zaun um sich selbst errichtet, der Ihnen nur noch ‚ein gewisses Maß an Offenheit' erlaubt?" (Ebd.: 360f.)

gehalten" worden, habe „weitgehend eine Minderheit" betroffen und sei
für Deutsche wie für Alliierte „eine nur wenig beachtete Nebensache"
gewesen (ebd.: 352f.). Jenes aber werde perspektivisch zum „Zentral-
ereignis der Hitler-Zeit", stelle die „ganze Geschichte in den Schatten"
und mache die Judenvernichtung „sogar zum alleinigen Maßstab der
geschichtlichen Perzeption dieser Zeit." (Ebd.: 353)

Broszat argumentierte stringent, aber verzerrt. Er sah nicht, vielleicht
wollte er dies auch nicht wahrhaben, dass die von ihm favorisierte Perspektive, also die, die er „wissenschaftlich-rational" nannte, auch ein
Konstrukt war, noch dazu eines, in welchem sich die Sichtweise der
damaligen deutschen Mehrheitsbevölkerung gerettet sah und die damit
de facto und unabhängig von seiner eigenen Intention auch als Mitläu-
fer-Apologie im Gewand objektiver Wissenschaft gelesen werden
konnte. Friedländer hat hier ein zweites Mal den Kern der Sache getroffen, als er antwortete, Broszat erweitere gerade *nicht* das Blickfeld auf die
Zeit, sondern verschiebe lediglich den Fokus seiner Wahrnehmung.
Auschwitz (und zwar nicht irgendeines in der Erinnerung, sondern das
historische, reale Ereignis in der Vergangenheit) sei „als paradigmatische
Kennzeichnung der Nazi-Kriminalität" Teil der Geschichte geworden.
Es habe, wie jedes Ereignis, Vor- und Wirkungsgeschichte, und der
Historiker kenne sowohl das Ereignis, als auch dessen Wirkung. Mit
dieser Kenntnis, so Friedländer, organisiere er sein Wissen. So zu tun,
als gäbe es Kenntnis und Wissensorganisation nicht – *das* sei nun, um-
gekehrt, reine Konstruktion. Im Gegensatz dazu offenbare sich der
Versuch, die Zentralität von Auschwitz für die Gesamterklärung des
Nationalsozialismus „in die Nähe von unhaltbaren historiographischen
Konstrukten" zu rücken, als Teil eines Kampfes um die perspektivische
Hegemonie historiographischer Interpretation. (Ebd.: 359)

Im empirischen Pathos Broszats erhielt „Historisierung" die Bedeutung, in einem rational gesicherten Erkenntnisprozess Gedächtnis in
Geschichte zu verwandeln. Der Münchner Zeithistoriker setzte „Historisierung" antithetisch zu „Schock" und zur „Sprachlosigkeit der Erinnerung", während Friedländer die Bemühungen verteidigte zu „histori-
sieren", ohne das moralische Entsetzen als „Erkenntnisdefizit" zu betrachten. Für Broszat galt der Imperativ, dass die Geschichtswissenschaft selbst die beste, gerechteste und authentischste Form der Erinnerung ist. Friedländer dachte über das Geschehen von Auschwitz in einer
erkenntnistheoretischen Weise „between history and memory" (Friedländer 1990) nach.

Aus heutiger Sicht, vor allem seit bekannt ist, dass Martin Broszat
eben nicht nur als Jugendlicher in der HJ war, sondern 1944 noch Mit-

glied der NSDAP wurde,[26] hat das vielgerühmte „Pathos der Nüchternheit" (Broszat, in: Broszat/Friedländer 1988: 361), das er sich und seiner Generation zugute hielt, einiges an Konsistenz verloren: Das Selbstbild, das er sich und seiner Generation zuschrieb und das in seiner Formel „zwar betroffen aber kaum belastet" (ebd.) zu fassen ist, beschreibt nicht die Realität, die er in diesem markanten Detail verschweigen musste, um so forschen und so reden zu können, wie er es tat. Keineswegs haben seine Arbeiten deswegen an wissenschaftlicher Dignität eingebüßt, wohl aber sein polemischer Ton an Autorität verloren, mit der er nicht nur Erklärungen anbot, sondern die ‚richtige' historische Vergangenheit gleichsam selbst zu präsentieren vorgab. Denn natürlich sprach auch Broszat ganz im Gedächtnisrahmen seiner Generation, nicht nur in den Briefen an Friedländer, sondern auch in seinen Forschungen. Mithin waren auch seine wissenschaftlichen Thesen nicht ‚frei' von lebensgeschichtlicher Erinnerung an seine Leipziger Jugend im „Dritten Reich", an die Mobilisierungsleistungen des Regimes und sein eigenes Verhältnis zu Staat, Partei und Regierung – wie immer dies im Einzelnen ausgesehen haben mochte. Das Verschweigen seiner Parteimitgliedschaft war bewusst, seine Briefe sind grundiert von offensichtlicher Scham hierüber, die Empörung über die Erwähnung seiner HJ-Zeit durch Friedländer fungierte hier als Abwehr eines schmerzhaft gebliebenen Makels, den er wohl gerne „ungeschehen" gemacht hätte, um das Gewicht seiner Beiträge in Fragen der NS-Interpretation nicht zu gefährden. Wäre er in diesen Fragen seiner Position sicherer gewesen, hätte er vielleicht seine eigene Mitgliedschaft in der NSDAP in diesem Austausch angesprochen. Aus heutiger Sicht ist man überzeugt davon, dass es eine bessere Gelegenheit als den Briefwechsel mit Friedländer hierfür nicht gegeben hätte.

7. Schluss: „Es selbst schreibt in ihnen…"

„Perspektivität", so eine geläufige definitorische Eingrenzung, sei notwendig und unausweichlich schon durch die Zugehörigkeit zu einer bestimmten Gegenwart gegeben (vgl. Sellin 1995: 191ff.). Doch zu den zeittheoretischen Fragen der historischen Erkenntnis kommt eine stark

---

[26] Ich danke Dirk Moses für diesen Archiv-Hinweis, der mir bis vor kurzem noch unbekannt war, vgl. Berg (1996). Die Mitgliedsnummer von Martin Broszat lautete 9994096, das Aufnahmedatum war der 20.4.1944. Das Datum ist zu beachten: An Hitlers Geburtstag wurden ganze HJ-Jahrgänge in die Partei überführt, vermutlich handelte es sich also hierbei mehr um ein Ritual als um eine persönliche Wahl des Einzelnen. Für den vorliegenden Zusammenhang ist jedoch nicht das, sondern die durch Broszats Schweigen bezeugte Tatsache, dass er dieses Datum und Faktum als Stigma verstanden haben muss, bedeutsam.

polarisierende Konfrontation der historischen Wahrnehmung, eine Gebundenheit an historische Erinnerungskollektive, eben jene zweite Perspektivität je eigener historischer Erfahrungswirklichkeit hinzu. Nicht nur der Einfluss der Zeit auf die Bewertung der Ereignisse im Allgemeinen, sondern die reale oder symbolische Zugehörigkeit zu verschiedenen historischen Akteuren der Vergangenheit perspektiviert ein und dasselbe Ereignis in verschiedene, schwer harmonisierbare Geschehniszusammenhänge. Und in gewandelten Formen verlängern sich diese auch in die Grundannahmen, in die Fragen, in das Erkenntnisinteresse und somit auch in die Forschungsschwerpunkte verschiedener Wissenschaftler hinein. „Erinnerung" ist in dieser Sicht nicht mehr das Gegenteil von Erforschung, sondern ein Teil von ihr. Verschiedene Perspektiven auf den Forschungsgegenstand sind Ausdruck und Ergebnis verschiedener kollektiver Gedächtnisrahmen. Dan Diner hat nicht nur auf die dieser Dichotomie zugrundliegende „Gespaltenheit der Erfahrung hingewiesen", mit der die Tat der Massenvernichtung auf Täter- und Opferseite erinnert wurde und wird, sondern auch auf die methodische Unmöglichkeit, beide Erfahrungswelten *gemeinsam* in Geschichtsschreibung zu überführen und in *einer* Darstellung zu verbinden. Die Primärform des erinnernden Aufbewahrens verlängere sich unweigerlich auch in die methodisch kontrollierte Historiographie hinein. Die „Erfahrungskontexte des Holocaust", so Diner, kehren „in der gedächtnisgeleiteten wie forschungstechnisch relevanten Perspektivenwahl wieder" (Diner 1996: 23).

Während des „Historikerstreits" der 80er Jahre war es der Amerikaner Charles S. Maier, der in besonders prägnanter Weise schon früh nach dem Funktionieren des Erinnerungsdialogs und den gedächtnistheoretischen Bedeutungen des Standpunktes der Beteiligten fragte. Äußere sich nicht die Schwierigkeit der Erinnerung an die Judenvernichtung, so Maier, gerade darin, dass die Verteilung der Erinnerungsaufgaben generell sehr verschieden sei? Dass also eine „gelungene Erinnerung" eine wie immer sich konkretisierende Form dialogisierenden Argumentierens benötige? Dass also, konkret, die Deutschen gut daran täten, „die Juden als besonderes Ziel des Massenmords in Erinnerung zu behalten", während es dagegen „für die Juden unter Umständen wichtig sei, das Gegenteil zu tun (…)"? (Maier 1992: 203f.)

Das dialogisierende und konkretisierende Moment, von dem Maier hier sprach, war in der Geschichte der Auschwitz-Deutungen gar nicht so selten. Aber es war zumeist kein Garant für Annäherung, zumal es fern davon war, jenem paradoxen Rollenwechsel zu folgen, den Maier als Modell für „gelungene Erinnerung" entwarf. Im Gegenteil: meist blieben die Beteiligten in Bezug auf ihre eigenen Erinnerungen „blind mit offenen Augen", um die Formulierung Uwe Johnsons noch einmal aufzunehmen. Das „Dritte Reich", so der Germanist Hans Wagener 1977 in einer ausgesprochen treffenden Formulierung, sei über Jahrzehnte fern davon gewesen, ein von quasi abstrakten Autoren" lediglich „bearbeiteter Stoff" zu sein:

> Es selbst schreibt in ihnen, gewollt oder ungewollt, pro oder contra, noch mit, zumal die meisten Autoren ihre geistige Prägung in der zeitgenössischen Auseinandersetzung mit dem Dritten Reich gewonnen haben, sei es als Landser, Emigranten oder Zu-Hause-Gebliebene, als Oppositionelle, Mitläufer, Betrogene oder Begeisterte. Insofern ist die Literatur, die das Dritte Reich thematisiert, Gericht und Spiegel von Betroffenen für Betroffene. (Wagener, zit. nach: Braese 2001: 17)

„Dialog" ist demnach in Anführungszeichen zu setzen. Er war fast immer, auch und gerade dort, wo die Kommunikation selbst scheiterte, wie z.B. bei v. Zühlsdorff - Broch, bei Holthusen - Améry oder bei Enzensberger - Arendt, eine Art von Formung von Gedächtnisrahmen, auf die die einzelnen Akteure im Halbwachs'schen Sinne gleichsam „Ausblickspunkte" gewährten. Das gilt auch für den Broszat-Friedländer-Austausch, der im Einzelnen scharfe Differenzen, unterschiedliche Perspektiven und auch persönliche Kränkungen offenbarte, der jedoch als Ganzes den Status einer „gelungenen Erinnerung" für sich bewahren konnte. Das lag aber schlicht darin begründet, dass er Perspektivität, Differenz und Emotionen selbst anzusprechen in der Lage war – wenn auch nicht ohne letzte Vorbehalte, wie das Schweigen Broszats über seine Parteimitgliedschaft zeigt.

Das vom französischen Gedächtnistheoretiker Halbwachs einmal so bezeichnete „Gefühlsgedächtnis" lässt sich nach der Durchsicht der vorgestellten Dichotomien, Konflikte und „unüberbrückbaren Gräben" besser fassen: nicht allein als lediglich privater Bereich oder als persönliche Emotion (im Gegensatz zu Intellekt) in seiner Funktion als „Stabilisator der Erinnerung" (Assmann 1998), sondern als kommunikativer Prozess, in welchem individuelle Erinnerungen in den kollektiven Rahmen des sozialen Gedächtnisses eingefügt werden. Um mit den Worten von Halbwachs zu schließen: ein Prozess, in dem der Einzelne das „Gedächtnis zu Hilfe (ruft), um auf Fragen zu antworten, die andere uns stellen." (Halbwachs 1925/1966: 20)

Literatur

Améry, J. (1967): Fragen an Hans Egon Holthusen – und seine Antwort. *Merkur*, 21, S. 393–400.

Arendt, H./H. M. Enzensberger (1965): Politik und Verbrechen. Ein Briefwechsel. In: *Merkur*, 14, 280–385.

Aschheim, S. (1997): On Saul Friedländer. *History & Memory*, 9, S. 11-46.

Assmann, A. (1998): Stabilisatoren der Erinnerung – Affekt, Symbol, Trauma. In: J. Straub/J. Rüsen (Hg.): Die dunkle Spur der Vergangenheit. Psychoanalytische Zugänge zum Geschichtsbewußtsein. Frankfurt/M.: Suhrkamp, S. 131–152.

Assmann, A./U. Frevert (1998): Geschichtsvergessenheit – Geschichtsversessenheit. Vom Umgang mit der deutschen Vergangenheit nach 1945. Stuttgart: Deutsche Verlagsanstalt, S. 21–52.

Auerochs, B. (1993): „Ich bin dreizehn Jahre alt jeden Augenblick." Zum Holocaust und zum Verhältnis von Juden und Deutschen in Uwe Johnsons „Jahrestagen". *Zeitschrift für deutsche Philologie*, 112, S. 595–617.

Baer, U. (Hg., 2000): „Niemand zeugt für den Zeugen." Erinnerungskultur nach der Shoah. Frankfurt/M.: Suhrkamp.

Berg, N. (1996): „Auschwitz" und die Geschichtswissenschaft – Überlegungen zu Kontroversen der letzten Jahre. In: N. Berg/J. Jochimsen/B. Stiegler (Hg.): Shoah. Formen der Erinnerung. Geschichte, Literatur, Philosophie, Kunst. München: Fink, S. 31–52.

Berg, N. (2000): Der Nationalsozialismus in Autobiographien deutscher Historiker nach 1945. Eine Gattung zwischen individueller und historiographischer Erinnerung. *BIOS*, 13, S. 181–207.

Berg, N. (im Druck a): Der Holocaust und die westdeutsche Geschichtswissenschaft. Erforschung und Erinnerung. Göttingen: Wallstein.

Berg, N. (im Druck b): Ein vergessener Außenseiter der Holocaustforschung. Josef Wulf und seine Kontroverse mit dem Institut für Zeitgeschichte. *Leipziger Beiträge zur jüdischen Geschichte und Kultur*, 1.

Braese, S. (2001): Die andere Erinnerung. Jüdische Autoren in der westdeutschen Nachkriegsliteratur, Berlin: Philo.

Briegleb, K. (1992): Negative Symbiose, in: ders./S. Weigel (Hg.): Gegenwartsliteratur seit 1968, München/Wien: Hanser, S. 117–150.

Broch, H. (1986): Briefe über Deutschland 1945-1949. Die Korrespondenz mit Volkmar von Zühlsdorff, hrsg. von Paul Michael Lützeler. Frankfurt/M.: Suhrkamp.

Broszat (1985): Plädoyer für eine Historisierung des Nationalsozialismus. *Merkur*, 37, S. 379–385.

Broszat (1988): Was heißt „Historisierung des Nationalsozialismus"? *Historische Zeitschrift*, 247, S. 1–14.

Broszat, M./S. Friedländer (1988): Dokumentation: Um die „Historisierung des Nationalsozialismus". Ein Briefwechsel. *Vierteljahrshefte für Zeitgeschichte*, 36, S. 339–372.

Bubis, I. (1993): „Ich bin deutscher Staatsbürger jüdischen Glaubens." Ein autobiographisches Gespräch mit Edith Cohn. Köln: Kiepenheuer & Witsch.

Bude, H. (2000): Generationen im 20. Jahrhundert. Historische Einschnitte, ideologische Kehrtwendungen, innere Widersprüche. *Merkur*, 54, S. 567–579.

Butzer, G. (1997): „Ja. Nein." Paradoxes Eingedenken in Uwe Johnsons Roman „Jahrestage". *Johnson-Jahrbuch*, 4, S. 130–157.

Diner, D. (Hg., 1987a): Ist der Nationalsozialismus Geschichte? Zu Historisierung und Historikerstreit. Frankfurt/M.: Fischer.

Diner, D. (1987b): Negative Symbiose. Deutsche und Juden nach Auschwitz. In: D. Diner (Hg.): Ist der Nationalsozialismus Geschichte? Zu Historisierung und Historikerstreit. Frankfurt/M.: Fischer, S. 185–197.

Diner, D. (1987c): Zwischen Aporie und Apologie. Über die Grenzen der Historisierbarkeit des Nationalsozialismus. In: D. Diner (Hg.): Ist der Nationalsozialismus Geschichte? Zu Historisierung und Historikerstreit. Frankfurt/M.: Fischer, S. 62–73.

Diner, D. (Hg., 1988): Zivilisationsbruch. Denken nach Auschwitz. Frankfurt/M.: Fischer.

Diner, D. (1996): Ereignis und Erinnerung. Über Variationen historischen Gedächtnisses. In: N. Berg/J. Jochimsen/B. Stiegler (Hg.): Shoah. Formen der Erinnerung, München: Fink, S. 13–30.

Fetscher, I. (1995): Neugier und Furcht. Versuch, mein Leben zu verstehen. Hamburg: Hoffmann & Campe.

Friedländer, S. (1990): The Shoah between Memory and History. *Jerusalem Quarterly*, 53, S. 115–126.

Friedländer, S. (1991): Wenn die Erinnerung kommt. Frankfurt/M.: Fischer.

Friedländer, S. (Hg., 1992): Probing the Limits of Representation: National Socialism and the „Final Solution". Cambridge: Cambridge University Press.

Gay, P. (1999): Meine deutsche Frage. Jugend in Berlin 1933–1939. München: Beck.

Geyer, D. (1999): Reußenkrone, Hakenkreuz und Roter Stern. Ein autobiographischer Bericht. Göttingen: Vandenhoeck & Ruprecht.

Haar, I. (2000): Historiker und Nationalsozialismus. Deutsche Geschichtswissenschaft und der „Volkstumskampf" im Osten. Göttingen: Vandenhoeck & Ruprecht.

Halbwachs, M. (1925/1966): Das Gedächtnis und seine sozialen Bedingungen. Berlin/Neuwied: Luchterhand.

Halbwachs, M. (1950/1967): Das kollektive Gedächtnis. Frankfurt/M.: Fischer.

Hegen, D. (1998): Was heißt „mythische Erinnerung" in Erzählungen von Überlebenden der Shoah? In: Gelbin, C./E. Lezzi/G. H. Hartmann/J. Schoeps (Hg.): Archiv der Erinnerung. Interviews mit Überlebenden der Shoah, Bd. 1: Videographierte Lebenserzählungen und ihre Interpretation, Potsdam, S. 157–191.

Helbig, H. (1995): In einem anderen Sinn Geschichte. Erzählen und Historie in Uwe Johnsons „Jahrestagen". Johnson-Jahrbuch, 2, S. 119–133.

Hennis, W. (1998): Politikwissenschaft als Beruf. „Erzählte Erfahrung" eines Fünfundsiebzigjährigen. Freiburger Universitätsblätter, 140, S. 25–48.

Hilberg, R. (1994): Unerbetene Erinnerungen. Der Weg eines Holocaust-Forschers. Frankfurt/M.: Fischer.

Hofmann, M. (2001): Uwe Johnson. Stuttgart: Reclam.

Hofmann, M. (1998): Erzählen nach Auschwitz in Uwe Johnsons „Jahrestagen". In: S. Braese/H. Gehle/H. Loewy/D. Kiesel (Hg.): Deutsche Nachkriegsliteratur und der Holocaust. Frankfurt/M./New York: Campus, S. 197–212.

Holthusen, H. E. (1966): Freiwillig zur SS. Merkur, 20, S. 921–939, 1037–1049.

Jäckel, E./Rohwer, J. (Hg., 1987): Der Mord an den Juden im Zweiten Weltkrieg. Frankfurt/M.: Fischer.

Johnson, U. (1970ff.): Jahrestage. Aus dem Leben der Gesine Cresspahl. 4 Bände. Frankfurt/M.: Suhrkamp.

Kirsch, J.-H. (1999): Identität durch Normalität. Der Konflikt um Martin Walsers Friedenspreisrede. Leviathan, 27, S. 309–354.

Koch, G. (Hg.): Bruchlinien. Tendenzen der Holocaustforschung. Köln/Weimar/Wien: Böhlau.

Krockow, C. Graf v. (2000): Zu Gast in drei Welten. Erinnerungen. Stuttgart/München.

Lehmann, H./G. G. Oexle (1997): Erinnerungsstücke. Wege in die Vergangenheit. Rudolf Vierhaus zum 75. Geburtstag gewidmet. Wien/Köln/Weimar: Böhlau.

Loewy, H./B. Moltmann (Hg., 1996): Erlebnis – Gedächtnis – Sinn. Frankfurt/M./New York: Campus.

Maier, C. S. (1992): Die Gegenwart der Vergangenheit. Geschichte und nationale Identität der Deutschen. Frankfurt/M./New York: Campus.

Maus, H. (1947): Der Achte Deutsche Soziologentag. Die Umschau, 2, S. 85–97.

Mayer, H. (1980): Die im Dunkel und die im Licht. Die Geburt der „Kritischen Theorie" und die „Zeitschrift für Sozialforschung". Die ZEIT, 31.10.1980.

Moetter, G. van de (1994): Flaschenpost einer verschollenen Kritischen Theorie. Briefwechsel zwischen Max Horkheimer und Heinz Maus 1946-1951. *Jahrbuch für Soziologiegeschichte*, S. 227–276.

Moses, D. (2000): Die 45er. Eine Generation zwischen Faschismus und Demokratie. *Neue Sammlung*, S. 233–263.

Nipperdey, T. (1976): Kritik oder Objektivität? Zur Beurteilung der Revolution von 1848. In: T. Nipperdey: Gesellschaft, Kultur, Theorie. Gesammelte Aufsätze zur neueren Geschichte. Göttingen: Vandenhoeck & Ruprecht, S. 259–278 [zitiert nach: Langewiesche, D. (Hg., 1983): Die deutsche Revolution von 1848/49. Darmstadt: Wissenschaftliche Buchgesellschaft, S. 163–189].

Nolte, E. (1987): Das Vergehen der Vergangenheit. Antwort an meine Kritiker im sogenannten Historikerstreit. Berlin: Propyläen.

Nolte, P. (1999): Die Historiker der Bundesrepublik. Rückblick auf eine „lange Generation". *Merkur*, 53, S. 413–432.

Pehle, W. H. (Hg., 1990): Der historische Ort des Nationalsozialismus. Annäherungen. Frankfurt/M.: Fischer.

Pokatzky, K. (1986): Pavel, Paul, Saul. Erfahrungen mit der deutschen Verdrängung. Ein Historiker aus Tel Aviv in Berlin. *Die ZEIT*, Nr. 21.16.5.1986.

Rüsen, J. (1999): Die Logik der Historisierung. Metahistorische Überlegungen zur Debatte zwischen Friedländer und Broszat. In: G. Koch (Hg.): Bruchlinien. Tendenzen der Holocaustforschung. Köln/Weimar/Wien: Böhlau, S. 19–60.

Schirrmacher, F. (Hg., 1999): Die Walser-Bubis-Debatte. Eine Dokumentation. Frankfurt/M.: Suhrkamp.

Sellin, V. (1995): Einführung in die Geschichtstheorie. Göttingen: Vandenhoeck & Ruprecht.

Traverso, E. (2000): Auschwitz denken. Die Intellektuellen und die Shoah. Hamburg: Hamburger Edition.

Turk, H. (1995): Gewärtigen oder Erinnern? Zum Experiment der „Jahrestage". *Johnson-Jahrbuch*, 2, S. 134–154.

Walser, M. (1998): Der springende Brunnen. Frankfurt/M.: Suhrkamp.

Welzer, H. (Hg., 1999): Auf den Trümmern der Geschichte. Gespräche mit Raul Hilberg, Hans Mommsen und Zygmunt Baumann. Tübingen: edition diskord.

Zmarzlik, G. (1970): Einer vom Jahrgang 1922. Rückblick in eigener Sache. In: G. Zmarzlik: Wieviel Zukunft hat die Vergangenheit? München, S. 16–31.

Zuckermann, M. (1998): Zweierlei Holocaust. Der Holocaust in den politischen Kulturen Israels und Deutschlands. Göttingen: Wallstein.

„Mit Dickens spazieren gehen"

Kollektives Gedächtnis und Fiktion

ASTRID ERLL

Um seine These zu veranschaulichen, dass der Mensch bei Wahrnehmung und Erinnerung auf *cadres sociaux,* soziale Bezugsrahmen, angewiesen ist, wählt Halbwachs gleich zu Beginn seiner Studie „Kollektives und individuelles Gedächtnis", die den ersten Teil der 1950 postum erschienen Schrift *Das kollektive Gedächtnis* darstellt, das Beispiel eines Spaziergangs durch London.[1] Ein Fremder besucht zum ersten Mal die Metropole und schaut sich ihre Sehenswürdigkeiten an. Die Art seiner Wahrnehmung, seine Gedanken und Gefühle sind für Halbwachs dabei keineswegs rein individuellen Ursprungs. Im Gegenteil, Halbwachs will an seinem „Spaziergang durch London" verdeutlichen, „daß wir in Wirklichkeit niemals allein sind" (2).

Die Wahrnehmung Londons ist in hohem Maße durch andere Menschen, mit denen der Spaziergänger soziale Gruppen bildet, beeinflusst: Gespräche mit dem Architekten, dem Historiker, dem Maler oder dem Kaufmann richten die Aufmerksamkeit des Besuchers auf jeweils andere Facetten der überwältigenden Fülle von Eindrücken. Dazu müssen diese Personen nicht einmal anwesend sein – es genügt die Erinnerung an Gesagtes, die Lektüre ihrer Schriften, das Studieren von Plänen, Betrachten von Bildern. Gemeinsam ist diesen von Halbwachs angeführten Beispielen (mündliche Rede, Schrift, Bild), dass es sich um Medien handelt, anhand derer der Spaziergänger eine Verbindung zu sozialen Gruppen herstellt, die es ihm ermöglicht, sich „zeitweilig ihre Denkungsart zu eigen" (3) zu machen. Diese Medien transportieren sowohl gruppenspezifisches Wissen wie Daten und Fakten, als auch soziale „Denk- und Erfahrungsströmungen" (50), d.h. all das, was Halbwachs als die „kollektiven Rahmen des Gedächtnisses" (50) bezeichnet.

Einem der in dem Beispiel erwähnten Medien sozialer Wahrnehmung und Gedächtnisbildung soll in diesem Beitrag nähere Beachtung geschenkt werden. „Als ich zum ersten Mal in London war", berichtet Halbwachs, „brachten mir viele Eindrücke die Romane von Dickens in

---

[1] Halbwachs (1950/1991); Seitenzahlen aus dieser Ausgabe stehen im Folgenden in Klammern hinter den Zitaten im Text.

Erinnerung" (3). Halbwachs folgert hieraus, dass er in diesem Falle „mit Dickens spazieren" ging und somit eine soziale Gruppe „mit einem Romancier" bildete. Dem Literaturwissenschaftler mag diese Aussage wenig präzise, vielleicht sogar als falsch erscheinen. Denn bei der Darstellung Londons in *Bleak House*, *Great Expectations* oder *Oliver Twist* handelt es sich nicht um exakte und verifizierbare Repräsentationen der Metropole, wie wir sie in historischen Abhandlungen oder Stadtplänen erwarten würden. Dickens' Romane sind fiktionale Texte, die die Realität nicht mimetisch abbilden, sondern Wirklichkeitsmodelle poietisch erzeugen. Ebenso wenig erscheint es gerechtfertigt, die Schilderung des Ortes, der sich dort abspielenden, fiktiven Geschehnisse oder gar deren Bewertung dem realen Autor Charles Dickens zuzuschreiben. Die Kommunikationssituation narrativ-fiktionaler Texte zeichnet sich dadurch aus, dass eine Erzählinstanz zwischen Autor und erzählter Geschichte geschaltet ist. Wie können also fiktive Schilderungen, die von einem ebenso fiktiven Erzähler vermittelt werden, eine gegenwärtige, reale Situation beeinflussen?

Trotz dieser offensichtlichen Ungereimtheiten muss allerdings eingestanden werden, dass die Halbwachs'sche Perspektive auf Literatur einer bestimmten Lektürepraxis entspricht, die auch heute noch wirksam ist. Fiktionale Texte eröffnen uns einen Zugang zu unbekannten Wirklichkeiten, seien dies fremde Orte oder entfernte Zeiten. Sie können unsere Wahrnehmung der Wirklichkeit beeinflussen oder uns helfen, bestimmte Ereignisse zu erinnern.

Ausgehend von dieser Problemstellung soll in dem vorliegenden Beitrag der Frage nachgegangen werde, welche Rolle literarische Werke bei Halbwachs' Theoriebildung in *Das kollektive Gedächtnis* spielen und welche möglichen Funktionen er dem Medium der Fiktion bei der Rekonstruktion von Erinnerungen zuschreibt, um daran anschließend aus erzähltheoretischer und funktionsgeschichtlicher Perspektive weiterführende Überlegungen zum Verhältnis von Fiktion und sozialer Gedächtnisbildung sowie zu möglichen Strategien der Rezeption literarischer Texte anzustellen.

1. Fiktion als Modell

Jan Assmann bemerkt in seinem Buch *Das kulturelle Gedächtnis*, dass Halbwachs „die Rolle, die gerade die Schrift für die Verfaßtheit kollektiver Erinnerung spielt, nirgends systematisch einbezieht oder auch nur irgendwo zusammenhängend erwägt" (1992: 45f.). Der Grund hierfür ist, dass Halbwachs bei seinen Überlegungen zum kollektiven Gedächtnis, das in erster Linie ein Generationengedächtnis ist, das Medium der mündlichen Rede ins Zentrum rückt. „Lebendige Geschichte" (50) wird durch Alltagsinteraktion mit Zeitgenossen und damit vor allem durch mündliche Kommunikation erfahren. Dennoch fällt bei einer genaueren Durchsicht von *Das kollektive Gedächtnis* auf, dass schriftliche Zeugnisse in Halbwachs' Theoriebildung durchaus eine Rolle spielen und gerade literarische Texte relativ häufig Erwähnung finden.

In der Studie „Kollektives und individuelles Gedächtnis" (3–33) versucht Halbwachs nachzuweisen, dass jegliche individuelle Erinnerung sozial bedingt und damit Teil des kollektiven Gedächtnisses ist. Er zitiert im Verlauf seiner Argumentation aus den Werken von Stendhal, Proust, Cellini oder Rousseau und bezieht eigene Lektüreerfahrungen an vielen Stellen in seine Überlegungen ein. Der Grund hierfür liegt auf der Hand: Für Halbwachs ist das kollektive Gedächtnis nicht unmittelbar beobachtbar. Selbst der Zugang zu dem eigenen Gedächtnis, das einen „Ausblickspunkt" (31) auf die seine Inhalte bestimmenden kollektiven Gedächtnisse darstellt, kann nur eine unvollständige Rekonstruktion der unterschiedlichen, sich überschneidenden Einflüsse sozialer Gruppen bei der Erinnerung gewährleisten. Halbwachs erläutert: „Eine soziale ,Denkströmung' ist gewöhnlich so unsichtbar wie die Luft, die wir einatmen" (19). Um diese abstrakten Überlegungen zur Anschauung zu bringen, bedarf es der Schilderung modellhafter Situationen, in denen wahrgenommen und erinnert wird. Mit dem „Spaziergang durch London" entwirft Halbwachs selbst eine solche Situation. Dass er im weiteren Verlauf seiner Studie vor allem auf literarische Werke zurückgreift, ist darauf zurückzuführen, dass wohl keine anderen schriftlichen Zeugnisse einen solchen fast unerschöpflichen Fundus an Darstellungen von Funktionsweisen und Problemen kollektiver Gedächtnisse bereithalten.

Halbwachs' Funktionalisierung literarischer Texte als Modelle kollektiver Gedächtnisse zeigt sich am deutlichsten in dem Kapitel „Kindheitserinnerungen" (16–22). Hier stellt er die These auf, dass das Kind erst in dem Moment die Fähigkeit zur Erinnerung besitzt, in dem es ein soziales Wesen geworden ist. Von da an werden seine Bewusstseinsinhalte niemals rein individueller Natur sein, sondern immer in Verbindung zu den Denk- und Wahrnehmungsweisen sozialer Gruppen stehen. Um Beispiele für Kindheitserinnerungen zu geben, zieht Halbwachs zahlreiche Passagen aus schriftlichen Zeugnissen heran. Er zitiert aus Stendhals *Vie de Henri Brulard* (16f.), fügt eine eigene Erinnerung hinzu (17), setzt eine Schilderung aus Benvenuto Cellinis *Vita* (17) in Kontrast zu einer Situation, von der Charles Blondel in seiner wissenschaftlichen Auseinandersetzung mit Halbwachs' Theorie in der *Revue Philosophique* berichtet (18f.), erwähnt das Märchen vom kleinen Däumling (20) und führt abschließend eine Textpassage aus Rousseaus *Confessions* (22) an.

Hier stehen also literarische Texte neben philosophischen, eine frühneuzeitliche Biographie neben biographisch geprägten Romanen des 18. und 19. Jahrhunderts und schließlich eine eigene Erinnerungen neben einem Märchen. Diese äußerst heterogene Auswahl des Belegmaterials verweist auf Halbwachs' Überzeugung, dass die Funktionsweise des kollektiven Gedächtnisses universelle Gültigkeit hat. Weder Textsorten noch Gattungszugehörigkeiten der von ihm angeführten Zeugnisse, weder der historische noch der kulturelle Kontext ihrer Entstehung erscheinen von Bedeutung. Literarische Werke erfüllen an dieser Stelle lediglich die Funktion, Beispiele für kollektive Erinnerung bereitzustellen.

Besonderheiten des Symbolsystems Literatur oder historische und kulturelle Unterschiede der Texte geraten so nicht in den Blick. Denn anders als es Halbwachs zu implizieren scheint, handelt es sich bei den literarischen Darstellungen von Erinnerung nicht um Abbildungen eines überhistorisch gültigen Mechanismus des kollektiven Gedächtnisses, sondern um Inszenierungen zeit- und kulturspezifischer *Vorstellungen* von Erinnerung, die überdies sehr unterschiedliche Funktionen wie Betonung bürgerlichen Individualismus, Identitätsbildung, Kohäsionsförderung sozial ausgegrenzter Gruppen oder Revidierung bestehender Vergangenheitsversionen übernehmen können.

Bei den von Halbwachs bevorzugt herangezogenen literarischen Werken handelt es sich um Memoiren, Autobiographien und biographisch geprägte Romane. Zentrales Merkmal von Texten dieser Gattungen ist die narrative Inszenierung von Erinnerungsprozessen. In ihnen wird üblicherweise zwischen einem erlebenden und einem erzählenden Ich unterschieden und damit eine zweifache Perspektive auf die Erinnerungsproblematik gewährt. Auf der Handlungsebene präsentieren die Texte dem Leser die Erlebnisse eines in soziale Kontexte eingebetteten Individuums, dessen Wahrnehmung der Ereignisse bereits durch vielfältige Bezugsrahmen geprägt ist. Informationen über die Sozialisation des erlebenden Ichs werden gegeben, die spezifische Kombination seiner Gruppenzugehörigkeiten durch die Figurenkonstellation zur Anschauung gebracht, soziale Denk- und Erfahrungsströmungen anhand der Perspektiven dargestellter Figuren inszeniert.

Auf der Ebene der erzählerischen Vermittlung kommt mit der Instanz eines gealterten, rückschauenden, kommentierenden, analysierenden, wertenden und damit sinnstiftenden erzählenden Ichs die Situation des Abrufs von Erinnerungen zur Darstellung. Besonders die explizite Thematisierung der Probleme und Funktionsweisen kollektiver Erinnerung ist für Halbwachs von Interesse. „Ich stelle mir das Geschehen vor, aber wahrscheinlich ist dies keine direkte Erinnerung, sondern nur die Erinnerung an das Bild, das ich mir sehr früh, zur Zeit der ersten Schilderungen, die man mir gab, von der Angelegenheit machte" (16f.), kommentiert der Erzähler in Stendhals *Vie de Henri Brulard* seine Schilderung eines Kindheitsereignisses. Für Halbwachs ist dieser Erzählerkommentar ein Beleg für die Konstrukthaftigkeit der Erinnerung und den beträchtlichen Einfluss, den soziale Gruppen auf die Inhalte des individuellen Gedächtnisses ausüben.

Fiktion dient Halbwachs dort, wo er die Funktionsweise kollektiver Gedächtnisse aufzuzeigen versucht, als Modell. Literarische Inszenierungen von Erinnerungsprozessen findet er vor allem in autodiegetischen Erzählungen, in denen die Erzählinstanz zugleich auch Protagonist der dargestellten Geschichte ist. Das gesamte Spektrum möglicher Formen der Inszenierung kollektiver Gedächtnisse ist hingegen vielfältiger und umfasst beispielsweise auch heterodiegetische Erzählungen, in denen ein auktorialer Sprecher Einblick in das Bewusstsein mehrerer Figuren gewährt. Durch eine derartige Innenweltdarstellung kann im Medium der Fiktion eine Matrix des kollektiven Gedächtnisses entworfen werden: Geteilte Denk- und Erfahrungsweisen, aber auch divergierende Erinnerungen an gemeinsam Erlebtes und damit unterschiedliche Ausblickspunkte auf das kollektive Gedächtnis werden beobachtbar.

Solche weiterführenden Überlegungen zur historischen und kulturellen Variabilität und zum Spektrum möglicher Inszenierungsformen von Erinnerung sind Halbwachs' Schriften zwar nicht zu entnehmen. Eine systematische und den poietischen Charakter fiktionaler Texte berücksichtigende Betrachtung des Funktionspotentials „Literatur als Modell kollektiver Gedächtnisse" eröffnet allerdings die Möglichkeit, zeit- und kulturspezifische Ausprägungen der Imagination von Erinnerung zu unterscheiden und Rückschlüsse auf Wissensordnung und Mentalitäten einer gegebenen Kultur zu ziehen. So verweist die Aufwertung der subjektiven Figurenperspektiven in den Romanen Thomas Hardys, Oscar Wildes oder Joseph Conrads auf die gesamtgesellschaftlich gegen Ende des 19. Jahrhunderts sich immer stärker durchsetzende Einsicht in die Standortgebundenheit und Perspektivität individueller Erinnerung und die damit verbundenen Probleme einer objektiven Erkenntnis der Wirklichkeit.[2] Techniken der Innenweltdarstellung in Prousts *A la recherche du temps perdu* und vielen anderen literarischen Werken der klassischen Moderne inszenieren Erinnerung als spontan, inkohärent, fragmentiert und flüchtig, als ausgelöst durch Gerüche, optische und sensorische Eindrücke, aber auch durch Gespräche und

---

[2] Zur kulturellen Dimension der Perspektivenstruktur narrativ-fiktionaler Texte vgl. den Aufsatz von Roy Sommer und Carola Surkamp (2000).

Lektüren. Diese Darstellungsformen gehen einher mit dem innerhalb der zeitgenössischen Wissenschaften wachsenden Interesse an der Funktionsweise des menschlichen Gedächtnisses und der Bedeutung des situativen Kontexts bei Enkodierung und Abruf von Erinnerungen.

2. Fiktion als Spur

Während Halbwachs der Historizität literarischer Texte dort, wo er Fiktion als Modell für seine Überlegungen zur Funktionsweise kollektiver Erinnerung heranzieht, keine Beachtung schenkt, ist sie in einem anderen Kontext von zentraler Bedeutung. Bei diesem zweiten Kontext in *Das kollektive Gedächtnis* handelt es sich um Halbwachs' Überlegungen zur Möglichkeit der Erinnerung an vergangene, sich von zeitgenössischen sozialen Gruppen und deren Denkweisen stark unterscheidende Milieus.[3] Halbwachs stellt sich die Frage, unter welchen Bedingungen eine lebendige Erinnerung beispielsweise an die Welt der Großeltern möglich ist, die man als Kind zwar miterlebt hat, deren Eigenschaften im Gedächtnis Jahrzehnte später allerdings stark verblasst sind.

Den Schlüssel zur Erinnerung an diese vergangene Wirklichkeit bietet für Halbwachs nicht das Studium historischer Abhandlungen, aus denen nur eine abstrakte „gelernte Geschichte", die „Außensicht" auf die Vergangenheit ableitbar ist. Nötig ist vielmehr die Rekonstruktion der „gelebten Geschichte", auf die sich das Gedächtnis stützen kann. Begrenzt und einseitig wertend ist dieser Zugang, aber er gewährt die „Innenansicht", das „Bild des Milieus" (41f.), in dem sich die vergangenen Geschehnisse ereigneten. Anhaltspunkte bieten bei dieser Rekonstruktionsarbeit „Spuren", die die Vergangenheit unmerklich in der Gegenwart hinterlassen hat: „Beachten wir jedoch, daß es vielleicht kein früheres Milieu, keinen früheren Denk- oder Gefühlszustand gibt, von dem keine Spuren fortbestehen." (50f.)

Hier kommen wieder literarische Werke ins Spiel, denn Halbwachs zufolge ist es möglich, „dieses Milieu zu rekonstruieren und um uns herum diese Atmosphäre wiederherzustellen – insbesondere anhand von Büchern, Stichen und Bildern" (51). Wo die mündliche Kommunikation einer sozialen Gruppe abgebrochen ist, weil Großeltern verstorben sind oder sich das Milieu gewandelt hat, können also schriftliche oder bildliche Zeugnisse, die in der Zeit überdauert haben, als Spuren fungieren, die dem sich Erinnernden helfen, erneut Zugang zu Denkströmungen der Vergangenheit zu finden. Mit Blick auf literarische

---

[3] In der Studie „Kollektives und historisches Gedächtnis" (34–77).

Werke, die eine solche Funktion zu erfüllen vermögen, erläutert Halbwachs: „Es handelt sich hierbei nicht in erster Linie um große Dichter und ihre bedeutendsten Werke (...). Aber da gibt es die Zeitschriften der Epoche, die sogenannte ‚Familien'-Literatur, in denen die Geisteshaltung, die alles durchdrang und in allen Formen auftrat, eingefangen ist." (51)

Halbwachs' Privilegierung der Unterhaltungsliteratur als Spur des kollektiven Gedächtnisses wird verständlich, wenn man die Eigenschaften bedenkt, die er fiktionalen Texten in diesem Kontext zuschreibt: Literatur fängt „Geisteshaltungen" ein, die der Leser, vorausgesetzt, er ist mit ihnen zuvor in Kontakt gekommen, wiedererkennt. Dieses Merkmal der populären Literatur macht sie heute so wichtig für kulturhistorische Studien.[4] Auf zweifache Weise enthalten derartige Werke Aussagekraft über die Mentalitäten ihrer Entstehungszeit. Auf der Ebene der *histoire*, der dargestellten Figuren und Handlung, gehen für die Zeit typische Elemente in den Text ein: Themen, Situationen und Konflikte, die zwar vielleicht nicht die realen Gegebenheiten der Lebenswelt mimetisch widerspiegeln, aber, und das ist mit Blick auf die Rekonstruktion sozialer Bezugsrahmen sehr viel wichtiger, Ausdruck kollektiver Vorstellungen von dieser Lebenswelt sind – von dem, was als möglich, wünschenswert oder verdammungswürdig gilt. Auf der Ebene des *discours*, der erzählerischen Vermittlung, inszeniert Literatur die sprachliche Verfasstheit der Wirklichkeitskonstruktionen ihrer Entstehungszeit durch die Wahl des Vokabulars, bestimmter Redeweisen und Kollektivsymbole oder durch die Art des *emplotment*. So erschafft Literatur ein Panorama der in einer Gesellschaft zirkulierenden Diskurse, die Ausdruck eben jener Geisteshaltungen sind, denen Halbwachs als soziale Rahmen für die Möglichkeit von Erinnerung zentrale Bedeutung zuschreibt.

Die Grenzen der Literatur als Medium der Erinnerung an gelebte Geschichte sind für Halbwachs dann erreicht, wenn die im Text eingefangenen Geisteshaltungen an die Bezugsrahmen der Rezipienten nicht mehr anschließbar sind, d.h. wenn die lebendige Verbindung zwischen Vergangenheit und Gegenwart endgültig abgebrochen ist. Mit Blick auf die Veröffentlichung der von dem adligen Höfling Saint-Simon zur Zeit Ludwigs des XIV. verfassten Memoiren, die erst über ein Jahrhundert nach ihrer Niederschrift dem Lesepublikum zugänglich gemacht wurden, sagt Halbwachs: „Kann man jedoch sagen, daß (...) die französische Gesellschaft um 1830 wirklichen Kontakt, einen lebendigen und

---

[4] Eine solche Art der Literaturbetrachtung geht zwar ähnlich vor wie Halbwachs' „Spurensuche", ist mit dieser aber nicht zu verwechseln, weil sie dem Pol „Geschichte", der wissenschaftlichen Beschäftigung mit der Vergangenheit, zuzurechnen ist.

direkten Kontakt mit dem Ende des 17. Jahrhunderts und der Epoche der Régence aufnahm?" (67) Die Frage ist zu verneinen, denn für Halbwachs ist die Vorstellung undenkbar, „kollektive Gedankenströmungen wieder ins Leben zurückzurufen, die in der Vergangenheit entstanden sind, während einem nur die Gegenwart greifbar ist" (67). Aus der Rezeption der Werke als Spur, die die Erinnerung an selbst Erlebtes weckt, wird daher eine Rezeption als historische Texte, die die Unwiederbringlichkeit der Vergangenheit anerkennt: „Der einzige Effekt solcher Veröffentlichungen besteht darin, verständlich zu machen, wie weit wir von dem, der schreibt, und von denen, die er beschreibt, entfernt sind." (67)

Bei dem Funktionspotential „Fiktion als Spur" handelt es sich um ein Phänomen mit nur begrenzter Reichweite. Um eine lebendige Erinnerung an die außertextuelle Wirklichkeit, an gelebte Geschichte mit Hilfe der Literatur zu rekonstruieren, muss der Leser auf ausreichend viele, wenn auch verblasste, soziale Bezugsrahmen zurückgreifen können. Daher kommen hierfür nur Texte in Betracht, deren Entstehung innerhalb eines sich von der Gegenwart der Leserschaft bis zur Kindheit ihrer Großeltern erstreckenden Zeithorizonts anzusiedeln ist. „Fiktion als Spur" hat damit die gleiche Reichweite wie der von Jan Assmann als „kommunikatives Gedächtnis" bezeichnete Gedächtnisrahmen, dessen Inhalte sie zu rekonstruieren hilft (vgl. Assmann 1992: 48–66).

3. Kollektive Texte

Ist damit die Gedächtnisinhalte vermittelnde Funktion von Literatur auf die Rezeption zeitgenössischer Texte beschränkt? Vermag Fiktion nur im Sinne einer Spur dem Wiederfinden schon existierender Erinnerungen zu dienen oder können literarische Texte in einem anderen, noch weiteren Sinne Medien kollektiver Gedächtnisse sein? Vergegenwärtigen wir uns noch einmal das Beispiel des „Spaziergangs durch London". Hier scheint weniger Literatur an vergangene Wirklichkeit zu erinnern, als gegenwärtige Wahrnehmung durch vergangene Lektüre beeinflusst zu sein. Diese mögliche Wirkung literarischer Werke lässt sich durch eine Weiterführung der Gedanken zur modellhaften Inszenierung sozialer Gedächtnisbildung im Medium der Literatur erklären. Solche Inszenierungen bieten dem Leser nämlich nicht nur Beispiele für Funktionsweisen und Probleme des kollektiven Gedächtnisses, sondern auch soziale Bezugsrahmen für die eigene Wahrnehmung und Erinnerung. Erkenntnistheoretisch ist diese Überlegung freilich nicht unproblematisch, denn bei den dargestellten Gedächtnisinhalten handelt es sich um Erzeugnisse der Fiktion. Unter einem pragmatischen Gesichtspunkt, der die tatsächlichen Rezeptionsstrategien und Erinnerungsprozesse der Leser berücksichtigt, scheint eine solche Annahme jedoch gerechtfertigt. Wie sehr Fakten und Fiktion in der Erinnerung ineinander greifen, verdeutlicht Halbwachs wiederum anhand eines Beispiels: Er fragt sich, ob er sich an den Tag erinnern könne, an dem er zu ersten Mal das Gymnasium betrat. In der Rückschau verschmelzen persönliche Erinnerungen mit der Erinnerung an die Lektüre einer „Anzahl reeller oder fiktiver Berichte (…), in denen die Eindrücke eines Kindes beschrieben werden, das zum ersten Male in eine Schulklasse kommt" (57). Das Ergebnis ist zwar kein konkretes Erinnerungsbild, aber eine „verdichtete Vorstellung" (57). Wichtig für die Frage nach der Funktion von Literatur ist die Tatsache, dass Halbwachs eigenes Erleben, faktische Berichte anderer und fiktive Darstellungen bei der Konstitution verdichteter Vorstellungen nicht unterscheidet: Halbwachs geht es bei seinen Überlegungen zur kollektiven Erinnerung nie um die faktengetreue Repräsentation der Vergangenheit, denn „die Erinnerung ist in sehr weitem Maße eine Rekonstruktion der Vergangenheit mit Hilfe von der Gegenwart entliehenen Gegebenheiten und wird im übrigen durch andere, zu früheren Zeiten unternommene Rekonstruktionen vorbereitet" (55). Wichtiger als die Faktizität von Vergangenheitsversionen ist daher ihre Plausibilität sowie ihre Anschließbarkeit an gegenwärtige Denkweisen und schon vorhandene Erinnerungsbilder.

Welche Merkmale literarischer Texte ermöglichen es der Leserschaft, die ontologische Kluft zwischen fiktionalen Wirklichkeitsversionen und erlebter Realität zu überbrücken und die Werke als Medien kollektiver Wahrnehmung und Erinnerung zu rezipieren? Halbwachs zufolge „lebt" eine Epoche „in meinem Gedächtnis, da ich in sie hineinversetzt wurde" (42). Nicht zufällig wird mit Wörtern wie „hineinversetzen" oder „eintauchen" auch ein Wirkungspotential literarischer Werke umschrieben, das die Literaturwissenschaft als Illusionsbildung bezeichnet (vgl. Wolf 1993). Gerade realistische Romane wie die von Charles Dickens zeichnen sich durch eine starke Primärillusion aus, d.h. die Geschehnisse auf der Ebene der Figuren und Handlung erscheinen dem Leser (zumindest im Kulturraum der westlichen Welt) mit der eigenen Wirklichkeitserfahrung vereinbar. Durch anthropomorphe Figuren und deren Perspektivität der Wahrnehmung und Erinnerung, durch Detailfülle und plausible Handlung werden – freilich fiktive – Bezugsrahmen inszeniert, die die dargestellte Welt als „lebendig" erscheinen lassen.

Daneben eröffnet die spezifische Kommunikationssituation narrativ-fiktionaler Texte die Möglichkeit, Eigenschaften des zentralen Mediums kollektiver Gedächtnisse – mündliche Berichte der Zeitgenossen – zu inszenieren und damit eine Sekundär- oder Erzählillusion zu schaffen. Erzählinstanzen vermitteln durch Leseranreden, Erklärungen oder

Wertungen das dargestellte, fiktive soziale Milieu mit dem Erfahrungshorizont des Lesers. So wie die Persönlichkeit des Großvaters für Stendhal die vorrevolutionäre Zeit und damit eine vor der Geburt des Dichters liegende Epoche „darstellt", kann in der Fiktion der Zugang zur Textwelt durch eine personalisierbare Erzählinstanz gewährt werden. [5]

Ein weiteres Mittel, durch das fiktionale Texte die Funktionsweisen kollektiver Gedächtnisse inszenieren, ist die spezifisch literarische Raumdarstellung. Nicht zufällig erinnert sich Halbwachs an die Romane von Dickens, während er sich „vor Saint Paul oder Mansion House, auf dem ‚Strand' oder in der Umgebung von Court's Law" befindet. Die Orte Londons stellen offensichtlich einen sozialen Bezugsrahmen dar, der in Halbwachs' Erinnerung sowohl mit dem fiktiven Personal der gelesenen Romane als auch mit den Vorstellungen, die er sich dabei von dem Romancier gemacht hat, eng verbunden ist. Über die Bedeutung des sozialen Raums sagt Halbwachs: „[D]er Ort hat das Gepräge der Gruppe erhalten und umgekehrt (...) Jeder Aspekt, jedes Detail dieses Ortes hat selber einen Sinn, der allein für die Mitglieder der Gruppe wahrnehmbar ist." (130) Die Aufladung des Raumes mit Sinn wird in der Literatur durch das Mittel der Semantisierung inszeniert. Orte können hier als symbolische Bedeutungsträger fungieren, die Erlebnisse sozialer Gruppen versinnbildlichen.

Illusionsbildung, anthropomorphisierte Erzählinstanzen und Semantisierung des Raums können spezifisch literarische Mittel sein, anhand derer kollektive Gedächtnisse im Medium der Fiktion inszeniert werden können. Diese wenigen Beispiele haben eines gemeinsam: Es handelt sich um fiktionale Privilegien der Darstellung, die gemäß bestehender Konventionen in das Medium der Geschichtsschreibung keinen Eingang finden.[6] Für Halbwachs bietet die Geschichtsschreibung nur die Außensicht des Gedächtnisses, während die innerhalb sozialer Milieus gemachte eigene Erfahrung eine Innenansicht gewährt. Literarische Texte können durch die Inszenierung modellhafter Wirklichkeiten eine Mittelstellung zwischen beiden Polen einnehmen. Sie vermitteln weder die abstrakten, eindeutig referentialisierbaren und verifizierbaren Fakten der historischen Chronik, noch können sie gelebte Geschichte ersetzen.

---

[5]   Halbwachs bemerkt, dass der Großvater für Stendhal „das ausgehende 18. Jahrhundert darstellt, weil er einige der ‚Philosophen' gekannt hatte, weil Stendhal durch ihn in jene vorrevolutionäre Gesellschaft hat eindringen können, mit der er sich unaufhörlich beschäftigen wird". Durch die Persönlichkeit und die Erzählungen des Großvaters habe Stendhal Zugang zu dem „gelebte[n] 18. Jahrhundert, das sein Denken wirklich durchdrungen hat", erhalten (49f.).

[6]   Zu einer systematischen Darstellung fiktionaler Privilegien bei der literarischen Inszenierung von Geschichte und zur Abgrenzung von der Diskursform der wissenschaftlichen Geschichtsschreibung vgl. Nünning (1995).

Sie vermögen aber durch fiktive Bezugsrahmen Vorstellungen von „lebendiger Geschichte" zu erzeugen, den Leser in seiner eigenen Wahrnehmung und Erinnerung zu beeinflussen und damit zur sozialen Gedächtnisbildung beizutragen. Das bedeutet nicht, dass die Rezipienten dabei Wirklichkeit und Fiktion verwechselten: Niemand wird glauben, dass Madame Bovary wirklich gelebt hat, aber der gleichnamige Roman von Flaubert vermag zu einer „verdichteten Vorstellung" vom Leben in der französischen Provinz Mitte des 19. Jahrhunderts beizutragen.

Was hier als „kollektive Texte" bezeichnet wird, ist Ergebnis einer Rezeptionsstrategie, die weder an literarische Gattungen noch an bestimmte Epochen gebunden ist. Kollektive Texte können ebenso historische Romane wie Gesellschafts- oder Kriminalromane, zeitgenössische Literatur ebenso wie Texte, deren Entstehung Hunderte von Jahren zurückliegt. Voraussetzung ist die Aktualisierung eines im Text angelegten Wirkungspotentials im Rezeptionsprozess. Es handelt sich also um eine Lesart literarischer Texte neben einer Vielzahl anderer möglicher Rezeptionsstrategien. Diese Lesart muss nicht in jedem Falle aktualisiert werden, und in einigen Fällen ist sie sicherlich nicht möglich. Die Memoiren des Saint-Simon sind den Lesern des 19. Jahrhunderts als kollektiver Text nicht zugänglich, weil sie ihren Denk- und Erfahrungshorizont überschreiten und offensichtlich keine spezifisch literarischen Mittel diese Distanz ausreichend überbrücken. Da den Rezipienten die Fiktion des Verstehens verwehrt ist, können sie die im Text dargestellte Welt zwar nicht als „lebendige Geschichte" erinnern. Sie können die Memoiren aber mit Blick auf ihre historische oder ästhetische Dimension lesen.

Aleida Assmann betont in ihrem Aufsatz „Was sind kulturelle Texte?", dass es „unterschiedliche Zugangsweisen zu möglicherweise identischen Texten" gibt, und unterscheidet zwei „Rezeptionsrahmen (...), innerhalb derer sich Texte entweder als ,literarische' oder als ,kulturelle' konstituieren" (1995: 234). Ihr Begriff der kulturellen Texte steht in Zusammenhang mit der Theorie des kulturellen Gedächtnisses, dessen Funktionsbereich sie als kanonische Texte angehören. Mit den von ihr aufgelisteten Merkmalen des Rezeptionsrahmens kultureller Texte – Wertung der Lektüre als „Indiz der Zugehörigkeit zu einer Gruppe und Garant einer übersubjektiven Identität", ein Rezeptionsverhalten, das sich durch „Verehrung, wiederholtes Studium und Ergriffenheit" sowie „vorbehaltlose Identifikation" auszeichnet, Kanonisierung und Zuschreibung überzeitlicher Aktualität (ebd.: 241f.) – hat Halbwachs' Dickens-Lektüre nichts gemeinsam. Bei kollektiven Texten handelt es sich eher um eine Spielart des Rezeptionsrahmens literarischer Texte. Die zentralen Merkmale dieses Rahmens – der Fokus der Wahrnehmung liegt auf Ästhetik und Unverbindlichkeit, auf Innovation und Historizität der Werke (vgl. ebd.: 241f.) – treten zwar bei einer Aktualisierung als kollektive Texte in den Hintergrund. Sie gehören aber zum Repertoire möglicher Lesarten, zwischen denen der Rezipient problemlos hin- und herwechseln kann. Ästhetische, historische und kollektive Dimension sind sich überschneidende und gegenseitig durchdringende Aktualisierungsmöglichkeiten des „literarischen Textes".[7]

Halbwachs' Schrift *Das kollektive Gedächtnis* bietet zwar keine systematischen Antworten auf die Frage, in welchem Verhältnis kollektives Gedächtnis und das Medium der Fiktion stehen. Aus seinen vereinzelten Erwähnungen literarischer Werke sind allerdings zwei Funktionspotentiale ableitbar, die hier „Literatur als Modell" und „Literatur als Spur" genannt wurden. Literarische Werke als Spuren zu begreifen, die bei der Rekonstruktion von Erinnerung helfen, bedeutet, der Einsicht Rechnung zu tragen, dass Denk- und Erfahrungsweisen der zeitgenössischen außertextuellen Welt Eingang in das Medium der Fiktion finden. „Fiktion als Modell" lenkt den Blick auf die Tatsache, dass viele literarische Texte soziale Interaktion, Wahrnehmung und Gedächtnisbildung narrativ inszenieren. Aus einer bestimmten, nicht nur an Halbwachs zu beobachtenden Lektürepraxis ergibt sich, dass solche Wirklichkeitsinszenierungen eine Rezeptionsstrategie ermöglichen, bei der Wert weniger auf Ästhetik und Historizität literarischer Texte als auf deren Vermittlung kollektiver Denk- und Wahrnehmungsweisen gelegt wird. Eine Lesart als „kollektiver Text" bedeutet, sich der Fiktionalität literarischer Werke bewusst zu sein und zugleich ein Wirkungspotential zu aktualisieren, das der Evozierung „lebendiger Erinnerung" dient und damit zur Bildung sozialer Gedächtnisse beiträgt.

Literatur

Assmann, A. (1995): Was sind kulturelle Texte? In: A. Poltermann (Hg.): Literaturkanon – Medienereignis – kultureller Text. Formen interkultureller Kommunikation und Übersetzung. Berlin: Schmidt, S. 232–244.

Assmann, J. (1992): Das kulturelle Gedächtnis. Schrift, Erinnerung und politische Identität in frühen Hochkulturen. München: Beck.

Halbwachs, M. (1950/1991): Das kollektive Gedächtnis. Stuttgart: Fischer.

---

[7] Ein Wechsel zur ästhetischen oder historischen Dimension bei der Lektüre „kultureller Texte" wäre hingegen undenkbar. Der Leser würde den Rezeptionsrahmen verlassen und den Text unter konträren Gesichtspunkten betrachten müssen.

Nünning, A. (1995): Von historischer Fiktion zu historiographischer Metafiktion. Bd. I: Theorie, Typologie und Poetik des historischen Romans. Trier: WVT.

Sommer, R./C. Surkamp (2000): Der Wandel der Perspektivenstruktur in der englischen Erzählliteratur zwischen Viktorianismus und Moderne am Beispiel ausgewählter Kolonialromane von G.A. Henty, Rudyard Kipling und E.M. Forster. In: A. Nünning/V. Nünning (Hg): Multiperspektivisches Erzählen. Zur Theorie und Geschichte der Perspektivenstruktur im englischen Roman des 18. bis 20. Jahrhunderts. Trier: WVT, S. 199–224.

Wolf, W. (1993): Ästhetische Illusion und Illusionsdurchbrechung in der Erzählkunst. Theorie und Geschichte mit Schwerpunkt auf englischem illusionsstörenden Erzählen. Tübingen: Niemeyer.

Wem gehört das kollektive Gedächtnis?

Ein sozialphilosophischer Ausblick auf Kultur, Multikulturalismus und Erinnerung

MARTIN SAAR

Memory matters. Man könnte sich eine Welt vorstellen, in der nicht über Erinnerungen gesprochen wird. Es wird natürlich auch in dieser Welt erinnert, man weiß wohl, was man am Vortag und vor Jahren getan, gesagt und erlitten hat; man hängt weiterhin an Souvenirs und liebgewonnen Fundstücken, verbindet Orte mit Erlebnissen, Geschmäcker und Farben mit Gefühlen, alte Briefe und Fotos mit verstorbenen oder verlorenen Freunden; man kann weiterhin besonders vergesslich, unverbesserlich nachtragend oder außerordentlich nostalgisch sein. Aber ansonsten liegt in dieser hypothetischen Welt ein seltsamer Makel auf dem Erinnern. Es zählt in der Öffentlichkeit nicht als Argument (im Gericht oder in der Familie), Literaten meiden das Thema, als sei es ein stilistischer Fehler, selbst Liebende reden und schreiben von anderen Dingen. Spricht ein Kind oder ein Mensch, der gerade seine Fassung verliert, doch von Vergangenem, übergeht man es mit einem nachsichtigen Lächeln, ohne darauf zu reagieren, ein leises Gefühl der Peinlichkeit entsteht und wird durch einen eifrigen Themenwechsel vergessen gemacht.

Diese Welt ist nicht unsere. Wir können uns in ihr noch nicht einmal hypothetisch wiederfinden, zu tief reichen das Gefühl und die Einsicht, dass „wir" (wer immer wir sind) das sind, was wir sind, weil wir uns und andere erinnern, weil wir historische, d.h. geschichtliche und geschichtenerzählende Wesen sind. Erinnerung ist einerseits auf der individuellen Ebene identitätsstiftend; diese Vorstellung hat sich in der europäischen Geistesgeschichte von Platon über Augustinus, Hume und die empiristische Tradition bis zur Phänomenologie verschieden artikuliert, und sie hat in Epen, Elegien und Romanen ihre überzeugendste Ausdrucksform gefunden. Aber dass wir andererseits auch mit anderen, in Familien, Gruppen und Kulturen in Erinnerungsbezüge und -strukturen verwoben sind, kollektive Identifikationen über gemeinsames Erinnern und das Kommunizieren von Gedächtnis herstellen, wird seit Vico,

Herder und dem Historismus immer wieder von Theorien der Kultur formuliert.

Theorien des „kollektiven Gedächtnisses" sind eine bestimmte Variante von Theorien kultureller Identität. Sie erläutern die Bildung und Ausprägung von Kultur über die Fähigkeit von Gruppen zur kollektiven Erinnerung und erklären die Entstehung von Identität als Praxis und Frage von kultureller Erinnerung und kollektivem Gedächtnis.[1] Sie befragen Identität durch die Analyse der mnemonischen Techniken und Praktiken wie Traditions- und Kanonbildung, von Feiern und Ritualen, der Pflege von Gedenkorten und -institutionen.

Diese Perspektive hat sich gerade auch im Vergleich mit anderen konkurrierenden Theorien der Kultur nicht zuletzt aus dem einfachen Grund als enorm produktiv erwiesen, dass diese konzeptuelle Strategie leichter als andere dazu führt, dass Kultur prozessual verstanden wird, d.h. als – ebenso wie die persönliche Erinnerung – im Fluss, *in the making*, rekonstruktiv und kreativ zugleich, erfinderisch, überlagernd, oft trügerisch und widersprüchlich, identitätsstiftend ebenso wie potentiell identitätszersetzend. Kulturelle Identität wird so als Produkt oder Resultat sozialer Praktiken ihrer Herstellung gesehen und weniger als organische Entfaltung eines kulturellen Wesenskerns eines „Volkes" oder einer autochthonen Kulturgemeinschaft.

Aber auch diese produktive theoretische Perspektive hat ihre blinden Flecke und Selektionseffekte. Es ist sicher kein Zufall, und es wurde schon häufig darauf hingewiesen, dass die überzeugendsten Fälle von Gedächtniskulturen die relativ homogenen Hochkulturen der „Alten Welt" sind.[2] Aber auch diese Welt ist, in einer ganz anderen Weise als die oben entworfene Welt ohne *memory talk*, nicht (mehr) die unsere. Im selben Maße, wie kulturelle Gedächtnisleistungen und Archivierungsmöglichkeiten durch die technischen Revolutionen der letzten Jahrzehnte ins Unermessliche expandiert sind, haben ähnliche technische Revolutionen sowie Mobilitätsgewinne und -zwänge der letzten Jahrhunderte das Gesicht zumindest großer Teile der westlichen Welt so verändert, dass das Verlassen von Heimat- und Herkunftsorten, das Aufgeben gesicherter sozialer, politischer und kultureller Stellungen zur existenziellen Erfahrung von Millionen Menschen und zum unübersehbaren Datum und zur Voraussetzung von Politik und Zusammenleben

---

[1]   Vgl. zu diesem Zusammenhang Lutz Niethammers kritischen Überblick über Theorien kollektiver Identität und besonders das Kapitel über Halbwachs (2000: 314–366). Während Niethammer in polemischer Absicht die Semantik der kollektiven Identität für ideologisch erklärt, schlagen Carolin Emcke (2000) und Jürgen Straub (1998: 153–173, bes. 96–104) Reformulierungen des Konzepts vor. Vgl. den abwägenden Überblick von Ina Kerner (2000).

[2]   Vgl. die klassischen Darstellungen von Jan Assmann (1997) und im Kontrast dazu Aleida Assmanns moderne Beispiele (1999).

in der Spät- oder Postmoderne geworden sind. An einem Ort oder einem Territorium überlagen und verweben sich heute vielfältige kulturelle Orientierungen und Erbschaften. Aber was bedeutet „Kultur als Gedächtnis" unter den Bedingungen von Multikulturalismus? Es könnte sein, dass „Multikulturalismus" mehr heißt als „viele Kulturen" nebeneinander oder miteinander. Eine heuristisch dienliche Analogie, um diesen Gedanken anschaulich zu machen, könnte folgendermaßen aussehen. Auch die Vorsilbe „Poly-" im Wort „Polytheismus" lässt den Theismus nicht unverändert; Polytheismus ist etwas anderes als „Monotheismus mit mehreren Göttern"; es sind *andere* Götter; es ist ein *anderer* Gottesbegriff. Ich möchte im Folgenden die Vermutung erproben, dass Multikulturalismus den gegenwärtigen Begriff und das Verständnis von Kultur selbst verändert und verändern sollte. Interessanterweise könnte hier bei aller Produktivität eine strukturelle Begrenzung des bisherigen Gedächtniskulturkonzepts liegen, das sich zu oft an relativ monolithischen Kulturen orientiert hat und damit einen *strukturell* konservativen oder nostalgischen Zug hat, der verhindert, hinter den Einheiten die Vielfältigkeiten und Mehrdeutigkeiten, die Brüche, Verluste und Niederlagen zu sehen.

Im Folgenden referiere ich kurz einige Grundannahmen der erinnerungsorientierten Kulturtheorien. Im zweiten Schritt versuche ich, die eher begriffliche Frage zu klären, was sie zur Beschreibung und zum Verständnis multikultureller Verhältnisse beitragen können; ich plädiere dabei knapp und programmatisch für eine Revision des Kulturbegriffs, die unter anderem seine radikale Pluralisierung einschließt. Dies eröffnet schließlich die Möglichkeit, heutige politische Kultur vom Multikulturellen her zu denken, Kultur nicht als einheitlich, sondern vielstimmig, nicht als harmonisch, sondern grundlegend antagonistisch – und politisch – zu begreifen.

1. Kultur, Gedächtnis und Identität

Die Ursprünge der neueren Debatte um Erinnerungskulturen sind vielfältig. Entscheidende Rollen haben die rhetorikgeschichtliche Wiederentdeckung der antiken Mnemotechniken, ein neues Interesse an Repräsentation und Symbolik als Träger politischer Bedeutung und Macht, sowie die verstärkte Beschäftigung mit materiellen Verkörperungen (in Denkmälern, Tempeln, Siegeln etc.) sozialer Bedeutungen gespielt. Sozialer Kontext für die Debatte selbst ist natürlich unsere eigene zeitgeschichtliche Gedächtnissituation: Erstens bricht in naher Zukunft auf natürlichem Weg eine mündliche Überlieferungskette ab. Eine Generation von Zeitzeugen der wohl einschneidendsten Ereignisse des Jahrhunderts in der westlichen Welt stirbt aus, ist also nicht mehr als Gewährsinstanz verfügbar. Zweitens steht unsere Gesellschaft selbst durch die Entwicklung und Durchsetzung neuer Speicher- und Kommunikationsmedien vor einer ungeheuren Menge an Selektionsentscheidungen, was wieso und wie festgehalten werden soll, wem es nützen soll, wer es kontrollieren soll. Soziales und kollektives Gedächtnis sind also gegenwärtig sowohl ein komplexes Problem wie eine dringliche Aufgabe.

Die im engeren Sinn theoretischen Hintergründe für die gegenwärtige akademische Debatte sind einmal die mentalitätsgeschichtlichen Forschungen der französischen *École des Annales* seit den späten 20er Jahren, verstärkt durch die Weiterführung und Ergänzung dieser Tradition durch die neuere französische Historiographie oder *Nouvelle Histoire* seit den 60er Jahren und die anderen kulturgeschichtlichen Strömungen wie die *New Cultural History*.[3] Die allen diesen Forschungsprogrammen gemeinsame konsequente Ablösung der herrschaftsgeschichtlichen Forschungsperspektive durch eine Umorientierung hin zur sozialen Alltagsgeschichte, zu Folklore, Brauchtum, Ernährung, Symboliken einerseits, zur Erforschung langfristiger Bevölkerungstransformationen und des Wechsels von symbolischen Referenzsystemen andererseits, haben kulturelle Mikro- und Makropraktiken im Allgemeinen und soziale Erinnerungsformen im Speziellen zu ausgezeichneten Forschungsgegenständen gemacht. Die späte Rezeption und Wirkung des Werks von Maurice Halbwachs, zu der auch der vorliegende Band einen Beitrag leistet, gehört selbst in die Entwicklungsgeschichte dieser neueren methodologischen Vorstellungen (vgl. Lavabre 1998).

Dass geteiltes Gedächtnis gruppenspezifisch und identitätsstiftend ist, ist die an Halbwachs anschließende grundlegende Prämisse für wegweisende anthropologische und historische Forschungen gewesen. Was die anthropologische Kulturtheorie angeht, so hat vor allem die Erforschung antiker und orientalischer Hochkulturen deutlich machen können, welche fundamentale Rolle Zeitvorstellungen, die mythische und religiöse Organisation und Interpretation des Vergangenheitsbezugs, Gedenkrituale und -ordnungen für den Zusammenhalt und das Funktionieren von Gemeinschaften spielen. Auch die potentiell ideologiekritische Rekonstruktion der „Erfindung von Tradition" im 19. Jahrhundert und der „imaginierten Gemeinschaften", aus denen die Nationalidentitäten wurden, geben Einblick in die bewusste Konstruktion und das

---

[3] Vgl. die Einleitung im vorliegenden Band und den neueren Überblick von Ute Daniel (2001) und generell für die kulturalistische Wende Andreas Reckwitz (2000).

strategische Beschwören geteilter Erinnerung oder zumindest aktualisie-
rungsfähiger Kollektivvergangenheiten.[4]

Das beste Beispiel für ein von starken theoretischen Vorgaben ge-
leitetes Projekt zur Überprüfung von Identitäts- und Vergangenheits-
konstruktionen an exemplarischen Fällen ist Pierre Noras monumenta-
les und vieldiskutiertes Projekt der Bestandsaufnahme der französischen
Lieux de mémoire (Hg., 1984–92), und inzwischen kann auch das jüngste
deutsche Nachfolgeprojekt von Etienne François und Hagen Schulze
(Hg., 2001) als eine seiner Verlängerungen gelten.[5] Unter Rückgriff auf
die Halbwachs'sche These von der topographischen Organisiertheit von
kollektivem Gedächtnis werden Orte, Stätten und Plätze, aber auch
nationale Institutionen und Kunst- und Geschichtswerke, Gebäude,
Embleme, Gedenkfeiern, Devisen und Memoiren (im allerweitesten
Sinn von *lieu* oder lat. *locus*) untersucht. Die Erweiterung des Rahmens
der Analyse von relativ umgrenzten Gruppen wie Familien und Verbänden bei Halbwachs auf den Großrahmen der Nation oder eine nationale
Kultur im Ganzen wie bei Nora ist aber nicht unproblematisch. Die
bewusst fragmentarische, bewusst perspektivische Darstellungsform
dieser Geschichtswerke neuen Typs, die bewusst lokale und partikulare
Phänomene zum Ausgangspunkt nehmen, reflektiert diese Schwierigkeit.

Es gibt aber einige grundlegende, relativ folgenreiche Implikationen
solcher Theorien (und Geschichtsschreibungen) der Erinnerungskultur,
die sich in der folgenden Form zusammenfassen lassen:

1. Kulturen sind differenzierte Erinnerungsgemeinschaften.

2. Ausgangspunkt für solche Gemeinschaften, der Bodensatz der
Zusammengehörigkeit, ist „gelebte" geteilte Erinnerung oder kommunikatives Gedächtnis.

3. Eine organisierte Struktur von gemeinsamen Vergangenheitsrefe-
renzen in Riten und Ritualen, Institutionen, Objekten und Geschichten
erzeugt ein überindividuelles kulturelles Gedächtnis, das soziale Rollen,
Identitätsmuster und Selbstverständnisse prägt und (mit der Metapher
von Halbwachs) „rahmt".

4. Die Stabilität sozialer oder kultureller Arrangements hängt u.a.
stark davon ab, wie erfolgreich und eindeutig sie eine solche gemein-
schaftliche Vergangenheit oder geteilte Vergangenheitsauslegung herstellen können.

---

[4] Vgl. die klassischen Studien von Benedict Anderson (1983) und Eric Hobsbawm und
Terence Ranger (Hg., 1983) sowie stellvertretend für die neuere Nationalismusforschung
Ernest Gellner (1998).

[5] Vgl. die ausführliche Diskussion dieses Projekts im Beitrag von Peter Carrier in diesem
Band.

2. Multikulturalität und Gedächtnisvielfalt

Die Hauptgefahr der skizzierten Forschungsperspektive, deren Tragweite u.a. die Beiträge des vorliegenden Bandes erproben, besteht darin, dass die metaphorische Kraft der Rede vom kollektiven oder kulturellen Gedächtnis unterschätzt wird. Vor allem wird die Einheit des persönlichen Gedächtnisses, die sich ja aus der mehr oder weniger stabilen, psychologisch aber eindeutig beschreibbaren Identität einer Person herleitet, allzu leicht auf die Einheit der Gruppen übertragen, die durch gemeinsame oder kollektive Erinnerung zusammengehalten werden (vgl. Roth 1998). Trotz dieses Risikos ist es attraktiv, eine Beschreibung kultureller Minderheiten vorzunehmen, die sich dieses Vokabulars bedient, die also eine kulturelle Gruppe als „Erinnerungskollektiv" charakterisiert.

Bei Verwendung dieser Beschreibung ist (in einem nicht-definitorischen, sondern nur deskriptiven Sinn) eine kulturelle Minderheit eine Gruppe, deren geteilte Vergangenheit und deren Gruppengedächtnis in einem starken Ausmaß von denen der sie umgebenden Menschen abweicht; es handelt sich um eine Art Diasporasituation der Erinnerung. Dies ist trivialerweise bei beliebigen kleinen Gruppen der Fall, insofern geteilte Vergangenheit konstitutiv für die Identität der Gruppe und der Gruppenmitglieder ist – auch eine Familie hat einen Fundus von ausschließlichen Familienerlebnissen oder -erfahrungen etc. Dazu kommt aber im Fall der Erinnerungsminderheit ein Nichtrepräsentiertsein, Nichtverkörpertsein des Gruppengedächtnisses in der hegemonialen und offiziellen Form der Vergangenheitsrepräsentation, die sich in staatlicher Symbolpolitik, in Unterricht und offiziellen Geschichtswerken, in kommunaler Traditionspflege und in den konventionalisierten historischen Bezügen des öffentlichen Diskurses ausdrückt. Dieser Sachverhalt kann verschiedene soziale, historische oder politische Ursachen haben und muss nicht notwendigerweise mit sozialer oder rechtlicher Benachteiligung der entsprechenden Gruppe einhergehen.[6]

Multikulturalität in Bezug auf Erinnerung bedeutet eine faktische Vielfalt von kollektiven Gedächtnissen und heterogenen Erinnerungs-

---

[6] Der paradigmatische Fall des Verlassens gewachsener oder heimischer Erinnerungsräume ist Emigration, Flucht oder Exil. Man müsste hier genauer untersuchen, was die freiwillige oder erzwungene Aufgabe dieser Räume in diesen verschiedenen Fällen bedeutet. Aber es gibt auch den Fall, auf eigenem Territorium zum mnemonisch Anderen, zur Erinnerungsminderheit und zum Nichtbeteiligten an offizieller Vergangenheit gemacht zu werden, und zwar u.a. durch Tilgung von öffentlichen Erinnerungszeichen und -referenzen bestimmter Gruppen. Vgl. auch das erwähnte Buch von Carolin Emcke (2000) für eine analoge Typologie der verschiedenen Entstehungsweisen kollektiver Identität. Vgl. auch Eggers (2001) und die Bemerkungen zu Trauma und Identität im letzten Abschnitt des Beitrags von Gesine Grossmann im vorliegenden Band.

gemeinschaften; sie impliziert die Existenz von Grenzen der (Erinne-
rungs-)Gemeinschaften, sowohl horizontal bzw. untereinander, d.h.
zwischen verschiedenen Gemeinschaften, als auch vertikal, zwischen der
öffentlichen Kultur, dem offiziellen oder politischen kollektiven Gedächtnis und den Gedächtnissen der Gemeinschaften. Aber schon mit
dieser Unterteilung einer Kulturgesellschaft in mehrere Kulturgemein-
schaften ist die implizite Prämisse der genannten kulturanthropologischen Theorie des Gedächtnisses aufgegeben, dass sich nämlich Kulturen als solche über *ein* kollektives Gedächtnis beschreiben oder definieren lassen. Es ist diese in vielen Kontexten sicher harmlose Prämisse,
mit der wir auch von *der* altägyptischen Kultur sprechen, als einem Ag-
gregat ägyptischer kultureller Institutionen, Praktiken und dem von
ihnen erzeugten sozialen Sinn, auch wenn sie nur von einem Bruchteil
der Bevölkerungen aktiv ausgeübt, gesteuert oder auch nur gewusst
wurden. Man kann diese Prämisse als verkürzende Redeweise interpretieren oder aber als eine substanzielle These kritisieren und einwenden,
dass der so verwendete Kulturbegriff notwendigerweise monolithisch ist
und die Risse, Differenzen und Verwerfungen innerhalb einer Gesellschaft auf diese Weise nicht richtig zu fassen sind. Das würde aber heißen, dass er zur Analyse nachtraditionaler Gesellschaften mit einer nicht
mehr einheitlichen Kultur nicht geeignet ist.

Somit ist für multikulturelle Gesellschaften eine Unterscheidung
zwischen offizieller bzw. hegemonialer Erinnerungskultur oder hege-
monialem kulturellem Gedächtnis einerseits und den partikularen kollektiven Gedächtnissen der Erinnerungsgemeinschaften andererseits
nötig. Der häufigste Fall ist der, in der ein Teil der Bevölkerung sein
kollektives Gedächtnis zum offiziellen erklärt, bzw. immer schon voraussetzt, dass seines das „eigentliche" und offizielle ist.[7] Das offizielle
kulturelle Gedächtnis ist als solches daraufhin orientiert zu harmonisie-
ren, Widerstrebendes zu vereinheitlichen, Identität zu schmieden, wo
Differenzen sind. Es gibt also einen dynamischen Wahrheitsgehalt der
Vorstellung des monolithischen Charakters von auch moderner kultureller Identität; diese versucht gerade, Einheit herzustellen und zu signi-
fizieren. Diese Beschreibung trifft ihr ideologisches oder – im Sinn von
Roland Barthes – „mythologisches Moment", nicht ihre vielfältigen
realen Erscheinungsformen.[8] Das Zusprechen von kultureller Identität

---

[7] Unter diesem Aspekt sind die erinnerungspolitischen und -symbolischen Strategien mit
     ihren eigenen veritablen und ethnisch exklusiven *lieux de mémoire* aussagekräftig (der Ur-
     sprung der Demokratie bei den Gründervätern, Elvis, Hollywood, der erste Mensch auf
     dem Mond, die Präsidenten, die Veteranen der Kriege etc.). Für ein historisches Beispiel
     vgl. Ruth Mayer (1998) und für die bedenkliche Fortführung und Reinszenierung hege-
     monialer Perspektiven vgl. den Beitrag von Sabine Schindler in diesem Band.
[8] Vgl. Roland Barthes' *Mythen des Alltags* (1957/1960), die eine Art semiotischer Kulturkritik
     und höchst zeitgemäße antihegemoniale *Cultural Studies* avant la lettre sind, besonders die

ist nicht nur eine Deskription von Identität, sondern immer auch eine Askription und damit eine konstitutive und performative Zuschreibung von Identität und Status.

Das betrifft aber nicht nur die kulturanthropologischen Varianten dieser Ansätze; auch eine kritische und reflexive Geschichtsschreibung der Konstruktion nationaler Vergangenheit zehrt teilweise noch vom hypostasierten Einheitsmoment des Konzepts von Kultur als Gedächtnis. Die kaum verhohlene Nostalgie der verschwindenden Kulturnation, die in Pierre Noras Projekt mitschwingt,[9] ist dafür ebenso ein Symptom wie die Tatsache, dass in seiner Bestandsaufnahme das Nichtfranzösische an der Konstruktion des Französischen erstaunlich kurz kommt; das lässt sich allein schon an der Liste der behandelten *lieux de mémoire* sehen, die die politische Konstruktion der kolonialen Außenseite der französischen Republik, Nation und Kultur immer schon als gegeben und unstrittig voraussetzen – eine Konstruktion, die offenbar keiner Diskussion und Aufarbeitung mehr bedarf.[10]

3. Politik und Normativität des Erinnerns

Die bisherigen Überlegungen geben eine bestimmte Richtung an, die weitergehende Fragen und Forschungsprobleme zum Zusammenhang zwischen Kultur und Gedächtnis einschlagen sollten; außerdem sollten sie für eine Pluralisierung und Politisierung des Verständnisses von Kultur im Anschluss an ihr gegenwärtiges gedächtnistheoretisches Verständnis, aber auch gegen dessen inhärente Risiken argumentieren. Eine konzeptuelle Pluralisierung ist notwendig, weil der Singularausdruck „kulturelles/kollektives Gedächtnis" bestenfalls eine verkürzte Redeweise, schlechtestenfalls eine ideologische Einheitsvorstellung ist, die keine real existierende Kultur, und erst recht keine moderne, richtig charakterisiert.[11] Die darauf aufbauende Politisierung des Verständnisses von Erinnerungskultur hat zwei Elemente; das erste habe ich mit dem Hin-

---

berühmten Analysen (neo)kolonialer Zeichen in der französischen Werbung und Populärkultur der Nachkriegszeit.

9   Vgl. Tony Judts ausführliche und erinnerungspolitisch informierte Nora-Rezension (1998), die treffenderweise den Proust-Titel *Auf der Suche nach der verlorenen Zeit* trägt.

10   Die Entststehung von Noras Werk (1984–93) ist von der erst in den letzten zehn Jahren auch in Europa etablierten Postkolonialismus-Diskussion relativ unberührt geblieben; unverständlicherweise trifft das auch noch für das neue deutsche Parallelwerk zu (François/Schulze 2001). Vgl. etwa Homi Bhabha (1990) für eine einschlägige Diskussion zum Problem des konstitutiven Außens der Nation.

11   Für Lutz Niethammer ist die bloße Übertragung schon theoretisch unredlich und politisch irreführend: „Die Nation ist keine Erfahrungskohorte, sondern ein pluraler Handlungsraum." (2000: 365)

weis erläutert, man solle partikulare Kollektivgedächtnisse von der offiziellen oder hegemonialen Gedächtniskultur unterscheiden. Politisierung in diesem Sinn heißt einbeziehen, dass auch kollektive Erinnerung umkämpft ist, von Gemeinschaften und Interessengruppen erstritten, an- und aberkannt wird (vgl. Wolin 1989). Das kollektive Gedächtnis von Gemeinschaften und erst recht von Gesellschaften (ent)steht im Streit. Pluralistische Gesellschaften werden dieses agonale Moment nicht stillstellen können; in ihr können die Geschichtsbücher im Prinzip immer wieder umgeschrieben werden.

In einem etwas weitergehenden Sinn sind diese Kämpfe um Erinnerung in modernen liberalen Gesellschaften politisch, weil sie das Artikulieren von Ansprüchen an die Öffentlichkeit oder die offizielle Kultur, das Einfordern der Bedeutung der eigenen kollektiven Stimme, der eigenen Vergangenheit und Geschichtsversion, sind.[12] Diese Kämpfe oder Konflikte sind ein bedeutender Strang im Kampf um Anerkennung, nämlich einmal um Anerkennung partikularer kultureller Identität, dann aber auch um das volle Anerkanntwerden als vollgültiges Mitglied einer Gesellschaft, d.h. als politisch gleichberechtigtes Rechtssubjekt.[13] Sie sind in diesem zweiten Sinn in dem Maße politisch, in dem sie Forderungen nach Repräsentation und Vertretensein, nach einem legitimen Platz im öffentlichen (Erinnerungs-) Raum sind. Während das erste, „agonale" politische Moment eine Frage von Macht und Kampf ist, ist das zweite, „liberale", eine Frage demokratischer Normativität. Diese beiden Momente sind empirisch schwer zu trennen, und die Frage, wer mit welchem Recht seine Repräsentation einklagt, wird selbst wieder in einer agonal verfassten Öffentlichkeit entschieden werden. Durchsetzungsfähigkeit und Berechtigung verschlingen sich im Kampf um Gedächtnis.[14] Es ist aber davor zu warnen, Analysen solcher Kämpfe ausschließlich auf die Frage entweder der Macht oder der Moral zu konzentrieren. Es macht plurale Gesellschaften aus, dass sie auch um sich selbst kämpfen müssen, sich mit Macht und Recht gegen die hegemonialen Begierden partikularer Interessen durchsetzen müssen, und der Kampf um die Geschichte des Gemeinwesens und um historische Definitionsmacht ist einer der vielen Schauplätze dieses Streits. Weder würde eine rein deskriptive Machttheorie der Kultur den normativen Implikationen eines historischen Selbstverständnisses gerecht werden, noch

---

[12] Vgl. Aleida Assmann (1999) für vor allem ästhetische Darstellungen agonaler Erinnerungsverhältnisse.

[13] Vgl. zu diesem Bild politischer Konflikte und normativer Aushandlungsprozesse als Anerkennungskämpfe Charles Taylor (1997) und Axel Honneth (1992); zur derzeit üblichen liberalen Position zu Multikulturalismus als Problem kultureller Minderheitenrechte vgl. etwa Will Kymlicka (1997/1999).

[14] Vgl. für Beispiele aus der jüngeren deutschen Vergangenheitspolitik Saar (1999) sowie die Beiträge von Axel Doßmann und Nicolas Berg im vorliegenden Band.

kann eine rein moralphilosophisch ansetzende Vorstellung vom Recht auf kulturelle Identität dieses angemessen beschreiben, denn dieses Verständnis ist selbst Resultat von Kämpfen, Homogenisierungen und Ausschließungen.

Die ebenso agonalen wie normativen Momente von Gedächtnispolitik hat Michel Foucault in den 70er Jahren mit seiner (von Nietzsches Programm eines kritischen genealogischen Gebrauchs der Geschichte inspirierter) Formulierung des *contre-mémoire*, des „Gegen-Gedächtnisses", auf den Begriff gebracht (Foucault 1971/1987: 85; vgl. Roth 1995). Ein aktivistisches Mobilisieren solcher historischer Nebenpfade und halbverschütteter Erfahrungen kann die vermeintlich einzige, hegemoniale Legitimitätserzählung in Zweifel ziehen und Widerspruch gegen allzu eindeutige Vergangenheitsversionen erheben. Ein vermitteltes Echo dieser Vorstellung sind das Einfordern des Nichtvergessens und Nichtverdrängens von schmerzlicher Geschichte und das Zu-Gehör-bringen der Stimme der Minderheiten in einigen Debatten innerhalb der *cultural studies* und *minority studies*.

Weil unsere Gesellschaften anerkennen, dass das Artikulieren und Repräsentieren von Vergangenheit keine Privatsache ist, sondern eine Frage öffentlicher Aushandlung im Streit um kollektive Identität, wird die Frage nach der richtigen Weise, gemeinsam zu erinnern ohne auszuschließen, zentral. Demokratische Gedächtnispolitik im multikulturellen Staat wäre eine Politik, die den vielen Stimmen, vielen Vergangenheiten und vielen Erinnerungen Rechnung trägt, die Vielfalt nicht zerstört und keine Kolonialisierungen des öffentlichen Gedächtnisraums durch eine bestimmte dominante Gemeinschaft zulässt und auch ein reflexives Bewusstsein für ihre eigenen Institutionen wahrt. Weil in der pluralen Gesellschaft keine einzelne Vergangenheit der exklusive Ursprung ihrer Legitimität ist, müssen sich die Geschichten von der Geschichte im Streit um Geltung und Zukunftsfähigkeit immer neu bewähren.

Literatur

Anderson, B. (1983). Imagined Communities: Reflections on the Origin and Spread of Nationalism. London: Verso.

Assmann, A. (1999): Erinnerungsräume. Formen und Wandlungen des kulturellen Gedächtnisses. München: Beck.

Assmann, J. (1997): Das kulturelle Gedächtnis. Schrift, Erinnerung und politische Identität in frühen Hochkulturen. München: Beck.

Barthes, R. (1957/1960): Mythen des Alltags. Frankfurt/M.: Suhrkamp.

Bhabha, H. (1990): DissemiNation: Time, Narrative, and the Margins of the Modern Nation. In: H. Bhaba (Hg.): Nation and Narration. London: Routledge, S. 291–322.

Daniel, U. (2001): Kompendium Kulturgeschichte. Theorien, Praxis, Schlüsselwörter. Frankfurt/M.: Suhrkamp

Eggers, M. (2001): Trauma. In: J. Ruchatz/N. Pethes (Hg.): Gedächtnis und Erinnerung. Ein interdisziplinäres Lexikon. Reinbek: Rowohlt, S. 602–604.

Emcke, C. (2000): Kollektive Identitäten. Sozialphilosophische Grundlagen. Frankfurt/M./New York: Campus.

Foucault, M. (1971/1987): Nietzsche, die Genealogie, die Historie. In: M. Foucault: Von der Subversion des Wissens. Frankfurt/M.: Fischer, S. 69–90.

François, E./H. Schulze (Hg., 2001): Deutsche Erinnerungsorte. Bde. I–III. München: Beck.

Gellner, E. (1998): Nationalism. New York: New York University Press.

Hobsbawm, E./T. Ranger (Hg., 1983): The Invention of Tradition. New York: Cambridge University Press.

Honneth, A. (1992): Kampf um Anerkennung. Zur moralischen Grammatik sozialer Konflikte. Frankfurt/M.: Suhrkamp.

Judt, T. (1998): A la Recherche du Temps Perdu. Review of Pierre Nora, The Realms of Memory: The Construction of the French Past (New York 1996-1998). *New York Review of Books*, 3.12.1998.

Kerner, I. (2000): Perspektiven eines disziplinensprengenden Phänomens. Zur neuen Literatur über kollektive Identitäten. Unveröff. Manuskript. Berlin.

Kymlicka, W. (1997/1999): Multikulturalismus und Demokratie: Über Minderheiten in Staaten und Nationen. Hamburg: Rotbuch.

Lavabre, M.-C. (1998): Maurice Halbwachs et la sociologie de la mémoire. *Raison présente*, 3, S. 47–56.

Mayer, R. (1998): ‚Taste It!': American Advertising, Ethnicity, and the Rhetoric of Nationhood in the 1920s. *Amerikastudien/American Studies*, 43, S. 131–142.

Niethammer, L. (2000): Kollektive Identität. Heimliche Quellen einer unheimlichen Konjunktur. Reinbek: Rowohlt.

Nora, P. (Hg., 1984–93): Les Lieux de mémoire. 7 Bde. Paris: Gallimard.

Reckwitz, A. (2000): Die Transformationen der Kulturtheorien. Zur Entwicklung eines Theorieprogramms. Weilerswist: Velbrück.

Roth, M.S. (1995): The Ironist's Cage: Memory, Trauma, and the Construction of Memory. New York: Columbia University Press.

Roth, M.S. (1998): Trauma, Repräsentation und historisches Bewußtsein. In: J. Rüsen/J. Straub (Hg.): Die dunkle Spur der Vergangenheit. Psychoanalytische Zugänge zum Geschichtsbewußtsein. Frankfurt/M.: Suhrkamp, S. 153–173.

Saar, M. (1999): Erstrittene Erinnerung. Die Debatte um das „Denkmal für die ermordeten Juden Europas". *Texte zur Kunst*, 36, S. 128–139.

Straub, J. (1998): Personale und kollektive Identität. Zur Analyse eines theoretischen Begriffs. In: A. Assmann/H. Friese (Hg.): Identitäten. Frankfurt/M.: Suhrkamp, S. 73–104.

Taylor, C. (1997): Multikulturalismus und die Politik der Anerkennung. Frankfurt/M.: Fischer.

Wolin, S. (1989): Injustice and Collective Memory. In: S. Wolin: The Presence of the Past: Essays on the State and the Constitution. Baltimore: The Johns Hopkins University Press, S. 32–46.

Zu den Autorinnen und Autoren

Jan Assmann, seit 1976 Professor für Ägyptologie an der Universität Heidelberg, zahlreiche Gastprofessuren u.a. in Paris und in den USA (Yale, Houston), zahlreiche Forschungspreise; ausgewählte Veröffentlichungen: „Kultur und Gedächtnis" (Mithg., 1988), „Das kulturelle Gedächtnis. Schrift, Erinnerung und politische Identität in frühen Hochkulturen" (1992), „Ägypten. Eine Sinngeschichte" (1996), „Moses der Ägypter. Entzifferung einer Gedächtnisspur" (1998), „Religion und kulturelles Gedächtnis. Zehn Studien" (2000), „Tod und Jenseits im Alten Ägypten" (2001).

Nicolas Berg, von 1989 bis 1996 Studium der Geschichte, Germanistik und Slawistik an der Universität Freiburg, dort von 1999 bis 2001 wissenschaftlicher Mitarbeiter am Historischen Seminar und Promotion über „Auschwitz und die westdeutsche Geschichtswissenschaft" (erscheint 2002), seit Juni 2001 am Simon-Dubnow-Institut für jüdische Geschichte und Kultur in Leipzig, Mitherausgeber des Bandes „Shoah. Formen der Erinnerung" (München 1996); Forschungsschwerpunkte: deutsch-jüdische Geschichte, Nationalsozialismus, Erinnerungsdiskurse, Autobiographien, Wissenschaftsgeschichte.

Peter Carrier, von 1983 bis 1991 Studium der Germanistik und Romanistik an der Universität Leeds und der Universität Paris VIII, Promotion an der Freien Universität Berlin im Jahr 2000 mit einer Arbeit über zeitgenössische Holocaust-Denkmäler und nationale Erinnerungskulturen in Frankreich und Deutschland, derzeit wissenschaftlicher Mitarbeiter am Fachbereich Gender and Culture Studies der Central European University in Budapest; aktuelle Forschung zu Mnemotechniken in der zeitgenössischen Kunst.

Axel Doßmann, von 1989 bis 1995 Studium der Geschichte und Kulturwissenschaften in Leipzig, Rotterdam und Jena, wissenschaftlicher Mitarbeiter an der Universität Jena und der Gedenkstätte Buchenwald, Promotion an der Universität Jena mit einer Arbeit zur Kulturgeschichte der Transit-Autobahnen in der DDR, Mitherausgeber von „Werkstatt-Geschichte", Autor für Hörfunk und Dokumentarfilm; Forschungsschwerpunkte: Alltags- und Ideengeschichte im 20. Jahrhundert, Erinnerungspolitik, mediale Repräsentationen von Geschichte und „innerer Sicherheit".

Gerald Echterhoff, 1990 bis 1996 Studium der Psychologie und Philosophie an der Universität zu Köln und der New School for Social Research in New York, dort Promotion (Ph.D.) im Jahr 2000 mit einer Arbeit über soziale Einflüsse auf Erinnerungen, Postdoc-Forschungsaufenthalt an der Columbia University im Jahr 2001, seitdem wissenschaftlicher Mitarbeiter am Psychologischen Institut der Universität zu Köln, dort Leitung eines DFG-Projekts zu Erinnerungsstrategien; Forschungsschwerpunkte: Kommunikation von Gedächtnisinhalten, psychologische Perspektiven auf Erinnerungskultur, Phänomene des Zeiterlebens.

Astrid Erll, von 1992 bis 1998 Studium der englischen und deutschen Philologie an der Justus-Liebig-Universität Gießen, seit 2001 beteiligt am Aufbau des Gießener Graduiertenzentrums Kulturwissenschaften (GGK), derzeit Arbeit an einer komparatistischen Dissertation über die kollektive Erinnerung an den Ersten Weltkrieg in der deutschen und englischen Literatur der 1920er Jahre; Forschungsschwerpunkte: englische Literatur des 19. und 20. Jahrhunderts, Literatur- und Kulturtheorie, Narratologie sowie literaturwissenschaftliche Perspektiven auf Erinnerungskulturen.

Carl F. Graumann, Promotion in Psychologie an der Universität zu Köln im Jahr 1952, Habilitation an der Universität Bonn 1959, seit 1963 Professor an der Universität Heidelberg (emeritiert seit 1991), Gastprofessuren an der Duquesne University (Pittsburgh), New School for Social Research (New York) und der Universität Greifswald; Forschungsaufenthalte an der École des Hautes Études en Sciences Sociales und der Maison des Sciences de l'Homme, Paris; vielfältige Veröffentlichungen und Herausgebertätigkeit (u.a. „Historical Dimensions of Psychological Discourse", hg. mit K. Gergen, 1996); aktuelle Arbeitsschwerpunkte: Geschichte der Sozialpsychologie, der phänomenologische Ansatz in der Psychologie, speziell in der ökologischen Psychologie, Perspektivität in Sprache und Denken.

Gesine Grossmann, von 1992 bis 1999 Studium der Psychologie, Philosophie und Soziologie an der Freien Universität Berlin, im Anschluss zweijährige Tätigkeit als wissenschaftliche Mitarbeiterin am Institut für Psychologie und Soziologie der Universität Hannover, wo sie die Fächer Allgemeine und Klinische Psychologie unterrichtete. Forschungsschwerpunkte: psychologische Gedächtnistheorien, Tradierung von Erinnerungen, Auseinandersetzung mit dem Holocaust in der Enkelgeneration; seit November 2001 Arbeit als Schulpsychologin bei der Bezirksregierung Hannover.

William Hirst, Promotion (Ph.D.) in Psychologie im Jahr 1976 an der Cornell University mit einer Dissertation über die Automatisierung von Informationsverarbeitungsprozessen, danach Postdoctoral Fellow an der Rockefeller University, 1980 Assistant Professor an der Princeton University, ab 1987 Professor an der New School for Social Research (heute: New School University), im Jahr 2000 Dekan der Graduate Faculty; Herausgeber von u.a. „Ecological Approaches to Cognition" (mit E. Winograd/R. Fivush, 1999) und „Remembering in a Sociocultural Context" (mit D. Manier/J. Miller, im Druck); Forschungsschwerpunkte: kommunikative Erinnerungskonstruktion in Gruppen, insbesondere Familien, Theorien zum sozialen Gedächtnis, Bildung von Erinnerungen an die Terroranschläge vom 11. September (*Flashbulb Memories*).

Thomas Khurana, von 1994 bis 2000 Studium der Psychologie, Philosophie, Soziologie und Literaturwissenschaft an der Universität Bielefeld und der Freien Universität Berlin, dort Diplomarbeit („Die Dispersion des Unbewussten. Drei Studien zu einem nicht-substantialistischen Konzept des Unbewussten: Freud – Lacan – Luhmann", im Druck), z.Z. Arbeit an einer philosophischen Dissertation an der Universität Potsdam zum Thema Sinn und Gedächtnis, Assoziierter des Graduiertenkollegs „Repräsentation – Rhetorik – Wissen" an der Europa-Universität Viadrina in Frankfurt/Oder; Forschungsschwerpunkte: Dekonstruktion, Systemtheorie und die Zeitlichkeit sinnhafter Vollzüge.

Nina Leonhard, von 1992 bis 1996 Studium der Politikwissenschaft an der Freien Universität Berlin und am Institut d'Études Politiques de Paris, seit 1998 Mitarbeiterin in einem Forschungsprojekt zu politischer Identität in nachdiktatorischen Gesellschaften, von 1998 bis 2001 deutsch-französische Promotion zum intergenerationalen Wandel des Geschichtsbewusstseins zur nationalsozialistischen Vergangenheit in Ost- und Westdeutschland, seit Ende 2001 Wissenschaftlerin am Sozialwissenschaftlichen Institut der Bundeswehr in Strausberg bei Berlin; Forschungsschwerpunkte: Politische Kultur in Ost- und Westdeutschland, Erinnerungskultur und Geschichtspolitik.

David Manier, Promotion (Ph.D.) in Psychologie an der New School for Social Research im Jahr 1996, Postdoctoral Fellow am National Center for Posttraumatic Stress Disorder in Honolulu (Hawaii), Lehre an der Universität Cluj (Rumänien) und der New York University, derzeit Professor am Lehman College der City University of New York; Mitherausgeber von „Remembering in a Sociocultural Context" (mit W. Hirst/J. Miller, im Druck); Forschungsschwerpunkte: posttraumatische Belastungsreaktionen, soziale Perspektiven auf Erinnerungsprozesse und psychopathologische Gedächtnisstörungen.

Martin Saar, von 1991 bis 1997 Studium der Philosophie, Psychologie und VWL an der Freien Universität Berlin und an der New School for Social Research in New York; seit 2001 wissenschaftlicher Mitarbeiter am Institut für Philosophie der Johann Wolfgang Goethe-Universität in Frankfurt a. M.; arbeitet an einer Dissertation zum Begriff der Genealogie bei Nietzsche und Foucault; Veröffentlichungen u.a. zu Foucault, Nietzsche, Ästhetik, politischer Philosophie und Erinnerungspolitik.

Sabine Schindler, von 1992 bis 1997 Sprachen-, Wirtschafts- und Kulturraumstudien mit Schwerpunkt USA/Großbritannien an der Universität Passau, in den Jahren 1994/95 Studium an der University of North London, mehrere Forschungsaufenthalte in den USA, seit 1998 Promotion zum Thema Erinnerungspolitik in amerikanischen historischen Stätten; Forschungsschwerpunkte: History and Memory Studies, Theorien und Praxis multikultureller Gesellschaften aus soziologischer und kulturwissenschaftlicher Perspektive.

Personenregister